如何測量
自由意志？

班傑明・利貝特的
心智時間與人類意識

Benjamin Libet
班傑明・利貝特／李貝 ——— 著

黃榮村 ——— 譯注

Mind Time
The Temporal Factor in Consciousness

CONTENTS

導讀
黃榮村
001

前言
寇斯林
S. M. Kosslyn
075

自序
087

**第 1 章
問題導論**
091

**第 2 章
人類意識性感覺覺知的延宕**
129

**第 3 章
無意識與意識性心智功能**
205

第 4 章
行動的意圖
我們有自由意志嗎?

第 5 章
意識心理場論
闡釋心智如何從物質衍生出來

第 6 章
總的來說其意何在?

參考文獻

索引

導讀

黃榮村

本書是一本學術密度高又充滿科學創意的重磅專書，也是一本讓意識研究入門或進階者，都可以獲益的啟示之書。本書原文書名主標與副標皆與時間有關：《心智時間：意識的時間因素》（*Mind Time: The Temporal Factor in Consciousness*；本書譯注出版書名為求通俗與兼顧譯注涵蓋面，改為《如何測量自由意志？：班傑明・利貝特的心智時間與人類意識》），全書都繞著時間轉，物理時間、神經生理時間與心理（心智）時間糾纏在一起。這是一本橫跨四十年的研究發現與心得專書，還包括這四十年期間（1964-2004）的辯難與回覆，作者李貝（Benjamin Libet, 1916-2007）[1] 選擇 1964 年作為重要的斷代點，這是他與合作者提出第一篇驚人發現論文的年代，並選擇在四十年後的 2004 年出書做一總結，交由哈佛大學出版社印行（Libet, 2004）。

李貝在出書三年後過世，他為當代蓬勃發展的意識科學研究做了重要奠基工作，而且還整理出一本敘說先行者孤獨的足跡，以及之後獲得重大迴響與爭議的歷史過程。過去臺灣雖然在心理學系、哲學系與相關的心智科學研究所，多少都教過李貝研究群的一些論文，但一直沒有系統性與完整的介紹及評論。李貝的研究聞聲知名的多，能深入了解的少，主要是因為實驗研究與資料呈現方式特殊，得到的結果不符常識想像，解析與闡釋方式常令人大吃一驚，所以若能由當事人寫出他在第一線多年經驗的綜合專書，則初學者更能得其全、得其平。以今日意識研究已成主流科學領域，而且臺灣已經緊跟在後的狀態觀之，譯注出版這本書可說剛剛好。

---

[1] 編注：因現行通用譯名為「利貝特」，本書封面與書籍資料皆使用利貝特，以利讀者搜尋、識別。書中李貝之譯名，為譯注者特考量其發音而作。

本書導讀將李貝在 1964 年至 2004 年間幾個重大研究，放回歷史脈絡中，並呈現當時的評價與評論，尤其是來自心靈哲學與意識及認知神經科學領域的批評與答辯。另引用當代相關文獻，說明在本書出書後這約二十年間，對其研究的綜合評述。選擇本書進行譯注的最主要理由，係因李貝的三大系列研究成果已經成為經典，應該要有一中文版本讓初學者得以很快且系統性地了解其內容，並體會在這些令人訝異充滿爭議的研究出現時，在國際學界所進行的重要攻防，這些對當代的初學者應該能提供不少啟發，也是譯注本書的最重要目的。另外則是因其內容多屬原創，需多做注解，方有助於了解，並與當代意識研究取得關聯。而李貝在本書中已敘述他在那個時代的學術交往，看得出來與心理學家並未有太多交集，甚至與一些行為科學研究者在實驗方式及觀點上並不對頭，本書仍是與神經科學及哲學關聯較多，這點可由本書所提的三大類實驗中清楚地看出，但在本書導讀與譯注中，已盡可能將相關的心理學研究納入。

意識科學的當代研究相當跨領域，而且會即時地將重要研究納入相關的評論文章之中，這些論文大部分發表在跨領域的重要期刊之中，如《Nature》、《Nature Neuroscience》、《Nature Reviews Neuroscience》、《Science》，尚包括有各重要國家科學院的期刊（如美國《PNAS》、英國《Royal Society》期刊等），還有《Behavioral and Brain Sciences》、《Consciousness and Cognition》、《Journal of Consciousness Studies》、《Trends in Neurosciences》、《Trends in Cognitive Sciences》，以及以專書形式出版的重要著作。所以本書在做導讀與各章譯注時，大部分以此

為核心,選擇相關文獻納入。

在開始本書內容的導讀之前,先做一些背景討論。

笛卡兒首先提出具體的心靈哲學觀點

李貝在本書第一章說明他不同意決定論與唯物論的態度,接下來幾章則分述他與研究群的重要研究方法及結果,提出可測試的理論,並一再強調他所最重視的主觀經驗,以及只有經驗中人才能說得出來的主觀報告。本書最後做總結的第六章,則安排一個跨時空與笛卡兒的虛擬對話,極為有趣,且藉此分別討論笛卡兒所提出的「我思故我在」（Cogito, ergo sum）概念,以及心物問題（mind-body problem）中心智與腦部的存在及互動方式,並討論為何選擇松果體（pineal gland）來作為心物互動的平臺,還有應如何驗證這種選擇是否合理的研究方法。除此之外,李貝並將本書所述的實驗結果,一一放在笛卡兒所提的泛二元論（dualism）架構中做一比較。由此可知笛卡兒在李貝心目中的地位,以及在不經意中所流露出來的偏好。

笛卡兒提出「我思故我在」之後,有一引申義為「我懷疑,故我思考,故我在」（Dubito, ergo cogito, ergo sum; I doubt, therefore I think, and therefore I am）。這句話可以解釋為:「當我感知或意識到身體裡面有懷疑與思考的活動在進行時,縱使是不斷出錯,總要有一個實際存在的主體來做這件事,那就是『我』;當我們正在懷疑時,不可能去懷疑我們自身的存在,所以,『我思故我在』。所以,『我是什麼』（What am I）?是一個在思維的東西!」

四百多年前笛卡兒將「我」分為「心智」（mind）與「身體」（body）兩個主要成分，問「什麼是心智或心靈」（What is mind）？與「什麼是身體」（What is body）？這就是哲學史上出名的心物問題。

假設心物之間既有獨立又有互動，它們在什麼條件下可以再整合為「我」？笛卡兒晚期主張整合二元論（integrative dualism），採取一種三方會談（man-mind-body trio）方式，每個人都覺得自己是同時有身體與心智互相關聯在一起的單一個體，所以 DM（笛卡兒的心）、DB（笛卡兒的身體）、RD（René Descartes，笛卡兒本人），是三個完整的主體，它們在存在上互相依賴，但在類別上各自分離，每一個都是一個存在，而非一個存在的方式。如此一來，就不會證明太過（prove too much），弄得好像心智與身體非常獨立，但也不至於證明不足（prove too little），好像思考不能影響身體或者無法從身體獲得感知（Almog, 2002）。

一般人對笛卡兒主義的既定看法是屬於實質二元論（substance dualism），傳統上的標準說法是：「人由分立的實質組成，一為物質實質，一為非物質實質，非物質實質則是大部分心理事件（mental events）的充要條件，思考就是這種非物質實質的主要屬性，這是一種實質二元論。」萊爾（Gilbert Ryle）將這種觀點謔稱為「機器中有鬼魂教條」（the dogma of the ghost in the machine）（Ryle, 1949），意指在身體這樣一個實體機器中，進駐另一個具有實質性的鬼魂。後來循此發展出較弱形式的性質二元論（property dualism）（Clarke, 2003），不再強調有分立的實體存在，認為心智與身體（尤其是腦部）表現出來的是兩種性質，互相之間無一共通，

但可互動，可以整合。性質二元論並不否認世界是由物理類實體所組成，但存在有完全不同而且獨立的兩種性質，心智存在於身體上，但兩者無法互相化約，心智或精神力量（尤其是主觀經驗）可能可以介入影響身體，造成腦部神經或代謝活動之變化。另外的主張是心智與腦部功能各有不同特色，可視為同一實體的兩個不同面向；或認為心智或心理狀態雖不等同於腦部功能的表現，但可認為是衍生自腦部運作所得到的特質（emergent property）。在李貝的想法中，上述最後面所提的這兩種觀點，當然不是實質二元論，但也不是較弱形式的性質二元論，它們應該還是同一論（identity theory）的變形，屬於泛唯物論的講法。所以弱形式的性質二元論與同一論或物理論（physicalism）之間，仍有細微與重要的差別存在，雖不易釐清，但必須做一區分。要清楚分辨每一種講法的精確細節，是一件令人畏懼但不得不做的工作，這方面的論證可參見本書第一章譯注 I，以及本書第五章，李貝對查爾摩斯（Chalmers, 1995, 1996）所提「困難問題」（hard problem）與訊息雙面向論（double-aspect theory of information）的評論。

有人認為笛卡兒是第一位認知科學家（Almog, 2008），從當代認知科學與認知心理學，強調思考主動性的特質而言，笛卡兒當之無愧。也有認為研究意識與自我經驗的現象學家胡塞爾（Edmund Husserl, 1859-1938），應是當然候選人，因為當代認知科學常見的概念如框架（frame）、腳本（script）、心理固定類型（stereotypes）與 AI，其實早由胡塞爾提出探討，他那時已認為不管是在哪個學術領域，心理表徵（mental representation）都應該是研究人類心智的共通主題（Dreyfus, 1982）。不過胡塞爾應該不會介意讓他所

師承的笛卡兒站到前面去。若從更廣更遠的歷史角度而言，對人類心智及其運作想要有所了解的年代，至少可追溯到古希臘的柏拉圖與亞里斯多德，他們都想闡釋人類知識的本質（Thagard, 1997/2020）。若從認知與心智的考古及起源來看，柏拉圖首先提出如何從物質衍生出心靈（mind from matter）、穴居之人何以發展出對他們應該沒什麼實際利益的抽象知識之類的問題（Delbrück, 1986）。所以若從歷史觀點上將柏拉圖當為認知科學的源頭，亦無不可。至於有人想將研究人類複雜訊息處理的赫伯・賽蒙（Herbert Simon，中文名「司馬賀」），或者研究人類語言結構與語言習得先天性的瓊斯基（Noam Chomsky，或譯「杭士基」），視為認知科學之父，則已是很後面的事情了。

意識解密是一個困難的問題

在此先選擇性回顧意識研究的四位革命性領導人物，依啟動主要意識研究的時間軸排列，略述佛洛伊德（Sigmund Freud）、李貝、克里克（Francis Crick）、與艾德曼（Gerald Edelman）的研究特色。

先談佛洛伊德

佛洛伊德對心智功能與意識層面的看法，大體上可以分成他相信的、不相信的以及與當代觀點不相容的，分述如下：
（1）佛洛伊德相信我們大部分的心理生活，在任一時段都是處於潛意識或無意識之下，只有一小部分在意識狀態中。他

指出大部分的夢是用來處理性的事務，而且表現出色慾的渴望，作夢是因為有特定的動機性力量（如尚未滿足的願望、嬰孩期被壓抑的性驅力、早期創傷經驗、白天的事件等）才會啟動，這是一種有特定被壓抑內容的潛意識（the Unconscious），可透過偽裝出現以逃避監督。潛意識是一種具有強大因果關聯性，可以驅動與預測人類意識及行為的無意識黑暗力量（Kandel, 2012）。此處所提的潛意識並不等同於當代研究者所談的無意識（unconscious）。1950年代發現，腦部會週期性地發動「快速眼球運動睡眠」（REM sleep）與自動作夢機制以後，相信夢是來自動機性的願望滿足歷程者已經不多，認為夢是可解釋而且具有意義之內容的主張，也是不太可靠的說法。

佛洛伊德雖然最重視有臨床價值的潛意識，但他心中對不同類型的意識狀態，仍然有很清楚的分類，與現代的了解並無不同。他指出無意識心智歷程（unconscious mental processes），可以分成「被壓抑的潛意識」（the repressed unconscious），如本我（id）與自我（ego）被壓抑的部分；「前意識無意識」（preconscious unconscious），這是一般所談的無意識心理活動，在集中注意力之下可進入意識，與前額葉皮質部關係密切，在此進行工作記憶的運作，會與海馬等神經結構結合，進入意識，亦即內隱記憶與外顯記憶開始結合，可視為協調整合自我與超我之處；以及「程序性無意識」（procedural unconscious），未被壓抑，亦無衝突，是屬於自我的無意識部分，譬如與技巧技能有關的

程序性學習，一般都是無意識的，相關腦區包括有杏仁核、新紋狀體（neo-striatum）、小腦等。目前對後兩者無意識類型的腦部機制有較多了解，但對精神分析主體具潛抑性質之潛意識的神經機制，則仍了解甚少（Kandel, 1999）。

（2） 佛洛伊德也有不相信的。他認為腦部發生的事件並不會導致（cause）心理事件，他懷疑高等認知功能可以分殊化到腦內特定區域或腦區的組合，換句話說，佛洛伊德不相信功能分區（functional localization）的講法，因此讓他得以自由去思考心智的功能模式，而不必在神經功能的生物學發展還不成熟時，去煩惱意識與潛意識功能的特定腦區在何處。但當前的研究走向，尤其在神經影像技術大幅進步後，對功能分區的看法愈來愈友善，認為心理事件基本上可能有對應的腦部運作機制。

（3） 佛洛伊德與當代思潮不相容的部分，除上述所提外，還包括以下若干事項。他認為驅動作夢的潛意識動機因素，具有特定重要的潛抑內容，可以驅動與預測行為，但在現代的意識研究中，更重視產生意識的空間與時間因素，不只重視功能，更想了解其相對應的腦部結構及運作機制。

李貝在本書所提的看法中，認為作夢時會有覺知、但對內容的記憶很少或沒有；心智運作在覺知之前是可以修改內容的；而且無意識與意識的互動非常重要，但佛洛伊德的潛意識影響力則是單向的。佛洛伊德主張人性中的黑暗力量（潛意識）驅動人類的心智表現（如夢與口誤、筆誤），對行為產生因果力量，這是一種充分條件，也是具有心理

決定性或因果力量（psychological causality）的想法；當代科學則研究在意識經驗下，所產生的腦區關聯激發與神經線路，這些事後激發若無進一步的認定，應歸類為驅動心靈與意識以及人類行為的必要條件，而非充分條件。

李貝研究的獨特性貢獻

李貝被廣為討論的原因，來自三項非常特殊的實驗發現，這也是本書骨幹第二、三、四章的討論主題。前兩者（見第二章與第三章）都是在腦內直接刺激觸覺上行通路不同位置而得到的實驗結果。自由意志實驗發表的時間，介於這兩個系列研究之間，但因實驗方式與探討主題較不相同，也是李貝最受矚目且最引起爭議的研究，改放在最後說明（見第四章），簡述如下：

（1） 在大腦半球軀體感覺皮質區（S1）施予電刺激，所引起的身體對側手臂上之被刺激感覺，會晚於在 200 毫秒後才刺激另一側手臂所引起的被刺激感覺。李貝認為在大腦半球被刺激之後，需要 500 毫秒來發展出能夠產生皮膚受刺激的覺知（awareness）之神經充裕量（neuronal adequacy）；直接刺激皮膚之後也需要 500 毫秒來發展神經充裕量，但直接以單次刺激邊緣系統的皮膚（或者連續重複刺激皮質下的上行觸覺通路）之後，每次很快都會在皮質部出現在顱外可測量到的初始誘發電位（primary evoked potential, primary EP）[2]，唯若直接連續重複刺激皮質部，則每一次

---

2 EP 為一種無意識的腦活動成分，可經由顱外測量得到。

刺激都不會發生這類 EP。

李貝的解釋是受試者在皮膚接受外界刺激後，同樣要走完 500 毫秒的神經充裕量，之後則會循著時間軸反向回溯到 EP 剛發生之處（皮膚刺激後約 20 毫秒左右就會發生），並主觀指定（subjective referral）這是皮膚受到刺激的時間，因此會產生出即時被刺激到的感覺覺知（其實應該還是在 500 毫秒之後，但主觀上有即時的感覺覺知）。不過若直接刺激皮質部來誘發皮膚刺激的感覺覺知，則需經過 500 毫秒，皮質部刺激所對應之外界皮膚被刺激到的感覺，也是在 500 毫秒後發生。

李貝對神經充裕量需要 500 毫秒的解釋相當簡單，認為產生類似的神經激發所需時間本身，可能就是覺知的基礎，亦即適當神經元重複產生類似激發的時間達到一定長短時，覺知現象就衍生出來了，所需時間應該就是為了衍生覺知的神經編碼（neuronal coding）。學界對 500 毫秒神經充裕量的概念，還有對依此所做的推論「我們並非活在當下（因為我們總是慢 500 毫秒）」，以及「假如每個意識都會延遲 500 毫秒，為何我們各別分立的意識會串成流暢的意識流」等類的新問題，雖然陌生，而且大腦在這 500 毫秒時間內，究竟是否已經做了感覺區內或跨區的聯繫互動等項（如 Cauller, 1995），也還未有定論，但這些發現對神經科學家而言要接受並不困難，比較麻煩的是在神經充裕量應該仍是 500 毫秒的皮膚直接刺激，李貝主張會在神經充裕量達到之後，循著時間軸反向回溯到 EP 發生之處（或稱

之為「EP 標記」），並做出主觀指定。這種講法容易讓人以為好像在說心智力量（或精神力量）可以介入已經發生的神經歷程，相當違反已成主流之泛唯物論的詮釋方式，但喜歡二元論的幾位大哲學家與大科學家卻公開表示歡迎，如波柏（Karl Popper）與艾可士（John Eccles）。

（2）李貝尋求腦部深處為了治療目的植入電極的慢性神經外科病人，以及神經外科醫師的協助合作，在病人上行觸覺通路進入腦部的三個腦內位置，亦即大腦軀體感覺皮質部（somatosensory cortex, S1）、視丘（thalamus）與內側丘系神經束（medial lemniscus, LM；在視丘之前），施予適當的連續閾限電刺激，發現要產生意識覺知的神經充裕量大約都需要 500 毫秒。當神經活動持續整整 500 毫秒時，閾限覺知係以非常突然的方式跳出來。李貝在這個基礎上，電刺激視丘內的觸覺上行感覺通路處（通往軀體感覺皮質部），由此發現無意識歷程與意識心智之間，其實可以當成是時間向度上的連續體，在心理與運作本質上並無不同；並探討在無意識狀態下，也可以像意識狀態一樣，對行為產生類似影響。他提出「時間到位理論」（time-on theory），認為無意識狀態在時間到位後，就可過渡到意識覺知；而且在無意識狀態下（如刺激只呈現 150 甚至 100 毫秒以下），神經激發可不需要達到神經充裕量（500 毫秒），也能做出正確行為反應。

亦即在李貝的觀點，無意識偵測與意識覺知之間的轉換，只需在完全一樣的大腦激發之上（透過直接的上行感覺通

路)增加適當時間即可,而且雖無覺知,但在某些範圍內仍然能對人類行為具有因果性,所以他雖然在本書第六章的虛擬對話中,不反對笛卡兒的「我思故我在」(李貝認為這句話可以改為「我覺知故我在」),但認為若能再加重無意識的份量,應會更好。艾德曼與托諾尼(Giulio Tononi)認為李貝的發現與詮釋,可以替閾限下知覺(subliminal perception)運作,提供一個有直接證據的良好理論基礎(Edelman & Tononi, 2000)。假若如此,即可將無意識與意識兩個歷程視為本質上相近的實體,並容許在此基礎上做互動,我們將依此特性,在第三章譯注 II 中說明如何將此運作原則,應用在假象運動(apparent motion)與似曾相識現象(déjà vu)的解釋上。但是這種講法,對相信無意識與意識歷程應在本質上有所不同的人而言,卻是不易接受的講法,認為太過簡化兩者之間的差異性。

佛洛伊德利用調控現象,來說明有情緒衝突的無意識,如何作用在個人的意識經驗上與造成口誤筆誤。李貝則主張「時間到位」理論提供了一個生理機會,讓經驗內容的無意識調控得以發生,亦即在意識性覺知發生前這段期間,腦部能偵測到影像並做反應,藉著神經活動可在意識內容出現之前修改它,包括閾限下知覺的促發(priming)效應,以及佛洛伊德概念下的知覺防衛與潛抑機制。李貝自認為這種講法與佛洛伊德的主張是相符的。李貝在前述(1)的實驗中,已認為意識感官經驗可以在時間軸上反向回溯做主觀指定,這也是一種對主觀經驗的調控扭曲。所以在李

貝的想法中，意識覺知與無意識這兩種機制，都可以調控主觀經驗的內容，一個是往前調控，一個是往後反向調控。現代的科學研究者對這兩種主張，恐怕都是半信半疑，尤其是對在時間軸上反向回溯，找到 EP 標記並做主觀指定這種講法。在本書相關章節的注釋中，會針對這些不同觀點做一評述。

（3）李貝研究生涯後期最受矚目的實驗結果，則與自由意志有關。李貝發現正常受試者在自由決定想要做出行動之前，可在皮質部輔助動作區（supplementary motor area, SMA；位於動作皮質部之前，往腦部前端方向，見第二章圖 2.1）上方，測到與自主行動有關的顱外微小電位（見第四章譯注 I），或稱為「準備電位」（readiness potential, RP），好像自主行動的決定與執行，都是被先前已發生的 RP 所誘發一樣。李貝認為自主行動的執行，與已經在意識狀態下的意圖或決定無關，因為真正驅動自主運動執行的過程，早在下決定的 400 毫秒之前，就已經在無意識下由準備電位（RP）開始啟動。李貝不希望別人認為他否定自由意志的存在，所以提出一個在意圖做自主行動的決定產生後，還有大約 100 至 200 毫秒時間來做意識性否決（conscious veto）的空間，讓當事人可以停止自主行動的執行。李貝利用另外設計的實驗資料，主張一個人可以在預定行動時間之前的 100 至 200 毫秒內，否決或取消一個預期要做的行動，至於在肌肉活化之前的最後 50 毫秒，則是主動作皮質部驅動脊髓動作神經細胞與肌肉的時間，在這最後 50 毫秒期間，行動

即將走完全程,不可能再被大腦皮質部的腦區指令所終止。若干研究者從李貝的實驗結果趁勢引申,主張人應無所謂自由意志的存在,自由意志是一種錯覺(見本導讀後文與第四章本文及譯注)。但李貝批評不管是基於決定論或非決定論所提出的主張,應該都是沒有根據的猜測,認為在出現若干真正的矛盾證據前,還是採取人有自由意志的觀點比較好。若假設李貝的實驗數據尚無法排除自由意志的存在,亦即RP與自由意志並無共變關係,自由意志可以獨立存在,則NCC之類的理論勢必面臨重大困難,因為這樣一來,好像自由意志可以不必有相關的神經基礎來誘發。亦有假設準備電位(RP)可以被自由意志所誘發(如艾可士的二元論想法),但因為實驗結果是意識性意圖發生在RP之後而非之前,應可排除該一想法。不過李貝也指出可能腦中有某一未知部位,引發了實驗中所記錄到的RP,這種講法初看起來與艾可士的說法確有不同,因為並未使用「精神力量介入」的概念,但同樣會衍生一個問題,亦即那又是誰誘發了影響RP發生的腦中未知部位?這應該就是有另外一個先行的神經機制來誘發,如此馬上會陷入「無窮回歸」(infinite regress)的陷阱之中,而且帶有腦中小人(homunculus)的色彩,好像腦中在驅動後續的行動之前,有一個神祕小人不斷辛苦地在產生新的神經機制,以便誘發下一個神經機制,而形成一個不能停止的迴圈。這種講法很容易讓人聯想到「在機器中藏有一個鬼魂」,反而製造出更多的困難。

由上述三點簡化的說明中,即可知道第一種令人驚訝的詮釋,會讓人以為指的是精神力量可以介入已經發生的神經歷程;第二種爭議較小,為閾限下知覺提供了直接神經生理狀態與行為直接關聯的證據,以及無意識歷程會調控扭曲意識內容的說法,但將無意識與意識歷程認定為只是在「時間是否到位」上有所差別,這種講法並非全無爭議;第三種則是更令人訝異的發現,好像是在說明無意識狀態下產生的 RP,至少從時間向度上來看,啟動了應該在意識狀態下才會有的自由與自主行動。

不管是哪一種,李貝的實驗發現與言之成理的詮釋,都帶來很大的困擾。有趣的是,李貝將描述這三類令人訝異之發現的主要實驗論文,都選擇在審查特別嚴格的專業學刊《Brain》上發表,這是一個明智的決定,因此省去很多有關實驗是否可信之類的批評與困擾。更特殊的是,本書所描述的重大發現,包括上述所提三點,幾乎都環繞在時間這個向度上打轉,也可看成是時間在各類問題上所做的不同表現,連原文書名都稱之為「心智時間:意識的時間因素」,舉目望去無非時間。若沒有針對這一點做深入體會,就難以真正理解李貝想要表達的獨特觀點。

李貝第一系列實驗中最簡單且明確的 500 毫秒神經充裕量,與令人驚奇的時序判斷實驗發現,都引發很多批評與意見,大約包括:(1)實驗操弄問題,這是一般慣見的科學實驗方法評論。克里克在其書中提出應更有系統地改變刺激軀體感覺皮質部(S1)、內側丘系神經束(LM)、視丘等處的強度(Crick, 1994),以了解是否有不同反應。李貝的好友、知名神經科學家多提(Robert Doty),則問刺激頻率(pps,每秒刺激脈衝數)是否會影響到結果(見第二章)。

由這些評論可看出，不少實驗與理論科學家大概很想看到，兩個獨立變項如大腦刺激強度與刺激頻率，是否能夠合起來做有系統的獨立操弄（orthogonal manipulation），受試者覺知的報告時間則當成依變項（dependent variable）[3]。（2）實驗是否可重複驗證問題。該系列在少數腦神經外科慢性病人上的研究，是獨門絕活，很少複驗，也很難複驗，不過大部分科學家知道這件事的高難度，而且論文已經過嚴格審查，實驗數據與發現都發表在當時實驗科學界聲譽最高的《Journal of Neurophysiology》、《Science》、與《Brain》等刊物上，研究團隊已經提供了豐富多元可交叉驗證的資料，又有過去可資參照的相關文獻，所以實驗科學家一般來講意見不多，並未懷疑有複驗性的問題。但有些哲學家並不如此作想，如狄內（Daniel Dennett）就認為這是沒經過重新驗證的實驗資料，不應再拿來做討論（Dennett, 1991）。（3）資料分析問題。李貝在該一系列研究中，實驗程序與資料呈現方式都相當複雜，有些辯論係來自對原始資料的認定不同（而非對資料的進一步解釋）。如克萊恩（Stanley Klein）以心理物理函數重新分析李貝的系列資料，認為主觀口頭反應資料中，針對相關心理事件的出現時間判斷，有不少不確定性與模糊性存在，應可再做進一步檢視（Klein, 2002）。（4）解釋問題，這是爭議最多的戰場。依李貝想法，覺知所需的500毫秒，就是覺知的神經編碼過程；但是就一些研究心物問題的哲學家而言，認為覺知早就發生，之後延續的這段時間（往上累加到500毫秒），應該有其他解釋方法，不見得就是發展出所謂「神經充裕量」的實際

---

[3] 「依變項」是一種觀察與測量指標，可藉由該指標的變化，來了解外在獨立變項所造成的影響。

時間，譬如說也可能是用來形成記憶痕跡的時間，以便將覺知經驗轉化為短期記憶來做出回憶報告（Churchland, 1981; Dennett, 1991）。

針對上述問題，李貝在本書中雖已就部分問題做了回覆，但基本上都是不同意居多，至於沒回答的更多。該一系列研究雖然批評的不少，但也吸引了當代幾位有特定觀點之重要哲學家與科學家的注意，並在其專書中大幅討論（Popper & Eccles, 1977; Penrose, 1989），因此很快就讓李貝的研究廣受重視。

另外值得一提的是，心理學不像物理學累積那麼多有名的常數，比較出名的一個，應該是喬治・米勒（George Miller）在短期記憶上所確立的神祕數字 7±2（magical number 7, plus or minus 2），這指的是短期記憶的記憶廣度（memory span）所能涵蓋的極限單位數目（Miller, 1956）。另外一個知名常數，也許可以說是李貝所提的 500 毫秒，這個數字指的是要發展出意識性覺知所需的大約時間。

將意識推進納入科學一線研究的開創者克里克

克里克學術生涯的後面幾十年，花不少時間專研理論神經科學與意識研究，他並不認為自己能在意識研究上做出太大貢獻，但他花了至少二十年時間，讓意識問題研究成為一門受到科學界尊重的主流學科。他所提各項創見，很難稱之為都已有定論，但確實指出很多重要的研究方向。假如連他都尚未能做出決定性的貢獻，那表示意識研究的確很困難。

克里克提出幾個重要的走向與主張：
（1） 克里克對快速眼球運動期（rapid eye movement, REM）的

作夢，有一套特殊看法，認為由於腦中神經連接不穩定又過度負荷，所以在 REM 睡眠期常有幻覺式的夢境，目的是利用作夢將大腦內不理想的細胞網絡互動狀態排除，清理腦中累積的不必要雜訊，以讓腦部恢復正常運作（Crick & Mitchison, 1983）。這種講法與佛洛伊德的論點非常不同。

不過很快有人指出，該一理論與已知的資料不符，在一個臨床研究中，發現因腦部病變而無 REM 睡眠的病人，行為正常，並無精神症狀（Osorio & Daroff, 1980）。另有流行病學資料指出，為數甚多的憂鬱症病人在使用單胺氧化酶抑制劑（monoamine oxidase inhibitors, MAOIs）時，會壓抑 REM 睡眠，但並未發生記憶受損現象（Siegel, 2001）。這樣看起來，克里克所擬議的 REM 睡眠功能，尚未能有定論。

（2） 發動意識的結構在哪裡？克里克認為視丘是一個不錯的選擇（Crick, 1984），因為除了嗅覺外，幾乎所有其他感官的訊息皆在背側視丘（dorsal thalamus）會合，之後送往皮質部，而且有視丘皮質迴路（thalamo-cortical loop）作為回饋與矯正機制。克里克認為視丘的腹側（ventral）部分，尤其是在網狀神經核（reticular complex，或稱為「thalamic reticular nucleus」、「reticularis thalami neurons」，定義稍有不同，不再細分）具有特殊角色。神經核本身是 GABAergic 的抑制型神經細胞群，GABA 是神經傳導物質，會在突觸後細胞產生過極化（hyperpolarization）反應，促發急速的神經激發（burst）。

克里克認為這種性質可以用來執行正回饋的注意力機制，以

強化傳往皮質部的視丘輸入，使得連接到皮質區的視丘輸入有更高、更急速的神經激發，就好像探照燈一樣照亮到被注意的地方，之後關掉探照燈約 100 毫秒，轉往注意其他地方，再開啟探照燈，如此反覆進行。因此克里克認為網狀神經核是控制注意力探照燈之處，探照燈的表達方式則是在一部分活躍的視丘神經元中，產生急速的神經激發，他將這種可能就在網狀神經核進行的注意力調控機制，稱為「注意力的探照燈假設」（the searchlight hypothesis）。

這種猜結構找功能的方式，與克里克過去用來做出重大發現的方式是一致的，他用同樣的方法已經做出全世界仰望的成就，如 DNA 雙螺旋結構的解密，還有在思考 DNA、RNA、與蛋白質這三類生物分子之間關係與訊息流向之後，提出「中心法則」（central dogma），改變了生物學界的思考方式，之後他轉向理論神經科學與意識研究，仍帶有這種濃厚色彩（Crick, 1988）。但該一重要的科學假說並未成功，參見第六章譯注 II。

（3）知覺屬性匯聚成「協同一致的整體」（coherent whole）之時，就是意識到該物體的時候。匯聚（binding）是相對於分解（decomposition）的概念，它來自跨腦區神經活動之關聯激發（correlated firing）。各腦區的振盪頻率在腦波的伽瑪頻率範圍（30 至 70Hz），經由各相關腦區透過頻率與相位鎖定（frequency and phase locking）的機制，調整各腦區處理各知覺屬性的振盪頻率腦波活動，使得頻率（先調整）與相位（後調整）互相關聯起來，最後得以跨腦區產生共振，

此時即是物體的不同知覺屬性得以匯聚之時,也就是意識到該物體存在之時(Crick & Koch, 1990)。克里克將該一假設稱為「令人驚訝的假說」(the astonishing hypothesis)(Crick, 1994),請參見第五章譯注 II 較詳細的說明。

(4) 主視覺區(V1)的激發並非意識產生之充分條件(Crick & Koch, 1995);另由一些臨床與心理物理實驗推論,V1 的激發應為意識產生之必要條件,由盲視的臨床證據可知,在 V1 受損時,雖仍有視覺辨識的功能,但未能伴隨有視覺的意識,亦即意識之產生須有前額葉(prefrontal)連到 V1 的回饋,回饋網絡則具有抑制與調控功能,可促成跨區域振盪頻率在頻率與相位上的鎖定,產生共振,所以 V1 仍有其重要功能在。該一預測在整整十年之後,才獲得明確驗證 (Haynes & Rees, 2005. 見第三章譯注 IV)。

(5) 克里克旨在建立一套「意識的神經關聯理論」(neural correlates of consciousness, NCC),他與柯霍(Christof Koch)共同於 1990 年初提出 NCC 的基本概念(Crick & Koch, 1990),認為 NCC 的要務是在找出任何特定意識知覺的最小、但充分之神經機制,若將所有這些個別 NCC 做一聯集,則可進一步探討支撐總體意識經驗的神經關聯基礎,此稱之為「全本 NCC」(full NCC),一般而言,其所提的機制皆有注意力參與其中。

由於克里克所關心建立的 NCC 模式,都是想將意識經驗與腦部機制關聯在一起的工作,因此李貝在本書中將他歸類為一位決定論唯物論者。

艾德曼的神經達爾文主義與意識研究

艾德曼的積極加入，讓意識研究愈來愈成為諾貝爾獎得主（尤其是生醫與物理獎兩者）的第二個學術興趣。他是一位發現抗體分子結構與運作方式，並在發現細胞黏附分子（cell adhesion molecule, CAM）上，有重大貢獻的免疫學家。他進入神經科學與意識研究的原因比較特殊，他認為人腦各組成成分終其一生的發展樣式，可類比於免疫系統組成成分在人一生中的演化方式。在意識研究上，他比較像另一座山頭，克里克曾說他「過度喜歡自己的理論」（Crick, 1994）。

艾德曼首先於 1978 年提出神經達爾文主義（neural Darwinism）（Edelman, 1978, 1987），認為腦中有數百到數千個神經元群體（neuronal groups），可以作為自然選擇歷程的基本單位，它們之間的動態互動，透過經驗與學習上的競爭及選擇，會由於突觸間效能的變化而獲得強化，以致傾向於偏好某些神經通路。在不同神經區域之間的反覆進出連接（reentrant connections），則可在時間與空間上，促成神經活動獲得總體的協調，包括將不同腦區所處理的知覺屬性，匯聚成單一的知覺。這是一個具有彈性或可塑性（plasticity），以及具有演化適應性的腦部系統，在此全腦的互動過程中，視丘與皮質部迴路所組成的動態核心（dynamic core）扮演了相當重要的角色。

賽斯（Anil Seth）與巴爾斯（Bernard Baars）認為，已經有很多與神經達爾文主義相容的腦部行為（Seth & Baars, 2005），可以支撐神經達爾文主義的多項主張。他們認為意識之出現，涉及當受到

工作作業與各項條件驅動後，在腦部視丘皮質核心中，所形成普遍分布且相對快速的低波幅互動。視丘啟動了意識狀態，皮質部則決定了意識內容；低波幅指的是在 20 至 70Hz 範圍下低波幅的不規律腦波活動，在深睡或昏迷下，則以 4Hz 以下之高波幅與較規律電位為主。能夠產生意識的感官輸入，會在激發感覺皮質部之後擴散到大範圍腦區，包括腦部跨區的長距互動以及反覆進出連接，以獲得總體協調的活動。若無這些條件配合，則難以產生意識。

　　艾德曼在這些基礎上認為意識經驗的發生處，不可能局限在單一或單群細胞之上，意識經驗可能是腦內一個更為總體或分配式功能的屬性（Edelman, 1978; Baars, 1988）。李貝在本書第五章特別指出，格雷（Charles Gray）與辛格（Wolf Singer）發現了跨腦區有神經關聯激發（correlated firing）的現象（Gray & Singer, 1989），辛格則認為關聯激發與共振現象，足可作為艾德曼群體選擇理論（group selection theory）核心假設的實驗驗證（Singer, 1993）。格雷與辛格針對特定視覺組型，發現腦中會產生特定頻率範圍的振盪神經反應，而且跨腦區會產生廣泛共振現象，這些結果讓一些人認為「關聯」（correlation）模式可以表徵神經編碼，以便利用這個關聯性從混亂背景中辨認出統一影像出來，亦即經由腦內不同區域電活動振盪的共時性關聯（synchronous correlation），可以得出一個統一的主觀影像。其實克里克也是基於這些發現，利用振盪頻率的特性做頻率與相位鎖定之後，做出跨腦區的共振，而導出意識產生的機制，但李貝在其書中第五章只選擇談艾德曼而非克里克，似有其偏好在，請參見第五章譯注。

克里克與艾德曼雖然都是大科學家，但有老一代的文人風采，克里克的半自傳專書《瘋狂的追尋》（*What Mad Pursuit*）（Crick, 1988），交代了他好幾項重大精采的科學追尋，書名則取自英國詩人濟慈（John Keats）的〈希臘古甕頌〉（Ode on a Grecian Urn）一詩。本詩歌頌簡潔優雅的古希臘原型，探問人生何所追尋、何所逃避（What mad pursuit? What struggle to escape?），頌詩最後兩行以美與真之間的關係「美即是真，真即是美」（Beauty is truth, truth beauty）作一總結，所以克里克要表達的是他一生所致力追求的，無非是真與美。艾德曼於 2004 年出版一本給一般人看的科學專書（Edelman, 2004），詳述他學術生涯後半段所最關心的腦與意識，以及他的神經群體選擇理論大要。這本書的書名《比天空更寬廣》（*Wider than the Sky*），係取自美國詩人狄金蓀（Emily Dickinson）編號 #632 詩的第一行「腦比天空更寬廣」（The Brain is wider than the Sky），所以該書的本意就是要講有關腦的一切（The Brain）。

有趣的是，上一代的克里克與艾德曼在意識的科學研究上，有點互相競爭的味道，但是他們的下一代卻已開始實質合作，將「意識的神經關聯理論」（NCC）與「整合訊息理論」（integrated information theory, IIT），打造成併聯的兩大熱門理論（Koch, 2012; Tononi & Koch, 2015; Koch et al., 2016; Tononi et al., 2016）。

現在的意識研究理論，不管是往哪一群體傾斜，都很少不談神經活動證據，這種風氣的形成，有相當一部分是來自克里克與艾德曼，以及之後 NCC 與 IIT 學群的貢獻。

李貝與艾可士、克里克及艾德曼之間的學術關聯

在本書中，李貝經常提及艾可士，因為他在艾可士的神經科學實驗室待過，艾可士也是最早賞識李貝的人；李貝提及艾可士有特殊的哲學觀點，認為有獨立的精神力量存在。在本書第一章一開始就提到克里克「令人驚訝的假說」，但送他一頂物理論—決定論者（physicalist-determinist）的帽子戴。第五章提到一次艾德曼，算是正面引述。

比較值得提出的，是李貝與克里克之間在學術觀點上的比較：（1）克里克主張 NCC，認為心智的運作源自神經活動，但心智不能反過來影響神經活動，意識或覺知也應遵循 NCC 原則。李貝則提出違反 NCC 推論的實驗證據，如在自由意志實驗中所發現的，準備電位（RP）先於意圖決定之前發生，且準備電位亦非驅動意圖決定的先決條件，這些實驗結果造成若干與 NCC 預測不符的矛盾現象。（2）李貝認為克里克是決定論唯物論者，他自己則因其第一系列研究中，主張有時間回溯主觀指定這件事，而被若干研究者視為傾向心物二元論，但李貝並未承認。（3）克里克不喜歡使用場（field）這種概念，認為太容易引申為電磁場攜帶腦內整合資訊的運作方式，而且就生物物理觀點也不會成立（Crick & Koch, 2005），但李貝顯然對意識心理場（conscious mental field, CMF）情有獨鍾（見本書第五章與該章譯注 IV）。

李貝主要從觸覺著手，是第一位真正尋找意識產生之直接腦內數據與機制的實驗科學家。克里克則從更受注意的視覺著手，匯總分析既有之神經科學與認知科學研究資料，提出視丘網狀神

經核活動可扮演注意力探照燈的角色、V1是意識的必要而非充分條件、神經關聯激發與共振是視覺覺知的產生機制、提倡意識的神經關聯理論（NCC）、與屏狀體（claustrum）是產生意識的發動處等項。就在這段時間所發生的全新發現與大猜測，奠定了意識研究得以往上發展的大背景。

克里克所提各項主張皆受到高度重視，但如前所述，他已放棄將視丘網狀神經核當作調控注意力探照燈活動的角色，主視覺區（V1）在意識性知覺上所扮演的必要性功能，則歷時十年以上方獲證實，其他未能確認的更多。李貝的狀況則是反對的人不少，替代說法多，意識心理場（CMF）是否存在迄今尚未能驗證，但李貝的實驗與實證資料真積力久，已成為意識研究普遍引用的經典。

李貝曾告訴克里克，他在舊金山加州大學（UCSF）拿到正教授的保證任期（tenure）之後，才在當時困難與壓力重重的學術及醫療環境下，真正開始在（局部麻醉）清醒病人的腦部上做意識研究（Crick, 1994）。比較起來，由於進入意識研究領域時，時代與科學條件尚未成熟，所做的研究又太過先進獨特，他本身那時的光環也還不足夠支撐研究的重要性與爭議，因此有點不順。至於克里克，他縱使放在諾貝爾獎得主群中也是屬於遙遙領先者，因此進入意識研究領域後，很快建立了意識的神經關聯理論（NCC）在學界中的主流地位，讓意識研究開始成為熱門且受到尊重的學術領域。

兩人在最後所提出的大想法，都尚未獲得驗證，但兩人都希望能開啟一些嶄新的研究方向，透過他們三十來年的努力，確實

大大有助於讓意識研究,在科學界成為被尊敬與蓬勃發展的前沿議題。李貝所做出的研究成果,與克里克「令人驚訝的假說」類似,但基本上可另外定位為「令人驚訝的發現」。

前面所提四位要角皆已過世,但仍是意識科學研究領域中最閃亮的明星,若論實驗特色,無人比得過李貝的經典研究,若論推動意識研究科學正當化與建構意識的神經理論,則無人能超過克里克的思考高度與對大腦動力機制的掌握。李貝本人能與這三位特級的諾貝爾生醫獎得主——若再加上史培理(Roger Sperry)與潘洛斯(Roger Penrose)則是五位——在意識研究的不同學術觀點上互有攻堅、互相欣賞,又能標舉出他在實驗科學上的獨特成就,是非常不容易的一件事。

李貝的經典專書《如何測量自由意志?》

本書《如何測量自由意志?》概括描述了李貝幾個重要路線的研究,作者提出前後一貫的觀點與主張,並在必要時回覆過去長期以來難以平息的外界評論。

李貝這個人

李貝長期以來擔任舊金山加州大學生理學系教授。他孩童時代曾與當時最知名、烏克蘭出身的猶太教會堂演唱家羅森布拉特(Joseph Rosenblatt)同臺演出。1939 年 23 歲時,在傑拉德(Ralph W. Gerard)的指導下,獲芝加哥大學生理學博士學位;1949 年任教 UCSF 以迄退休。1957 年開始與他的同事朋友、神經外科醫

師費恩斯坦（Bertram W. Feinstein），以及在舊金山錫安山醫院（Mt. Zion Hospital）為了治療目的在腦部深處植入電極的病人，展開密切合作，在這段期間，他們展開了有關神經延宕（neuronal delay）的研究。李貝的第一階段研究工作，因為主要合作者費恩斯坦在 1978 年無預期過世而終止，之後改以正常人做實驗，於 1983 年發表最出名、與自由意志有關的研究成果。李貝在 1991 年才重新發表與第一階段病人研究類似，但重點放在電刺激視丘的實驗結果，主要是探討從無意識過渡到意識心智歷程中，時間要到位，仍須受到神經充裕量的規範，這些結果與第一系列的研究息息相關。

有趣的是，知名英國電子音樂家所製作的樂輯《看守者》（the Caretaker），在受到李貝研究的啟發之下，寫了不少首與他有關的樂曲，如〈李貝的延宕〉（Libet's delay, 2011）、〈回歸李貝〉（Back there Benjamin, 2016）、〈李貝的所有歡樂友情〉（Libet's all joyful camaraderie, 2016）。

他於 2003 年接受在奧地利克拉根福大學（University of Klagenfurt）首次頒授的「虛擬諾貝爾心理學獎」（Virtual Nobel Prize in Psychology）大獎，得獎原因是「在意識、行動產生與自由意志之實驗探討上的先驅性成就」。他的研究被引用次數逾萬，是一位在心智與意識研究上，常被引用、也是最具爭議性的研究科學家，李貝在自己的這本專書中，也詳細交代了從事意識研究的心路歷程。

他過世後，曾任神經科學學會（The Society for Neuroscience）會長的多提說：「李貝的發現有超乎尋常的科學意義，在有關腦

部如何產生意識覺知的問題上,他的成果幾乎是唯一可以累積可信證據的研究方式。」認知科學家與科學作家布雷克摩(Susan Blackmore)則評論說:「很多哲學家與科學家爭論說,自由意志是一種錯覺。但與他們所有人不同,李貝找到了一個方式來測試這種講法。」

本書出版緣起

李貝在本書中有系統地交代其一生中,最主要的三個路線研究,並評論以下若干重要議題:

(1) 以意識研究史上首次獲得的大腦活動時間之實驗數據,說明大腦如何產生主觀經驗的意識性覺知,以及無意識歷程如何影響心智功能。

(2) 提出在時間上回溯並做主觀指定的機制,並依此討論腦內與體外的不同刺激方式,何以會產生不符神經充裕量原理的主觀時序。該類實驗結果與闡釋方式,在主張身心一元論與二元論的不同觀點學者間,引起激烈辯論。

(3) 主觀心智能否影響或控制進行中的腦內神經活動?

(4) 在意圖要有所行動以及真正做出自主行動之前,即已在無意識中以準備電位(RP)方式啟動,若干研究者因此強烈主張應無所謂自由意志之存在。

(5) 若實驗數據難以證實自由意志之存在,則自由意志可否視為是一種錯覺?或可視之為心智運作的附屬現象(epiphenomenon),因此不具有因果效力?

李貝專書出版後,哈佛大學出版社認知神經科學系列主編寇

斯林（Stephen Kosslyn，前哈佛大學心理學系教授），在本書〈前言〉中很明確地說：「本書與其他大部分同類專書，在一個關鍵點上有驚人的不同：它聚焦在實證性的發現，而非猜測或論證。……李貝的發現初看頗具爭議性，但撐過了時間的考驗，……現在任何有關意識及其神經機制的理論，必須要去闡釋李貝所獲得的實驗結果。」羅斯（Steven Rose）在《New Scientist》評論說：「與所有其他寫作意識研究者不同的是，李貝扎扎實實做了四十年的實驗。」馬汀（Kevan Martin）在《Nature》的評論則是：「李貝的實驗，絕對可視為實驗心理學對當代心靈哲學的重大貢獻。」

本書第二、三、四章測試與紀錄方法簡述

　　本書各章討論不同主題，各有不同的刺激施予方式與不同的顱內或顱外測量。第二、三章皆在神經外科病人顱內不同部位施予電刺激，第四章則係讓正常受試者觀看牆壁上的鐘，自由地做手指彎曲動作，並在事後回憶當意圖想要彎手指時的壁上指針位置，實驗過程全程記錄輔助動作區的顱外準備電位（RP），以及實際做了彎曲手指動作時的肌電圖（EMG）。第二、三章各項實驗所施予的電刺激位置，請參閱「導讀圖 1」觸覺神經系統上行通路之標示；第四章部分將另行說明。現分述如下：

（1）第二章探討神經充裕量、EP 標記、與時間回溯下之主觀指定。受試者係在腦部深處為了治療目的植入電極的神經外科慢性病人，實驗方法則係在病人顱內軀體感覺皮質部（S1）、內側丘系神經束（LM）與皮膚上，分別依實驗目

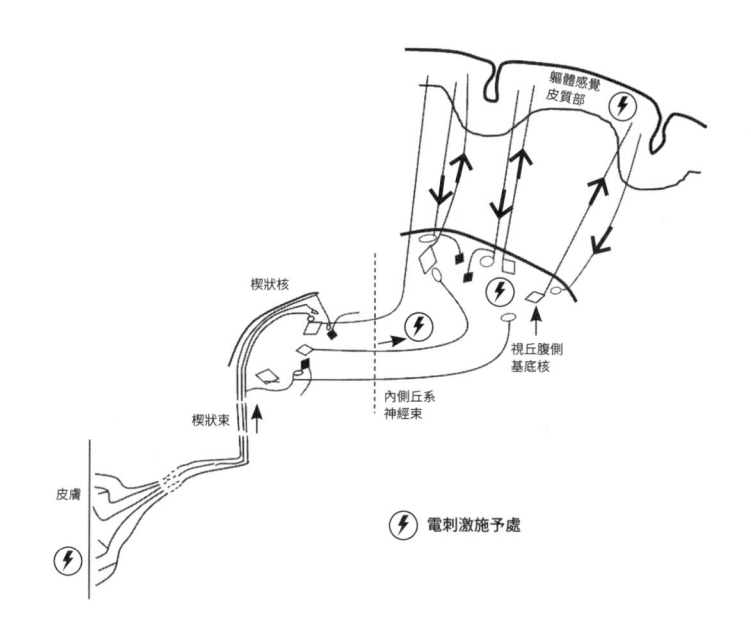

導讀圖 1 ｜ 李貝實驗中人類觸覺系統上行神經通路簡略示意與電刺激標定圖（修改自 Popper & Eccles, 1977, 圖 E2-1）。

從手部接受區開始，往上經過楔狀束（cuneate tract）與楔狀核（cuneate nucleus），抵達內側丘系神經束（LM），之後傳往視丘腹側基底核（thalamus ventro-basal nucleus），由此送達軀體感覺皮質部（S1），視丘與皮質部之間則形成互動的神經迴路。李貝研究群依實驗目的，在皮膚與該上行通路上分別直接施予電刺激，共有四個位置，大約如圖上所示。

　　　　的施予一次或多次電刺激。另並在顱外做 S1 的事件相關誘發電位（EP）測量。

（2）第三章探討「時間到位理論」，以及從無意識過渡到意識狀態的時間要求。實驗方法是在神經外科病人視丘內觸覺上行感覺通路上（繼續往上傳到軀體感覺皮質部），施予刺激序列，每秒 72 個脈衝序列的確實呈現時間，依每次測

試而變，從 0（未出現刺激）到約 750 毫秒（也就是 0 到 55 個脈衝）。給足 500 毫秒的刺激序列時間，大約包含有 36 個脈衝。

（3）第四章探討無意識下啟動的腦波激發、行動意圖與自主行動。該研究有三個需要記錄的指標，一為牆壁上的鐘面指針位置，一為記錄手指或手腕實際彎曲時的肌電圖，另一為最重要的針對大腦皮質的輔助動作區（supplementary motor area, SMA）作顱外腦波紀錄，這是腦部中心線靠近顱頂，位於動作區之前的腦區，該腦區被認為可以啟動或控制內生性的動作。李貝將受試者清楚意識到想要彎曲手指或手腕之前，就已經在顱外記錄到的微小電位，稱為「準備電位」（RP）。若干研究者批評單單是這些技術細節所引起的問題，就已足夠否定所獲實驗結果的解釋方式（見第四章譯注 IV 與 V）。

本書內容分類概述

1. 神經充裕量、EP 標記與主觀指定

李貝在第一個系列研究中，提出有關神經充裕量與主觀指定機制的實驗數據及觀點（Libet et al., 1964; Libet et al., 1979），因該系列研究中涉及是否有「心智或精神力量在控制大腦做時間回溯並做主觀指定」的認定，以及心物二元論觀點，引起學界很大爭議。

該類研究發現之一為在「導讀圖 1」的 S1 與 LM 上，給予連續性電刺激時，都需要 500 毫秒左右才會產生神經充裕量，以發

展出主觀經驗的意識覺知（見第二章），但在皮膚上則只需一個足夠強度的電刺激，即可產生意識覺知；另一發現是，在對觸覺邊緣系統（如皮膚）與 LM 施予電刺激時，會在顱外量到初始誘發電位標記，但直接刺激 S1 則無。李貝利用該二測量提出在時間軸上回溯做主觀指定的主張。

李貝等人發現直接電刺激左半球的身體感覺皮質部 S1（對應右手背），與在 200 毫秒後才電刺激左手背，要求受試者在確定手背上有刺激時報告哪一隻手背（左手或右手）先有主觀觸覺，結果發現左手背先於右手背有觸痛的意識性知覺產生，該結果顯然違反了神經法則（neuron doctrine）與大腦同一論（identity theory，心物一元論的一種，也是神經科學界的流行看法）。實驗結果中，兩者的差別在於刺激左手背時，會在極短的 10 至 30 毫秒後，在右半球軀體感覺區出現極短暫的誘發電位（EP）；但直接刺激左半球 S1 則不會產生 EP，這可能是因為沒有從邊緣神經系統來的投射輸入（afferent projection）之故。李貝認為左手背受刺激後產生觸覺的客觀時間，理論上不應快於直接刺激左半球的 S1（直接刺激 S1 後產生觸覺經驗的時間約需 500 毫秒），但由於受試者會將主觀觸覺時間回溯到 EP 發生之時（10 至 30 毫秒後產生 EP 之處，可當為一種時間標記），所以會以為較快在左手背產生觸痛感覺。若同時刺激手背與刺激 LM，則因兩者都會產生初始 EP，所以兩者的主觀觸覺覺知，會同時出現（見第二章）。

該系列研究是意識研究史上首次獲得大腦活動的實驗數據，以說明大腦如何產生意識性覺知，李貝並提出可利用初始 EP，在時間軸上回溯並做主觀指定何時發生知覺經驗的推論。潘洛斯在其書

中仔細歸納李貝等人於 1979 年獲得的實驗結果（Penrose, 1989），這部分的綜合敘述請見本書第二章譯注 I。波柏與艾可士認為李貝的實驗結果，說明了精神力量有很多可以介入大腦運作的空間，如主觀回溯到 EP 剛出現之時，以作為時間標記（Popper & Eccles, 1977），他們這種傾向心物二元論的心智運作觀點，在一般神經科學家中相當少見，對主張意識的神經關聯理論（NCC）之主流研究者而言，更是不可思議。克里克曾評論說：「他們兩人都是二元論者，他們相信機器中有鬼魂，我對他們兩人的觀點從無同情心，不過他們對我的觀點大概也會講同樣的話吧。」（Crick, 1994）

由於李貝曾與艾可士合作共事過，因此李貝這種在時間軸上回溯做主觀指定，來改變進行中的時間知覺之說法，是否就等同於「精神力量可以介入大腦的當下運作」這種二元論觀點，一直是學界關心的重點，但在本書中卻看不出李貝真有這種同意二元論的明確意圖在，說不定李貝會認為這種在時間軸上回溯、去抓 EP 所在處之主觀指定的過程，其實也是一種在無意識中進行之當下腦內神經事件，不必一定與精神力量的介入有關。但是因為李貝一向不反對，甚至主張心智能夠以無意識方式，來發揮實質影響力（見第三章），所以這類論辯仍有很多不確定性在。李貝深知他們所獲的實驗結果與闡釋方式，裡面可能藏有心物二元論的陷阱，所以在本書中都很小心地處理這類問題的詮釋。

針對這類問題，首先發難的是知名神經哲學家派翠西亞·邱其蘭（Patricia Churchland），她認為這一系列的研究結果，不能全然由神經事件（如神經充裕量、神經激發、神經遮蔽與回溯到發生 EP 之時間起始點等）來解釋，可能還涉及較高階的認知與

行為反應,如被遮蔽的可能是記憶痕跡而非單純的神經活動;有相同論點的還有狄內等人。李貝當然不認同這類評論(Churchland, 1981a; Libet, 1981; Churchland, 1981b; Dennett, 1991),特別在第二章做了總體回應。我們將這部分的爭議與回應,放到本書第二章譯注 II 討論。

2. 時間到位理論:從無意識過渡到意識狀態

李貝等人在神經外科病人觸覺上行感覺通路上的視丘內,施予電刺激(見「導讀圖1」)。李貝在主要合作者、神經外科專家費恩斯坦於 1978 年過世後,轉做正常人的自主行動與顱外腦波測量(下一節再做說明),後來才再度探討神經外科病人在視丘接受電刺激後的反應,並於 1991 年發表探討無意識狀態如何過渡到意識狀態的意識覺知現象,並在無意識的狀態下,是否也可以與意識狀態下一樣,對人類行為產生類似影響(Libet et al., 1991)。由這些實驗結果,李貝提出「時間到位理論」,認為無意識狀態在時間到位後,就可以過渡到意識覺知;而且在尚未達到神經充裕量的無意識狀態下,也可能驅動行為。這類結果對「閾限下知覺」(subliminal perception)現象及其功能,提供了可以互相援引比較的證據。

3. 無意識下啟動的腦波激發、自主行動與自由意志

這是李貝最令人疑惑且爭議連連的自由意志研究,實驗程序與結果都相對簡單易懂,但其結果對人類自由意志與自主行動的看法,提出甚具挑戰性的實驗數據。以下簡述主要來自他們兩篇

被引用數各超過五千次的論文（Libet et al., 1983; Libet, 1985）。

該研究的做法是讓受試者自由自在地彎曲手指，但在受試者想彎手指時要看看牆上的掛鐘（一種示波器），並記住掛鐘上面沿著圓周快速跑動的黑色圓點位置。李貝要求受試者在意圖想要彎曲手腕或手指（真正做出彎曲的行動則是在後面的時段）之時，記住牆上的掛鐘黑色圓點已經跑到什麼位置，等到該一簡單實驗做完後，告訴實驗者牆上掛鐘的圓點位置。實驗指標共有三個：一個是意圖要彎手指的指針時間（W），一為意圖彎曲手指之前就已開始在大腦輔助動作皮質部（SMA）所做的顱外腦波測量，稱為「準備電位」（RP，可以從「事件相關電位」ERP 中分離出來），最後則為實際彎曲手腕或手指時所記錄的肌電圖（EMG）。實驗結果簡單清楚，大約是在清楚意識到自己想要彎手指（該一時間稱為「W」）之前，顱外已測量到進行了 400 毫秒的準備電位，在 W 之後大約 150 毫秒，則會做出真正的彎曲動作，肌電圖也有了清楚的紀錄。

從該一結果看起來，若輔助動作皮質區確實是發動自主行動的腦區，則自由的自主性動作好像在意圖要有所行動（W）之前，即已在無意識中啟動。此處所依據的重要指標為準備電位（RP），於 1964 年首度經由繁複的腦波紀錄與綜合計算後，獲知有這種特殊的電位（Kornhuber & Deecke, 2009/2012；另見第四章譯注），這是腦波量測上一個很重要的發現，之後就一直將 RP 視為是在規劃、準備與啟動自主行動時的電生理訊號，RP 因此被認為是具有目標導向特性的運作，是一種足以引發後續自主行動的因果性力量。

葛詹尼加（Michael Gazzaniga）認為在李貝的實驗之後，陸續

有進階版的發現（Gazzaniga, 2009）。如 Soon 等人（2008）要求受試者看著銀幕中心，在中心處會有單一英文子音字母陸續出現，受試者可自由自主地決定何時要左手或右手食指按左鍵或右鍵，同時做功能性磁振造影（fMRI），他們必須記住在做動作決定時，銀幕中心出現的字母為何。這是一種替代李貝用鐘面計時的方法。事後檢查，自主按左右鍵比例大約相當；想要按鍵的意圖則會在按鍵動作真正開始之前的 1,000 毫秒內，清楚意識到。

實驗與神經影像掃描結果發現，在受試者清楚做出決定之前，無意識的腦區活動已進行約 10 秒，這是一種可被視為具有預測發生意識性動作決定的無意識神經活動，比一般李貝式以 SMA 顱外測量為主的 RP 時間（大約在意識性動作決策前幾百毫秒）長很多，而且這段長時間的無意識神經活動主要並非在 SMA，而是以額葉極區（fronto-polar）與頂葉腦區為主。

看起來動作決策可能在 SMA 啟動無意識活動之前，已有更高階腦區活動發生，且在無意識中影響動作決策之發生。為了說明神經影像的測量，確實反映出受試者在動作決策前後的腦部活動，他們首先確認在動作決定之後做出動作時，會有主動作皮質區（primary motor cortex）與 SMA 的明顯激發；最關鍵的問題則是在 Soon 等人的想法中，他們認為這些先於 SMA（動作決定之前的無意識激發）發生的 10 來秒活動，都與動作決定有特定關聯性在，可以在無意識準備期中，選擇性地預測動作決定的發生。雖然 Soon 等人的實驗結果，與李貝有很多不同，但葛詹尼加採正面看法，認為這些新的進展不只更新了數據，也因此強化了李貝的主張。

但是針對這些正面想法,並非沒有不同意見,蘇爾格(Aaron Schurger)等人有相當不同看法(Schurger et al., 2012)。他們認為目前所看到的準備電位 RP 數據,都是在受試者自行啟動,有自主行動發生的條件下測量得到,所以會傾向認為是 RP 驅動了自主行動。他們要問的問題則是在沒有自主行動,而係改用被動的感官刺激驅動方式(如給一個聲音),來要求受試者立刻做出非自主的按鍵行動時(同樣是彎手指),是否還可在時間軸的前面看到 RP？假如在感官刺激驅動下做出非自主行動,也可由此回溯去計算後證實了 RP 的存在,則 RP 被當為引發自主行動之充分條件的正當性,就不是那麼牢靠。

他們的設計是讓受試者仍然做出常規的自主行動(仿照李貝的標準實驗方式),但其中夾雜一些嘗試次,請受試者在聽到特定的聲音刺激時,立即配合做出非自主性的行動。實驗結果發現在自主行動之前,大部分可以算出並找到 RP,與李貝的經典實驗結果相似；另外在經由感官刺激促發的非自主行動中,將每個受試者的反應時間區分三等份,找出反應快速與反應緩慢的嘗試次,結果發現在反應快速的資料組別中,鎖定動作發生或出現感官刺激的基礎點往前回溯計算,也可找到類似的 RP,且由於感官刺激出現的時間無法預期,所以不宜將之視為動作準備的神經生理指標,比較像是瞬時的神經波動現象。至於反應緩慢組則無明顯類似之 RP 出現。該一結果似乎說明 RP 在此一自主行動的因果鏈中,尚難清楚地視之為誘發自主行動的充分條件。

賽斯(2021)認同該一實驗所傳達出來的意義,亦即 RP 與自主行動之間的因果關係,尚需再做探討。

RP、W 與實際自主行動之間的關係，確實不容易釐清，也是學界的辯論主題之一，假若將準備電位（BP 或 RP）視為腦中我們不能意識到的神經雜訊，則 RP 就不宜作為自主行動的因果連接，但若視為自主行動的伴隨現象則無不可。假若行為層面的心智功能（自主行動）與腦神經生理（RP）之間的關聯，不要用因果鏈充分條件這麼強的說法（目前較常用必要條件的方式解釋），則蘇爾格等人發現所造成的殺傷力，應屬有限。另外，用腦內神經雜訊來等同於 RP，看起來製造的問題比解決的多，亦非習慣於接受 RP 之結構與功能者所能接受。

基於李貝的該類實驗結果，若干研究者趁勢主張應無所謂自由意志之存在，因為受試者對內在意圖有所覺察的時間點，在意識的科學研究上，一向被約定俗成視為自由意志產生的瞬間，亦即當受試者清楚意識到內在意圖形成的瞬間，或說是內在意圖進入意識的瞬間，一直被當作是自由意志出現或存在的指標。若自主性動作可在尚未有意識覺知之前，即已在大腦中被無意識地啟動（RP 是相關指標），則依科學界之既成看法，應即表示動作可發生在意志之前或不需靠自由意志來驅動，故難謂有自由意志之存在。也有研究者認為，依此實驗結果可將自由意志視為是一種錯覺，或視之為心智運作的附屬現象，因此不具有因果效力。這部分的論辯在第四章與該章譯注中，將有詳細討論。

同樣的，李貝由於發現了該一在直覺上違反自由意志理念的實驗結果，也被不少人認為他是否定自由意志的研究者，但李貝並未主張這種信念，反而提出人在起心動念與實際行動之間，還有一段時間可以決定要不要否決這種念頭，他認為人仍有否決力

量（veto power），可以視為人仍能自主自由的指標。李貝在本書中也多所致意，不希望被歸類為反對人有自由意志的研究者。但該類結果尚未能做出完全驗證，因為在動作未真正做出之前，雖可以用意念否決（veto，或稱「自由放棄」〔free won't〕），停掉該一動作，但起心動念之後要再去否決一個行動，是非常困難之事，實驗上也很難驗證。這是一個很巧妙的想法，但是受試者很難在如此短的時間內去做好這件事，因為意識性抑制（conscious inhibition）這個概念及其實踐，一點都不比意識性地想去做（conscious intention）這件事更容易理解（Seth, 2021）。

該研究又衍生了另一嚴重的有關責任、犯罪與倫理的問題，亦即若自由意志不存在或自由意志是一種錯覺，則人類又該如何為自己負責？李貝提出意念否決或自由放棄的說法，是否可以在這點上解套？這類問題是當今學界、法界、精神醫學界、實務界與社會的重大關注事項，也是李貝該一系列研究如此受到注意與討論的理由。

4. 意識心理場論（CMF）與總結

李貝在本書最後做一總結，回顧書中所提出三大系列研究的主要發現（神經充裕量現象與時間回溯主觀指定解釋、無意識過渡到意識狀態的時間因素，以及對意圖行動與自由意志之討論），並提出未來的展望。前面所提的三個系列研究是本書的核心，都是有豐富實驗資料的團隊合作成果，但在本書第五章則是依其個人猜想，提出一個可以做實驗測試的心腦互動場論，擬議以可行的腦神經外科手術，在大腦皮質內做出一個與周圍神經分離、但

仍活躍的皮質板塊，該一皮質板塊已與腦內其他區域完全沒有神經連接，但仍保持活躍，因為膜表面的血管血流供應仍完整無缺。李貝對所研提「意識心理場論」（CMF）存在的可能性寄以厚望，其主要觀點來自他1994年的論文（Libet, 1994）。

相對於個別或分立的感官與認知經驗，意識指涉的主要係統合跨感官、跨不同認知層面之總體主觀經驗，因此提出場論來描述總體意識經驗，也是合理的主張。李貝所提之意識心理場論是一種非物理性質的場（non-physical field），又具有總體特性，並非電磁場、亦非重力場的物理觀念，他提出若病人因醫療需要，而需在大腦中的一處腦部板塊（cortical slab），切除四周之神經聯繫（但保留血管供應血液）時，則該一四周無神經連接的腦部板塊，應可用來測試他所提的CMF（見第五章）。這種主張與現在流行的NCC想法，有根本性之不同（見第五章譯注IV與第六章譯注II），若確能得證，亦即在沒有任何神經連結下，對這塊腦部板塊做電刺激（因治療需要），能表現出主觀溝通與行動意圖，並能報告出主觀經驗，則如作者所言，將產生深遠影響；簡而言之，就是顛覆了NCC的基本哲學。李貝做這種主張的原因之一，應該是認為該一大腦小板塊已是CMF的一部分，也許具有類似分配式表徵（distributed representation）或全像表徵（holographic representation）的概念。

李貝顯然很在意別人會認為他主張CMF，就好像是心物二元論，所以他特別說明CMF是腦部衍生現象（emergent phenomenon）的一種性質，CMF不是笛卡兒二元論所列出的分立實質類別，CMF因有腦部才能存在，它衍生自神經活動下的適當

系統。從另一方面來說,雖然腦部活動促生了 CMF,但由此衍生的 CMF 現象,是假設用來呈現無法用腦部活動來解釋的性質。唯就該一主張,李貝雖已提出測試的實驗規劃,迄今尚無任何有意義的驗證。

　　意識研究上有兩種不能稱之為主流的主張,它們分別是以「場」的概念來闡釋意識經驗特性,以及用量子效應來模擬意識在不同尺度下的運作機制。不過這兩種主張,都不受意識的神經關聯理論(NCC)學派歡迎。我們將這部分的討論,放在第五章譯注 IV。

當代新主張:
人類意識的神經關聯機制與可計算性

　　導讀至此,還有兩個問題值得探討:一為當代意識研究以後的發展重點為何?另一為李貝的學術定位為何?第一個問題在此作一簡述,第二個問題放在最後。

　　李貝在本書中一再說明,「內在主觀經驗」係其一生關切之所在,該一論點在 1980 年代神經影像掃描技術尚未成熟之前,確屬難以實驗驗證的重大課題,但現在已是意識科學研究的主流。克里克在生前已認定李貝所縈繞在心的內在主觀經驗確實是根本問題,只不過受限於時間尚未成熟,研究高度還達不到可以解決的地步(Crick, 1994)。目前最受矚目的 NCC 與 IIT 研究陣營,亦以內在主觀經驗作為其核心課題,由此可見李貝的研究重點與觀點,持續到當代仍在發揮其影響力。

如前所述，克里克與艾德曼在意識科學研究上的下一代，已經開始實質合作、聯手出擊，將「意識的神經關聯理論」（NCC）與「整合訊息理論」（IIT）打造成併聯的兩大熱門理論（Koch, 2012; Tononi & Koch, 2015; Koch et al., 2016; Tononi et al., 2016）。

　　NCC想要從意識的行為關聯層面，分別找出其背後有關的神經機制，也修正了過去不少研究上的認定，如腦波伽瑪振盪頻率（30至70Hz）或其同步共振，與刺激出現300毫秒後在額葉頂葉處出現的P3b波，未能具有預測意識發生的效力；伽瑪頻率共振也發生在沒有意識的時候；意識經驗內容與後腦顳顬—頂葉—枕葉熱區的關係，比廣泛的額葉頂葉網絡更為密切；意識需要同時有分殊與整合的全腦神經連接等項（Koch et al., 2016），可說NCC累積的成果已愈來愈多，也愈來愈清楚。接下來的問題就是在NCC建構下所談論的意識，是否可以找到某些足可清楚標定的神經活動量，來作為某一意識主題之量化指標的計算基礎？

　　柯霍曾提出是否存在一種意識量尺（consciousness-meter）（Koch, 2012, 2019），就像大家所熟知的昏迷指數、疼痛指數或地震分級一樣。托諾尼（Giulio Tononi）則首先在2004年提出一套理論，與Φ（phi）的計算方法（Tononi, 2004），認為可以算出主觀經驗的意識量。常識上針對若干清楚可分的意識狀態，如植物人狀態、昏迷、深度麻醉、睡眠、清醒、警覺幾類，也許可粗略地給一個分類或排序的數值（categorical or ordinal scale），但若只能做到這種粗糙的分類或排序，而且又與活生生多元豐富的主觀經驗關聯不大，則該項努力雖然對臨床診療可能有重要幫助，但這些工作讓目前的EEG與神經影像掃描來做，也可以做得一樣好。

因此若要將以日常清醒生活之主觀經驗為主體的意識研究，真正提升成為一門被尊敬的科學，則有必要做出更精細的區分，做到主觀經驗可以用等距或等比量表（interval or ratio scale）來呈現的地步，這應該也是 NCC 與 IIT 想要織補起來的大縫隙。

IIT 與主觀經驗的測量

IIT 將意識定義為主觀經驗，但當意識開始衰退，進入無夢的睡眠狀態時，主觀經驗也逐漸消失，要如何測量這類由無到有，由少到多的意識量？這是一個正確但大膽的嘗試，因為針對主觀經驗的意識研究是公認的困難問題，意思是都還弄不清楚主觀經驗的種種，如何去做有根有據、有計算理論的測量？但這種嚴苛的評論在科學上不見得一定合用或成立，如星體之間的引力，一直到最近才測量到有重力波的存在，讓引力的祕密豁然開朗，但牛頓早就提出引力大小與星體質量的乘積成正比，與距離平方成反比；愛因斯坦也提出「直行光線在經過巨大的恆星時會彎曲」的偏折幅度，並經戲劇性的證實（見第一章譯注 III）。IIT 所下的定義，與李貝一向認為主觀經驗是了解人類內在生活所必須解決之問題的態度相符（見第一章與第五章），但對取消式唯物論（eliminative materialism）而言，恐怕是一場夢魘，因為該理論主張並沒有心理狀態（mental states）或者像信念、欲求、希望、恐懼這類東西。克里克一向處理第三人或外人可以觸接之知覺屬性的視覺覺知（visual awareness），但他在其 1994 年書中第十八章〈克里克博士的主日崇拜早課〉一開始，就先引用李貝所說過的話：「我們自己的主觀內在生活，包括感官經驗、感知、思考、意志性選擇，

是我們作為人類真正該關心的事。」克里克接著說,當充分了解視覺系統之後,當時間到來時,可以轉向以實驗方式探討人類的主觀經驗,也有機會進一步去研究心靈與神祕經驗,這可不是只有哲學家才可以談論的事(Crick, 1994)。

IIT 應該是可以搭建在神經達爾文主義與 NCC 的基礎上發展,但是意識與腦部之間的關係還有很多難解之處,如小腦的神經元比大腦皮質可能多達四倍,但支撐意識的卻是大腦—視丘迴圈系統。(這些估計只能做參考,因為腦內神經細胞總量不容易估計,托諾尼認為近千億,小腦就占了近 700 億,神經元之間再加上突觸連結,可達千兆級,比銀河星數還要多很多,若沒設定適當與有用的尺度,很難模擬與利用。最近則有新的估算,認為腦內神經元總量約可壓低到 860 億〔Herculano-Houzel, 2012〕,唯仍未能解決這些問題。)當大腦神經元仍然活躍時,為何意識在深度睡眠時已經衰退?

IIT 因此認為若只想從腦部出發,去問腦部的結構與功能如何產生意識,則不只困難,而且幾乎無解,所以主張要反其道而行,先從主觀經驗的現象與實際體會出發,去釐清應該要有何種腦部結構與功能,才能支撐出已知的人類主觀經驗。這種想法其實很接近貝氏統計(Bayesian statistics)的思考方式,由實際發生的事情(樣本)來推敲理論上應該存有的狀態(母體)。亦即從符合意識經驗現象的公理與假設出發,先提出一個可以評估意識質量的數學架構,之後再回過去指認腦內之意識的概念結構(conceptual structure, CS),以及所對應的具有因果力量之物理或生理關聯(physical substrate of consciousness, PSC),將這套架

構應用上去,以找出意識與腦部的關係。譬如說,若意識經驗是富含訊息的,則對應的 PSC 就應該是高度分化的,才能產生龐大的狀態存量;又若意識經驗是整合的,則 PSC 就必須要組成一個單一的整合實體。若透過系統元素之間的有效互動,將這兩個互相衝突的經驗性假設(分殊與整合)合併起來,亦即同時存在有分殊性(differentiation)與整合性(integration),就可作為 IIT 的理論核心:尋找「一個有主觀經驗又能相當程度整合訊息的物理系統」。

聽起來在講法上有很大不同,但在實際研究上與 NCC 的基本做法,還是有相通之處,因為 NCC 也是要先從意識的行為層面出發,再依此找出神經關聯機制。IIT 最特殊之處,在於提出 PSC 的 Φ 測度(phi measure),這是一種用來表示訊息整合之系統容量的測量方式。

腦內訊息整合與 Φ 值

「Φ 值」指的是整合訊息(integrated information),對應於系統各成分之間的回饋與相互依賴,表示完整系統與該一系統可以被分解為更小系統(如幾個神經元群體)之間的訊息差距,當 PSC 整合度高時(透過視丘皮質的動態核心,選擇並整合幾個相關的神經元群組,如跨腦區整合各知覺屬性的分系統,以獲得協調一致的知覺整體)。如在清醒注意的狀態下,則不易分解為其原來分殊組成的個別系統(若以知覺屬性來說,可以指稱是處理個別知覺屬性如形狀、色彩、位置、深度的個別神經通路或系統),此時 Φ 值就高(亦即整體 Φ 值大於其個別組成成分

Φ 值的總和，此時這個系統活動的因果效力就大，亦即意識經驗愈強），而且當綜合各種條件平均後，若這個組合可以得到最高與不可化約的因果力量時，則這種整合方式就有最高的 Φ 值（Φmax）；但若進入無夢睡眠狀態或大腦損傷，則分殊的神經活動難以整合（此時的總體 Φ 值幾乎等於其個別組成成分 Φ 值的總和，該系統的活動就不具因果效力），或整合狀態崩解為分立狀態，或 PSC 變小，Φ 值就變低。IIT 主張人類意識有高的整合訊息容量，但真正能明確計算出來的意識量仍屬有限，反映的是現象內容（phenomenal content）與可觸接內容（access content）之間的差距（Tononi & Koch, 2015）。

Φ 值的計算雖與訊息理論中所計算的熵函數（entropy function）有關聯性，但並非等同，因為熵函數只在計算一個集合內由多少種可能狀態或選項下，可以得到一個熵值，也就是表示已經削減了多少不確定性（uncertainty reduction），但無法表現訊息的整合，以及系統內的因果性互動，這部分的工作就由 Φ 值來做計算。如在神經元群體選擇理論中的核心區域視丘皮質迴圈，各組成元素分殊性高（功能特化性高）且跨元素的功能整合程度高，就可以獲得最高的 Φ 值；小腦分區接受來自各個身體系統的神經訊息輸入，與大腦皮質的功能分區接收方式並無不同，分殊性一樣都很高，但小腦不像大腦皮質有胼胝體可以在兩半球間互通訊息（好像裂腦病人一般），且各小腦半球內缺乏神經元之間的遠距相互連接（切割出較多的分立模組，可做分區精確迅速接送，唯互相之間沒有回饋激發），所以整合性明顯偏低，因此雖然各小腦半球內神經元的數目遠多於大腦皮質部，但所得的 Φ 值

還是較低（Tononi, 2004; Massimini & Tononi, 2018）。

經由這類計算的結果，IIT 認為可以解釋多項以前難以解釋的現象，譬如何以是大腦皮質而非小腦，在意識經驗上占有重要角色；IIT 認為透過這種計算所找到的 PSC，不管組成的神經元集合為何，也能依此預測應該具有最大的內在因果力量（Tononi et al., 2016）。

但是 IIT 的問題在於，PSC 的標定還是要先依據神經達爾文主義的「神經元群體選擇理論」，來做判斷與設計，並經 NCC 做意識的神經關聯性確認，找出最可能解釋意識發生的神經機制後，再綜合平均各種條件找出最高 Φ 值來，之後才能依此數值判斷意識發生之處確實在大腦皮質，而且所找到的 PSC 相較於其他組合，確屬最具因果力量。接著另一問題是，目前尚無可以確實處理大量不同狀態、不同神經連接下之 Φ 值的計算方法，但這是探討意識相關的跨區整合神經活動時，一定會碰到的問題。所以，意識研究真的已經找出計算的理論與測量方法了嗎？這顯然還是一個開放問題。

Φ 值的計算不能茫無頭緒，好像自動機器一般，任意到腦中自己去劃定不同區域運算，然後找出最大值，宣稱這裡是最具因果性的腦區，一定負責了什麼心理功能，之後再啟動相關的科學驗證。這種反向的做法在人類全腦圖譜建構完全，以及 AI 技術日新月異之後，說不定也有實現的可能，但目前顯然不可行。不過針對在科學上已經找到的負責神經網絡，若能標定出比較小的區域，還是可以計算 Φ 值，以估計其對意識經驗所具有的因果性高低，從這點來看，Φ 值的計算至少可以作為事後的有效解釋架構，也是努力設計意識量尺剛開始過程中的一種方案。

IIT 與 NCC 的結合

　　當代對不同意識狀態的出現、轉換及流動，對個別腦區反應與跨腦區互動，做了很多可以明確測量的神經影像分析，而且猜測這些測量應與所關心的意識變項有關。但是影像所做的測量不一定就能夠反應意識的實在狀態，這還需要有一套計算理論（computational theory）來支撐。就像雖然在特定心智活動下，可以測到表面上相對應的腦區活動量，並求得相關，但其實並不確知所掃描到的腦區活動，是否真的對應到與心智相關的神經元活動，亦即不確知究竟測量到的是什麼，一直要到 2000 年，神經影像與神經元激發量之間具有線性關聯的直接證據，才由羅格鐵帝斯（Nikos K. Logothetis）等人建立起來（Logothetis et al., 2001. 另見本書第一章譯注 V）。

　　也就是說，人類意識是否具有可計量（scalable）的性質，而且可以循線找到測量的方法？這個基本問題的第一步，就是要經由 NCC 的研究，先確定意識變項確實與特定的神經活動有關，再經由神經影像與神經元激發量之間，確實存在線性關聯的事實，找出可以印證的行為與腦區神經之意識活動指標，再依此找出是否可以測量以及如何測量的依據。亦即意識的測量，須有 NCC 的研究先行，這應是 IIT 與 NCC 兩者在近年來緊密聯合的原因之一。

　　NCC 與 IIT 在某些層面上大有不同，如 NCC 與傳統的科學做法並無不同，將意識作為目標，尋找相關聯的神經機制，所以大部分科學家對內容可能有意見，但對研究方式與目標應無太多不同看法。IIT 想將訊息的整合與意識做一關聯，這一點大部分意識

研究者都有共識，從神經達爾文主義到 NCC 皆是如此，只不過這種腦中訊息的整合方式，有不少人認為是來自注意力，所以也可將 IIT 視為腦中注意力機制在運作的版本（Graziano, 2019），這意思大概是說，IIT 講太多了。

IIT 將意識視為等同於用來整合訊息的系統容量，並未完全局限在人類的主觀經驗之上，而是適用於所有物質，所以也可能導出令人頭痛的萬物有靈論（panpsychism，或泛心論）。為求上述有關 NCC 與 IIT 的討論能與本書基調相符，故將其適用範圍限定在人類的主觀經驗之上。

IIT 與一般科學理論的建構方式不同，並非先將意識現象作為實驗、解釋或預測之對象，而是將意識經驗現象作為不必說而自明的公理（axioms）或公設，如：意識經驗是一個實質性的內部存在、意識是有結構的、意識有分殊與特定現象內容、意識性的主觀經驗是統整的、意識在訊息整合上具有特定的時空尺度。接著就是尋找能夠反映這些性質，能夠整合訊息又具有因果力量的 PSC 系統，以及計算能夠表現系統意識程度的 Φ 值。

IIT 所需面對的問題

IIT 衍生了幾個大問題，譬如：（1）牛肉在哪裡？也就是說需要研究的現象，都被拿去當公設了，則在不了解腦部如何真正整合訊息之前，又如何去計算 Φ 值？若要先釐清意識運作的神經機制之後，才能計算，則 IIT 只不過是在過去的基礎上做不見得有共識的計算，理論的實質貢獻變得大受限制；（2）提出的概念結構與 PSC，應該還是經由神經群體選擇理論與 NCC 實驗才能決

定,而非從該理論的計算中就可推論產生;(3)大系統全腦計算的可能性與可行性都很低,尤其對複雜的神經連接機制而言,複雜度甚高,難以計算;(4)縱使 Φ 值能夠算出,則 Φ 值是意識的充分條件還是必要條件?(5)IIT 究竟表現了何種哲學態度,泛唯物論、二元論或萬物有靈論?IIT 從 2004 年以後已經演進出幾個修訂版本,經過調整後,或許有機會能夠正面回覆上述大部分問題。

IIT 初看之下有點奇怪(weird),雖然奇怪,但不一定就是錯的,就像量子物理雖然奇怪,但可透過實驗測試驗證其有效性,IIT 的問題則出在如何才能做出可行的實驗測試,如何發展出各種量測 Φ 值的實用版本,還有更困難的,如何在 Φ 值與意識水準之間驗證其等價性,這些顯然都是尚未解決的問題(Seth, 2021)。

劉克頑(Hakwan Lau)對 IIT 與泛心論(或萬物有靈論)深不以為然,認為在科學上,IIT 將是一個難以驗證的理論,泛心論則是一個有時會與 IIT 相關聯的哲學怪胎(Lau, 2022)。

其實李貝也有與 IIT 類似的想法,認為基礎物理現象(如物質具有重力吸引、慣性、波粒二象性等)是無法化約或解釋的,可視之為自然界「給予」的事物,也許可將意識性的主觀經驗視為自然界的另一獨特基本特性,這些特徵也不會顯現在衍生出這些主觀經驗的神經基質上(見第五章與該章譯注 I)。

李貝在此所提及的意識,是一種基礎存在、意識性主觀經驗是統合的、可將意識性主觀經驗視同如自然界所給予(as given)的特性等項,就如 IIT 認為這幾點都是不用說明,可視為公設一樣。

意識經驗的量化

　　意識經驗難以量化的困境，也發生在當代熱門的情緒研究上。在一般的人類理性決策中，常可針對不同的決策選項給予數量值，據以從事利益極大化的計算。但這種可計算性與可預測性，在情緒因素介入愈來愈多時，就難以維持。其中最大的問題在於面對不同決策選項時，情緒的運作不像理性分析，縱使有情緒反應指標的測量（如生理測量與神經影像），但難以找到一種有計算理論作為基礎的量化方式，所以很難就這些情緒指標進行類似極大化的計算，以致難以預測；而且，情緒與行動之間又涉及非線性對應，更增加由情緒預測行為表現的難度。

　　其實視覺研究上已有一些成功例子，如以雙眼線索為主的立體視覺（stereopsis）計算，由於可以找到網膜像差（retinal disparity）作為基本計算與分析單位，透過人體神經系統的有效消息處理，使用像差來逐步回復外界事物的立體結構，這是一種有計算理論與算則的反向工程。但若是處理一般的深度視覺（depth perception），則因混入不容易計算的單眼深度線索（monocular depth cues，如各類透視與其他認知線索），整體的可計算性與可預測性便逐步降低。色彩知覺也是大約如此。當意識研究主要焦點放在現象意識（phenomenal consciousness）或主觀經驗時，本來是可以觸接的第三人稱經驗，開始涉入了第一人稱中外人難以觸接的經驗內容，Φ 值的計算因之愈來愈困難，計算的複雜度大幅增加，就像前述介入了很多認知或情緒因素之後的狀況一樣，但這才是真正生活中的主觀經驗啊！

若要能做到像視覺研究中有計算理論與算則的成功反向工程,可能要先限縮到一個可以計算的簡單模型,在此基礎上去找類似像差這種分析單位,或尋找極大化機制以做出預測,之後再逐步放大尺度以求逼近。所以,IIT 顯然還有長路要走,我們也應該要有做好等待的準備。

李貝在意識研究學術社群中的定位

我們先依據若干原則,將重要的意識與心智現象研究者分成四群,且將本書所提及的部分研究者,依其合適性分別放入各群,再依此試擬李貝應該擺放在何處位置。四群分類如「導讀圖 2」所示,該圖之繪製數易其稿,以明確化製圖之原則與判準。首先合併考量歷史源流、當代意識研究主流社群與重大不同觀點,區分出各個大群,並針對四類學術主張的主題群組做簡要分類說明,之後再依據各項判準,將李貝放在主題群環繞的適當位置上。這不是一件容易做的工作,但應已可由圖中清楚看出四大學群的分類與李貝定位的根據。

此處所擬之分類,主要係模擬從李貝的眼光出發所做的排比(就像在本書第六章,李貝模擬笛卡兒的想法,並與他做虛擬對話一樣),若因此而與讀者的專業認定有所出入,還請理解。

群 I

群 I 強調的是意識研究的歷史源頭。首先是笛卡兒,以及持有實質二元論(substance dualism)或性質二元論(property

導讀圖 2 | 李貝在意識研究學術光譜上的試擬定位。

群 I

1. 笛卡兒（René Descartes）
   實質二元論者（substance dualists）
   性質二元論者（property dualists）
2. 威廉・詹姆士（William James）
   佛洛伊德（Sigmund Freud）
   榮格（Carl Jung）
   維根斯坦（Ludwig Wittgenstein）
3. 潘菲爾德（Wilder Penfield）
   赫伯（Donald Hebb）

群 III

1. 波柏（Karl Popper）
   艾可士（John Eccles）
2. 潘洛斯（Roger Penrose）
   史特普（Henry Stapp）
3. 內格爾（Thomas Nagel）
   馬京（Colin McGinn）

★
李貝
（Benjamin Libet）

群 II

1. 克里克（Francis Crick）
   柯霍（Christof Koch）
2. 意識的神經關聯論者
   （neural correlates of consciousness, NCC）
   布洛克（Ned Block）
   查爾摩斯（David Chalmers）
3. 萊爾（Gilbert Ryle）
   瑟爾（John Searle）
   狄內（Daniel Dennett）
   史諦區（Stephen Stich）
   保羅・邱其蘭（Paul Churchland）
   派翠西亞・邱其蘭（Patricia Churchland）

群 IV

1. 史培理（Roger Sperry）
   葛詹尼加（Michael Gazzaniga）
2. 艾德曼（Gerald Edelman）
   托諾尼（Giulio Tononi）
   巴爾斯（Bernard Baars）
   尚儒（Jean-Pierre Changeux）
   狄罕（Stanislas Dehaene）
3. 懷斯克蘭茲（Lawrence Weiskrantz）
   巴培爾（Ernst Pöppel）
   達瑪席歐（Antonio Damasio）

dualism）觀點的心靈哲學家或科學家。這是歷史最悠久也是影響力持續最久的心靈與心智哲學陣營。

威廉・詹姆士（William James）是首先提出意識流（stream of consciousness）的意識研究先行者，對後來文藝創作產生很深遠的影響；同時也研究人如何對一個帶有情緒的物體或事件做反應，亦即人如何將一個「只被理解或知覺到的物體」（object-simply apprehended or perceived），轉變成「情緒有感的物體」（object-emotionally-felt），該一1884年提出的主張（後來併入1890年出版的《心理學原理》〔The Principles of Psychology〕），應可視為最早期的「簡單問題」與「困難問題」之對照版本。可惜威廉・詹姆士這兩類與意識研究有關的貢獻，後來因科學界氣氛不利，後續並未有進一步的重要及系統性探討。

佛洛伊德（Sigmund Freud）在1900年《夢的解析》（The Interpretation of Dreams）一書中，提出的是在臨床診療上，個人的潛意識及其（假設具有因果性的）運作機制，詳見前述。

榮格（Carl Jung）則帶點神祕取向的，提出集體潛意識（collective unconsciousness），認為這是人類共通、源自跨時代腦部遺傳結構的潛意識，包括原型（archetypes）或稱普同的原始影像及概念。榮格的原型，與柏拉圖式實存論（Platonic realism）有密切關聯，意指普同或抽象物體以觀念的理想形式，客觀存在且獨立於人類心靈之外，與後世之實存論主張有心理表徵或實存不同。集體潛意識與原型則可透過人類主觀經驗中的共時性（synchronicity），將可能沒有因果關係、但有意義的因素關聯在一起，之後在夢境中、在日常生活情境中、在診療過程中，將已經

存在的集體潛意識與原型喚出，並在主觀經驗中做出連結，對人的自我發展發生影響。但李貝在本書中皆未提及榮格或類似概念。

維根斯坦（Ludwig Wittgenstein）在 1920 年代被邏輯實證論者奉為導師，且與維也納學圈的人聚會，所以不少人以為他是主張心靈與意識指涉不到具體的實質，或有關的討論不具意義，所以應是存而不論的主張者。但他在《邏輯哲學論》（Tractatus Logico-philosophicus）（Wittgenstein, 1921/1974）中的「命題7」，是短短一句：「對於我們無能敘說的，必須沉默以對。」（What we cannot speak about we must pass over in silence.）此處保持沉默似有尊重或敬畏的態度（意指對神、生命、美、屬靈與心靈之類），後來連維也納學圈要角卡納普（Rudolf Carnap）也認為，維根斯坦不像科學家，反而比較像神祕學家（Monk, 1991）。

潘菲爾德（Wilder Penfield）則是做病人顱內刺激與測量的先驅（Penfield & Rasmussen, 1950），尤其是在相關手術以及在動作皮質部所做的仔細電刺激與測量上，是李貝研究團隊在進行其第一系列，與軀體感覺相關的顱內刺激及顱外測量時，必須參考的經典研究。

赫伯（Donald Hebb）曾與潘菲爾德共事過，提出在神經網絡設計上影響深遠的「赫伯學習律」（Hebbian learning rule），主張研究學習與記憶應從細胞層次著手，擬議在記憶與經驗形成的過程中，會出現互相關聯在一起的細胞群集（cell assemblies），構建出具有振盪迴圈功能之神經網絡，並促使神經細胞突觸在結構或代謝上產生變化（可作為突觸可塑性〔synaptic plasticity〕與長效增益〔long-term potentiation, LTP〕的早期預測版本）。他的觀點是明確的唯物論，認為「我們解題失敗並非表示問題無解，

一個人不能邏輯上在面對物理化學生物時，是一位決定論者，但換成心理學就成為神祕論者」（Hebb, 1949）。在科學史上，或許 NCC 可將赫伯視為他／她們最早期的堅定支持者。

群 II

群 II 是目前活動力最高的學術社群，大致上包括有實證論傾向的研究者，以及多數明確或不明確主張唯物論的科學家（亦即大部分是傾向泛唯物論，或認為心靈與意識應存而不論，或李貝不認同的人）。哲學家狄內與瑟爾（John Searle）經常批評李貝，李貝則認為他們所提的替代性解釋，都是不可測試（untestable）的想法。瑟爾雖然一直批評泛唯物論觀點不是好的心智理論，還認為在泛唯物論中，有些主張心理狀態不可化約或主張衍生論者，有演變成為性質二元論（但非實質二元論）的風險，但他認為心智與意識是衍生自腦部機制高階運作的結果，並未真正違反泛唯物論的看法。

這一群是目前在科學界規模最大的意識科學研究陣營，主要是經由克里克與柯霍的提倡後，形成頗為活躍又有影響力之「意識的神經關聯論者」（NCC）研究群，強調神經元的局部性質以及它們之間的互動（Koch, 2012）。

在著名的哲學家群中，布洛克（Ned Block）將意識分為觸接意識（access consciousness，可在認知層次上互相了解及觸接）與現象意識（phenomenal consciousness，屬於外人難以觸接理解的主觀經驗）（Block, 1995），但他在笛卡兒主義、功能論與物理論的三種出路之間，基本上還是偏好物理論（physicalism）的觀點。

查爾摩斯（David Chalmers）則提出現象上的「困難問題」，以與可用物理論處理的簡單問題做一區分（Chalmers, 1996），與布洛克看法有相近之處，並認為心理或心智狀態無法化約到物理系統之上，因此有人認為他是性質二元論者，但是李貝在本書第五章明確地將他定位為同一論者，與馬京主張主觀意識經驗是「無法回答的問題」之立場顯有不同，且認為他所提的是無法測試的理論。依這樣講，這兩位哲學家的立場，與 NCC 的精神並無太大衝突，所以放入群 II。

萊爾是旗幟鮮明，嚴厲批評將鬼魂放入機器的早期心靈哲學家。兩位邱其蘭（Paul Churchland & Patricia Churchland）則是取消式唯物論（eliminative materialism）的代表人物，認為心理狀態（mental states）根本不存在，主張沒有信念、欲求、希望、恐懼這類東西。史諦區（Stephen Stich）認為常民或民俗心理學（folk psychology）的主張完全虛假不實，這是一種支援取消式唯物論的經驗版本（Searle, 1992）。李貝不可能喜歡這幾位，就像與狄內及瑟爾常有不同意見一樣。

群 III

群 III 是波柏、艾可士、潘洛斯、史特普（Henry Stapp）、內格爾（Thomas Nagel）、馬京（Colin McGinn）這幾位，他們對性質二元論（一種物理實體，如腦部，會具有物理與心理兩種性質，互相之間難以化約）、心智運作不必遵守古典物理律、精神力量可以影響神經活動、難以穿透具有私密性的第一人稱經驗，或人類意識的神祕性等項觀點，具有同理心。李貝經常引用其中幾位

的觀點,但又想保持距離,在心情上有點模稜兩可(ambivalent)。

波柏與艾可士以及潘洛斯的觀點,在本書各章與譯注中皆有較詳細說明,請參閱。

知名量子物理學家史特普,則在1980年代即已開始探討意識各項特徵與量子理論之間的關係,對心物之間的關係比較接近雙層面(dual aspects)看法,亦即心理與物質是一個實體上不能分割的兩個層面,互相之間無法化約,並認為意識性意圖能影響腦部活動(Stapp, 1993)。有關意識的量子理論觀點,請另見第五章譯注IV。

內格爾與馬京兩位哲學家長期以來,以主張「你豈知身為蝙蝠的悲哀」(What is it like to be a bat?)與「無法穿透主觀私密經驗」而聞名,皆有明顯的神祕偏好,強調有難以言傳、難以解析、具有私密性的第一人稱經驗(Nagel, 1974; McGinn, 1991)。

再將群II與群III的分類做進一步說明。此處將查爾摩斯與馬京分列不同群組,部分原因係來自李貝在本書中顯露的不同偏好。雖然兩人都認為主觀經驗難以觸接理解,其心理或心智狀態無法化約到物理系統之上,但查爾摩斯將其視為「困難問題」之後,提出訊息雙面向論,假定同一實體的訊息有兩個面向,一為物質面,一為主觀經驗面,該一主張被李貝認定為同一論的版本。馬京則持更強烈的觀點「無法穿透主觀私密經驗」,強調有難以言傳、難以解析、具有私密性的第一人稱經驗,並將該一問題視為「無法回答的問題」,他想像不出有什麼可行方式,可以利用自然物理秩序來解釋意識與主觀經驗。底下試提一項與疼痛有關的同理心研究(Singer et al., 2004),做進一步的對比與說明。

當受測者看到親人(如夫妻)受到電擊時,會引起一種如同

自己受到電擊的疼痛感受,亦即不管是自己受到電擊或看到親人被電擊,看起來都會在接近前額大腦的前扣帶回皮質部(anterior cingulate cortex, ACC)與前腦島(anterior insula)之前區,產生大腦活動激發,這可能就是產生同理心的神經基礎,這種同理心是受試者與受苦他人共通的情感經驗(affective component),係屬「第三人稱」經驗。但尚有屬於個人獨特具私密性、難以言傳的部分,係屬「第一人稱」經驗,擁有自己獨有的直接感官成分(sensory component),看起來會在 ACC 與前腦島的後區產生大腦活動激發。亦即第三人稱與第一人稱情緒經驗,有分立的大腦表現。

也許有人因此認為第三與第一人稱的主觀情緒經驗,既可經由物理或腦部系統的粗略結構予以表徵,則應該也可算是支持 NCC 可以處理主觀情緒經驗的看法。但這項實驗結果所涉及與疼痛有關聯的腦區過多,且可複驗性並不穩定,無法每次都得到相同結論。依李貝一貫的態度,這類腦區的標定,大概只是換另外一套神經影像語言,將同一件事情再講一遍,並未能真正解釋腦部結構背後可能涉及之機制。就這個實驗結果而言,與查爾摩斯的主張應有一段距離,但可說是尚在同一世界中,雖有困難,仍力求逼近,至少是「永結無情遊,相期邈雲漢」。至於馬京,那就真的是在另一世界,「人生不相見,動如參與商」。因此將兩人歸屬不同群體,應該算是比較恰當的分類。

群 IV

群 IV 為史培理、葛詹尼加、艾德曼、托諾尼、巴爾斯、尚儒(Jean-Pierre Changeux)、狄罕(Stanislas Dehaene)、懷斯克

蘭茲（Lawrence Weiskrantz）、巴培爾（Ernst Pöppel）、達瑪席歐（Antonio Damasio）等人。群 IV 與群 II 的相同處，在於都是重要且分庭抗禮的實驗與理論科學家，兩群有實質互動，如 IIT 與 NCC 的分工整合；不同之處在於，群 IV 更注意全腦機制，與更重視臨床個案如盲視與腹內側前額葉（ventromedial prefrontal cortex, vmPFC）受損病人，及其意識與認知表現。

史培理是首先做分腦技術，並討論何以裂腦之後雖有左右半球的分立意識內容，但仍有統合自我狀態的人，也是李貝常正面引用其觀點的研究者。

葛詹尼加也是研究裂腦病人的代表性科學家，他認為裂腦後左右半球在胼胝體兩億個聯絡纖維逐步減少期間，有時會出現分立的個別與競爭的意識狀態，雖然仍以左腦占優勢（Sperry, Gazzaniga, & Bogen, 1969）。他們兩人難以放入前面三群，由於其研究考量採全腦觀點，因此放入群 IV。

艾德曼將達爾文的大場域與大歷史的演化天擇原理，搬到個人腦中演一遍，以神經的群體選擇機制，解釋意識的產生與運作，在意識研究群中是非常特殊的一位，與克里克所領導之「意識的神經關聯理論」（NCC）走向可謂分庭抗禮，都是重要的學術領導人，他的年輕合作者托諾尼所發展出來的整合訊息理論（IIT），則是目前很受重視的主題。

提出總體工作空間理論（global workspace theory, GWT）的巴爾斯（Baars, 1988），並不認為意識的發動中心有單一位址，且受艾德曼神經達爾文主義的影響，強調以皮質──視丘迴圈為核心的腦部大尺度參與，而非採功能特化觀點，但廣義來講，應與 NCC

的核心主張不相違背;另外在此 GWT 架構的基礎上,做認知神經科學研究的尚儒與狄罕(Dehaene et al., 1998),也可歸類在此群中。

懷斯克蘭茲首先發現盲視病人,因主視覺區受損,未能發展出意識性的視覺覺知,但仍可在無意識之下對外界做出某一程度的正確行為反應,如拿杯子或接球(Weiskrantz, 1986),該一結果與李貝有關無意識功能的主張（見第三章）,有相符之處。

巴培爾也是早期發現盲視者的殘餘視覺,並持續做盲視研究的人,李貝指出他說明了一部分無意識過渡到意識心智之間的時間關係(Pöppel, 1988)。

達瑪席歐在其《笛卡兒的錯誤》(*Descartes' error*)一書中(Damasio, 1994),主張情緒感知是驅動心智正常計算與運作的首要力量,腹內側前額葉(vmPFC)受損的病人,則因為在情緒感知上有嚴重障礙,因此可能在不確定的狀態下,欠缺可以利用的軀體標記來趨吉避凶,以致做出不符長期利益的決策與選擇行為。他並提出「軀體標記假說」(somatic marker hypothesis, SMH)以資驗證,認為軀體標記係透過無意識方式來發揮影響。李貝在本書第六章與笛卡兒的虛擬對話中,特別提出達瑪席歐的觀點,並與「我思故我在」的想法作一對比。

李貝放哪裡?

李貝在這個意識研究的學術地景上應放置於何處?李貝應不願加入任何一群,也許比較適合放入群 IV;若在在群 II 與群 III 之間,應會比較傾斜往群 III;另外認為與群 I 可以對話(如本書第六章與笛卡兒的虛擬對話)。依此原則,可以試擬一個學術地

圖,將所試提的四群人與李貝之間的相對位置,繪製如「導讀圖2」,謹供參考。

譯注後記

二十多年前繼講授視覺消息處理以及PDP模式與聯接論(PDP model and connectionism)兩門新課程之後,我曾與臺大心理學系同事梁庚辰(記憶神經生理學)及張欣戊(語言認知)合作,分別開授過國內首次的「心靈與意識」以及「意識與認知」課程;十多年前則在該類課程中採用本書,教過其中第二、三、四章的一部分。有趣的是,我的學生葉素玲教授與陽明大學心智哲學研究所的洪裕宏教授,2005年在臺大心理學系開授「意識與知覺」,補足了上述課程的名稱與內容。2019年回到臺大心理學系任教的謝伯讓教授,當年在植物系讀書時,就來修習過這類最早期的課程,後來轉行做視覺與意識科學研究,卓然有成,現在由他來重新啟動講授「心靈與意識」課程,真是再恰當不過。

加州理工學院生物與生物工程學系的知覺及認知科學家下條信輔(Shinsuki Shimojo),曾告訴我這輩子只想翻譯一本書,就選擇將李貝這本書譯成日文。不過本書顯然不是一本容易翻譯的書,因為裡面有不少充滿技術性細節的實驗程序與數據,更有很多無法預期以及令人驚訝的實驗結果,顛覆了習以為常之神經生理與心智功能的基本想法;另外在寫作方式與語句表達上,也與一般專書有所不同,需要仔細比對。本書主要內容從1960年代開始,書成出版時已是2003年,橫跨四十來年,綜合寫來不免有少

數不符當年細節或不一致之處。李貝一輩子不忘初心又充滿創意的研究論文，對資深研究人員與教師處處充滿啟示；對初入門想從科學上了解人類意識研究特色的學生，或對一般想要知道什麼是意識科學基本問題的人，則本書是一部揭開腦內魔法的進階必讀書。因此若能透過譯注與導讀，讓本書變得對讀者與初學者更為友善，那就再好不過了。唯諸事繁忙，本書譯注歷時兩三年還未能完成，2021 年 5 月中旬之後，臺灣疫情加劇，諸事不宜，在半隔離狀態下多做了一些注釋與導讀工作，方得完成全書，特此併記那段大家都很辛苦但不應忘掉的日子。

這本書另外還有一個特色，就是使用相當多傳統的電神經生理技術，在神經外科慢性病人的腦內特定部位（見導讀圖 1），使用電極施予電刺激，以觀察了解顱外電位、周邊軀體行為與主觀經驗的變化；至於周邊與中樞神經系統之間如何互相影響，也可透過這種簡單的實驗模式進行。另一種常見、但並非李貝研究群採用的技術，是用在實驗動物身上的電神經生理研究，則是操弄不同實驗條件，在外界給予不同實驗的刺激下，直接在動物腦內測量單一神經細胞或小細胞群的細胞外電反應（extracellular recording）。美國東西兩岸著名大學都曾利用這種技術，做出諾貝爾獎級的研究，包括休伯（David Hubel）與威瑟爾（Torsten Wiesel）的系列性大腦視覺研究。我在 1980 年代初期曾在老同學王裕教授知名的電神經生理實驗室待過，以釐清整個腦內研究電神經生理技術的各個面向，那時是腦內神經傳導物質兒茶酚胺（catecholamine，尤其是血清素與多巴胺）研究流行的時代。另也參訪過研究感覺歷程的一流電神經生理實驗室，包括實驗動物

的行進中多電極測量（multi-unit recording in behaving animals），了解這種技術具有簡單、直接、合乎直覺、容易想像因果關係的優點，不過主要是用在動物上，不可能是李貝研究群的做法。這兩大類不同的研究方法各有不同適用對象，趁此機會作一區分。本書的特色主要是提供了很難得的神經外科病人的資料，至於顱外頭皮上的測量，則以傳統的腦波（EEG）或誘發電位（EP）與事件相關電位（ERP）之測量及分析為主（見第四章與譯注）。

若拿當代流行的人腦外部測量來做比較，則在強調腦部活動的空間解析度，或強調時間解析度的神經影像測量，都涉及大量資料的轉換與運算，離簡單與直覺有很長一段距離。至於對腦內特定區域神經活動之刺激、調控或抑制，則有從顱外做重複性跨顱磁刺激（repetitive TMS）之類的技術，離直接可見也是有一段距離（見第一章與該章譯注）。此處的比較，也可用古典與當代 AI 的技術及發展來做類比。古典 AI 強調符號表徵（symbolic representation）與規則為基（rule-based），算則中的邏輯與因果關係較清楚，在視覺辨識與語言理解上有較好表現，但總體來講功能有限；當代 AI 則是搭建多層神經網絡，可在大數據上使用深度學習，本身算則也有大數據支撐，輸出入之間的因果關係甚不明確，但功能強大，幾乎快要無所不能。這就是傳統與現代所形成的差距，初學者一定想問，若本書作者身處當代重新思考這些實驗，他會如何做？這是個好問題，新的技術能不能回答原來設定的課題，需不需要依賴神經內外科病人？會不會得到同樣的結果？我無法在此強作解人，就當作是一個開放問題吧。

馬爾（David Marr）曾在生前將其影響計算視覺流派甚為深

遠的重要研究成果與觀點寫成專書，在過世後出版（Marr, 1982），這本書的細節內容現在雖已過時，但一直被視為開啟了人類計算視覺研究的新時代，他所提出視覺消息處理的三層次，包括計算理論、表徵及算則、與硬體建置，已成廣為人知的視覺三層次取向，深刻影響了之後的視覺研究。他所提出的立體視覺處理與其他算則，則深刻影響了一整個世代的計算視覺科學家，也影響到臺灣的立體視覺研究。李貝這本專書的獨特性，與馬爾的視覺專書並無二致，不過李貝的研究限制條件難度高（要有願意配合的慢性神經外科病人與神經外科醫師），研究出來後又引起太多爭議，他也忙著回應辯論，在此過程中並未出現更多或更大與他直接相關的學術研究群，不像計算視覺或 NCC 學派有比較順利的發展。所以李貝個人的研究引用率雖然很高，他的實驗數據迄今也難以被取代，所提問題的重要性更未式微，但在學術領導的成就上相對受到限制。不過，這些考量皆與本書關聯不大，本書在技術與內容上的創意及成就，已經是當代科學傳統，尤其是已成為人類意識研究中不可分割的一部分。

最後講一點有關經典譯注的歷史。大約二十五年前，我在國科會人文與社會科學處服務時，中研院的單德興教授等人前來倡議應有經典譯注的長期計畫，以盡點人文社會領域應有的學術責任，嗣後在人文處學門負責人魏念怡與同仁努力下，很快建立起長期支援系統，以迄今日。我離開人文處時心想年紀到了時，應該也要來貢獻一下，後來年紀真的到了，就申請譯注一本由肯德爾（Eric Kandel）所寫的《啟示的年代》（*The Age of Insight*），也已經於 2021 年出版。本來以為責任已了，沒想接著又翻譯李貝

這本書。肯德爾的譯注本逾六百頁，是一本倘佯於高山峻嶺的跨域之書，大規格講述時代的正面與負面啟示，我滿心歡喜地譯注它。但李貝這本書則是他一生在大海中搏鬥，用全生命深入探索心智與大腦奧祕的啟示之書，基本調子是在充滿不確定與疑慮的沉重學術氛圍中，以創意與困難的技術做出前所未有的科學突破，譯注這本書對我來說是一個注定不能逃避的責任，在心情上與前一本譯注大有不同。譯注本來就可不拘一格，我在一路修正下寫了一篇長篇的導讀，在書中各章又做了不少注釋與評論，裡面有不少自己的見解，總合起來都快要與原書本文等長了，這真是沒預料到的事，謹記在此做一紀念。

感謝科技部人文司（現又改回「國科會人文處」）藍文君在計畫執行上的幫忙，以及兩位審查人提供的專業與文字修改意見。在付印之前，先做了綜合修正，之後重新比對一遍，透過簡化、改寫，以及除了在各章後面已附的長注之外，另外在各章本文內加上必要短注，以便更能釐清原文本意，希望將譯文調整成可讀性較高的版本，前前後後又花了半年多時間。翻譯與注釋之道無他，耐煩而已。

最後感謝聯經出版公司黃淑真主編再次的專業協助，與助理陳華襄的辛勞工作，方得順利出版，謝謝她們。

參考文獻

Almog, J. (2008). *Cogito? Descartes and thinking the world*. New York: OxfordUniversity Press.

Baars, B. (1988). *A cognitive theory of consciousness*. Cambridge, MA.: MIT Press.

Block, N. (1995). On a confusion about a function of consciousness. *Behavioral and Brain Science*, 18, 227-287.

Cauller, L. (1995). Layer I of primary sensory neocortex: Where top-down converges upon bottom-up. *Behavioural Brain Research*, 71, 163-170.

Chalmers, D. J. (1995). Facing up to the problem of consciousness. *Journal of Consciousness Studies*, 2 (3), 200-219.

Chalmers, D. J. (1996). *The conscious mind: In search of a fundamental theory*. New York: Oxford University Press.

Churchland, P. S. (1981a). On the alleged backwards referral of experiences and its relevance to the mind-body problem. *Philosophy of Science*, 48, 165-181.

Churchland, P. S. (1981b). The timing of sensations: Reply to Libet. *Philosophy of Science*, 48, 492-497.

Clarke, D. M. (2003). *Descartes's theory of mind*. Oxford: Oxford University Press.

Crick, F. (1984). Function of the thalamic reticular complex: The search-light hypothesis. *Proceedings of the National Academy of Sciences*, 8, 4586-4590.

Crick, F. (1988). *What mad pursuit*. New York: Basic Book.

Crick, F. (1994). *The astonishing hypothesis*. London: Simon and Schuster.（劉明勳譯〔1997〕：驚異的假說。臺北：天下文化。）

Crick, F., & Koch, C. (1990). Towards a neurobiological theory of consciousness. *Seminars in the Neurosciences*, 2, 263-275.

Crick, F., & Koch, C. (1995). Are we aware of neural activity in primary visual cortex? *Nature*, 375, 121-123.

Crick, F., & Koch, C. (2005). What is the function of the claustrum? *Philosophical Transactions of the Royal Society of London B*, 360, 1271-1279.

Crick, F., & Mitchison, G. (1983). The function of dream sleep. *Nature*, 304, 111-114.

Damasio, A. R. (1994). *Descartes' error*. New York: Penguin Putnam.

Dehaene, S., Kerszberg, M., & Changeux, J-P. (1998). A neuronal model of a global workspace in effortful cognitive tasks. *Proceedings of the National Academy of Sciences* (USA), 95, 14529-14534.

Delbrück, M. (1986). *Mind from matter?: An essay on evolutionary epistemology*. Palo Alto, CA.: Blackwell.

Dennett, D. C. (1991). *Consciousness explained*. New York: Penguin.

Dreyfus, H. L. (1982). *Husserl, intentionality, and cognitive science*. Cambridge, MA.: MIT Press.

Edelman, G. M. (1978). Group selection and phasic re-entrant signaling: a theory of higher brain function. In V. B. Mountcastle (Ed.), *The mindful brain*. Cambridge, MA.: MIT Press.

Edelman, G. M. (1987). *Neural Darwinism: The theory of neuronal group selection*. New York: Basic Books.

Edelman, G. M. (2004). *Wider than the sky: The phenomenal gift of consciousness*. New Haven, CT.: Yale University Press.

Edelman, G. M., & Tononi, G. (2000). *A universe of consciousness: How matter becomes imagination*. New York: Basic Books.

Gazzaniga, M. S. (2011). *Who's in charge? : Free will and the science of the brain*. New York: HarperCollins.（鍾沛君譯〔2021〕：我們真的有自由意志嗎？。臺北：貓頭鷹。）

Gray, C. M., & Singer, W. (1989). Stimulus-specific neuronal oscillations in orientation columns of cat visual cortex. *Proceedings of the National Academy of*

Sciences (USA), 86, 1698-1702.

Graziano, M. S. A. (2019). *Rethinking consciousness: A scientific theory of subjective experience*. New York: W. W. Norton & Company.

Haynes, J. D., & Rees, G. (2005). Predicting the orientation of invisible stimuli from activity in human primary visual cortex. *Nature Neuroscience*, 8, 686-691.

Hebb, D. O. (1949). *The organization of behavior: A neuropsychological theory*. New York: Wiley & Sons.

Herculano-Houzel, S. (2012). The remarkable, yet not extraordinary, human brain as a scaled-up primate brain and its associated cost. *Proceedings of the National Academy of Sciences*, 109, 10661-10668.

Kandel, E. (1999). Biology and the future of psychoanalysis. *American Journal of Psychiatry*, 156, 505-524.

Kandel, E. (2012). *The age of insight: The quest to understand the unconscious in Art, mind, and brain, from Vienna 1900 to the present*. New York: Random House.（黃榮村譯注〔2021〕：啟示的年代。臺北：聯經。）

Klein, S. A. (2002). Libet's temporal anomalies: A reassessment of the data. *Consciousness and Cognition*, 11, 198-214.

Koch, C. (2012). *Consciousness: Confessions of a romantic reductionist*. Cambridge, MA.: MIT Press.

Koch, C. (2019). *The feeling of life itself: Why consciousness is widespread but can't be computed*. Cambridge, MA.: MIT Press.

Koch, C., Massimini, M., Boly, M., & Tononi, G. (2016). Neural correlates of consciousness: Progress and problems. *Nature Reviews Neuroscience*, 17, 307-321.

Kornhuber, H. H., & Deecke, L. (2009/2012). *The will and its brain: An appraisal of reasoned free will*. Lanham, MD.: University Press of America.

Lau, H. (2022). *In consciousness we trust*. Oxford : Oxford University Press.（鄭會

穎、馬淑欽譯〔2024〕：以意識之名：主觀經驗的認知神經科學。臺北：臺大出版中心。）

Libet, B. (1981). The experimental evidence for subjective referral of a sensory experience backwards in time: Reply to P. S. Churchland. *Philosophy of Science*, 48, 182-197.

Libet, B. (1985). Unconscious cerebral initiative and the role of conscious will in voluntary action. *Behavioral and Brain Sciences*, 8 (4), 529-539.

Libet, B. (1994) A testable field theory of mind-brain interaction. *Journal of Consciousness Studies*, 1 (1), 119-126.

Libet, B. (2004). *Mind time: The temporal factor in consciousness*. Cambridge, MA.: Harvard University Press.

Libet, B., Alberts, W. W., Wright, E. W., Delattre, L., Levin, G., & Feinstein, B. (1964). Production of threshold levels of conscious sensation by electrical stimulation of human somatosensory cortex. *Journal of Neurophysiology*, 27, 546-578.

Libet, B., Gleason, C. A. Wright, E.W., & Pearl, D. K. (1983). Time of conscious intention to act in relation to onset of cerebral activity (readiness-potential): The unconscious initiation of a freely voluntary act. *Brain*, 106, 623-642.

Libet, B., Pearl, D. K., Morledge, D. E., Gleason, C. A., Hosobuchi, Y., & Barbaro, N. M. (1991). Control of the transition from sensory detection to sensory awareness in man by the duration of a thalamic stimulus: The cerebral "time-on" factor. *Brain*, 114, 1731-1757.

Libet, B., Wright, Jr., E. W., Feinstein, B., & Pearl, D. K. (1979). Subjective referral of the timing for a conscious sensory experience: A functional role for the somatosensory specific projection system in man. *Brain*, 102, 193-224.

Logothetis, N. K., et al. (2001). Neurophysiological investigation of the basis of the fMRI signal. *Nature*, 412, 150-157.

Marr, D. (1982). *Vision: A computational investigation into the human *representation and processing of visual information*. San Francisco: W. H. Freeman and Company.

Massimini, M. & Tononi, G. (2018). *Sizing up consciousness*. Oxford: Oxford University Press.

McGinn, C. (1991). *The problem of consciousness*. Oxford: Blackwell.

Miller, G. A. (1956). The magical number seven, plus or minus two: Some limits on our capacity for processing information. P*sychological Review*. 63 (2), 81-97.

Monk, R. (1991). *Ludwig Wittgenstein: The duty of genius*. London: Penguin.（賴盈滿譯〔2020〕：天才的責任：維根斯坦傳。臺北：衛城。）

Nagel, T. (1974). What is it like to be a bat? *The Philosophical Review*, 83 (4), 435-450.

Osorio, I., & Daroff, R.B. (1980). Absence of REM and altered NREM sleep in patients with spinocerebellar degeneration and slow saccades. *Annals of Neurology*, 7, 277-280.

Penfield, W., & Rasmussen, T. B. (1950). *The cerebral cortex of man*. New York: Macmillan Books.

Penrose, R. (1989). *The emperor's new mind*. Oxford: Oxford University Press.（許明賢、吳忠超譯〔1993〕：皇帝新腦。臺北：藝文印書館。）

Penrose, R. (1994). *Shadows of the mind: A search for the missing science of consciousness*. Oxford: Oxford University Press.

Pöppel, E. (1988). *Time and conscious experience*. New York: Harcourt Brace Jovanovich.

Popper, K. R., & Eccles, J. C. (1977). *The self and its brain*. Heidelberg: Springer-Verlag.

Rees, G. (2009). Visual attention: The thalamus at the centre? *Current Biology*, 19 (5), R213-R214.

Ryle, G. (1949). *The concept of mind*. London: Hutchinson.

Schurger, A., Sitt, J. D., & Dehaene, S. (2012). An accumulator model for spontaneous neural activity prior to self-initiated movement. *Proceedings of the National Academy of Sciences* (USA), 109 (42), E2904-E2913.

Searle, J. R. (1992). *The rediscovery of the mind*. Cambridge, MA.: MIT Press.

Seth, A. K. (2021). *Being you: A new science of consciousness*. New York: Dutton.

Seth, A. K., & Baars, B. J. (2005). Neural Darwinism and consciousness. *Consciousness and Cognition*, 14, 140-168.

Siegel, J. M. (2001). The REM sleep-memory consolidation hypothesis. *Science*, 294, 1058-1063.

Singer, W. (1993). Synchronization of cortical activity and its putative role in information-processing and learning. *Annual Review of Physiology*, 55, 349-374.

Singer, T., Seymour, B., O'Doherty, J., Kaube, H., Dolan, R. J., Frith, C. D. (2004). Empathy for Pain Involves the Affective but not Sensory Components of Pain. *Science*, 303, 1157-1162.

Soon, C. S., Brass, M., Heinze, H-J., & Haynes, J-D. (2008). Unconscious determinants of free decisions in the human brain. *Nature Neuroscience*, 11, 543-545.

Sperry, R. W., Gazzaniga, M. S., & Bogen, J. E. (1969). Interhemispheric relationships: the neocortical commissures; syndromes of hemisphere disconnection. In P. J. Vinken & G. W. Bruyn (Eds.). *Handbook of Clinical Neurology*, 273-290.

Stapp, H.P. (1993). *Mind, matter, and quantum mechanics*, Berlin: Springer.

Thagard, P. (1997/2020). Cognitive Science. In Zalta, E. N. (Ed.). *The Stanford Encyclopedia of Philosophy* (Winter 2020 Edition).
　　URL=<https://plato.stanford.edu/archives/win2020/entries/cognitive-science/>

Tononi, G. (2004). An information integration theory of consciousness. *BMC Neuroscience*, 5:42.

Tononi, G. (2012). *PHI: A voyage from the brain to the soul.* New York: Pantheon Books.

Tononi, G., Boly, M., Massimini, M., & Koch, C. (2016). Integrated information theory: From consciousness to its physical substrate. *Nature Reviews Neuroscience*, 17, 450-461.

Tononi, G., & Koch, C. (2015). Consciousness: Here, there and everywhere? *Philosophical Transactions of the Royal Society of London B*, 370, 20140167.

Weiskrantz, L. (1986). *Blindsight: A case study and implications.* Oxford: Clarendon Press.

Wittgenstein, L. (1921/1974). *Tractatus logico-philosophicus.* New York: Routledge & Kegan Paul.

前言

寇斯林
S. M. Kosslyn

我剛在 Amazon.com 的搜尋引擎上打入「consciousness」這個字，就跳出 2,670 個標題，若再等幾個禮拜，可能會更多。世界上是否真正還需要一本有關意識（consciousness）的書？是的——假如我們所講的，就是你手上正拿著的這一本。本書與其他大部分的同類專書，在一個關鍵點上有驚人的不同：它聚焦在實證性的發現，而非猜測或論證。李貝（Benjamin Libet）有一項令人羨慕的紀錄，在有關神經事件與意識之間的關係上，已獲得堅實的經驗性發現。這些發現不只是可靠的實驗結果，同時也令人嘖嘖稱奇。李貝的發現初看頗具爭議性，但撐過了時間的考驗，若就其顛覆了一整車的世俗智慧來看，這些令人驚訝的發現在科學上扮演了特殊角色，現在任何有關意識及其神經機制的理論，必須要去闡釋李貝所獲得的實驗結果。本書匯總敘述了李貝的貢獻，並將其放在科學與人性的脈絡之中討論。

李貝的研究，聚焦在神經事件與經驗之間的時間關係。他之所以獲得學術聲名，部分理由係因為發現我們在無意識下決定要做出行動的時間，遠在我們認為自己已做了行動決定之前。該一發現對哲學與心理學最深層難題之一的自由意志問題，有著重大的引申含意。

首先對該基礎發現做一簡要綜論：李貝首先要受試者依其選擇，自行決定何時移動手指，參與實驗的人需要看一個可以表示時間流逝的移動點，並標示出他們決定要彎手指時的精確時間點。受試者在真正開始移動手指的 200 毫秒之前，報告說有想要移動手指的意圖。李貝也測量了腦中的準備電位（readiness potential, RP），該電位係記錄自腦中涉及動作控制之輔助動作區

（supplementary motor area, SMA）的電活動，它在手指真正移動之前約550毫秒即已發生。該結果表示，負責產生動作的腦內事件，在受試者清楚察覺到自己已做出決定之前約350毫秒（550減掉200毫秒）即已發生。李貝指出這種差異，並非單純來自標示與報告決定時間點時，所多出來的額外準備時間。

何以該一發現如此重要？考量兩個理由：首先，就事情表面來看，該發現指出所謂意識到已經做出決定這件事，可能最好將它想像成是真正在做這件事之腦部過程的一個結果，而不是將它作為是導引做出決定的事件因果鏈之一環。第二，李貝指出縱使一個動作是由無意識力量所啟動，然而只要一個人清楚意識到自己的意圖，則仍有足夠時間去否決（veto）該一行動，李貝相信該一觀察，對「自由意志」的傳統觀點而言，仍可說是開了一道門。[1]

是這樣嗎？再考量一個反對自由意志的論證，該一論證係建立在史特勞森（Galen J. Strawson）所仔細發展出來的觀點之上（Strawson, 1994; 另見 www.ucl.ac.uk/~uctytho/dfwVariousStrawsonG.html）：

(1) 人一出生，其思考、感覺與行為，即被基因、產前胚胎中的學習與環境刺激所決定。
(2) 接續下來的思考、感覺與行為，建立在出生時已出現的基礎上——它們被一個人的基因、學習歷史與當前的刺激所決定。所有的決策與選擇皆建立在理性上，那些理性則是人在受到基因因素所調控，而累積出來之經驗的一個直接結果。
(3) 若一個人想改變自己，則這些變化的目標與方法自身，將

被基因、過去學習與當前環境刺激所決定。一個人能成為什麼，取決於這個人已經是什麼。

（4）加入隨機因素並不能造就產生自由意志。克萊恩等人（Kleine, 2002; Stapp, 2001; 與其他人）指出，只是單純地在一個系統中加入非決定性因素（indeterminacy），並不能讓系統中本來就不自由的行動，變成自由。事實上，加入隨機性更降低了自由度，而非提升自由。「隨機行為」並非「自由意志」。

（5）所以，該一論證說的是，在一個人覺知一件即將到來的行動，與一個人去執行這件未了事務之間，並無自由意志可以表現的空間。你是否能夠壓下這個行動的決定因素，與剛開始啟動這個行動的因素是一樣的，縱使一個人有時間去壓下無意識的衝動，但若其意識性決策本身已被決定，則無自由意志可發揮之空間，可參見威格納（Wegner, 2002）的論證。有一種講法是說：「將雞蛋放上煎鍋並等待它被煎的這段時間，可以給雞蛋提供一個不被煎炒料理的機會。」李貝所提出的「否決時間」（time to veto；介於意圖與真正行動之間），應該與這種講法一樣，雖然本意是想要讓自由意志有一個表現的機會，但這件事已被決定（已上了煎鍋等待被煎），並無可供發揮的自由空間（不被煎炒料理的機會）。

然而，至少就我的了解而言，李貝的提議聽起來有些地方是對的，特別是「被決定」的反面並不必然就是「隨機」。克萊恩（Kleine, 2002）指出古典的決定論看法，乃是立基在就事實而言並不正確的世界觀之上。現實世界很多事件並不像打水球，互相碰

觸且以可預測的方式從四周彈回來。我們知道很多物理系統有混沌（chaotic）元素：它們對擾動的反應，依靠系統初始狀態下的微小差異，這種微小差異原則上是不可能做精確測量的。費里曼（Freeman, 2000）與其他人已指出，至少在腦部功能的某些面向上，最適合被視為是屬於這類系統。是否有可能因為腦部的這種特性，造就自由意志的產生？肯恩（Kane, 1996）已經提出很多論證，我將匯總他所主張觀點的類型並整理出一種版本，雖然他所提的觀點是聚焦在當一個人面對困難決策時，可能發生的歷程，但這類基本概念應可再加以擴充出去。

現在考量一種可能性，讓腦部該一特徵得以對李貝的想法打開一扇門：

（1）李貝在對自由意志做理論化處理時，正確的聚焦在意識之上：為了要利用自由意志，必須先評估工作記憶中的資訊，此類資訊包括有方案選擇、選擇依據、任一選擇的預期後果（雖然並非此類資訊都必須同時在工作記憶內）。此時若受到外力壓迫驅動，或者就像自動駕駛般運作，則我們並未用到自由意志。

（2）選擇依據與預期後果——以及視情況而定的行動替代過程——並非只是單純地在記憶中搜尋，就像在過去用過的檔案中尋找藏在裡面的小注腳一樣，更進一步，一個人會考量與目前情境的配合狀況，來建構選擇的依據與預期後果。這些過程並非全由一個人過去的學習歷史所決定，縱使將個人的基因影響考量在內。打個比方，想像一顆掉到玻璃盤上的雨滴滑行，可以畫出一條最能被混沌原則所描

繪的路徑，現在想像換個比較熱的一天（因此會導致玻璃盤處於稍為不同的狀態），同一顆雨滴剛好掉到同一個玻璃盤的同一位置，但其滑行路徑卻截然不同。在混沌系統中，起始狀態極細微的不同，能夠產生之後的極大差異，玻璃盤就像任何時刻下的腦部狀態，依據正在思考的內容而定，當一個人建構選擇依據與預期後果時，腦部是處在一個不同的「起始狀態」，亦即不同的資訊被部分激發、誘發不同的聯想，該一狀態將會影響人如何做決定。（請注意該一想法並非只是單純地將問題回推一步：人正在思考的本身，部分是來自非決定性歷程的結果。）我們的思考、感覺與行為並非被決定，我們能夠有新穎的想法以及不同的第二種想法。

（3）在給予選擇、依據與預期後果之下，一個人決定要做什麼，這種決定是立基在「這一個是什麼」（What one is，包括「人是什麼」、「我是誰」）的基礎上，從心理層面而言，依照史特勞森的講法，這包括了一個人的知識、目標、價值與信念在內。「這一個是什麼」部分是奠基在記憶中的資訊之上，這些資訊在建構不同選擇方案、選擇依據與預期後果的過程中，扮演著關鍵性角色。除此之外，「這一個是什麼」掌握了人如何真正做出決定，做出決定與經驗到真正的後果之後，反過來調整「這一個是什麼」，之後再影響人如何去建構方案、依據與預期後果，以及人在未來如何做決定。所以，在時間流逝的過程中，人的決定建構了「這一個是什麼」。

我們並非只是在自身基因圖譜的過濾或選擇下,去被動地對環境事件做出累加性的反應,我們其實會對每一情境做出新穎與獨特的反應,而成為我們自己。史特勞森在其 1994 年論文的第 15 頁,引用尼采所說過的話(Strawson, 1994):「尼采在 1886 年評論說自身之因(causa sui),是目前為止被認定為自我矛盾的最佳示範」,但可能不是這樣。[II]

(4) 這一點將我們拉回到李貝發現的引申義上,它提示了一種方式,可以在當我們察覺到該一行動,以及執行該一行動之間的關鍵時刻中,來處理自由意志:將很多的「這一個是什麼」匯總起來,就會引導人做出特定的決定,這樣一個決定可以發生在無意識狀態下,而且引發行動。然而,在體認到他即將做出特定行動時,這個人會考量可能的後果,以及支持與反對做出那個行動的邏輯;該一資訊是在現場當下建構出來的,在無意識的處理過程中並未發生。建立在「這一個是什麼」上,一個人可以決定不要往前做去——或者,假如該一行動已經啟動,一個人可以決定壓下它(所以這個人就不會受到李貝所測量之 200 毫秒的限制)。如李貝所提到的,我們事實上可以去否決一個行動,雖然那個否決決定並不一定會發生,發生了也不一定會成功。我們為了某些理由來做決定,而那些理由是來自我們自己本身的理由。

李貝已經做出根本性的發現。假如心理事件的時序就像他所描述的,則我們不只原則上擁有自由意志,而且具有執行自由意

志的機會。

　　我已簡略描述的概念，是很多類似講法的變體（參考 Kane, 1996），探討的則是數千年來已經討論過，甚至熱烈討論過的議題。我還未提到「終極責任」（ultimate responsibility）的議題，意指一個人是否要為自己成為什麼樣的人，負完全責任。假設一個人不能控制父母會給自己帶來什麼基因，則現在所講的自由意志看起來只能講到這裡，然而李貝所提出的否決概念，讓我們得以退後一步重新構架問題：與其去問一個人是否應為自己成為什麼樣的人負終極責任，何不改問一個人在自己是什麼樣之人的基礎上，造成自己做出某些行為的後果，需要負什麼「近距責任」（proximally responsible）？在我們想要選擇改變的基礎上，我們能否選擇壓下某些衝動，並且做出其他表現？

　　希望這些簡短的反思，可以傳達兩個要點：第一個要點是這些議題都超級難解，意識在自由意志中所扮演的角色該一問題，不可能很快找到答案；第二個要點則是，我們正在進入討論這些問題的新時代，不再局限於躺椅上的思考與雄辯，現在有了客觀資料。本書做出了關鍵性貢獻，提供了很多重要材料，供大家思考有關意識、自由意志、責任，或者身心關聯等項議題。

　　我希望你們可以好好享受閱讀這本書，就像我已深有所獲一樣。

參考文獻

Freeman, W. J. (2000). Brain dynamics: Brain chaos and intentionality. In *Integrative neuroscience. Bringing together biological, psychological, and clinical models of the human brain*, ed. E. Gordon. Sydney, Australia: Harwood Academic Publishers, 163-171.

Kane, R. (1996). *The significance of free will*. New York: Oxford University Press.

Klein, S. (2002). Libet's research on the timing of conscious intention to act: A commentary. *Consciousness and Cognition*, 11, 273-279.

Stapp, H. P. (2001). Quantum theory and the role of the mind in nature. *Foundations of Physics*, 31, 1465-1499.

Strawson, G. (1994). The impossibility of moral responsibility. *Philosophical Studies*, 75, 5-24.

Wegner, D. M. (2002). *The illusion of conscious will*. Cambridge, MA.: MIT Press.

譯注

I

　　為本書撰寫〈前言〉的寇斯林（Stephen M. Kosslyn），曾任約翰霍普金斯大學（Johns Hopkins）、哈佛大學（當過 Steven Pinker 等人的指導教授）與史丹福大學教授，美國藝術與科學院院士，在心像（mental imagery）與認知科學的研究上，具有先導性的角色（Kosslyn, 1980; Kosslyn, 1994）。2013年參與創辦位於舊金山的非實體主動學習機構「Minerva School at KGI」（現在的密涅瓦大學〔Minerva University〕），並擔任創院院長。

　　他認同李貝在意識研究上所發現的獨特神經生理研究成果，支持李貝所提出自由意志存在的替代性說法，亦即人在做決策要行動之時之後，應可藉

適時否定即將執行的動作,來證實自由意志的存在及運作。李貝所得出的實驗數據與所提出的主張,都非常具有原創性與爭議性,但李貝在面對諸多困難與爭議時,辛苦地以科學證據及論證一一回應,與過去寇斯林在心像研究上的遭遇及體會相當類似,這大概也是李貝請他撰寫前言的理由之一。他在〈前言〉中,提出兩個主要論點:一是認為意識在自由意志中所扮演的角色,超級難解,不可能在近期解出;另一論點則是,本書真正做出了根本性的重大貢獻,提供了可以用來討論意識、自由意志、責任與心物關係的獨特經驗證據,以及可供學術討論的平臺。

Kosslyn, S. M. (1980). *Image and mind.* Cambridge, MA. : Harvard University Press.

Kosslyn, S. M. (1994). *Image and brain: The resolution of the imagery debate.* Cambridge, MA. : MIT Press.

II

「自身之因」(causa sui)的講法是說,人若要為自己的行動負起道德責任,則自己必須是自身得以發生之因,或自己要能主動創造,至少在某些關鍵的心智層面上。最高等級的道德、價值與概念不可能是後天生成的,所以它們必須是其自身之因。但對持一般因果觀念的人而言,這是矛盾的,因為導致它們(結果)出現的原因,應該發生在它們存在之前。另外,由於這一切不應在不同人之間有所不同或互相違反,因之又將神視為自身與萬物之因的最重要連接。尼采認為這些說法都是自我矛盾的,史特勞森則傾向於認為,主張不可能有任何事物是其自身得以出現的原因,所以自由意志是不存在的,因此人可不必為其行動負道德責任的講法,值得再做進一步更清楚的討論。在有關自由意志是否存在之其他論證中,也有不少這類具有內在矛盾

性的主張,如在基因概念盛行的時代,可能會有人說自由意志應該也有基因基礎,或者說存在有自由意志基因,但這種論證是弔詭且悖謬的,因為若有自由意志基因,則自由意志便會受到基因的重重規範與制約,而直接違反了自由意志應該是自由自主的定義。

自序

我是如何寫出這本書的？

我們在有關腦部如何涉入意識主觀經驗，與無意識心理功能的產出歷程上，已做出一些令人驚訝的發現。意識經驗發生在哪裡以及如何發生，與無意識心理活動又有何不同，這些都是饒有趣味的問題；不只對我如此，還有很多人也深受吸引。我們的發現都是從實驗得來的，它們並非來自想像式的理論，而是建立在實際的發現上，這是與出自哲學家、某些神經科學家、物理學家與其他人，在這些題材上所寫的著作與方案，大有不同之處。

正因如此讓我想到，我們的發現以及由此衍生出來的很多重要引申，應該想辦法讓廣大的讀者知道，包括處理心靈與心智問題的哲學家、科學家，以及臨床學家在內。在這個撰寫過程中，有一個特別重要的特色是要說明，心腦問題與意識經驗的大腦基礎，確實可以用實驗的方式來好好研究。這些都是如何發生的？你必須體認到意識經驗只能在清醒的人類受試者身上做研究，因為這樣他們才能報告出自身的經驗。非人類的動物很可能有意識經驗，但仍無法找到良好方式去有效研究那些經驗。我剛好有一個獨特的機會，得以研究在費恩斯坦（Bertram Feinstein）醫師處進行神經外科手術治療的病人；費恩斯坦是我過去在舊金山加州大學（UCSF）生物力學實驗室的老同事，那時他是一位神經科醫師。費恩斯坦在瑞典接受三年神經外科訓練後，開始在舊金山錫安山醫院（Mt. Zion Hospital）執業，他也想藉此機會做一些不會有風險的人類大腦探討，他提供我這樣的一個研究機會，我則趁此研究如何將大腦神經細胞的電活動，以及在合適神經細胞上所做的電刺激，與病人所報告的意識經驗關聯起來。應該強調一下，

我們的實驗程序不會增加病人的風險，實驗都在病人了解之後同意才進行，沒有人因為這些實驗產生困難或損傷，病人實際上非常配合地參與了我們的研究。

費恩斯坦醫師在手術房中，相當隨和、容易合作，讓我著手設計實驗，他在手術過程中不曾表現出權威式唯我獨尊的態度。大約合作了二十年之後，費恩斯坦醫師在 1978 年辭世，在他無預期地過世後，我的實驗室轉向研究自主行動，開始找正常受試者來做實驗。另外，我們也針對感官訊號偵測，與對該訊號的意識覺知發展之間的獨特差異，做出根本性的研究（Libet et al., 1991），有幾位病人參與這個研究；他們為了紓解無法根治的疼痛，在腦部感覺通路上永久植入刺激電極，這些病人係得助於舊金山加州大學神經外科醫師細淵（Y. Hosobuchi）與巴巴羅（N. M. Barbaro）的安排，UCSF 生理學科教授摩堅尼區（Michael Merzenich）則慷慨地提供我們合適的空間與電腦設備，以便進行該一研究。

所有這些研究始自 1959 年，並與生物物理學家阿爾伯特（W. Watson Alberts），以及生醫工程師萊特（Elwood "Bob" W. Wright）合作。阿爾伯特在 1971 年離開我們，轉赴國立神經與心理疾病研究所（National Institute of Nervous and Mental Diseases），成為一位卓有所成的行政主管，生物電子工程師格里森（Curtis Gleason）遞補了他的角色。我深深感謝由他們的合作所帶來的成效。我也必須感謝合作進行這些研究的諸位病人；除此之外還有十位心理學研究生，他們熱心參與有關自主性行動與行動的意識性意圖之實驗研究。

我要將本書獻給三位神經科學家，他們都是我科學生涯的主

要導師。當我在芝加哥大學開始研究生生涯時，傑拉德（Ralph Waldo Gerard）介紹我接觸神經科學具有想像力的研究，而且對我的能力一直沒失去信心，縱使在我陷入低潮時亦不例外。當我在澳洲國立大學（Australian National University）從事一年合作研究時，艾可士（John Eccles）爵士帶我進入現代實驗神經科學領域，支持我在心智與大腦關聯性上的探索工作，縱使該項工作當時並不受神經科學家青睞。當我在費城賓州醫院研究所（Institute of the Pennsylvania Hospital in Philadelphia）三年，從事腦部神經化學的合作研究時，艾略特（K. Allan C. Elliott）為我示範了如何做嚴謹的設計，以及做好實驗工作的報告。

我要感謝我孫子 Victor Libet 以及我兩位女兒 Gayla 與 Moreen Libet，在本書的早期版本上，以外行讀者的身分提供很有幫助的意見。我也要感謝老朋友多提（Robert Doty）與倫德貝爾格（Anders Lundberg），他們提出深有價值的建議與持續的鼓勵及支持。哈佛大學出版社科學編輯費雪（Michael Fisher）提出的意見，讓本書在內容涵蓋面上得以做出重大調整。感謝寇斯林為本書寫了優異且深具意義的前言。

最後，我深深受惠於我的太太霏（Fay），我的小孩（Julian、Moreen、Ralph 與 Gayla），以及我的孫兒孫女（Victor、Anna、Leah、Lev 與 Stavit），感謝她／他們。

第 1 章

問題導論

> 當一個特定腦部狀態對應出現一個特定的「意識」時，有大事情發生了。一個確實能夠進去看看那是什麼的短暫一瞥，將是一件讓所有過去成就變得蒼白的真正科學貢獻。
>
> ——威廉・詹姆士（William James, 1899）

當你停下腳步來讚賞一朵花的強烈藍色；你對年輕小孩的好笑舉止感到快樂；你感覺到關節炎肩膀帶來的痛苦；你聆聽韓德爾《彌賽亞》大型神劇，被其莊嚴華麗所感動；你對一位朋友的病情感到悲傷；你覺得對一件工作要怎麼做、何時去做，能夠做出自由意志的選擇；你覺察到自己的思考、信念與靈感；你覺知到自己是一個實際存在而且能做反應的人。

所有這些感知（feeling）與覺知（awareness），是你主觀內在生活的一部分。它們之所以主觀，是因為只有正在經驗的人可以觸接到，它們並未顯露在外，而且無法經由觀察腦部的活動來做描述。

我們的主觀內在生活，正是對我們身為人類真正有意義的事務，但是我們對它如何發生，以及它如何驅動意識性意志做出行動，則所知甚少。不過我們確實知道，腦部非常重要而且緊密涉入意識與主觀經驗的表現。

該一事實，引出了一些具有根本性的重大問題。

問題：將腦部活動連上心智功能

適當的神經細胞活動當然能影響主觀經驗的內容，甚至它的存在與否。是否反之亦然？也就是說，當我們正在做一件自由的自主行動時，我們的意識是否能反過來真正影響或指揮神經細胞的活動？

我們的主觀經驗來自廣泛分布於腦內不同位置的眾多神經網絡，每個網絡都有成千上萬的神經細胞。因此我們的經驗，如視覺意象，如何可能在一種整合的形式下以主觀的方式出現？

在考量意識性經驗時，有進一步更重要的議題。很多心智功能都以無意識的方式執行，沒有意識性的覺知。有相當多的實驗與臨床證據可以確定這種講法，會在後文章節提到。情緒性生活中潛意識（或無意識）心理歷程所具有的角色，主要由佛洛伊德與其他人發展出來。在目前饒有興趣的脈絡下，該問題變成是：腦部如何區分出意識與無意識的心理事件？

最後，在這些問題中有一個最神祕未解的：何以腦部神經細胞的物理（physical）活動，能夠產生意識性主觀經驗的非物理（nonphysical）現象？它包含了外在世界、思考、美感、靈感、靈性、心性與其他事項的感官覺知；另外，又如何去橋接物理（腦部）與心理（意識性主觀經驗）？

對這些博大精深的問題，過去已有很多研議（如 Hook, 1960），主要是來自哲學與宗教的討論，雖然近年已開始有來自神經科學家的貢獻。宗教上的議論顯然是形上學式的信念，並非科學上可測試的；哲學家的討論大部分是理論性的猜想模式，它們大多難

以驗證。

　　就像科學哲學家波柏（Karl Popper, 1992）所指出的，假如一個提案或假說本身，其本質無法在可容許否證（falsifiable）的平臺上做測試，則提案人便可以提出不會造成矛盾的任何觀點，如此一來，假說提出者便可以主張任何觀點，而不必擔心會被否證。在該一意義上無法測試的提案，不只來自哲學家與神學家，甚至來自某些科學家。很多科學家喜歡想像自己譬如在免疫學、動作控制、理論物理或宇宙學上的實驗研究，可以提供一個基礎，來對意識經驗與腦部的本質做出有根據的猜測。雖然這些猜測常是有趣的討論，但是它們大多是無法測試的，不過有些提議或假說確實提示了問題的科學走向，而且有些哲學分析幫助定義了問題的本質，也針對某些想要達到的答案做出一些限制。

　　本書並未企圖針對這些領域的研究，做出完整全面的文獻評論，本書的目標是想指出探討腦部與意識經驗之間的關聯性，是可以用實驗方式來處理的，我們的研究得到了直接的發現及其重要引申，這些內容就是本書的主要題材。我們的顱內生理觀察，與清醒人類受試者所做的意識經驗報告，可以直接關聯在一起，該一取向在這個研究領域中是相對獨特的，在有助於讀者了解我們研究之考量下，本書也會討論到相關的實驗研究與哲學觀點，至於有關人類腦部發現的一般歷史，請參見 Marshall & Magoun（1998）。

心物問題的一般觀點

　　一個極端的立場是決定論唯物論者（determinist materialist），在該一哲學觀點中，可觀察到的物質是唯一需要考量的，包括思考、抑制與感知，只能依照物質與掌管物質之自然律來加以說明。共同發現基因分子密碼的卓越科學家克里克（Francis Crick），以優雅的方式表明了該一觀點：「你，你的歡樂與悲傷，你的記憶與野心，你的個人認同感與自由意志，事實上不過就是一大片聚集的神經細胞及其相關聯分子，所表現出來的行為。就像路易斯·卡羅（Lewis Carroll）在《愛麗絲漫遊奇境》中可能已經說過的：『你不過就是一堆神經細胞而已。』」（Crick & Koch, 1998）依據這種決定論觀點，你對你自己與周圍世界的覺知，只是神經活動的副產品或附帶現象（epiphenomenon），人並無獨立的能力去影響或控制神經活動。[1]

　　該一立場是已被證實的科學理論嗎？我將直截了當地指出，該一決定論與唯物論的觀點，是一種信念（belief）系統，並非是已經被直接測試驗證過的科學理論。日益增多的科學證據，已經可以有力說明心理能力甚至性格本質，須依賴腦部的特殊結構與功能，而且也會被腦部運作所控制；但是主觀覺知的非物理本質，包括靈性的覺知、創造力、意識性意志與想像力，則無法直接只以物質或物理證據來描述或解釋。

　　作為一位研究這些問題已歷三十餘年的神經科學家，我可以說這些主觀現象無法利用神經功能的知識來做預測。該一說法背離了我仍是年輕科學家時的早期觀點，那時我相信決定論唯物論

觀點的有效性,當時的我四十歲,尚未深入研究意識經驗的腦部歷程。目前仍無法保證覺知現象及其伴隨物,可用今日已知的物理學與生理學來解釋。

事實上,意識性的心理現象無法化約成神經細胞活動,也無法用這類知識來做說明。你可以看入腦部並看到神經細胞的連接,以及從一大片活動中跳出來的神經訊息,但是你無法觀測到任何意識性的心理主觀現象,只有一位正在經歷這些現象之人的報告,能夠告訴你這些內容。

克里克將其物理論(physicalist)——決定論者的觀點,稱為「令人驚訝的假說」(astonishing hypothesis),以闡明其科學成就,並期待未來發展得以產出更多令人滿意的解答。但是很多科學家與哲學家看起來並沒有體會到,他們自己所認為決定論是有效論證的僵硬觀點,仍然是建立在信念之上,他們其實並未找到答案。[11]

事實上,縱使在非心理的物質世界也會表現出不確定性(量子理論),以及混沌行為,因此無法對事件做出決定論式的預測。在一個小型研討會中,有人問卓越的理論物理學家尤金·維戈納(Eugen Wigner),物理學是否有可能闡釋意識,維戈納回答說「物理學甚至都不見得能解釋物質現象」,更別說非物質的意識問題了。所以比較有意義的問法,應該是:意識性經驗的現象以及其與物質性腦部的關係,是否完全依循物理世界已知的規則與定律?(後面將再討論。)

另外一個偏離決定論者唯物論的極端,則是認為心理或心靈(mind)可與腦分離的二元論(dualism),這也是一種信念系統。

二元論的宗教版則可能包含有靈魂（soul）存在的信念，靈魂在人還活著時多少是屬於身體的，但在死後能與身體分離，並前往不同定義下的永生之地。

後者的主張絕對可稱為一種信念，同樣的看法也適用在其他多數的哲學與宗教觀點上。在所有的科學證據中，無一會直接抵觸這些信念，真的，它們並未落在科學知識的範疇之中（參看前述波柏所持科學應具可否證性的觀點）。

一個科學進展上的漂亮例子來自愛因斯坦，他提出光與物質一樣都會受到相同的重力影響。然而要展示重力對光的影響，需要讓光行經一個具有極大質量物體的外緣，一個遠比地球上任何東西都要大的物體，這是一個不容易找到適當測試方式的技術壁壘，阻礙了科學界對愛因斯坦主張的全面性接受。

幸運的是，在 1920 年左右出現了日全蝕，位於太陽另一邊星球發出的光線通過太陽外緣，行向地球，而且在日全蝕期間，行進的光線明顯可見。實際測量的結果，真的發現光線在行進時由於太陽的拉力而產生彎曲，以致星球的表觀位置有所變更，大約就如愛因斯坦所預測的數值一樣。反過來想，若在日全蝕期間，研究團隊測不到光線的彎曲現象，則愛因斯坦的理論將會因為實測與理論之間的矛盾而被否證。[III]

是否有心腦問題的任何科學進路？

在有關如何產生意識性主觀經驗的討論上，是否已用過什麼方式獲得可信的知識？是否有任何一種方式係建立在可觀測的證

據上?

　　腦部是意識與無意識功能的物質性器官,在我們所了解的生命與生活中,都需要適當的腦部功能與結構,並無任何客觀證據顯示意識現象可存在於腦部之外,但如前所述,並未排除認為有可以分離之意識性靈魂的「信念」。意識產生的關鍵來自腦部,而非其他身體結構,最具說服力的證據可能來自在脊髓與腦部交界處,發生完全損傷或切除後所產生的效應。該類不幸在頸部斷裂的意外中有時會發生,如廣為人知的超人電影演員克里斯多福·李維(Christoph Reeves)所發生的頸椎折斷事件,病人仍與意外事故前一樣,是一位具有意識的人,但是他無法控制頸部以下所有身體的運動,包括呼吸動作,以及由脊髓神經傳送到腦部的所有身體感覺。腦部與脊髓之間連結神經通路的截斷,是喪失頸部以下感覺與動作控制的主因,病人仍能利用未損傷的神經與腦部連接,覺知到能夠連接上的重要感覺,若腦部功能如常,則病人尚可維繫自己思考、感知與自我的覺知。

　　至於不同意識功能的中斷,或甚至意識的永遠喪失,則依據腦部損傷部位而定,腦功能的喪失實際上定義了意識性人類生命的終結,也就是死亡,縱使身體的其他部分如脊髓、骨骼肌肉與心臟仍在運作中。確實如此,在這種腦死狀態下,經過醫療正當程序,可以摘取身體的其他器官或組織,並移植給其他需要的病人。

　　在古早時代,心臟經常被認為是意識與情緒感知之所在(可參考亞里斯多德的講法),但是換心之後(甚至改用機械心臟裝置),並未改變一個人的情緒內容或經驗。

所以我們期望意識經驗這類問題的探討,可以得到哪些具體解答,到現在為止又得到什麼答案?其中一個重要問題是,腦部活動如何與意識及無意識的心理功能連上關係,該一問題原則上是可以做描述性研究與實驗探討的。但要做到這點,需要定義何謂「意識性主觀經驗」(conscious subjective experience),而且要採可操作的方式,這樣才能實際進行研究。

　　先從難纏的事實開始,亦即只有經歷過的人才能直接觸接意識性主觀經驗,所以對一位外界觀察者而言,唯一有效的證據必須來自經歷者的內省報告(introspective reports)。

主觀經驗的內省報告

　　科學家就像哲學家一樣,曾猜想過腦部與心靈(或稱心智、心理)如何關聯起來,但直到最近只有很少人(包括神經科學家)曾試過以直接的實驗研究,來探討大腦神經細胞活動,如何涉入意識性主觀經驗的產生或表現。為何如此?除了在人類受試者身上做這類實驗有其技術難度外,還有一項重要的哲學障礙。

　　以主觀經驗內省報告作為資料的研究,在學術社群中已逐漸成為一種禁忌;形成該一負面態度的力量,則大部分來自20世紀前七十五年期間,心理學界盛行的行為主義(behaviorism),與哲學界的邏輯實證論(logical positivism)。這些觀點認為只有直接可觀測的事件,才能作為科學資料,內省報告只是間接與真正的主觀經驗有關,也就是說,它們是研究者無法直接觀測的東西,而且不值得信任。然而,除非科學家能找到一個方式來獲得

有效的內省報告,否則永遠無法研究意識性心理如何與腦部關聯起來的根本性重大問題。已故的大物理學家理查‧費曼(Richard Feynman)說過:「我深入研討以找出世界的更多內容——不管它用什麼方式出現,它總是自然事物,而它將以屬於它自己的方式出現!所以,當我們去研究它時,不應事先決定要找的事物會長成什麼樣子。」

一份內省報告當然無法提供該一經驗的絕對證據(附帶一提,物理學家承認縱使是一般實用的物理測量,也無法做到完全準確),但一個人能夠完全確定的唯一主觀經驗,就是自己個人的經驗,如笛卡兒、柏克萊主教(Bishop George Berkeley)與其他人所提出的講法。在日常的社會互動中,我們通常會接受別人經驗的內省報告,當作是他們經驗的有意義反映——雖然不免會試著去評估這些報告的有效性。

再確定一點講,將經驗轉化成報告可能會發生一些扭曲,但是可以將所研究經驗的類別,限制在那些非常簡單、沒有情緒內容的項目上,這些經驗也可就其可信度再加測試。在我們的研究中,使用的是非常簡單的感官經驗,並排除掉可能會造成扭曲的情緒層面。更進一步,我們透過實驗操弄來改變感官輸入,並比較在這些實驗條件下所得到的不同報告,以測試這些報告的可信度。所以要找到一種方式來對主觀經驗做科學性研究,應該還是可以做到的。

應該再補充一點,內省報告並不需要非得用語文式的口頭敘述,非語文式的報告也是可以接受的,如用按鍵以表示是否已有主觀感覺,當然前提是受試者需要了解,該一指標(按鍵)事實

上就是在表示主觀的內省經驗。

當我還是大學生時，就已體會到語言表現並非現實完整足夠的表徵，受限於文字本身所具有的意義，它們只是逼近。因此我決定試著以非語文方式來思考現實，也就是嘗試以完全整合與直覺方式，來捕捉實際的情境。在我日後思考實驗問題時，事實上就傾向以非語文的方式來看待它們。

1970年代以後認知心理學的發展，有助於轉移科學界對內省報告有效性的看法，認知科學家想要處理人如何知道與感知的問題，以及它們如何與現實產生關聯，為了做到這一點，需要受試者說出他們自己的主觀經驗。我應該趁此說明在心理學家當中，仍有傳統的行為主義學家，而且有一大群哲學家信奉與行為主義緊密相連的功能論（functionalism）。[IV]

從1950年代後期開始，我並未等待認知科學來支持我們在研究中使用內省報告，我以生理學家的身分接觸這個議題，與行為主義或功能論都沒什麼關聯。從一開始，我的態度就是認為意識性經驗，可以像任何其他可觀測的腦功能一樣拿來做研究，作為一位實驗科學家，我一直堅定認為一個人的意識經驗報告，應該被視為直接的第一手證據，該一證據不應被改變或扭曲，去將就事先認定有關意識本質的看法或理論。除非有證據足以說明內省報告受到其他因素的明確影響，或者內省報告與其他證據有互相衝突之處，否則適當獲得的意識經驗報告，應該視同其他類客觀證據，一併參用。

我很驚訝地發現在行為科學家中，有一群意見強烈的人不同意我的觀點。有一個代表國家衛生研究院（NIH）研究部門的訪

視小組，裡面就有這類人，他們說我沒研究對恰當的問題，就否決了我的計畫申請。

有趣的是，全世界實驗神經生理學的領導科學家們，沒人反對我的觀點，如阿德里安勳爵（Lord Adrian）、艾可士（Sir John Eccles）、亞斯柏（Herbert Jasper）、菲力普（Charles Phillips）、潘菲爾德（Wilder Penfield）、史培理（Roger Sperry）、布雷默（Frédéric Bremer）、格拉尼（Ragnar Granit）、倫德貝爾格（Anders Lundberg）、多提（Robert Doty）與薛弗林（Howard Shevrin）等人[1]。前揭幾位研究者認為我們的工作值得讚賞，而且走在科學前沿。這類情感也在一個重要會議中有所表達，那是1964年由艾可士主催、宗座科學院（Pontifical Academy of Sciences）贊助的研討會，在梵蒂岡一棟15世紀、屬於庇護四世（Pius IV）時代的建築中舉辦。教宗保祿六世（Pope Paul VI）非常鄭重地安排了一個聚會，參加會議的二十五位坐在大廳的一邊，另外一邊面對我們的，則坐了大約人數相當、身繫紅袍的樞機主教。當教宗下來迎接我們時，天主教徒的科學家跪接並親吻教宗的戒指，我們其他人則與教宗握手。我仍保存那次聚會的厚紅色皮製的燙金名牌。自從那次以後，我就經常出席一些有趣的意識研究會議，也做演講。事實上，艾可士於1988年又在梵蒂岡主辦了類似的研討會。

除了神經生理學家之外，幾位知名哲學家，如已故的波柏、內格爾（Thomas Nagel）與已故的佩柏（Stephen Pepper），也都認同我在如何研究意識性主觀經驗上所曾表示過的觀點。佩

---

[1] 譯注：這個名單上的部分名字，會在後文章節陸續出現；本文所提1964年在梵蒂岡的會議，也正是李貝等人發表第一系列重要研究的時間。

柏以前是柏克萊加州大學的哲學教授,是一位同一論(identity theory)的強勢支持者,同一論主張從外在即可觀測到之腦部的物質特性,與主觀經驗所具有的內在特質,基本上是同一實體的兩個不同現象層面。然而他在仔細聆聽我們團隊所得到的發現與看法之後,總結認為我們在有關感官經驗時序回溯上的反向指定(retroactive referral)證據,可能會挑戰到同一論的有效性（見第二章）。

覺知

在研究中使用內省報告的經驗,讓我更深入體認到內省所具有的重要性,領會到意識經驗之內省報告的主要特徵是覺知,或是覺知到某物某事。一個人覺知到什麼,包含有很多不同的經驗內容,如針對底下幾個大項目所引發的覺知:對外在世界與內部身體世界(透過感官輸入)、對憤怒歡樂沮喪有關的感知、對思考與想像,以及對自我(self)。

很多(假如不是大部分)哲學家討論過不同類型與不同層次的意識經驗,一般來說自我覺知(self-awareness)被認為是專屬人類,可能包括黑猩猩在內的特例。我們無法確認縱使是相似事件的經驗內容,在別人身上是否相同,如我所看到的黃色不一定等同於你在同一情境下所看到的黃色,縱使我們已學到在同一時間來表達同類的色彩經驗。但是應該可以更有信心地說,覺知本身的特徵在別人身上,與我們的覺知在根本上是相同的,縱使大家在黃色經驗上的內容可能並不相同。

所以我認為沒有必要去發明意識或意識經驗的不同類目,來處理所碰到的各類經驗,所有案例中的共同特徵就是「覺知」,若有不同,是在於覺知的不同內容。我將用實驗證據說明覺知本身是一獨特現象,會與獨特的神經活動連接在一起,這類神經活動是所有意識經驗的必要條件。

痛苦、色彩、和聲與氣味的感官經驗,哲學家稱之為「感質」(qualia),這些經驗所表徵的,是不能被刺激的物理特性或對應的神經活動所解釋之現象,因此對想要解釋意識經驗的唯物論(materialism)造成了困難。但是我看不出有何理由,將這些感質看成與其他的覺知有根本性不同,所有類型的覺知也是同樣無法用唯物論解釋。

我們應該區分兩件事情:一是「意識經驗」(conscious experiences);另一是處於清醒與能反應的狀態,或稱「意識狀態」(conscious state)。處於意識狀態是產生意識主觀經驗的先決條件,作夢是個例外,因為在睡眠狀態的作夢期間,也會產生意識經驗。處於清醒與意識狀態,以及作夢的睡眠狀態,都需要由腦幹與視丘(位於前腦底部,大腦半球下方)來帶動大腦皮質部的擴散激發,腦部的這種功能是產生意識經驗的必要背景條件[2]。

如何研究腦部與意識主觀經驗的關係?

我的一貫態度是:別管那些屬於猜想又未被檢測過的理論,

---

2 譯注:因為本章旨在提出基本問題的背景與導論,因此並未在論及腦部結構與相關神經生理路徑時,做出詳細圖示,以免偏離討論重點。有關腦幹、前腦、視丘、大腦半球與皮質部其他腦區的相對解剖位置,以及相關神經傳遞路線的行動方向,另請參見第二章圖 2.1 與圖 2.3 及其說明。

反之，要更聚焦找出腦部如何真正處理或帶出意識經驗。這種態度應該是來自我自己的實驗神經生理學背景，目標在於找出證據，以發現神經系統如何運作而產生個體的行為。

這類研究的主要困難之一是需要人類受試者，但要在受試者身上直接研究腦部功能，有其相當高的限制性在。有關記憶、學習、視覺歷程表徵（空間與色彩）等工作，大部分可以在動物的行為層面上處理，但所有這些功能的操作可以不必用到意識覺知，甚至在人身上亦同。正如瑪麗安·道金斯（Marian Stamp Dawkins）所說的：「我們必須小心，不要模糊了聰明與意識之間的重要區別。」也就是說我們必須要抗拒一種錯誤印象，以為研究動物或人類心靈，只需顯示受試者能做不同的複雜知性作業就好，以為藉此就一定可以說明受試者是有意識的（也就是有主觀的覺知）。

逮至晚近才有一個實驗設計出來（Stoerig & Cowey, 1995），讓人多少有點信心說猴子也會用到意識性覺知，以便能夠做出精細的作業。該實驗毀除了猴子的主視覺皮質部，在人身上若有同樣損傷，會造成意識性視覺的喪失或視盲（blind），之後試驗猴子如何偵測視覺刺激。當猴子必須要做強迫選擇反應時（是或否），呈現在有缺陷「盲」視野的刺激，竟然可以被百分之百偵測到。有類似視覺皮質部缺陷的人類病人，也可以正確指認哪個方向有刺激出現，雖然病人都說他們看不到，這種現象稱為「盲視」（blindsight）。但是當猴子可以自由反應時，猴子會將這些出現在有缺陷視野的刺激，分類為「空白」，亦即空無一物，在該實驗條件下，猴子好像在傳達一個訊息：「我沒有意識到有看到任

何東西在那個盲視野內。」有一種觀點認為，實驗猴子應該能夠對意識性視覺與無意識偵測做出區辨，該實驗結果支持了這樣的觀點。

在嘗試以實驗方式研究腦部與意識主觀經驗之間的關係時，我擬定了兩個認為必須遵守的知識論原則，一為將內省報告作為運作判準，另一為對心腦關係不預設規則：

（1） **內省報告作為運作判準。**我已討論過內省報告的案例，底下是該原則的必然引申結果：「任何不需可信內省報告的行為證據，不能作為意識主觀經驗的指標。」縱使考量行動的目的性本質，或認知與抽象問題解決歷程的複雜性，該引申結果仍然成立，因為這些作業都能夠而且經常在沒有受試者的覺知下，以無意識方式進行。所以必須在有能力偵測訊號與對訊號有所覺知之間，小心做一區分。

行為類的行動，是可觀察到之肌肉動作與自主神經系統的變化，在心跳、血壓、流汗等項上表現出來。沒有內省報告的純行為類行動，無法提供意識主觀經驗的有效證據。在做內省經驗報告時，受試者是針對其私密經驗的問題做反應，而我們則有信心認為受試者了解這些問題。沒有這些要件的行為類行動，則可能是在無意識中進行的。

（2） **對心腦關係不預設規則。**一個必然引申出來的問題是：「在沒有這個人的任何內省報告下，我們是否能夠靠著檢視腦中神經細胞活動，來描述此人的感知或思考，意即他的主觀經驗？」答案是不可能，若你真的能去檢視活動的腦部並觀察不同結構中神經細胞五花八門的活動，你會發現無

法看到任何像心靈或意識的現象。該一觀點已由17世紀的大哲學家與數學家萊布尼茲（Gottfried Wilhelm Leibniz）提出，其他也有持同一觀點者。

另外一位大數學家拉普拉斯（Pierre-Simon marquis de Laplace）則持不同觀點，他深受牛頓物理的新機械模式所吸引，說若得以知道宇宙中所有分子的位置與能量或運動狀態，則他便能預測所有未來事件，主張腦部所有類此分子特徵的知識，得以讓他去描述與預測心智的運作。首先，該一主張實際上是無法測試的，不只我們沒希望去界定出腦部的超大量分子資訊，而且從現代物理學已知，原則上不可能同時量測任一粒子的位置與運動。再假設拉普拉斯的條件皆能滿足，我們也只能看到分子構形，而非任何心靈或心智現象。令人好奇的是，有一大群哲學家中的功能論者，仍然抱持這種行為主義式、拉普拉斯式的觀點。

相對於行為主義式的一般原則，則是認為外界可觀測的物理事件與內在心理事件，是現象學上獨立的類別。但兩者當然是互相關聯的，唯只能透過對該二分別現象作同時觀測，來發現它們之間的關係。該關係無法在觀測前做預測，該二現象中的任一現象皆無法化約成另一現象，也無法互相描述。

舉一簡單例子：在接受身體感官訊息的腦區上施予電刺激，此時受測者不會感知到有任何感覺是來自腦部，反之，他會報告說感知到身體某一部分如手掌有事情發生，縱使手掌並沒發生什麼事。除非一位外面的觀察者問受測者，讓他講出這種感知的內省報告，否則根本沒辦法描述這種主觀經驗。

該一結果與原則明確否定了，在很多科學家與哲學家中盛行

的化約論觀點（如 Churchland, 1981; Dennett & Kinsbourne, 1992），依據該一觀點，神經結構與功能（或其分子機制）的知識，已足夠用來定義與闡釋意識及心理活動。但如前述，仍有化約論不足以因應的困境。

腦中何處是與意識經驗有關的歷程

聲名卓著的神經外科醫師潘菲爾德（Wilder Penfield）與他的同事亞斯柏（Herbert Jasper），為了治療病人的癲癇症狀，讓病人在清醒下做腦殼局部麻醉，掀開大腦皮質部並做測試，以確定癲癇發作的病灶所在，之後要求病人在大腦皮質部接受到局部電刺激後做內省報告，總共取得數千個觀察。其他神經外科醫師也做出類似的反應標定。感官經驗報告的取得，則來自對大腦皮質部主感覺區做電刺激，包括有軀體感覺、視覺或聽覺。所以若要研究需要具備哪些條件，才能獲得意識性、可報告事件時，則對主感覺腦區施予電刺激，再來看事後的反應，顯然是個不錯的起手式。

大部分大腦皮質部在電刺激下，並無任何意識性反應，但是這些「安靜皮質腦區」（silent cortex）的神經細胞，確實能對刺激做反應，電刺激要在這些安靜皮質腦區產生可報告出來的意識性反應，可能需要有比在皮質部主感覺區更複雜的神經激發。或者，安靜腦區可能並不處理意識性功能。

值得從這些證據強調的是，相當大量的神經活動可以在不引發任何意識經驗下發生。

潘菲爾德與亞斯柏發現到幾個讓他們印象深刻的觀察，如大腦半球大區域的毀傷不會喪失意識，但在位於腦幹或視丘內層神經核上之激活系統的小損傷，卻會產生意識喪失或昏迷。潘菲爾德（Penfield, 1958）因此認為意識所在處，位於這些內側位置的皮質下結構，他稱之為「中腦系統」（centrencephalic system）。同樣的，另一出色的神經外科醫師博根（Joseph Bogen, 1995）最近也主張，意識功能立基於視丘的內層神經核，是中腦系統的成分結構之一。

潘菲爾德與博根觀點有一個邏輯上的困難，在於這種觀點無法區分出必要與充分條件，亦即縱使一個結構對意識功能而言是必要的，那並不能將該一結構變成是製造意識經驗的充分條件。確實有很多其他功能可能是製造意識經驗的必要條件，如若心臟停止（cardiac arrest），人將在幾秒內失去所有的意識功能，但心臟並非意識功能的所在地，這點與很多前人的早期想法不同。心臟也可從他人身上移植過來，甚至裝上機械元件，而不會改變一個人的意識歷程或性格。更進一步的是，已有很多證據支持在大腦半球的特定類別神經活動，是產生意識事件的基礎。

一些不同的研究已提供重要資訊，說明與意識或行為事件有關的神經細胞活動，究竟位於腦內何處。這些研究大體分為兩類，亦即神經心理研究與測量腦部神經細胞活動變化的技術：

（1） 神經心理研究檢視了在特定腦部區域損傷或毀除下的心理功能，該領域研究的祖父級老爹應屬蓋吉（Phineas Gage）案例，當他在鋪設鐵軌時，一根金屬棒意外撞擊穿入蓋吉的顳顬葉前方頭部，接著穿過頭部另一側，在兩個大腦半球的前額葉部分造成意外傷害。蓋吉經過急救活下來，但

性格開始有了急遽變化,意外事故之前是一位穩定、可靠、愛與人交往的人,事故之後變得不能自制(不把發誓當一回事、容易情緒化),工作上變得不可靠,而且在人生前景與生涯規劃上出現缺陷。他的案例清楚說明了腦部前額葉在自我控制、規劃與其他事項上的重要性。在蓋吉案例之後,又發現了更多前額葉所具有的功能。

逮至晚近,神經心理學家已經發展出我們過去未能預知的,心理功能之細微差異的表徵,如某些小中風血栓或出血造成特定損傷後,可以理解言談語句中的母音,但無法辨識子音,所以病人幾乎完全無法掌握對話中的語詞。

(2) 一些不同技術可以測量腦中神經細胞活動強度的局部變化,這些技術建立在一個前提上,亦即局部神經活動的增加,總是伴隨有神經細胞能量新陳代謝的增加,新陳代謝增加會有較高的耗氧量,並釋放代謝物到神經細胞周圍的局部空間,最明顯的是葡萄糖氧化會產生二氧化碳(CO_2),CO_2則能擴張小動脈,因此增加該區之血流量。

第一個成功測量局部或區域大腦血流量(regional cerebral blood flow, rCBF)變化的技術,來自瑞典臨床神經生理學家英格瓦(David Ingvar)及其同事(見 Lassen & Ingvar, 1961; Ingvar, 1979, 1999)。原則上該技術係在大腦血流注入安全劑量的放射性化合物之後,測量與標定放射性活動量的局部變化,並沿著受測者腦殼安裝大量的閃爍計數器,每個計數器計算其負責部位的放射性訊號,記錄注射化合物區域的放射性程度。注射之後某一校正時間內放射性的增加,表示該區循環血流量的增加。

英格瓦與其同事在研究區域大腦血流量（rCBF）的變化時，不只針對感官輸入與動作活動，也包括思考歷程，如他們發現若受試者單純想像移動自己手指，並無實際的手指移動，也可以在受試者負責實際自主移動手指的同一反應腦區，偵測到 rCBF 增量。進一步研究指出，在做數目字減法心算時，會有皮質場的激發，尤其是在前額葉，該一激發並不需有感覺或動作區之激發（Roland and Friberg, 1985）。

有人會說這類結果，表示人的意識心理歷程有能力影響腦內的神經活動。有人也會從病理條件去探尋大腦血流循環的局部或總體異常，不管是在靜止狀態或對相關的作業及刺激做反應。譬如某些腦部血流循環的缺陷，已經在一些早期阿茲海默病人、思覺失調症與其他健康問題的病人身上發現。

索可洛夫及其團隊（Sokoloff et al., 1977）領先在健康的全腦上，改善局部新陳代謝變化的測量，該項工作直接促成能更有效偵測代謝變化方法的發明，與英格瓦的技術相同，都不必對腦部做深入手術，所以這些方法都可用在人類受試者身上。目前廣泛應用的兩種方法，都在空間解析度與測量速度上做了很多改善。

該類測量技術所衍生出來的第一個廣泛應用方法是正子斷層造影（positron emission tomography, PET），該方法需要從靜脈注射可以釋放正電子而非電磁輻射的弱放射性物質，釋放出來的正電子則由裝設在頭殼周圍大量小型元件來做偵測工作。

第二個方法則是磁振造影（magnetic resonance imaging, MRI），以一種高度局部化方式，來測量與神經功能有關的原子（如氧與碳）活動在數量上的變化。

所有這些探討包括神經心理學研究、rCBF、PET 與功能性磁振造影（functional MRI, fMRI），提供了在腦中何處可能與不同心理運作有關的神經細胞活動資訊，但它們無法告訴我們涉及何類神經細胞活動，如局部神經活動組型的變化、神經細胞反應頻率等。它們也不能充分指出神經細胞活動變化與心理功能之間的時間關係，如腦部活動變化的時間相對於特定事件的意識覺知之間的關係。事實上活動增加的腦區，不一定就是研究所要測試的心理功能，在誘發或組織上的真正重要腦區；主要的負責腦區可能更小，而且在量測影像中所呈現的是更為微弱的變化。

　　縱使這些方法之一在時間變化的測量上，如 fMRI 已有極佳的快速解析度，但神經活動變化的時間估計，仍受限於所測量的生理歷程。磁振造影（MRI）就像 PET 掃描，量測的是神經細胞代謝變化後，所產生局部血流循環或化學成分的變化。類此的代謝變化，大部分發生在神經細胞做出功能性相關的變化之後，不管是來自細胞突觸反應或神經衝動激發上的變化。神經細胞活動的重要相關變化，發生時間以毫秒計，但由這些神經活動所引發的代謝能量變化，可能需要幾秒之後，才能產生這些在技術上可以測量到的變化。所以有些問題是難以用這些技術來回答的，譬如說：「意識性意圖是發生在自主行動的大腦誘發（激發）之前或之後？」[v]

電生理學

　　記錄相關神經活動內在本來就有的電活動，可獲得幾乎與

神經細胞活動變化同步的指標，這些紀錄來自電流與電壓的電場變化，電活動的變化則來自傳導性神經衝動實際激發的動作電位（action potential），以及比較局部與非傳導性的突觸電位（synaptic potential）。當其他神經細胞的神經纖維將進來的訊息傳到末端，在那裡觸接下一個神經細胞膜表面的特定區域時，就產生了突觸電位。進來端的神經纖維與另一接觸細胞位址之間的特殊連接，稱為「突觸」（synapse，在希臘文意指兩個元素之間的連接）。進來神經纖維的末端會在大部分突觸中釋放特殊化學物質，稱為「神經傳導物質」（neurotransmitter）。突觸接收端的細胞膜表面，有特殊接受器能對神經傳導物質做出反應。

突觸後的反應通常會產生局部電變化，讓接收端的細胞膜外部變成更負向（有興奮效應）或更正向（有抑制效應），在這兩種狀況下，細胞膜的局部突觸後區域，與同一細胞未被影響的鄰近細胞膜，會創造出一個電位差（伏特），因之產生環繞整個細胞的電流場。在電場中的該一電位差，可以被放置在接近該細胞外面介質中的電極，做出最靈敏的偵測，至於該電場中產生的較小伏特數，也可利用適當的放大器，在比較遠的距離外做出偵測紀錄。

所以，在頭殼上也可偵測到很小的微伏特級電位，這是腦電波圖（EEG）測量的基礎，人腦的腦電波律動首先由漢斯・貝爾格（Hans Berger）在 1929 年提出。EEG 現在已廣泛用在正常與臨床條件下的腦功能研究，如從清醒狀態到不同睡眠狀態做轉換時，會伴隨有腦波的典型變化；發生癲癇時的典型腦波變化，則用來診斷與定位癲癇病灶的位置。

腦磁圖（magnetoencephalograms, MEGs）最近也開始使用，這是在腦殼上布滿偵測器，記錄由電流所產生的多個小磁場，被認為比 EEGs 更能標定神經活動起源的腦區。但是，從腦殼插入小電極直接接觸大腦皮質部表面，或插到更深的皮質下結構，所能偵測到的電變化會比任何腦皮上的紀錄，不管是 EEG 或 MEG，有更好的定位且更有意義。

　　讓病人在不需全身麻醉下保持清醒，並做某些神經外科手術是有可能的，而且在醫療上經常可被接受，為了達到該一目的，在腦殼與覆蓋頭蓋骨的組織注射局部麻醉劑，該一程序已足夠阻卻任何痛覺，因為在頭蓋骨上穿小孔洞或與腦組織做接觸，並不會產生痛覺。這主要是沒有特定的神經末梢會對腦部的損傷做反應，不像在其他部位受損時會有神經反應，這些反應則會傳遞到腦中某些部位而產生痛覺。痛覺在傳達身體組織受損訊息上占有很重要的角色，可讓我們想辦法趕快離開受害的根源。也許在腦部自身設計一個類似的觸碰或損害警告系統，並不具有演化上的適應價值，因為腦部已由具有保護性的硬腦骨所包覆。任何能傷害腦部的物體，當它穿越腦殼與頭蓋骨的襯裡以及覆蓋腦部的腦膜時，會產生疼痛感；但具傷害性的腫瘤在腦內成長時，並不會造成疼痛，因此是一種難以偵測又危險的傷害性疾病。

　　美國神經外科醫師庫辛（Harvey Cushing, 1909）是先行者之一，在尚無今日的電測量技術之前，他就已發現對適當的感覺皮質部做電刺激時，受測者會報告有刺痛的感覺。若將刺激電極插入後中央溝腦迴（postcentral gyrus，位於大腦皮質部中央溝或 Rolandic 溝後方的圓形表面上），會在身體某一區域出現刺痛感覺，但

不會對腦部的刺激處有任何感覺；若刺激部位是前中央溝腦迴（precentral gyrus），則會在身體不同部位出現局部動作。這兩個刺激的大腦皮質部位，一為主軀體感覺區，一為主動作區。

之後，德國神經外科醫師法斯達（Otfrid Foerster，潘菲爾德在其 1958 年書中引述），與美裔加拿大神經外科醫師潘菲爾德，利用這類技術大幅擴展了相關的知識（見 Penfield & Boldrey, 1937），他們探究不同病人的腦部，可說實質上走遍了所有的皮質部表層。他們以及之後的研究者，都發現皮質部大部分區域的刺激，並未產生可以報告得出來的感覺、運動或感知，這些區域稱為「安靜區」，至於「興奮區」所產生的反應，則限制在負責身體與軀體感覺的主感覺區、皮質部後端枕葉的視覺區、顳顬葉上前方的聽覺皮質部。潘菲爾德在刺激顳顬葉的某些區域時，也觀察了有關幻覺與記憶等方面的主觀報告，事實上以今日觀點來看，顳顬葉及其皮質下結構如海馬與杏仁核，已被認為是記憶形成與某些情緒感知（尤其是害怕與攻擊性）的重要傳輸及調節者[3]。

我們以及其他人發現刺激安靜皮質腦區，會局部引發神經細胞相當程度的電反應，但為何受試者做不出主觀報告？我認為局部神經纖維束的粗略興奮（crude excitation），不可能導致產生足以激發主觀經驗的有組織神經活動。事實上我們算幸運，刺激「初級」（primary）的主要感覺與動作區即可引發主觀反應，對此我們只能猜測是因為在那些區域中興奮的神經纖維，充分觸接到可以直接調節主觀反應的神經細胞。

---

3 譯注：中央溝或 Rolandic 溝之腦部解剖位置，以及周圍腦區定位，如枕葉、顳顬葉、頂葉、額葉等，請參見第二章圖 2.1。

從另一方面來講，在動物（貓與猴子）安靜皮質腦區所做的電刺激，已知可參與作為條件化反射（conditioned reflex, CR；或稱「制約反射」）的一部分（見 Doty, 1969）。在一般性的 CR 中，有效的無條件刺激（unconditional stimulus, US）產生了一個不需學習的自然反應（UR，無條件反應），如對動物手爪做溫和電刺激，動物會自動縮回手爪；假如將一個無關的條件刺激（conditional stimulus, CS），在 US 出現前一秒內連續配對給予，則動物可以學會當 CS（如聽覺純音）單獨出現時，縮回手爪。現在若改對安靜皮質部做電刺激，則可以作為一個更方便的 CS，來與 US 配對；這種做法就相當於聽到一個純音，也就是說動物會學習到當皮質部電刺激單獨出現時（CS），縮回手爪（CR）。這些證據顯示幾乎在大腦皮質部任何部位所引發的特定神經元活動，都能夠被受試者以一種具有功能的有效方式（functionally efficient）予以偵測，並產生行為效應。這些在安靜皮質部所偵測到的電激發神經反應，可能是在無意識之下進行的。這種想法也可外推到人類受試者身上，當給予類似刺激但並未產生任何意識性經驗時，可能也適用該一解釋。

在人類受試者安靜皮質部所做的電刺激，是否也能在無意識下被偵測到？這是一個有趣但需要實驗測試的想法，也是我過去想做，但在我退休之前沒做成的工作。我們其他的實驗證據確實顯示，在感覺通路上的某些刺激縱使不足以產生意識性經驗，仍能被人類受試者在無意識下，以能夠產生有用功能的方式偵測到（見 Libet et al., 1991，與本書第三章）。這裡的重要引申是，不足以產生任何主觀經驗或覺知的神經活動，仍然能在無覺知狀態下協助調

節相關功能。確是如此,大部分腦部活動都是屬於這類性質。

我們的實驗進路

我之所以有機會進行這些研究,是因為我的同事與朋友費恩斯坦,他是一位實驗神經學家,我與他在舊金山加州大學(UCSF)的生物力學實驗室,共同研究與運動有關的肌肉功能。之後他轉作神經外科,在 1950 年代早期花了三年時間,從學於瑞典的神經外科大師雷克塞爾(Lars Leksell)。

之後他引進立體定位神經外科手術到舊金山與美國西岸(見 Feinstein et al., 1960),這類立體定位神經外科手術,可在不需開腦下將治療用的電極或探針伸進腦部,抵達預定深度的結構,並在頭殼上固定一架有座標的 3D 視窗,腦中要治療對象的座標則事先標定。在那個時代,該方法主要用來阻止或鈍化腦中某一深部結構的活動,如用熱探針來舒緩巴金森氏症病人的顫抖症狀。

雷克塞爾立體定位視窗(Leksell stereotaxic frame)讓費恩斯坦得以在諸多可能的路徑下,找到事先標定的腦部目標結構,腦部探針的支撐軸承可以在腦半球上,移前移後找到任何想去的位置,再以任何角度進入到所設定的目標。因此他可以選擇一個探針行進的軌道,在抵達治療目標之前,可以通過另外想要研究的其他結構。

費恩斯坦在神經外科醫師中很不尋常的一點,是他有一股強烈的願望,想利用這種機會去研究一些根本問題,假如這類研究可以不增加病人的額外風險,而且病人要能在充分的告知下知情

同意,也要醫院人體試驗監督委員會的核准。

費恩斯坦提供機會,讓我來設計值得做、也需要在清醒病人身上做腦部顱內觸接的基礎研究,我立即決定我們應該一起來探討,以釐清腦部活動如何關聯到或產生出意識經驗來。該一問題無法在非人類動物身上做探究,因為動物無法給出主觀經驗的內省報告。

探尋腦部活動究竟如何關聯到或產生出意識經驗,很久以來已是我的長程目標,意識主觀經驗究竟如何從腦內產生的問題,深深吸引了我。我在就讀芝加哥大學研究所時,跟隨傑出的神經科學家傑拉德(Ralph Gerard)教授,研究已分離出來之青蛙腦部的電生理活動。傑拉德在我跟他的第一年,要求我就已做出之蛙腦自發性腦電波結果提出自己的看法。我提出的看法之一是,這些腦波可能是青蛙意識的神經表現!傑拉德對腦功能有一套寬廣的整合觀點,他對我所提出的任何觀點與評論都持開放態度,我很幸運能夠在那個研究上與他有會通之處。

為了更進一步協助臨床與基礎實驗研究,費恩斯坦在舊金山錫安山醫院建立了一個新手術房,這個手術房可以屏蔽電磁干擾,也設計有管線做腦部神經細胞活動的紀錄以及給予電刺激,管線也連通到隔壁的控制室,那裡有相關的電器設備與操作人員。

我們的研究從 1958 年開始的前面好幾年,都是在手術房中進行神經手術時所做(見 Libet et al., 1964)。病人處於清醒狀態,只對頭皮與覆蓋顱骨的骨膜組織做局部麻醉。每個病人對基本上無風險的實驗程序,都在充分告知下提出知情同意書,也包括有病人可隨時終止研究的但書。病人一般反應都很合作而且一致,但是我

們在手術房中將研究時間限制在三十分鐘內，所以必須充分做好研究的組織與規劃，以讓實驗得以有效進行。之後，我們需要放鬆休息，以舒緩整個實驗程序中專心遵守規範的緊張。

費恩斯坦在1960年代改變了治療程序，使得研究期程變得比較放鬆，且成果豐碩。他偏好將電極或探針放在腦中達數天或一個星期之久，讓治療得以在比較正常與可以走動的狀態下進行，該一程序的改變讓我們得以在手術房外，以更為完整與舒緩的步調來研究病人。後來費恩斯坦在治療罹患慢性頑固性疼痛的病人時，將刺激電極永遠放在大腦皮質部下的感覺通道中，我們因之可以有相當時間研究這些病人，縱使是在病人返回費恩斯坦醫師處做複診的期間。

費恩斯坦於1978年無預期地早逝，我因此失去一位親密的好友，世界則失去一位實驗神經外科的先驅，他的過世也改變了我的研究方向。我轉向研究意識性意志如何與腦部功能發生關聯，這是一個可以在正常受試者身上做的實驗，在頭皮上黏貼記錄電極，即已足夠偵測自主行動過程的電變化，這就是我在實驗設計上所需要的記錄方式（見第四章的完整討論）。

當然，縱使有神經外科醫師像費恩斯坦的合作，也可找到合適的受試者，完整研究所需且可用的受試者人數，還是受到相當限制。不過，單一個案研究（single-case studies）的邏輯，還是可以論辯的，如馬歇爾（John C. Marshall, 1989）在評論莎莉絲（Tim Shallice）的同年專書《從神經心理到心智結構》（*From Neuropsychology to Mental Structure*）中所討論的。柏納（Claude Bernard）是19世紀後期的大生理學家，他論辯說在醫學與生理

學中所使用的各類集體平均測度，必然會導致錯誤。

柏納曾經被一篇支持他觀點的研究所引用，該文提及一位生理學家「從一個火車站採檢尿液，該車站所有國家的旅客都會路過，而且這位生理學家相信他可以分析出一個平均的歐洲尿液特色——假如我們曾弄懂任何東西，那是因為只有病人表現的細節，才足以做模式建構，而且在這個層次上，具有理論重要性的個別差異是無可替代的」[4]。

本書其他部分將環繞在獨特的實驗發展與研究發現之上，我們很幸運得以將這些研究聚焦在底下的重大根本議題上：「腦部神經細胞活動如何與意識主觀經驗與無意識心智功能關聯起來？」我也將提及相關的批判性研究，它們直接針對我們在實驗發現上所做出的引申，提出不同意見。

我希望讀者看到我們如何設計實驗，以及如何測試由新發現所衍生出來的假說；你也能因此分享這個科學探索的故事，還有得出這些發現後的興奮心情。與其他有關意識專書相當不同的是，你將面對直接的實驗證據與在該議題上可以測試的理論，而非猜想以及大部分是未經測試的理論建構。

---

[4] 譯注：作者在此處所要表達的觀點是說，雖然受試者人數對完整研究有其重要性，但合適性與個別差異更須注意，而非將可能因此看不到個別差異特性的統計平均數，作為主要考量。

譯注

I

李貝從本章開始就一直表示決定論、唯物論、同一論等類觀點，其實都是一種信念，並無什麼堅實的科學基礎，所以李貝有時會被認為是二元論的支持者。但李貝在本章中很清楚地說二元論也是一種信念，他在本書第六章模擬了一段他與笛卡兒的長對話，可一併參考。

看起來，李貝在書中對唯物論系列的想法，並無好感。但這種觀點並非罕見，與李貝格格不入的哲學家們也有持類似看法的，而且解析得更為清楚、強烈。如哲學家瑟爾（John Searle）很早就針對當紅的唯物論傾向，羅列出他認為不可行、沒希望的六類心智或心靈理論（theories of mind）：（1）最極端的版本，認為心理狀態（mental states）根本不存在，如取消式唯物論（eliminative materialism）認為沒有信念、欲求、希望、恐懼這類東西。（2）支援取消式唯物論的經驗版本，認為常民或民俗心理學（folk psychology）的主張完全虛假不實，常民心理學會說人喝水是因為口渴，吃飯是因為飢餓，人有欲求與信念等等。（3）功能論（functionalism）主張心理狀態之內，並無什麼具特殊性的心理內容，最重要的是心理狀態之間以及它們與系統輸入輸出之間，互有因果關聯，所以不管是阿貓阿狗，只要有同樣的合適因果關係，都會有相同的信念與欲求等等。（4）強 AI（strong AI）觀點，認為電腦只要建置合適的程式與輸入輸出，即可有思考、感知與理解，有時也稱之為「電腦功能論」（computer functionalism）。（5）採取意向立場（intentional stance）的人，主張所謂的信念、欲求、恐懼與希望等等，並非意指內在的真正的心理現象，只是一種闡釋與預測行為的語彙，一種講話的方式。（6）另外一種極端則是隱性的認為，內在、私密、主觀與質性的覺知並不存在；同理，也不承認有不可化約之心理狀態的存在；他們並未公開反對這類第一人稱的心理狀態，但重新定義意識，只研究可公開觀測到的第三人稱現象

（Searle, 1992）。

瑟爾在回顧20世紀哲學唯物論的歷史時，提出幾個與上述相關聯，也可說是補充式的觀點，包括：（1）從理念與邏輯上而言，行為主義（behaviorism）只研究可定義的行為，認為任何心理項目皆可以改寫為可定義的行為格式，但明顯的不觸及內省式或具有心靈意味的項目，所以有時被稱為「沒有心的心理學」。（2）同一論主張心理狀態，與腦內狀態及中樞神經系統的狀態完全等同，所以痛覺可以等同於C類神經纖維（C-fibers）的刺激，心理現象不外就是腦部狀態，亦即兩種類型（type）是完全一樣的，這種理論稱為「類型同一論」，是李貝經常提起的同一論。

Searle, J. R. (1992). *The rediscovery of the mind*. Cambridge, MA.: MIT Press.

II

何以克里克在本書中，被作者李貝說成是一位決定論唯物論者（determinist materialist）？

克里克在解開DNA雙螺旋結構的奧祕後，轉往理論神經科學，尤其是意識研究上。克里克認定心靈不在DNA裡面（Mind is not in DNA），在他看來，心靈與意識都是神經系統運作下的衍生特性（emergent property），不受基因（DNA片斷的組合）控制，亦無法反轉錄到DNA去，這是他轉型後的基本態度，這種態度與克里克在1957年提出著名的「中心法則」（central dogma，或稱「中心教條」）有關，主張遺傳訊息只會單向地由DNA驅動RNA，再驅動蛋白質的製造，只有在很罕見的情況下，才會有RNA反轉錄到DNA之事，至於從蛋白質反轉錄影響RNA或DNA，則為一奇想，不足為訓。在克里克的想法中，心靈與意識應該都是在蛋白質的運作下，神經系統所產生的衍生特性（Crick, 1988）。若是如此，則心靈與意識

的運作從中心法則觀點,應該是後天產生的,不在 DNA 裡面。新達爾文主義者的想法與中心法則尚稱相容,認為後天獲得的性狀與能力是無法遺傳的。若單從這個觀點來看,克里克應該不是李貝所講的,那麼像一位決定論唯物論者。

李貝將克里克視為決定論唯物論者,可能與克里克花很多時間在建立一套「意識的神經關聯理論」(neural correlates of consciousness, NCC)有關,其所提之機制一般而言皆有注意力參與其中。由於克里克所關心建立的 NCC 模式(Crick & Koch, 1990; Crick, 1994),都是想將意識經驗與腦部的一般神經機制嚴格關聯在一起的工作,因此本書作者李貝將他歸類為一位決定論唯物論者。李貝與克里克的比較,請另參見本書〈導讀〉與第五章譯注 II。

Crick, F. (1988). *What mad pursuit*. New York: Basic Book.

Crick, F., & Koch, C. (1990). Towards a neurobiological theory of consciousness. *Seminars in the Neurosciences*, 2, 263-275.

Crick, F. (1994). *The astonishing hypothesis*. London: Simon and Schuster.

III

此處討論的科學研究之可否證性(falsifiability),是界定科學概念的要件之一,假說須經過具有可否證性的檢驗才能成為科學理論。最常被引用的例子之一,就是本章所提的愛因斯坦有關光線在重力場中會彎曲的假說及其測試。

「直行的光線在經過巨大的恆星時會彎曲」,是愛因斯坦在 1915 年 11 月廣義相對論中的推論,已預測出其彎曲或偏折幅度,但第一次是由艾丁頓(Sir Arthur Eddington)在日全蝕時予以證實。英國劍橋天文學家艾丁頓於

1919年（正值一戰之後）5月29日下午2點13分5秒，在非洲普林西比島（Príncipe）日全蝕時，照出通過全黑太陽旁的光線軌跡，並確定光線偏折量。事後匯總另一組在巴西的探測隊照片合併計算推估，大約是如愛因斯坦所預測的偏斜1.7角秒（seconds of arc）一樣，意即太陽確實透過其重力，讓周圍的空間扭曲（同理，時間也會依據周圍的重力有多強而扭曲），讓來自遙遠畢宿星團（Hyades）的星光，沿著空間依計算所得的彎曲通道行進，而得到光線彎曲的結果。他們在過了半年之後（1919年11月），才在倫敦召開英國皇家學會與皇家天文學會聯合會議，宣布這項重大發現，成為世界重要報紙的頭版頭條，《紐約時報》做了一個聳動的標題「滿天星光皆轉彎 愛因斯坦理論大勝利」。這段有趣的歷史，可參見：David Bodanis (2016). *Einstein's greatest mistake: A biography*. Boston: Houghton Mifflin Harcourt.（黃靖雅譯〔2017〕：愛因斯坦最大的錯誤。臺北：天下文化。）

IV

　　1960年代中期，認知心理學的進展已經成形，奈瑟（Ulric Neisser）在1967年出版《認知心理學》（*Cognitive Psychology*）一書，替這股進展定了一個新名，並界定何為認知心理學的研究範圍（Neisser, 1967）。在這本《認知心理學》出版前，巴夫洛夫式的條件化歷程（Pavlovian conditioning）與工具性條件化歷程（instrumental conditioning）研究已是相當普及，而且連結論（associationism）仍是主流。這是一個慢慢從連結經驗論（associationistic empiricism）過渡到心智表徵論（representational theory of mind）的過程，從被動接受刺激與缺乏主動建構的概念連結想法，開始轉向強調主動建構與心智表徵，也就是強調心理表徵與主動組織建構的認知科學潮流。條件化歷程（包括行為主義）在1960年代中期以後逐漸淡退，主因之一就是因為與當時流行的認知心理學主體觀念有嚴重衝突，亦即在主動性（active）與組織性（organizational）這兩種概念上。

　　奈瑟所傳達並宣揚的認知心理學理念，在於嘗試說明人類知覺機制或內

建之神經網絡，都不是固定的（fixed），而是會變化的，係經過主動的過程去做心理組織與建構，這是認知主動建構之本意。在該書中強調心理上的組織建構功能，以及其在基模（schema）與認知體上所做之調整，該一觀點與格式塔心理學的一向主張相容，因此在其書中多處引用格式塔心理學之觀點。格式塔心理學因假象運動（apparent movement，或譯「似動運動」）的實驗結果，提出「部分知覺的總合不等於全體知覺」（the whole is greater than the sum of its parts）之主張，認為外界的刺激組合經過重構，會有衍生或重組過的知覺結果，亦即無法單純由外界物理刺激之組型預測知覺結果，因為這中間在心智運作上有重構或衍生知覺（emergent perception）之過程存在（Mandler, 2007; Malone, 2009）。

利用內省報告來交代主觀經驗，並依此推論心理運作的規律，在19與20世紀之間即已相當流行，包括當代實驗心理學創建者馮特（Wilhelm Wundt）、鐵欽納（Edward Titchener）與心理物理研究者在內，後來興起的格式塔心理學（Gestalt Psychology）也不排除這種用法。但在行為主義與功能論流行期間，內省報告之類的研究方式受到大幅拒斥，一直要到認知心理學興起後才獲舒緩。本書作者李貝在本章中，對行為主義與功能論者顯然有意見，他也數次提及認知心理學與認知科學，即有藉此為內省報告（包括語言或非語文方式）做辯護之意。

Malone, J. C. (2009). *Psychology: Pythagoras to present*. Cambridge, MA.: MIT Press.

Mandler, G. (2007). *A history of modern experimental psychology*. Cambridge, MA.: MIT Press.

Neisser, U. (1967). *Cognitive psychology*. New York: Appleton-Century-Crofts.

V

　　本書作者李貝認為有些問題是難以用掃描或腦殼表面紀錄等神經影像技術來回答的,譬如像「腦部活動究竟如何關聯到或產生出意識經驗?我們的意識主觀經驗如何從腦內產生?」、「意識性意圖是發生在自主行動歷程的大腦誘發(激發)之前或之後?」、或「在感覺通路上的某些刺激縱使不足以產生意識性經驗,仍能被人類受試者在無意識下,以能夠產生有用功能的方式偵測到」之類的問題,而這些問題才是他想要解決的意識研究最根本問題,也就是有關意圖與主觀經驗等類被視為非常困難,但李貝認為這是了解人類內在生活所必須解決的問題。他的實驗逼近方式與主要觀點,會在本書不同章節中一一呈現出來。

　　現在流行的認知神經科學,有其歷史發展的根源。義大利醫師摩梭(Angelo Mosso)在 1880 年代,創建了腦部造影系統的 19 世紀版本。但這類經由測量腦部血流以了解心智活動的觀念,一直要到 1980 年代出現 PET 之後,才開始有實際的啟動與落實,但做出一個影像要花上幾十秒以上時間,難以捕捉快速運作的心理活動,還有人體侵入性與安全性問題。1990 年代則由 fMRI 與 BOLD 訊號取代成為最主要的研究工具。在研究腦部與心智之間的關係時,須從大量腦部活動資料中,區分出特定與一般性的腦部激發,為了解特定心智活動所可能對應的特色腦區激發,就會用到 19 世紀荷蘭心理學家冬達斯(F. C. Donders)在反應時間測量上,所發展出來的扣除法(subtraction method),來設計適當的控制組,經由扣除相同重複的腦區激發,而得出實驗組所誘發出來的特色腦區活動。但容易因之產生一個誤解,以為整個心智活動就可以被該特色腦區激發所表徵,其實這只是不完全的一部分而已。

　　另外就是如何克服空間與時間解析度的問題。真正的心智活動可能在幾十個毫秒內就已啟動且完成,但相應的血流變化卻需要約五秒以上才會發生,所以 fMRI 雖有良好的空間解析度,但在時間解析度上並不理想,當代研究有時會因研究作業需要,加入腦電波或腦磁圖的測量,以求兼具空間與

時間解析度,但這樣一來,研究難度就隨之增加(Legrenzi & Umiltà, 2011; Podrack, 2018)。

經由神經影像與電神經生理研究,若干心物問題的了解,已經有一比較好的基礎。博德拉科(Podrack, 2018)以比較謹慎但樂觀的方式,提出他自己的一些信念:(1)腦與心智是等同的,但並非表示心智研究與腦部研究是同一件事。(2)20世紀中期以後,愈來愈多專業領域的研究者相信至少在某些程度上,腦部確實存在有功能特化(functional localization)這回事。(3)特定腦區的活動無法釐清一個人是否正在經歷害怕、受到激勵或任何其他心理狀態,因為可能有很多種不同的心理歷程都會有相同或相似的激發。(其實就像以前從多重生理指標〔polygraph〕的紀錄中,無法判定受試者係處於哪一種特定情緒狀態一樣。)(4)神經影像研究無法回答某些特定問題,如「對一特定認知功能,是否需有一個特定腦區」?因為當人在做一件工作時激活了某些腦區,但當該腦區損壞時,事實上不一定會失去該工作能力。(5)在各類心理狀態與不同腦區之間不容易找到一一對應關係。

看起來神經影像的技術已有穩定且快速的發展,也獲多數研究者肯定。但是李貝最重要的實驗可說都在1957年至1983年間完成,那段期間上述的神經造影技術最多是在起步階段,而且尚未建立神經影像與神經元激發量之間具有線性關聯的直接證據,一直到2000年才由羅格鐵帝斯(Nikos K. Logothetis)等人建立起來(Logothetis et al., 2001)。也就是說,以前雖然在特定心智活動下,可以測到認為是相對應的腦區活動量之神經影像,並求得相關,但其實並不確知是否真的來自相關的神經元活動,亦即不確知究竟測量到的是什麼。所以李貝在其重要的研究生涯中,又難得可以在不違反醫療倫理下,選擇以電神經生理方式,長期直接觸接外科病人相關腦區的神經元活動,或針對正常人在腦殼外以腦電波記錄誘發電位,以獲得直接與即時的紀錄,在當時而言也是順理成章之事。有趣的是,看起來在本書成書的2004年,李貝仍不認為他的問題可以經由流行的神經影像研究方式(如

PET 與 fMRI）獲得解答，這些問題其中一部分或許已有當代認知神經科學的新觀點，但更多問題仍需做進一步研議。

Legrenzi, P., & Umiltà, C. (2011). *Neuromania: On the limits of brain science.* Oxford: Oxford University Press.

Logothetis, N. K., Pauls, J., Augath, M., Trinath, T., & Oeltermann, A. (2001). Neurophysiological investigation of the basis of the fMRI signal. *Nature*, 412, 150-157.

Poldrack. R. A. (2018). *The new mind readers: What neuroimaging can and cannot reveal our thoughts. Princeton*, N. J.: Princeton University Press.

第 2 章

人類意識性感覺覺知的延宕

當你用手指敲桌子時，會經驗到事件好像是即時發生，亦即主觀上會覺得觸碰的感覺，與手指真正接觸到桌子的時間是同時發生的。但是我們的實驗證據卻強烈支持一個令人驚訝的發現，直接違反了一般人的直覺與感知：腦部需要一個相對長的適當激發期間，可達半秒鐘（500毫秒）之久，以便引發事件的覺知！所以手指觸碰桌子所引起的意識性經驗或覺知，看起來應該是發生在腦部活動已經準備好產生覺知之後。

此處所談的是訊號的實際覺知，必須清楚地與訊號的偵測（detection）區分開來。如人類與非人類動物能分辨兩個不同頻率的觸覺振動，縱使在連續兩個不同振動頻率脈衝出現之間，只間隔幾個毫秒（msec）。一位知名神經科學家以這些理由，批評我們需要長達500毫秒才能有意識性經驗的實驗發現，他說若人能分辨兩個只間隔幾毫秒之間，前後出現的不同振動頻率脈衝，則在這麼短的時間間隔就可分辨出來的脈衝，何以還需要長達500毫秒才能覺知到該一分辨？我的答覆是，人能偵測出兩個只有毫秒級間隔差異的能力無可否認，但針對該一偵測，要何時才能覺知到則是另一回事，要意識性覺知（而非偵測）到兩者間的不同，顯然需要較長時間，亦即偵測後所做的反應可以在無意識之中發生，並不需要對該訊號有任何覺知。

假如在產生感覺覺知（sensory awareness）這件事上，類此的生理延宕已經是深植腦中的一種反應模式，則將衍生出幾個深刻的問題與引申：為何我們感知（feel）事件發生時就像立刻覺知到該一事件，也就是感知與實際覺知（awareness）之間好像並無延宕？我們有能力對一個出現的感官刺激在100毫秒內做反應，遠

短於覺知所需的 500 毫秒延宕時間,這究竟發生了什麼事?譬如一位厲害的賽跑選手,是否可在比 0.5 秒短很多的時間內,覺知到起跑的槍聲已經響起並往前衝?無意識心智功能與意識性心智功能兩者之間,是否有不同的時間要求?

要相信覺知確實有這種非預期又違反直覺的延宕,你需要先看看證據。底下章節描述了我們所做觀察的種類,以及如何從這些觀察導出有覺知延宕的驚人發現。

大腦刺激的初步證據

大約在 1957 年,我的合作者與朋友、神經外科醫師費恩斯坦,邀我在他進行腦部手術時設計與執行實驗,而且要以一種不會增加新風險,病人也可以接受的方式進行。我很快抓住這個難得機會,來探討腦部究竟做了什麼而產生出意識經驗。

也許該一研究系列最困難的部分,是在 1957 年至 1958 年剛開始的時候。我們要如何展開以實驗方式,來研究意識經驗的腦部處理歷程議題?我們能問什麼重要又能做實驗研究的問題,尤其是在必須考量病人治療時可容許研究的時間,以及可供探討的是那些腦部結構之類的限制條件下?

一開始我們將電極接觸放置在主軀體感覺皮質部表面(見圖2.1),該一大腦皮質部接收從身體與皮膚所有地方傳來的直接感官輸入,過去研究已知,在清醒病人該一皮質部表面施予電刺激時,能引發局部性刺痛或其他反應的意識性感覺,受試者報告說這些感覺係來自特定的皮膚或身體結構,而非來自腦部。也就是說,

感覺被主觀指定（referred）到某些身體結構，而這些身體結構在正常狀態下會將感官輸入往上傳送到皮質部。

　　幸運的是，我們從一個相對簡單的問題開始，因而引出一些重要結果。剛開始的實驗問題是：在該感覺領域中，什麼樣的神經元激發類型，對產生恰好超過閾限的意識性感覺（亦即最微弱但可報告出來的意識性感覺），最具有關鍵性影響？這個問題可以從有效電刺激與神經細胞產生的電變化，來評估相關的神經激發。

　　藉著刺激腦部本身來研究上述問題，有一個很大好處，可能可以在大腦層次上，直接找到必須考量的要件，以避免在採用刺激皮膚方式時，會因為其他因素而模糊或遮蔽掉重要的觀察。現在已經知道皮膚的感官輸入，會透過多個不同的脊髓通道，將訊息往上傳到腦部，結果就是會有一些經過調整的不同訊息，抵達較高的腦部層次，在那裡產生不容易弄清楚的不同類激發。事實上，假若我們的研究仍延續過去方式，局限於從周邊感官輸入刺激（如從皮膚），則不可能會發現到覺知特有的大腦延宕現象。

　　另一重要的實驗策略，是在產生剛好超過感官經驗之閾限（threshold sensory experience）的層次上，研究相關變化。也就是在底下兩個條件的腦部活動之間，尋找差異：（1）當刺激輸入仍然太弱，不足以產生任何感官的覺知；以及（2）當輸入提高到一個水準，剛好能開始引發最弱、但可報告出來的主觀感覺。該一策略有兩個重要的好處，首先很明顯的，在任何特別神經活動能導致主觀感覺之前，應先有一個正常運作的腦部，我們的做法避開了必須處理腦部活動必有的巨大複雜背景，反之，我們從一般的必要背景開始，聚焦在對覺知出現具關鍵性的大腦事件。再

來是利用這種方式針對感官刺激,研究從沒有覺知到有所覺知的變化過程,如此則可以提供一些洞見,以便了解透過什麼樣的大腦活動,可以調整無意識的心智功能。這種想法後來發展出一個實驗研究,以便了解產生無意識與意識性心智功能的不同要件,會在第三章做一說明。

在感覺皮質部上施予各種不同變化的刺激,究竟可以發現什麼?請參見我們的幾個研究(如 Libet et al., 1964; Libet, 1973)。實驗刺激包含有短暫的電流脈衝(pulse of current),不同實驗有不同長度,在 0.1 至 0.5 毫秒之間,每秒重複施予 20 或 60 個脈衝(pulses per second, pps)。最後發現:「時間因素是產生意識性感覺的最有趣要件,為了報告一個微弱、閾限水準的感覺,重複的刺激脈衝需持續 0.5 秒之久。」需要這樣一個 0.5 秒的長時間才能產生感覺,這對神經功能來說是長到令人驚訝的。

這是如何測量的?首先,設計一個長達 5 秒的脈衝序列(train of pulses),每一脈衝的電流強度(以毫安培〔mA〕計算),必須提高到某一最低或閾限水準(liminal),以便能產生最弱的意識性感覺(見圖 2.2A)。當該閾限強度的脈衝序列縮短到 5 秒以下時,受試者所報告的意識性感覺期間也會縮短,但是知覺到的感覺強度並未改變,最後當閾限刺激序列縮短到少於 0.5 秒時,感覺就消失不見了。對短於 0.5 秒之刺激序列而言,若將脈衝的尖峰電流強度調到足夠高(見圖 2.2B),則仍能產生意識性感覺,但這種更高的強度,可能已經超出一般正常邊緣感官輸入的強度範圍。

短於 0.5 秒的脈衝序列,何以能在提高刺激強度之後產生效果?更高強度的刺激毫無疑問會激發更多數目的神經纖維,而且

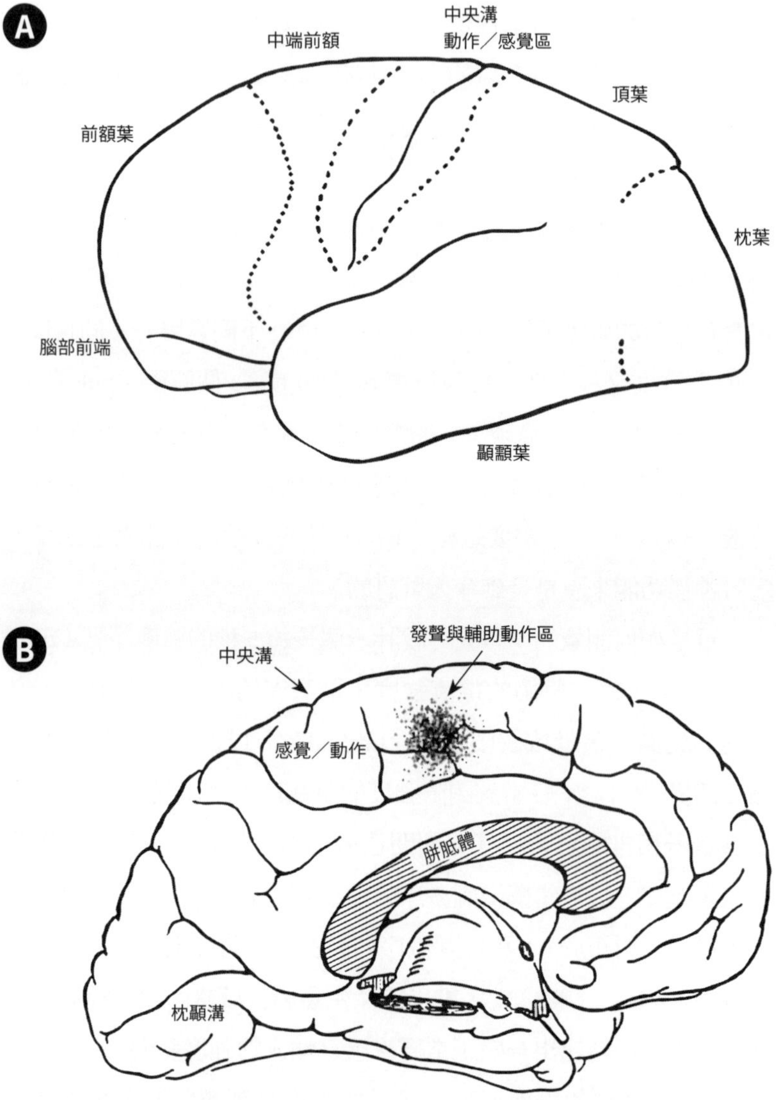
A
中央溝
動作／感覺區
中端前額
頂葉
前額葉
枕葉
腦部前端
顳顬葉
B
發聲與輔助動作區
中央溝
感覺／動作
胼胝體
枕顳溝

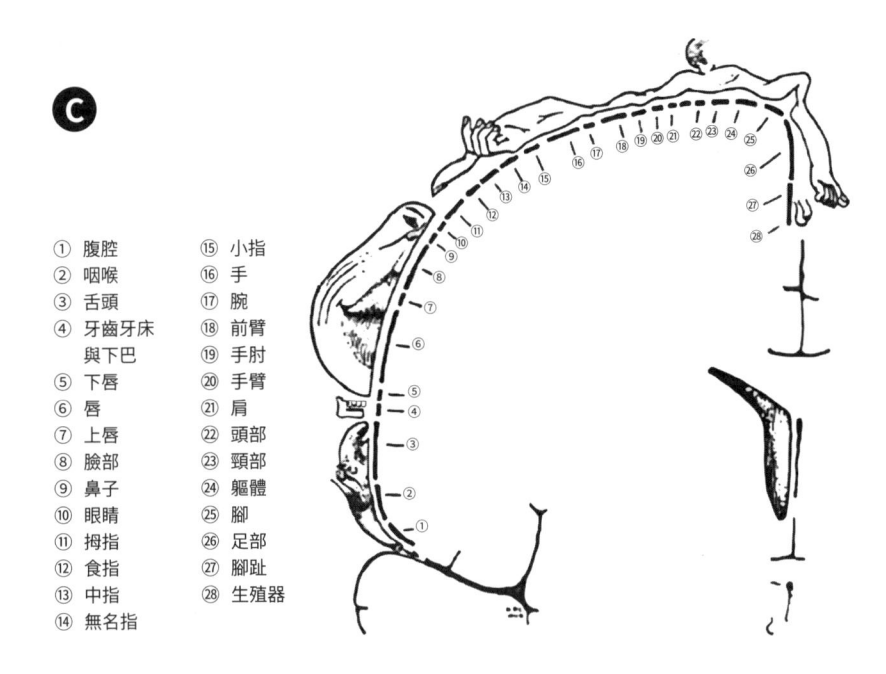

① 腹腔
② 咽喉
③ 舌頭
④ 牙齒牙床與下巴
⑤ 下唇
⑥ 唇
⑦ 上唇
⑧ 臉部
⑨ 鼻子
⑩ 眼睛
⑪ 拇指
⑫ 食指
⑬ 中指
⑭ 無名指
⑮ 小指
⑯ 手
⑰ 腕
⑱ 前臂
⑲ 手肘
⑳ 手臂
㉑ 肩
㉒ 頭部
㉓ 頸部
㉔ 軀體
㉕ 腳
㉖ 足部
㉗ 腳趾
㉘ 生殖器

圖 2.1｜人類大腦皮質部圖示。

A. 腦部左半球側面圖。Rolandic 溝（或稱中央溝）分開額葉與頂葉，Rolandic 溝的前端額葉邊有主動作區（M1），該區神經細胞將動作神經纖維直接送到驅動骨骼肌肉的終端動作神經元；在 Rolandic 溝後端區則有主軀體感覺區（S1），此區神經細胞接收源自皮膚、肌腱與肌肉等，最快速的感覺神經纖維訊號。聽覺輸入的主要接收區，位於顳顬葉上端邊緣。主要視覺區則位於枕葉後部尖端處。

B. 腦部左半球內側區。該區位於腦部中線，面對右半球內側區。本圖 B 係將 A 圖往左或往右翻轉 180 度取其內側看來，所以額葉區變成在右邊，Rolandic 溝頂端明顯可見，延續一小部分進入內側區。M1 往前就是輔助動作區（SMA），電刺激 SMA 會產生一般性的身體運動或發聲，SMA 看起來涉及自主行動的準備與誘發（見第四章）。胼胝體（corpus callosum）則是神經纖維的大量橋接，在兩半球間傳遞消息。在本圖左邊的枕葉端是枕顬溝（calcarine fissure），標定了大部分主視覺接收區的位置。

C. 感覺小人圖（sensory homunculus）。本圖 C 係左半球主軀體感覺區 S1 中所表徵的身體右側，該一小人圖模型係疊置在左半球的 S1 感覺皮質部的橫切面上。對 M1 與 S1 而言，表徵的都是異側的身體，而且身體的表徵上下顛倒，亦即頭臉置於底部，足部與腳掌位於上方。（取自 Penfield & Rasmussen, 1950）

影響更多接受這些纖維輸入的神經細胞,所以提高刺激強度,會讓原來對較低或閾限強度刺激做反應的大部分相同神經元,做出較高頻率的神經激發。在這個脈絡下,更高頻率的刺激脈衝,如從每秒 30 個脈衝變到每秒 60 個脈衝,會降低所需的閾限強度,但是刺激序列最短需要 0.5 秒方能產生意識性感覺這件事,並不會因為每秒增加到 60 個脈衝而有所改變(見圖 2.2B),這表示在已經採用某一頻率的閾限強度時,0.5 秒脈衝序列長度的最低要求,並不會因為刺激脈衝的頻率或數目不同而改變,也就是它們之間是互相獨立的。

意識性感覺的閾限刺激序列

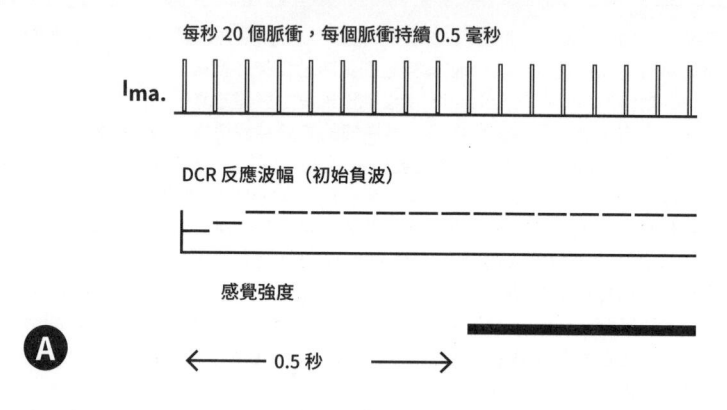

I_ma.

每秒 20 個脈衝,每個脈衝持續 0.5 毫秒

DCR 反應波幅(初始負波)

感覺強度

A ← 0.5 秒 →

```
         閾限刺激的強度與序列持續時間

  8
  7 ｝    單一脈衝
  6
  5
  4
  3
 ImA
  2                30 pps

                   60 pps
  1
    0.1 0.5  1.0      2.0      3.0      4.0
    ▭▭▭▭
    可利用刺激序列時間長度        序列持續時間（秒）
    (utilization TD)          (train duration, TD)
```

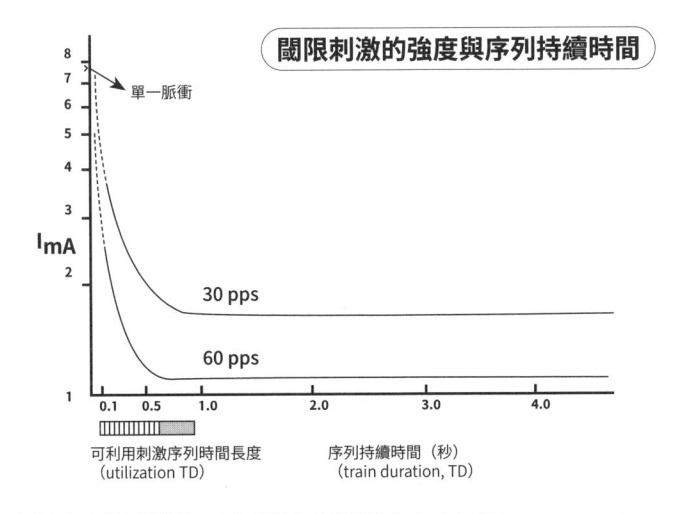

B

圖 2.2 | 對應產生意識性軀體感覺的刺激脈衝序列長度。

A. 0.5毫秒電脈衝所形成序列之圖示，用以刺激腦部後中央溝的主軀體皮質部（S1），以產生任何感覺的閾限刺激。所示為每個脈衝 0.5 毫秒，每秒有 20 個脈衝（pps），縱軸為電流強度 I（以毫安培〔mA〕表示）。（取自 Libet, 1966）
第二列所繪者為每個脈衝所引起的直接皮質反應（direct cortical responses, DCRs）的波幅。
第三列表示一直到初始 0.5 毫秒脈衝完全送出之前，沒有產生可報告的意識性感覺。微弱的感覺在 0.5 秒時間之後開始發生，當刺激序列繼續時主觀強度保持一致。另外在刺激動作皮質部（motor cortex, M1）時，則有明顯對比，動作反應早在 0.5 秒之前即已開始，而且在刺激序列持續進行時會累積表現強度。

B. 收集很多受試者資料後所整理出來，在不同刺激強度下要出現閾限感覺所需的刺激序列時間。但要注意在最低有效強度的調整下，必須要有大約 0.5 秒的最短刺激序列時間（the utilization TD [train duration]，可利用的刺激序列時間長度），方足以產生可報告的感覺。若在 S1 上給的是單一強刺激（而非連續性的較弱電脈衝之序列），一般會在相關的身體部位（如手或前臂），引發動作性的抽搐，由於該類抽搐混雜有周邊的感覺回饋訊息，因此難以釐清是否真正引發了意識性感覺（參見本文）★。（取自 Libet, 1973）

★ 譯注：同樣的情形可能也發生在 30 或 60 個脈衝時，若施予未達 0.5 秒長度但強度更高的刺激，則雖能出現閾限感覺，但會混淆參雜有周邊的感覺回饋訊息，所以此處特別強調要用最低有效強度，只要使用最低有效強度，就必須要有大約 0.5 秒的延宕，才能產生覺知。

提高刺激強度會產生一個複雜因素,因為直徑較小的不同神經纖維會被激發,至於該一因素如何影響接收神經元的反應,則仍不清楚且難以處理。

另一複雜問題發生在刺激軀體感覺皮質部時,使用足夠強度、但只用少數甚至單一脈衝來產生反應。這些反應包括在手或手臂肌肉上出現的輕微抽搐,在這些高強度刺激下可以觀察到有動作反應,病人所報告的明顯與該一肌肉抽搐有關,該類抽搐產生了一種周邊或邊緣感覺訊息,這種訊息則是來自肌肉內部或肌肉周圍的接受器細胞。這些動作反應由於混雜有周邊的感覺回饋訊息,因此在這種狀況下,不可能釐清單一或少數強脈衝,是否能在沒有任何邊緣感覺回饋下引發出意識性感覺。

強刺激在軀體感覺皮質部上所引發的動作反應,與直接刺激主動作區(M1,位於感覺區前方)所引發的動作反應並不相同。對感覺皮質部所給予的少數強脈衝,會產生重複性的小抽搐;同樣的刺激施予在主動作皮質部上,則產生平順的肌肉收縮(而非抽搐),但若連續給予脈衝,則該一收縮會快速提升強度,將導致類似癲癇的發作。因此,刺激感覺皮質部所引發的動作反應,很明顯的並非來自電流擴散到鄰近動作區所造成的結果。

若將電極接觸放到大腦皮質部下方的上行感覺通路(已在腦部內),並施予單一刺激的強烈脈衝,則可用來探討是否能因此產生意識性感覺的問題。在上行感覺通路上所施予的局部強脈衝,並不會引發任何動作反應,而且在此施予較弱脈衝組成的 0.5 秒序列,確會產生感覺。換句話說,產生意識性感覺需要施予重複脈衝一定足夠時間,但若在此處施予單一脈衝,當沒有產生肌肉抽

擋時,則不會產生任何感覺,不管強度多大。

已有幾個其他研究團隊確認(如葛洛斯曼、塔斯卡與阿馬錫安等人),對軀體感覺皮質部給予某種重複的刺激脈衝之後,確會產生意識性感覺的結果(Grossman, 1980; Tasker, 個人通訊; Amassian et al., 1991),但我們的量化研究建立了重複閾限強度脈衝所需的最短時間,竟令人驚訝地長達 0.5 秒。最近有關該一成立要件,由梅朵(Kimford Meador)及其同事所做的量化研究(Ray et al., 1998, 1999),在原則上確認了該一數據,然而在他們的研究中,最低有效強度下所需的最短時間,比我們的研究短,大約只需 0.25 秒。差異的原因之一,可能是梅朵等人將癲癇病人納入研究之中,該類病人的皮質部比正常受試者或我們的病人更容易興奮。

該一 0.5 秒期限,是否只適用在刺激感覺皮質部表面之後,所形成之一種不正常的激發路徑[1]?並非如此。底下一一就腦內觸覺通路的各個上行位置做一說明。

人從皮膚、關節與肌肉來的感覺訊息(不包括痛覺與溫度覺),由神經纖維攜帶往上,經過脊髓後面大神經束傳往腦部(見圖 2.3),它們同側進入並停止在腦部最下層的延髓(medulla oblongata)神經細胞核,這些延髓的神經細胞繼續經由神經纖維,開始交叉傳往腦部另一側,透過內側丘系神經束(medial lemniscus, LM)[2] 傳往前腦(forebrain)。神經交叉說明了大腦半球的感覺表徵,是針對異側感覺刺激的遠端來源。所以若中風破

---

1 譯注:這是一種由上往下,而非一般由下往上的正常傳導方式。
2 譯注:可視為內側視丘系統的一部分,是觸覺系統上行通路之中繼站,為一神經束,可連到大腦的軀體感覺皮質部;另見圖 2.3。

140──如何測量自由意志？

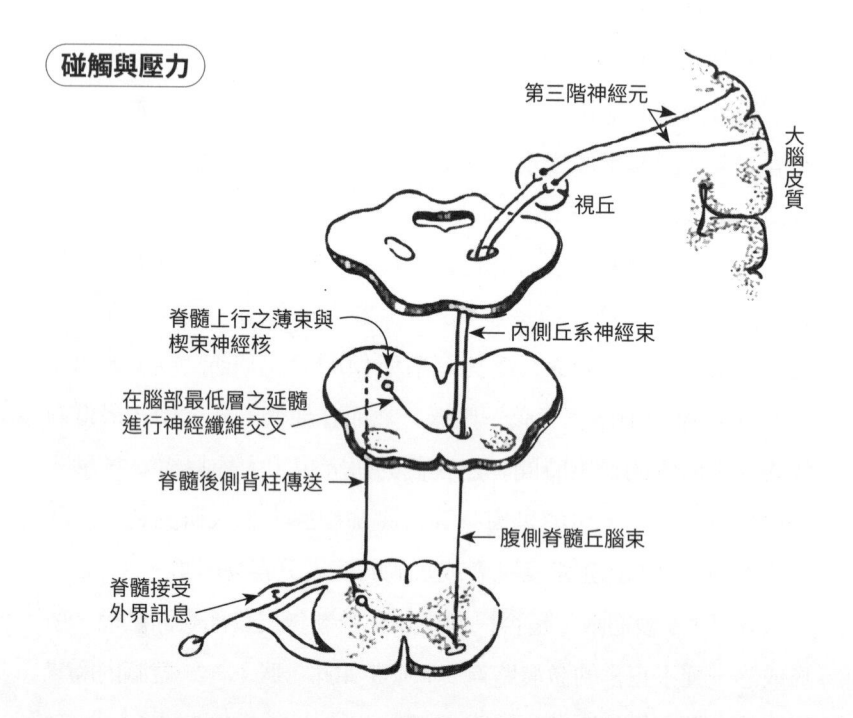

碰觸與壓力

[圖示：觸覺神經通路示意圖，標註包括]
- 第三階神經元
- 大腦皮質
- 視丘
- 脊髓上行之薄束與楔束神經核
- 內側丘系神經束
- 在腦部最低層之延髓進行神經纖維交叉
- 脊髓後側背柱傳送
- 腹側脊髓丘腦束
- 脊髓接受外界訊息

圖 2.3｜傳導觸覺、壓力、位置感覺神經纖維（從皮膚、肌腱與肌肉輸入）的神經通路。

這些神經纖維中最快速者將訊號傳送進入脊髓，經過神經纖維的後側背柱（posterior 或 dorsal column）直接傳上，之後終止在延髓細胞處，此處是腦部最低部分，從這些細胞處神經纖維開始交叉，繼續往上通過內側丘系神經束，這些神經束纖維傳到腹側基底部視丘（ventral-basal thalamus），接著將纖維傳到軀體感覺皮質部的細胞（S1，位於後中央腦迴，在 Rolandic 中央溝之後的腦皮質褶皺）。視丘形成大腦半球的底部，具有其他重要功能。（取自 Chusid & McDonald, 1958）

壞了腦部左側通路，則會在身體右側造成感覺的損傷。至於發展出這種交叉的演化價值為何，尚不清楚。

內側丘系神經束纖維，最後終止在前腦底部下側視丘（thalamus）的神經細胞群，這些視丘內的腹側基底部（ventrobasal）細胞，送出神經纖維直接抵達主軀體感覺大腦皮質部，該一軀體感覺區位於主要的垂直大腦溝槽 Rolando 中央溝（central fissure of Rolando）後方之褶皺腦迴區。身體感覺的空間源頭得以維繫在這一完整通路中，並將不同身體部分按特定排列，以不同方式終止在這些細胞上（見圖 2.1C）。整個感覺通路因此稱為「特定投射通路」（specific projection pathway），因為它維繫了身體不同部分的特定排列，一直往上傳到最高層次（相似的特定排列也可在中央溝前方主動作區中看到）。身體是以一種上下顛倒的方式予以表徵，足部與腳掌位於靠近頭頂的腦迴，臉與頭部則表徵在最底下。所以人類大腦的表徵，既是交叉，也是上下顛倒。

在我們的實驗中有幾個案例為了治療之故，將電極接觸安置在這個系統的視丘部分，也有放置在通往視丘的內側丘系神經束的。要在這兩個地方利用電刺激產生意識性感覺，我們發現需要有與刺激感覺皮質部同樣的時間要件，亦即在最低有效強度下，脈衝序列必須持續到 0.5 秒左右。所以，在這個通往大腦皮質部之上行正常通路（由下往上）的激發，同樣需要有很長的重複輸入時間，來引發感覺覺知。

因此，該一 0.5 秒期限並非只適用在刺激感覺皮質部表面之後，所形成的（由上往下）激發路徑，這個時間特性，大約也存

在於腦內整個上行（由下往上）的觸覺通路上。

在感覺通路大腦層次上所做直接觸接激發的研究，發現了一些新的時間要件，然而看起來並不符合從刺激皮膚，或者從皮膚進入脊髓的神經纖維上所獲的結果。長久以來已知若使用單一弱脈衝刺激皮膚，或刺激從皮膚延伸出去的神經纖維（尚未進入腦部），即可產生意識性感覺，所以我們現在所獲得的結果究竟是發生了什麼事？是否在覺知中會有相當長延宕這件事，與在皮膚上所做的正常輸入並不相干？

為了探討這個問題，我們必須區分邊緣（皮膚）的輸入，以及相對於這個皮膚輸入所引起的大腦歷程之間，是否會有相同或不同的要求。亦即若在皮膚上施予單一有效的刺激脈衝，則就如上述，在出現意識性皮膚感覺之前，是否必須先在大腦產生長達 0.5 秒的激發？我們因此開始研究應如何測試底下的敘述，以判斷其是否成立：「意識性感覺覺知是否有 0.5 秒的延宕，縱使它是來自皮膚上的單一脈衝輸入？」

正常感覺輸入下覺知的實際延宕

針對皮膚或其感覺神經，縱使是單一弱脈衝也已足夠產生意識性感覺。這種講法聽起來好像違反了前面章節所得到的證據，前述研究發現大約需要刺激大腦長達 0.5 秒，才能產生意識性感覺。若是刺激皮膚，則單一有效刺激脈衝可能必須在大腦產生長達 0.5 秒的激發，方能出現意識性的皮膚感覺。

所以下一個問題是：「在皮膚上施予單一脈衝引發意識性感

覺時，該單一脈衝是否會導致大腦必須持續激發約 0.5 秒，以便產生覺知？」亦即當單一弱脈衝以日常方式觸碰皮膚時，是否也會有感覺覺知上的實際延宕？要釐清這個問題，必須區分在皮膚端的有效輸入，以及由該輸入在大腦層次上所引起的激發，大腦這裡是需要以長時間處理覺知的地方。事實上，若只局限在對周邊皮膚輸入做研究，而非探討直接的顱內輸入，就不可能發現到影響覺知的時間因素。我們之所以能夠對上述所提問題做出肯定結論，係建立在三個不同主線的證據之上。

大腦皮質部的電反應

第一線證據來自在皮膚上施予單一有效刺激脈衝時，所觀察到的大腦皮質部電反應。過去研究已闡明這類單一脈衝，會引發一連串腦部電變化，稱之為「誘發電位」（evoked potentials, EPs）或「事件相關電位」（event-related potentials, ERPs），這些 ERPs 可以表徵皮質部的神經細胞反應，它們包含有若干不同的重要成分（見圖 2.4）。皮膚特定區域被刺激之後，會投射到感覺皮質部的特定小區，首先在那裡出現初始誘發電位（primary EP），初始 EP 的輸入則如前所述，係來自快速的特定投射通路。在皮膚施予脈衝之後，只要經過幾十毫秒之內的延宕，就會開始出現初始 EP。對一個較短通路如從手部來，初始 EP 在 14 至 20 毫秒之後就會發生；若從較長通路如足部，則需要 40 至 50 毫秒。初始 EP 的大小或波幅，與皮膚輸入的強度有關[3]。

---

3 譯註：EPs 或 ERPs 係指在顱外針對負責腦區之神經激發，所做之相對應腦波測量，作者對「初始誘發電位」皆以 EP 稱之。

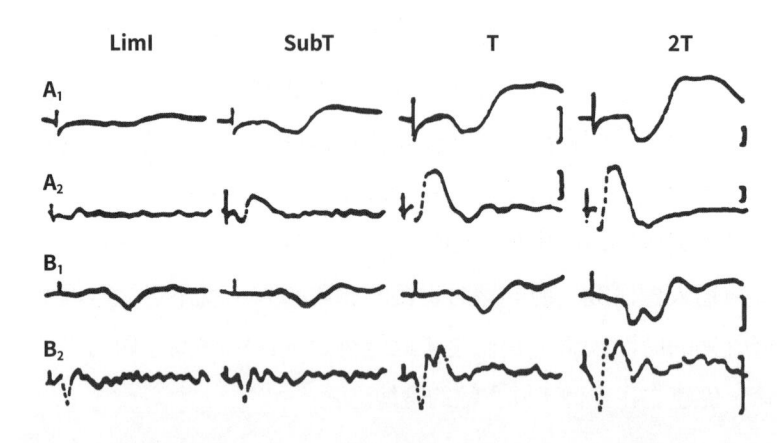

圖 2.4 | 大腦皮質部對皮膚單一刺激脈衝的電反應（顱外測量到的事件相關電位〔ERP〕）。皮膚刺激每秒 1.8 次，圖中所示為 500 次刺激之平均。

對手部施予閾限強度刺激（T），幾乎可看見所有的 ERP 成分（在 T 強度時並非所有刺激皆可感覺到）。剛開始的垂直線標記係施予刺激脈衝的時間。大約 30 毫秒後在 S1 皮質的第一個反應，是開始往下的表面正向偏折之初始 EP，接著就是後期較慢的成分，這在兩倍閾限（2T）的刺激時更為明顯★。

在閾限下強度（subT），T 值的 75% 時，引起的只是初始 EP，但無後期成分。A、B 是兩位巴金森氏症病人（Parkinsonian），在 A_1 與 B_1 的每段紀錄是 125 毫秒，在 A_2 與 B_2 則是每段 500 毫秒。（取自 Libet et al., 1967）

★ 譯注：初始 EP 如何產生，參見圖 2.9 對初始 EP 與後期 ERP 成分之說明。

　　初始 EP 有一個令人驚訝的特徵，它在產生意識性感覺上既非必要亦非充分，非必要是因為在感覺皮質部表面上施予弱刺激，即有可能引發意識性感覺，但該腦部皮質刺激並不會產生任何相當於初始 EP 的激發電反應；初始 EP 只發生在從下往上，將刺激訊息透過感覺通路送達皮質部之後。

　　從另一角度看，對位於大腦皮質下之腦部內特定感覺通路

VPL-(6 1im-I)   S-(2 T-c)

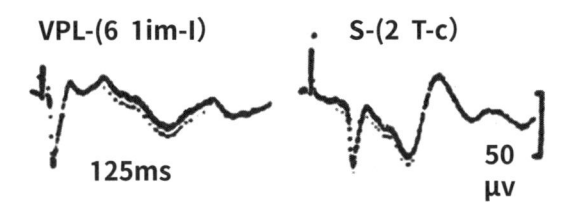

125ms   50 μV

圖 2.5 ｜ 單一初始 EP 反應不會引發任何感覺。

對視丘的上行感覺通路（視丘的腹後側神經核〔VPL nucleus〕）施予刺激脈衝序列，會引發感覺，就像在 S1 皮質部施予 0.5 秒的刺激序列一樣。但是對 VPL 施予超過序列刺激閾限值六倍強度的單一脈衝，並不會產生任何感覺；若以閾限強度設計序列刺激，每秒 20 次，施予持續 0.5 秒的脈衝刺激，則會產生有效的感覺。
圖中顯示在 S1 皮質部剛開始 125 毫秒的 ERP 反應，一為來自 VPL 的單一刺激，另一為來自皮膚（S）的單一刺激。剛開始對 VPL 刺激的初始 EP 反應，比在皮膚刺激時大；在 VPL 所用的單一刺激強度是 0.5 秒脈衝序列引發感覺之閾限強度的六倍，皮膚單一刺激強度則是原單一刺激閾限值強度的兩倍。但是當單一皮膚刺激產生中等強度感覺時，這些單一 VPL 刺激卻不會引起感覺。由單一 S 脈衝所誘發的 ERP 後期成分（未呈現在此處 125 毫秒的紀錄中），則未出現在單一 VPL 刺激中。
在刺激之後與初始 EP 出現之間的延宕，單一 VPL 刺激遠比 S 刺激來得短，這是因為 VPL 距離 S1 皮質部較短之故★。（取自 Libet et al., 1967）

★ 譯注：初始 CP 如何產生，參見圖 2.9 對初始 EP 與後期 ERP 成分之說明。

上的任一部分，施予單一刺激脈衝，則會在感覺皮質部引發初始 EP，但該單一脈衝不會產生任何主觀感覺。在脈衝相對增強且引發初始 EP 的大反應時，也是得到一樣的結果（Libet et al., 1967; 見圖 2.5）。這種透過腦內主要感覺通路上的單一刺激，無法引發意識性感覺的現象，過去也在亞斯柏與博初南（Jasper & Bertrand, 1966）的研究中觀測過，如前所述刺激脈衝必須在這些位置上重複施予，就

如在感覺皮質部上所做的刺激一樣,以產生意識性感覺。[4]

因為皮質部對皮膚脈衝的早期反應,並不會引發感覺覺知,所以若要獲致覺知就需要某些後期的反應成分。事實上在皮質部所記錄到的顱外電反應中,對皮膚所做的單一脈衝除了產生初始誘發電位外,確實還引發了後期成分(見圖 2.4、圖 2.5)。當病人全身麻醉時,後期的 ERP 成分消失,初始 EP 可能變得更大,病人當然不會有任何感覺。同樣的,若將單一皮膚脈衝降低到讓清醒正常受試者不能感知到任何東西,則後期的 ERP 成分會忽然不見,但是仍能在感覺皮質部記錄到清楚的初始 EP 反應(Libet et al., 1967)。

由此可知,單一脈衝刺激皮膚之後在大腦皮質所引發的後期反應,看起來在產生意識性感覺上有其必要性,這些後期反應會持續超過 0.5 秒,已足夠長,可提供覺知延宕上所需的激發時間;在皮膚上施予一般正常的感覺刺激時,也會得到同樣結果。然而後期激發成分要產生意識性感覺所需的實際最短時間,則尚未建立;同樣的,後期反應中哪些特定成分可被標定為是影響覺知的特定角色,也仍未能確定。

---

[4] 譯注:作者在前文說:「長久以來已知若使用單一弱脈衝刺激皮膚,或刺激從皮膚延伸出去的神經纖維(尚未進入腦部),即可產生意識性感覺。」但在此處又說這種單一刺激除非重複施予,否則不會產生意識性感覺。兩者並列,看起來好像互相矛盾,其實不然。作者特殊之處在於將給予脈衝刺激的身體位置分成三類:皮膚與尚未進入腦部的神經纖維、皮質下腦部內特定感覺通路、皮質部,後兩者皆需重複施予方能獲得覺知,但特定感覺通路的刺激會產生 EP,刺激皮質部則無 EP。施予皮膚的單一脈衝刺激抵達皮質部後,會引發皮質部的早期與後期反應,但皮質部對皮膚單一脈衝的早期反應,並不會引發感覺覺知,只有當後期反應發生時,才能獲得覺知。所以,以單一脈衝刺激位於大腦皮質下之腦部內特定感覺通路上的任一部分,如 LM 與視丘,但不包括皮膚在內,會出現 EP 但無主觀感覺,除非重複施予。這些結果都是來自李貝等人的貢獻。

延遲第二刺激的回溯反向效應

第二線證據建立在延遲第二刺激的回溯反向效應上，第二刺激係接著最先的測試刺激而來。兩個邊緣感官刺激之間的回溯或反向遮蔽（retroactive or backward masking）技術，久為人知，一個有微弱光點的視覺刺激，若被第二個更強的閃光所覆蓋，則受試者對第一刺激的覺知會被遮蔽；第二個刺激縱使在最早微弱光點出現之後，延遲了 100 毫秒才出現，仍然會產生這種遮蔽效應（見 Crawford, 1947）。

哈利代與明給（Halliday & Mingay, 1961）發現，反向遮蔽也出現在皮膚的電刺激上。先在一隻手的前臂施予閾限強度的測試刺激，接著在另一隻手的前臂施予超閾限（suprathreshold）之特定調節刺激（conditioning stimulus），將會因此拉高測試刺激的閾限水準。對照的調節刺激在測試刺激出現 100 毫秒後才出現，仍有遮蔽效應，但若長達 500 毫秒則不生效果。發生在 100 毫秒區間的這種反向遮蔽效應，一定是來自中樞神經系統的調控，因為此處的測試與調節刺激，是分別透過不同（左前臂與右前臂）上行感覺通路來傳送的。

這種反向遮蔽與我們假設的感覺覺知有何關聯？假若適當的神經激發，必須要在腦中累積到 0.5 秒，才能產生覺知，則在所需時間間隔期間施予第二刺激，可能會干擾到這些神經激發的完成，因而阻斷了感覺覺知。我們想要確定這類遮蔽效應，是否應該發生在腦部層次的反應結構，而非在邊緣的感官結構；另外也想要觀察，兩個刺激之間的時間間隔是否可以拉長到接近 0.5 秒，而仍

能產生遮蔽效應。

　　為了要達到這些目標，我們將延遲的調節刺激，直接施予在與刺激皮膚神經傳導同側的軀體感覺皮質部上（見圖 2.6A）。第一個測試刺激是針對皮膚給出微弱的單一脈衝；延遲的第二個皮質部刺激，則係使用直徑 1 公分（cm）的大電極圓盤，所施予的電流量相對強，且所產生對應感覺的皮膚區域，會與第一個皮膚脈衝產生感覺的皮膚區域互相重疊。受試者依據感覺性質、強度與皮膚區域來判斷，在區分這兩種不同來源的感覺上並無困難。

　　延遲的皮質部刺激，縱使是在施予皮膚脈衝之後的 200 到 500 毫秒期間給予，仍然能夠遮蔽皮膚脈衝的覺知。另外，延遲的皮質部刺激係以脈衝序列出現，若皮質部脈衝序列持續時間短於 100 毫秒，或只採用單一脈衝，皆不能產生這種回溯的反向抑制作用。

　　我們也得到一個令人驚訝的發現，延遲的刺激竟能反向強化（retroactive facilitation or enhancement）最初的皮膚感覺，而非去遮蔽它。該一結果發生在改用小很多、接觸面直徑 1 公釐（mm）的電極圓盤，來對感覺皮質部做延遲刺激之時。就這個實驗而言，最初的弱皮膚脈衝分兩次給予，兩個一樣強度的皮膚脈衝間隔 5 秒出現（見圖 2.6B），皮質部刺激則在 S_2 出現後的 50 至 1,000 毫秒之間延遲給予。受試者之後需要報告第二個皮膚刺激（S_2）是否會比第一個皮膚刺激（S_1）來得強、一樣、或者來得弱，受試者在大部分嘗試次下會報告說 S_2 要比 S_1 來得強，甚至在將皮質部刺激時間延遲到 S_2 之後 400 毫秒或更長時亦然。

　　後來發現類似這種反向助益或加強現象，曾在皮耶農與西格的論文中報告過（Pieron & Segal, 1939），他們將測試與對應的調節刺

皮質部刺激對皮膚刺激造成的反向遮蔽效應

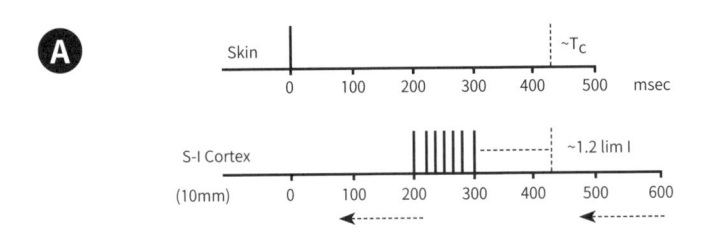

A

Skin ~T_C
0 100 200 300 400 500 msec

S-I Cortex ~1.2 lim I
(10mm) 0 100 200 300 400 500 600

皮質部刺激對皮膚刺激造成的反向強化效應

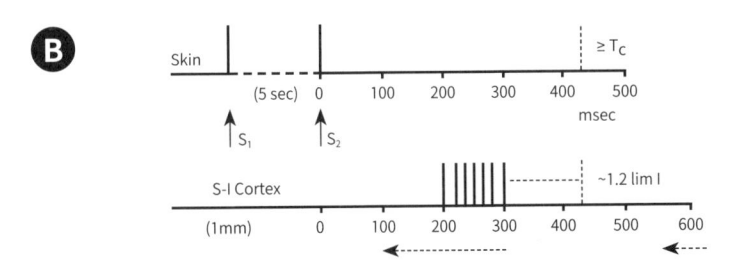

B

Skin ≥ T_C
(5 sec) 0 100 200 300 400 500 msec

↑S_1 ↑S_2

S-I Cortex ~1.2 lim I
(1mm) 0 100 200 300 400 500 600

圖 2.6 │ 皮膚施予單一脈衝刺激後,延遲給予皮質部刺激之反向效應。

A. 皮膚感覺的反向遮蔽（retroactive masking）。在皮膚施予弱刺激脈衝（閾限強度 T）200 毫秒後,在主軀體感覺皮質部（S1）給予短序列的電脈衝。皮質刺激電極圓盤直徑 1 公分,皮質刺激小區所對應的是測試的皮膚區域。

B. 皮膚施予單一脈衝刺激後所產生的主觀感覺之反向強化。皮質部刺激電極接觸面直徑為 1 公釐。

上半圖示：兩個完全相同的皮膚單一脈衝刺激（S_1 與 S_2）,兩者的刺激時差分隔 5 秒。

下半圖示：在 S_2 出現後的不同時段,對 S_1 施予刺激脈衝序列,依照這種搭配出現的每一嘗試次數後,受試者須報告所感知的 S_2 相較於 S_1,在強度感覺上是一樣、較弱、或較強。（取自 Libet et al., 1992）

激,都透過同一電極施予在手指皮膚上,第一個測試刺激強度在閾限下(subthreshold),第二個超閾限刺激則在第一個刺激施予之後 20 至 400 毫秒出現,此時第一個原本在閾限下的刺激,就變得可以被察覺到,亦即發生了反向的加強作用。

實驗結果看起來已經很清楚,由一個弱皮膚脈衝所引發的意識性感覺,可以被延遲到 500 毫秒左右才出現的第二個(皮質)輸入,反向的對第一刺激做出調控。該一結果充分支持了我們所提出的假設要件,也就是要產生皮膚刺激的覺知,需要 0.5 秒的大腦活動來支撐。

反向強化的發現,則提供了一個重要的理論支持元素。對反向遮蔽／抑制而言,有些研究者主張延遲的皮質部刺激,可能只是干擾了前一皮膚刺激的記憶形成而已。該一主張的部分根據,是因為腦部大區域的強烈電刺激(如電痙攣療法),會損害到一些新近記憶,但是在這類主要用來治療棘手憂鬱症的電痙攣休克療法(electroconvulsive shock therapy),有一大部分的腦部會被強烈激發,以致產生痙攣。但就目前所提的反向效果而言,感覺皮質部的延遲刺激係局部化到小區域,而且設定的刺激強度水準,根本不足以在皮質部引發縱使是局部的痙攣,所以主張反向遮蔽是來自干擾記憶形成的想法是很難被採信的。在反向加強的現象中,則全無記憶損失的問題,受試者穩定地記得第二個皮膚刺激(S_2),會比第一個刺激(S_1)來得強。

深思熟慮放慢反應的努力

第三線證據是無意間從不相干的實驗中得來的。柏克萊加

州大學（UC Berkeley）心理學系教授簡森（Arthur Jensen），在研究中測量不同群體受試者的反應時間，受試者須在看到一個事先指定的訊號後盡快按鍵，反應時間大約在 200 至 300 毫秒範圍（Jensen, 1979）。由於不同群組間有平均反應時間上的差異，簡森為了想要排除掉某些差異，係來自一些受試者深思熟慮（deliberate）拉長反應時間的可能性，所以他就請所有受試者再做一次反應時間實驗，但要求受試者再仔細斟酌將上次的反應時間拉長 100 毫秒左右。簡森驚訝地發現到沒有一位受試者可以做得到這件事，反之，他們產生的反應時間都在 600 至 800 毫秒的範圍，遠超出實驗所要求的小小拉長（100 毫秒）。

當簡森聽到需要延宕 500 毫秒才能獲致意識性覺知的實驗證據時，他就意會到有可能藉此解釋他的奇怪發現。想藉著深思熟慮來拉長反應時間，可能須假設受試者要先覺知到刺激。當受試者在做一般性的反應時間測試時，並無深思熟慮做反應的問題，所以可能不需要覺知到刺激，文獻上確實有直接證據指出一般性的反應時間，可以在沒有刺激覺知或在覺知之前完成。但是，為了要在有意拉長反應之前獲致覺知，則需要 500 毫秒來製造產生覺知的條件，這將造成一段多出來的差距，以致延遲了反應時間。這種說法可用來解釋當嘗試拉長反應時，會有一段多出 300 至 600 毫秒的不連續跳躍。這是目前唯一可用來解釋簡森發現的說法，該一實驗案例同時也是感覺覺知需要 0.5 秒延宕的可信證據。

0.5 秒的神經活動如何導致覺知的發生

腦部歷程是否有一種獨特的特徵，可以解釋為何需要經過 0.5 秒的大腦激發時間，才能誘發出一個事件的覺知？對這類情事，是否有可資測試的方法？在這裡存在有許多可能性。

首先，對覺知本身而言，有相當獨特的時間需求，另外，在尚未意識性覺知到有刺激出現之時，仍有可能對感官刺激做出準確的偵測與反應（見 Libet et al., 1991）。更進一步，單純只是要在正確的偵測之外，再發展出對該刺激的覺知，就需多增加約 0.4 秒的時間，來重複刺激感覺皮質部。顯然覺知本身就是一個心智現象，與一個心智事件的內容有所不同，這兩者須做出區分。事件的特定內容能在無意識下被腦部偵測到，而不需對該一事件有所覺知。

在足夠多的重複刺激行動後，特殊的神經元是否會被激發？可能重複的神經激發會對某些關鍵神經元，產生逐步升高的興奮水平，因此這些神經元最後達到了激發水準。應該就是這些特殊細胞神經衝動的釋放，導致了覺知的出現，有若干證據與該一想法有關。

假若刺激脈衝的強度，一直保持在閾限（絕對閾）水準之下（該水準係產生最弱感覺所需之保障標準），則刺激感覺皮質部或腦部內的上行感覺通路，並不會產生任何感覺覺知。縱使給予重複 5 秒鐘或更長的刺激脈衝，但只要這些脈衝是在閾限下，就無法產生感覺覺知。這些閾限下脈衝，確會引發皮質部的電反應，與那些有效的閾限強度刺激引起的電反應相比，可說類似，但強度顯有不足。另外也有一種可能性，亦即閾限下的強度從來沒有

強到足以興奮某些主要的神經細胞，而這些神經細胞需要被重複激發，才有可能讓關鍵神經元進入足夠的興奮狀態，而導致覺知的出現。

今考量在腦內上行感覺通路的內側丘系神經束，施予單一電刺激。該單一刺激脈衝的強度可以弄得很高，設若在 0.5 秒內給予 10 個連續刺激脈衝可以引發感覺，則可將該單一脈衝強度，提高到前述 10 個連續刺激中每一脈衝強度的 40 倍，但這麼強的單一刺激，並未能引發任何意識性的感覺，受試者報告說沒感覺到有任何事情發生。從另一角度來看，受試者應該可以在無意識下偵測到該一刺激。這個特別設計刺激的強度，約當能夠產生覺知之閾限刺激，以連續脈衝方式施予 0.5 秒之總電荷量的 4 倍。

所以該結果明顯違反了底下想法：「有一種簡單的加總機制，會在 0.5 秒的連續脈衝中發展出來，以促使達到覺知的有效水準。」在該一想法下，這個強大的單一刺激可能被期望會興奮所有的神經元，就像 0.5 秒期間較弱連續脈衝所累積的加總效應，最後終能興奮它們一樣。

最後一點則是有關底下的一個想法：「在給予最小的系列刺激脈衝結束之後，覺知係來自某些關鍵神經元被特殊激發的結果。」但我們的實驗結果與該一想法有所抵觸，這可以從圖 2.7 在感覺皮質部所做的電反應紀錄中看出，在 0.5 秒的系列刺激脈衝停止之時或剛結束之後，並無特殊變化，在給予刺激脈衝期間的電反應幾乎完全一樣（從圖 2.7 中的 e 部分可更清楚地看出）。但有一點必須承認，我們在研究中沒辦法記錄到的某些神經細胞，說不定已經發生了若干特殊的電反應。

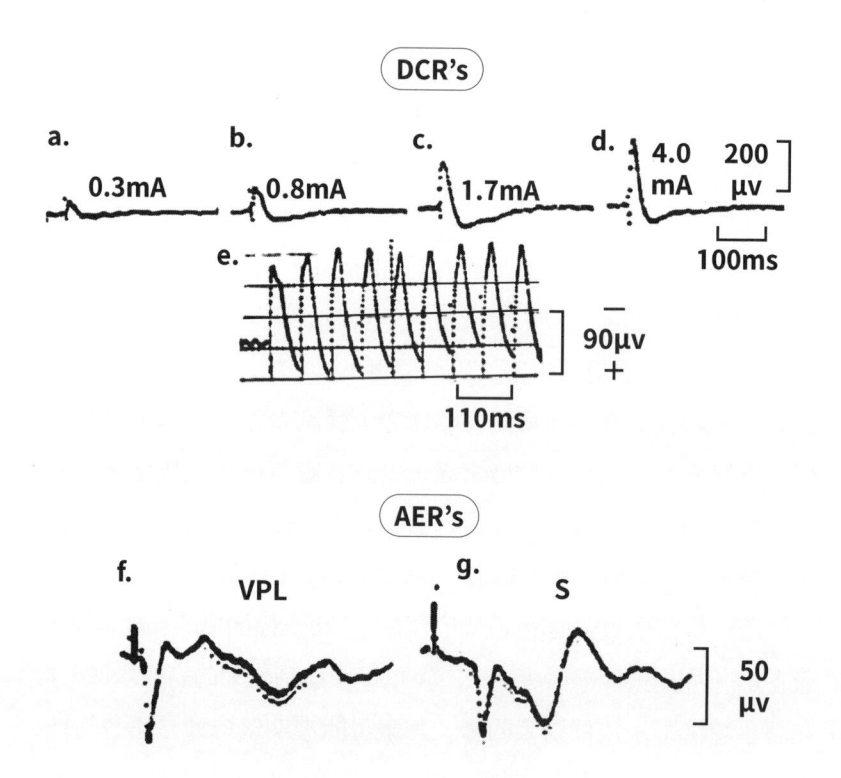

圖 2.7｜閾限強度刺激在 S1 皮質部引發的直接皮質反應（direct cortical responses, DCRs）。

上方列：不同脈衝強度的單一反應：a. 0.3 毫安培（mA）；b. 0.8mA（相當於能引發感覺的每秒 20 個脈衝，0.5 秒刺激序列的閾限強度）；c. 1.7mA；d. 5mA。受試者皆未能在這些不同強度的單一脈衝中，有任何感知。在 d 處的橫標為 100 毫秒，縱標為 200 微伏（μV）。

下方列：e. 每秒 20 個脈衝，施予 0.5 秒刺激序列，閾限強度為 0.8mA（與 b 的強度一樣，但有較大調幅）。（參見 Libet, 1973）
f 與 g 另參考圖 2.5 對 VPL 與 S 的說明，AER 係指平均誘發反應（average evoked response）。

多提（Robert Doty）是我朋友，也是出色的神經科學家，他問我：「有無關於刺激的重複頻率這回事，而非只是時間長短本身，那是一個關鍵因素嗎？或者，要獲致意識經驗是否依賴刺激脈衝序列所產生的神經衝動數目？」但是採用不同刺激頻率所得的實驗結果，並不支持這些替代性的提議。對皮質部施予每秒60次刺激脈衝（60 pps），所需閾限強度會比30 pps的低，但雖有不同閾限強度，兩個不同刺激頻率所需的最低刺激序列時間則大體相似，所以並非比較高的頻率如60 pps就比較重要（或較快引發意識性感覺），引發覺知的關鍵還在於刺激序列所經過的時間。

我已提出一個完全不同的想法，來解釋為何需要0.5秒來產生覺知：「產生類似神經激發所需的時間本身，可能就是覺知的基礎。」亦即適當神經元產生重複類似激發的時間，達到一定長短時，覺知現象就衍生出來了，所需時間應該就是為了衍生覺知的神經編碼（neuronal code）。這個想法與目前所知的證據相符，看起來是一個可行方案，雖然尚未能稱為是已充分驗證的機制。

記憶形成的角色

仍有另一相關的重大議題需要回答，亦即在0.5秒產生覺知的過程中，記憶形成所可能扮演的角色。

如前所述，主觀覺知唯一有效的證據，是有該一經驗的個人所做的覺知內省報告，受試者必須要先形成一些短期記憶，以便回憶與報告覺知經驗。短期或工作記憶恰正是人在事件發生後幾

分鐘內,能夠回憶事件資訊內容的能力,如在看到 7 碼或 11 碼電話號碼一次之後的回憶,就是屬於這類記憶,若無進一步的努力,可能在幾分鐘之後就會忘掉這個數字。長期記憶則涉及進一步的神經歷程,讓短期記憶效果得以持續幾天、幾月、甚至數年。

有些學者辯稱覺知中的 0.5 秒大腦活動,只是反映了產生事件短期記憶痕跡所需的時間,請參見我的文章中,哲學家狄內(Daniel Dennett)所提出的討論(Libet, 1993b)。記憶形成至少有兩種運作方式,一種是記憶痕跡的產生本身可被視為覺知的編碼;另一種則是事件覺知的發生不需有任何顯著的延宕,但為了要能報告出來,必須在這 0.5 秒的激發期間內,產生出與該覺知有關的短期記憶。針對這兩種講法都有足資否證的實驗證據,底下做些簡單討論。

外顯記憶與海馬結構

人類受試者所提出的報告,否定了記憶形成在覺知產生過程中所可能扮演的角色。在人類與非人動物身上,大腦半球顳顬葉內某些結構在敘述性(declarative)或外顯(explicit)記憶形成上,扮演了必要的調節功能,這些類型的記憶都是可以被意識性回憶與報告出來的。它們與非敘述性或內隱(implicit)回憶顯有不同,內隱記憶大部分發生在技巧(包括機械與智能)的學習獲得上,內隱記憶的形成,不需對事件有任何意識性覺知,也無法做有意識性的回憶與報告。

顳顬葉的海馬(hippocampus)結構,是用來調節產生外顯記憶的必要神經成分,縱使一邊的海馬被毀除,腦部另一邊的完整

結構還是可以執行記憶歷程,但若兩邊的海馬結構皆遭毀除,則病人在形成新的外顯記憶能力上將嚴重喪失,這樣的一個人基本上對剛發生的事件,無法有可資回憶的覺知,他無法告訴你剛剛發生事件的任何內容。

產生類此損失的原因,係來自兩側顳顬葉的病理性傷害,更確定來講,此處所提之兩側損傷發生在手術移除癲癇位於海馬的病兆時,錯誤移除掉某側的正常海馬。在手術發生錯誤的當下,很難決定哪一側是有缺陷的,總之病人好的結構被切除,在另一側則仍留下無效的病理結構。因為該一誤失,竟意外發現了海馬結構在外顯記憶形成上所扮演的重要角色。

就我們現在的目的而言,可以提供一個有趣的觀察。一位雙側海馬結構損壞的病人,基本上對任何事件或剛發生的感覺影像,沒有可資回憶的覺知[5],雖然在損壞之前的長期記憶尚可回憶。然而,這樣的一個人針對立即的現在與他自己本身,其實仍保有覺知的能力。

在一部與這類損傷病人有關的影片中,可以看出這位病人相當警醒且願意與人溝通,他清楚覺知到周圍環境以及與他對談的心理學家,甚至覺知到自己無法記住剛剛發生的事,會抱怨因為這些事情,導致自己的生活品質顯著低落。

這位病人[6]其實並沒有失去所有的記憶形成,他能坐在電腦前學習需要技巧的遊戲,他無法說明如何學會玩遊戲的技術,習得技術的記憶顯然是內隱型的,不需用到海馬結構的功能,這一定

---

5 譯注:此處的覺知係純就外顯或敘述性記憶內容而言。
6 譯注:可能係指記憶研究史上最出名的病人 H.M.。

涉及一種不同的神經通路。但內隱記憶並無覺知成分在內，所以內隱記憶的存在與運作，不能視為記憶在產生覺知上占有任何角色。

在事件發生後，是否會形成敘述性記憶而且至少持續 0.5 秒，縱使兩側海馬損壞亦然？任何這種短暫的記憶，仍然可能是產生覺知的基礎。依據多提教授的看法，上述病人的研究者有信心認為，病人能夠記住一分鐘左右的事情；另一方面來講，同類病人的研究，則採行不需用到意識性回憶的心理認知測驗（如 Drachman & Arbit, 1966）。所以觀察到的短期記憶，可能是某些非敘述性的內隱記憶，在這種狀況下，記憶的角色應該與意識性經驗無關。記憶歷程研究名家史奎爾（Larry Squire）曾表示過意見，認為意識性經驗與記憶形成歷程無關（個人意見交換）。這樣看起來，形成新外顯記憶能力嚴重下降的病人，仍然能維持覺知，表示覺知現象並非透過記憶歷程而產生。該一基本觀察，顯然違反了任何主張覺知需要依賴記憶形成的假說。

正統條件化與覺知

克拉克與史奎爾發現，覺知在正統條件化（classical conditioning，或稱「古典制約」）中占有一個有趣角色（Clark & Squire, 1998）。在正統條件化實驗中，條件刺激（CS）安排在無條件刺激（US）之前之中出現，CS 可以是剛開始不會產生特定行為反應的「純音」，US 可以是會引起本能性閉眼反應的「對著眼睛吹氣」，將 CS 與 US 配對出現幾次後，受試者（人或實驗動物）開始會對單獨出現的純音做出閉眼反應。當然這種配對需要一個記憶歷程，

來建立起 CS 至 US 之間的關係。

這就是所謂的簡單延宕條件化（simple delay conditioning），縱使在兩側海馬切除後的動物身上，仍可以學習並獲得這種條件化。另外一種是痕跡條件化（trace conditioning），CS 出現完畢之後 500 至 1,000 毫秒才啟動 US，兩側海馬切除的動物無法學會痕跡條件化，海馬構造損壞的健忘症病人可以學會標準的延宕條件化，但學不會痕跡條件化，與切除海馬後的實驗動物沒什麼兩樣。正常人當然可以學會痕跡條件化，但只有在能覺知到刺激的時候，所以痕跡條件化不只依賴海馬結構，它也多少要與覺知歷程互相配合。

這些發現都無法證實敘述性記憶的產生，是引發事件覺知所需之 0.5 秒大腦活動的基礎。克拉克與史奎爾清楚地提出以下看法（Clark & Squire, 1998）：

> 海馬系統與新皮質部的聯合運作可能是一關鍵元素，可用來告知覺知有關已經習得的（敘述性）知識──但這並不表示覺知本身需要海馬的記憶功能。確實如此，在海馬系統兩側損壞的病人中，雖無敘述性知識但仍存在覺知，該一現象支持了一個觀點，亦即敘述性知識之形成，與產生覺知本身的獨特歷程，兩者其實是分屬不同的處理過程。要能學習到痕跡條件化，受試者必須覺知到刺激之間的時序關係[7]，該一發現可以解釋為何痕跡條件化在本

---

7 譯注：CS 與 US 刺激之間超過 500 毫秒，CS 至 US 的時序關係應是敘述性或外顯知識，而且是在覺知之後建立。

質上與敘述性知識有關,以及何以需要依賴海馬(可以處理敘述性知識),同時也可將所有學習派典中被研究得最透徹的正統條件化,拿來與當代對腦內記憶系統的最新了解做一聯結。

該一發現的重要引申是,痕跡條件化是一種可提供用來研究非人動物覺知現象的方法。簡單延宕條件化則是非敘述性的(不會進入覺知狀態),它的形成不需要海馬或覺知,失去短期敘述性記憶的健忘症病人也可學習到這類條件化。

記憶與覺知關聯性的其他證據

縱使前述證據看起來,已可排除掉以記憶形成來解釋為何覺知需要 0.5 秒的講法,但仍可饒富興味地再來分析一下這類主張。我參加過一個由倫敦汽巴基金會(Ciba Foundation)支持的意識研討會,在會中做完演講後,哲學家狄內提出事件的意識性覺知可能是即時發生,就像刺激皮膚的感覺一樣。但是他接著說除非有足夠的神經活動時間來產生並固定該一覺知的記憶,否則覺知就無法被回憶與報告出來。狄內的論證也想藉此排除在討論感覺覺知的主觀時間時,需要去假設有一種回溯指定(backward referral)機制的必要性,我們會在後面做詳細討論(另見 Libet, 1993b,頁 140 與之後的討論)。那時我並未提出前述已做的討論,如覺知不需敘述性或外顯記憶,以及記憶與覺知分屬不同獨立歷程,然而我確實提出其他實驗上的論證,來反駁狄內所提的假說。

正如我在本章第二節所提的,若在外部(皮膚)施予一個弱

感官刺激之後,接著在感覺皮質部給予刺激脈衝序列,則有可能抑制或遮蔽意識性感覺經驗的出現。該一反向遮蔽效應在皮膚脈衝刺激之後的 500 毫秒內,皆可發生,該結果說明了延遲的輸入,能干擾到感覺經驗的內容。我引用這個資料作為證據,說明為了產生感覺覺知,需要一段神經活動的時間。

狄內並不同意這個觀點,認為延宕的遮蔽刺激只是干擾了覺知之記憶痕跡的形成。雖然電痙攣療法已知可破壞新近記憶的形成,然而我們實驗所用的延宕遮蔽刺激,若與電痙攣療法所用的強烈全面電擊相比,可謂微小。

狄內的論證又與以下兩個實驗觀察相抵觸:(1)第二個遮蔽刺激可以在第一個遮蔽刺激之後施予(Dember & Purcell, 1967),第二個遮蔽可以清除第一個遮蔽刺激的感覺,此時原來皮膚刺激的覺知又可重新恢復;這表示第一個遮蔽刺激,並未清除掉原來最早皮膚刺激的記憶痕跡。(2)當延宕的皮質部刺激改用更小的電擊接觸面時,原來的皮膚脈衝感覺並非被遮蔽而是被強化(Libet et al., 1992),在這個例子中,皮膚刺激的感覺覺知會獲致反向強化,顯然一點都沒失去記憶。

所以(在皮質部施予的)延宕刺激,對原來皮膚脈衝感覺上所造成的反向效應,並未涉及皮膚刺激脈衝的記憶損失問題,反之,延宕刺激的反向效應看起來是在延遲的 0.5 秒內,針對原來皮膚刺激脈衝所發展出來的感覺覺知,做了適度的調控。

貝爾曼斯(Max Velmans)也針對狄內的主張,提出一個有創意的論證(見 Libet, 1993b, 頁 145-146 的討論)。就如貝爾曼斯所指出的,狄內主張感覺可以在早期經驗到、但之後遺忘的講法,在實驗上

難以否證。譬如說在標準的心理物理程序中，你可以建立感覺刺激獲得覺知的閾限強度，當你逐步調升刺激強度，一直到受試者說剛好可以感覺到（或看到、聽到），便將這個刺激值記錄下來；之後你可以逐步降低強度一直到受試者無法感覺到。受試者的報告與刺激強度之間會有關聯，而且被接受為準確與有效的報告。但是依據狄內的說法，受試者之所以無法報告較弱閾限刺激的感覺，可以是由於事件經驗的快速遺忘所造成。貝爾曼斯說：「狄內可以將該一論述，擴展用到任何受試者所敘述沒有經驗到某類事務的報告。」換句話說，假如狄內不接受受試者所做沒有感覺經驗的報告，則他的觀點永遠不會與實驗數據衝突。類此想法在科學上是難以接受的，因為它們皆屬猜測與無法檢驗的信念。

我在這裡做個結論：覺知是一個獨特現象，有其分立的不同神經要件；覺知不是記憶歷程的一種功能展現，它不能等同於所形成的敘述性記憶痕跡；無法做出覺知的報告，也不是因為早期實際感覺經驗的快速遺忘；與所有證據最相容的假說，應該是：「覺知係來自持續可達 0.5 秒之適度神經活動，所衍生出來的結果。」

初始誘發皮質部反應對感覺刺激做了什麼？

你可能會問，假如產生初始誘發電位的皮質部活動，在獲致感覺覺知上看起來沒有重要角色，則初始誘發電位可以提供什麼功能？初始神經反應在分辨皮膚刺激的精確位置上相當重要，現在我們所發現的，初始誘發電位看起來可以提供一個時序訊號，讓受試者在時間軸上回溯到該一訊號所在之處，主觀指定這是皮

膚輸入的正確時間。對某些大腦中風類型而言，該一快速特定的感覺通路在通往與接近感覺皮質部時，遭受重大損傷，這些中風病人只能對皮膚刺激做一粗略定位，且在針對手部做兩點刺激時會失去分辨能力，除非這兩個刺激點分開達好幾公分以上。

除了這種空間上的缺陷外，我們在一位這類病人身上發現，她對一個皮膚上的觸覺刺激脈波，若與正常側相比，會延遲到 0.5 秒左右才能知覺到（見 Libet et al., 1979）。幾年前，這位病人的右半球區域中風，在特定的身體感覺上行通路上有永久損傷，不能準確定位左手或左臂的刺激位置，只能粗略報告大約位置。我們利用小電極刺激這位病人正常的右手背部與缺陷的左手背部，刺激強度剛好可以感覺到，並測試她的主觀時間判斷。

當同時刺激兩手時，受試者報告先感覺到右手被刺激到。為了讓病人得以報告雙手大約可以意識到同時被刺激，需要比正常側提前 0.5 秒先去刺激中風的左側手。很明顯的她已失去在時間軸上回溯，以對其左手的刺激感覺做出主觀指定的能力，該一感覺的主觀定時，因此延遲到大腦完成覺知所需的 500 毫秒之時，才獲得皮膚刺激的知覺。這可能是由於感覺上行通路受損，無法在刺激她的左手時，讓感覺皮質部產生初始誘發電位，以致失去將覺知時間在主觀上予以提前的能力。

意識性的感覺共時性

現在有一個重要的一般性問題，亦即在同一時間（simultaneous）給予不同刺激，如何能夠被意識性地知覺到是同步發生的（synchronous）？假設使用的都是同一軀體感覺模式下的刺激，

則因身體上不同刺激位置與負責的皮質部之間距離不等,因此在感覺通路上會有不同傳導時間,最快感覺訊息抵達的時間,變動範圍在 5 至 10 毫秒(頭部刺激)到 30 至 40 毫秒(足部刺激)之間。因為在這兩個不同地方出現的同時性刺激,在主觀上被知覺成同步出現,我們只能假設這 30 毫秒左右的傳導時間差異,在主觀上並無太大意義。從另一角度來看,對一個地方給予很強的刺激,可能會誘發出顯著較短的大腦活動,兩個強度不同的刺激所造成的時間差異可以高達 100 至 200 毫秒。我不知道這兩種刺激的相對主觀定時是否已被研究過,可能它們並未被感覺成同步發生,至於足夠強的刺激只產生顯著較短大腦激發的現象,可能不常出現。

若在不同感官模式下給予刺激,則感覺的共時性會是什麼狀況?假設槍響時同時出現閃光與噪音撕裂聲,當然光速遠快於音速,但若槍響就在幾呎外,這種速度差異就不太重要了(音速約每秒 1,100 呎,若槍響在 2 呎外,則槍聲抵達人耳時間約 2 毫秒)。就像施予軀體感覺刺激一樣,視覺與聽覺刺激也能分別在視覺與聽覺皮質部,引起初始誘發電位,快速訊號抵達視覺皮質部所需的時間,顯然比其他類感官刺激來得長,那是因為網膜需要較多時間從光接受器送到下一神經層,以便激發神經節細胞(ganglion cells),之後經過視神經纖維傳到視丘,再轉往視覺皮質部。人類腦部視覺初始誘發電位的延宕時間,依據高夫等人(Goff et al., 1977)的測量,大約要 30 至 40 毫秒。

所有感覺皮質部區域的初始誘發電位,只局部出現在表徵邊緣感覺刺激的皮質小區。當記錄電極置放在皮質部顱外表面時,

只有在接收邊緣感官刺激快速輸入的皮質「熱區」，才能記錄到實質的初始誘發電位。這種電位通常無法顯著出現於裝置在頭皮（scalp）之電極的紀錄中，這不只是因為電極無法直接放置在皮質熱區上，也因為局部皮質小區所產生的電位，被皮質與頭皮之間的組織造成短路，以致大幅消減。其結果是在頭皮紀錄所見的早期明顯電位，其實是皮質反應的後期成分，大約會比皮質部的初期誘發電位晚了 50 至 100 毫秒，而且在考量同時給予之不同刺激的感覺共時性（synchronicity of sensations）問題下，拿皮質部的後期反應來作為討論依據，將會造成誤導。

在任何情況下，真正的初始誘發電位大約在 5 至 40 毫秒之間發生，依刺激位置與感官類別而定，若所有同時給予的刺激在主觀上被知覺為同步時，則必須假設腦部不會考量該一變異範圍，縱使同時給予的不同刺激抵達皮質部負責區的速度會有小小不同，但在主觀上不會認為這是有意義的時間差異。

何以感覺覺知的延宕令人興奮？

若深入看待感覺覺知延宕發現的樣態與結果，會出現令人相當驚奇的引申。我們將在後面考量不同的重要引申，但先在這裡舉幾個明顯例子。

首先，若從身體感覺所發現的組型觀之，所有感覺刺激的覺知會延宕 0.5 秒左右，所以我們對感官世界的覺知與實際發生之間有顯著的延宕，所覺知的都已經在 0.5 秒以前發生過了，因此無法意識到現在的真正動態，我們總是會晚一點。若是如此，則如何

解釋人確實會主觀地感知到,在感覺事件發生的真實時刻當下出現了覺知?下節將詳細考量這個問題。

第二,一個熟知的事實是受試者所報告的影像,可能與給予受試者觀看的實際影像有很大不同。如一個拘謹的人在看到裸女圖時,可能會報告說看到相當不同於裸女圖的東西,或者可能報告說什麼都沒看到。受試者並非意識性或細心地有意扭曲報告,反之,他看起來是相信自己在做一個實際的現場報告,也就是說內容的扭曲看起來是在無意識中進行的。佛洛伊德當然是最早提出「意識內容受到潛抑」這類假說的人之一,這種壓抑現象由無意識或潛意識發動,以保護受試者免於受到不愉快意識經驗的困擾。

假如人在覺知之時需要經過這類無意識調整(modification),則很明顯地必須要有一些覺知延宕,以便在此延宕期間做出主觀上的調控(modulation)。假若感覺影像的覺知不需相當延宕可以即時產生,則很難想像一個無意識大腦歷程,如何可以在受試者不知情的情況下,用來產生覺知中被調整過的內容。

覺知需有一定長度大腦活動延宕這件事,提供了一個生理時間範圍,得以讓其他輸入在意識出現之前調控經驗內容。如前所述,延遲的皮質部刺激所產生之反向效應,事實上能夠下意識改變皮膚感覺的意識性內容。

從事件發生後起算,意識性覺知有長達 0.5 秒的延宕,可以推論出很多哲學上的意義。首先必須調整在當下(now)經驗中生活的存在主義觀點(existentialist view),因為我們的「當下」總是慢半拍。

進一步言之，總是有可能讓每個人的個性或過去經驗，去改變每一事件的意識性內容，這表示每個人都有自己個人的意識性現實，事件覺知的 0.5 秒延宕讓這種狀況成為可能。若以每個人對現實的意識性知覺（perception of reality）作為基礎，則每個人可能會因為對現實的不同知覺，而走上不同人生道路，並賦以不同意義。

總而言之，我們獲知了覺知會延遲相當一段時間才會發生，但也因此晃動了我們對世界現實確定性的信心。

感覺經驗延宕後的往前回溯

證據顯示，縱使是對單一脈衝皮膚刺激，腦部也必須持續約 500 毫秒的神經活動，以產生意識性的感覺經驗；但是主觀上，似乎可以即時覺知到皮膚刺激，不需有什麼可察覺到的延宕。在此就面對了一個奇怪的悖論：腦部的神經活動需求顯示，皮膚刺激的經驗或覺知要在 500 毫秒後才會出現，但是主觀上卻相信並未經驗到這樣一個延宕。

這個麻煩的兩難，也就是矛盾的定時（paradoxical timing），困擾了我們一陣子，一直要到我開始思考主觀定時（subjective timing），不一定要等同於神經時間（neuronal time，意指神經元真正能產生經驗的時間）之後，才得以找到出路。我們真的就做了一個實驗來直接闡明兩者之間的差別（見圖 2.8；Libet et al., 1979），在這個測試中，接近產生覺知之閾限強度的脈衝序列，大約以 500 毫秒的重複脈衝，來刺激感覺皮質部並產生意識性的感覺經驗，受試者會報告這個皮質部引發的感覺，好像發生在皮膚的某一小

皮質部刺激序列（60 pps）

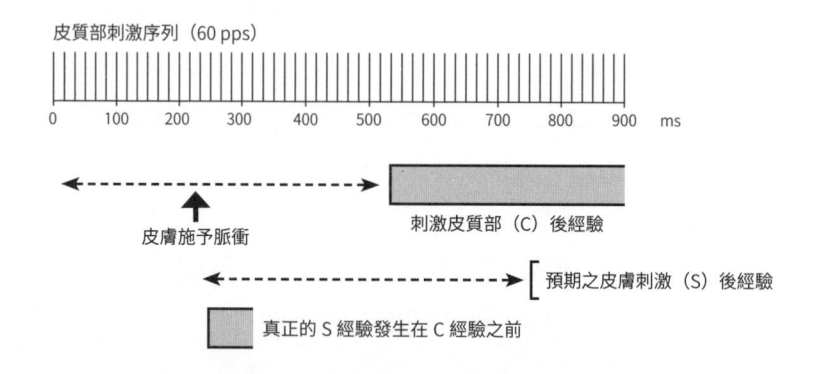

0 100 200 300 400 500 600 700 800 900 ms

皮膚施予脈衝

刺激皮質部（C）後經驗

預期之皮膚刺激（S）後經驗

真正的 S 經驗發生在 C 經驗之前

圖 2.8 ｜在大腦與皮膚刺激下，感覺經驗的主觀定時。

皮質刺激序列（C-train）為每秒 60 個脈衝，強度為產生感覺經驗的閾限強度。因為刺激序列必須持續 500 毫秒，所以它所產生的感覺不會在 500 毫秒之內開始。皮膚 S 處的單一閾限脈衝，在皮質刺激序列已進行 200 毫秒後施予，假如這也要 500 毫秒來發展，則皮膚 S 處產生的刺激感覺應該在皮質 C- 誘發的感覺之後。但是受試者報告 S 感覺的發生先於 C- 誘發的感覺，當 S 脈衝再進一步往後施予時亦同，但是若 S 處施予的脈衝移到皮質刺激序列的 500 毫秒附近時，受試者會報告說兩個感覺同步發生。（參見 Libet et al., 1979）

區，但不會覺得是發生在腦內。接著再給一個單一、接近閾限（near-threshold）的皮膚刺激，該脈衝在皮質部刺激序列開始後的不同時間施予，並觀察在不同嘗試次下的表現。在每個配對的皮質部內與皮膚外部刺激嘗試次之後，受試者要告訴我們哪一個感覺會先發生（兩者的感覺都會發生在外部的皮膚上），受試者報告說皮膚刺激所引起的感覺，會先於經由皮質刺激所誘發的皮膚感覺，縱使將皮膚刺激延遲到皮質刺激開始之後的幾百毫秒。只有在將皮膚刺激延遲到 500 毫秒施予時，受試者才會報告兩個感覺好像是同步發生。很明顯的，相對於皮質誘發的經驗而言，

直接刺激皮膚引發感覺的主觀時間,看起來沒有什麼延宕;至於經由刺激皮質誘發的皮膚感覺,相對於在皮膚上直接刺激所引起的感覺,大約會延遲 500 毫秒才會發生。

我們已經有良好的證據可以說明,皮膚脈衝也需要大約 500 毫秒的腦內活動來獲得覺知,與在皮質部刺激上所發現的並無兩樣,但是皮膚脈衝的主觀定時,看起來卻好像沒有出現這種顯著的延宕。要如何對付這種悖論式的經驗兩難?是否有一種腦內機制可以處理這個落差?

可能解決的線索來自針對皮膚刺激所得到的皮質電反應,與直接做皮質表面刺激之間的差異。皮膚脈衝引發了感覺皮質部的特徵反應,始自皮膚刺激之後 10 至 30 毫秒出現的波成分,這就是初始誘發電位,接著是後期誘發電位的波成分。然而在感覺皮質部上直接施予刺激脈衝,並不會像皮膚刺激一樣,產生類似在皮質部所發生的初始誘發電位反應,至少在我們所用皮質部刺激的強度範圍內都是如此。

由於這兩個刺激區域(皮膚 vs. 皮質部表面)在顱外所測得皮質誘發電位反應的差異,引導我得以提出一個獨特假說,來解釋這些詭異難解的時間現象。在這個假說中(見圖 2.8),皮膚刺激的覺知,事實上需要延宕到經過腦部活動大約 500 毫秒之後,但是接著有一種定時的主觀指定(subjective referral),將這個經驗發生的指針回撥到初始誘發電位反應出現之時。皮質部的初始 EP 反應,在皮膚刺激之後 10 至 30 毫秒才開始出現,依皮膚刺激距離腦部多遠而定。10 至 30 毫秒的延宕不足以產生意識性經驗,皮膚脈衝的覺知或經驗應該是主觀往前(antedating,或稱之為在時間

軸上回溯標定），一直找到初始 EP 反應所提供的時間訊號為止。雖然事實上還是需要 500 毫秒的神經充裕性，才能針對皮膚刺激產生該一感覺經驗，但受試者在主觀上所經驗到由皮膚刺激所引發的感覺並無延宕，好像即時覺知一樣。[1]

該一相當大膽的假說，需要面對有關其效度的嚴肅實驗測試，這是任何科學假設必須要做的事，我們很幸運，能夠來設計一個足夠的、具關鍵有效性的實驗測試。

該測試係奠基在幾個有趣的事實上，在腦部特定往上感覺通路內（也就是內側丘系神經束〔LM〕，見圖 2.3 與導讀圖 1）的刺激，有兩個相關特性。首先刺激需要長達 500 毫秒的時間才能引發意識性感覺，就像直接刺激感覺皮質部一樣；接著是針對 LM 所做的 500 毫秒脈衝序列中的每個個別刺激，都會引發快速的初始 EP 反應，可以在感覺皮質部顱外測量到，就像感覺皮質部對皮膚刺激的反應一樣。但若直接刺激感覺皮質部表面，則不會產生任何這類初始 EP 反應。

依據我們針對主觀定時所做的回溯指定假說，在 LM 所做脈衝序列中的第一個刺激脈衝，所產生的假設性時間訊號（初始 EP 反應），應該就足可讓受試者報告出與皮膚脈衝所引發之相同的感覺覺知（見圖 2.9）。

在實驗測試中，將刺激 LM 的脈衝序列與皮膚的單一有效脈衝做一配對，這個實驗設計與前面所討論的相似，皮膚單一脈衝與 LM 脈衝序列配對後，一起傳往感覺皮質部，受試者需要報告在主觀上哪一個感覺會先出現，也就是要判斷 LM 與皮膚引發感覺的先後順序。

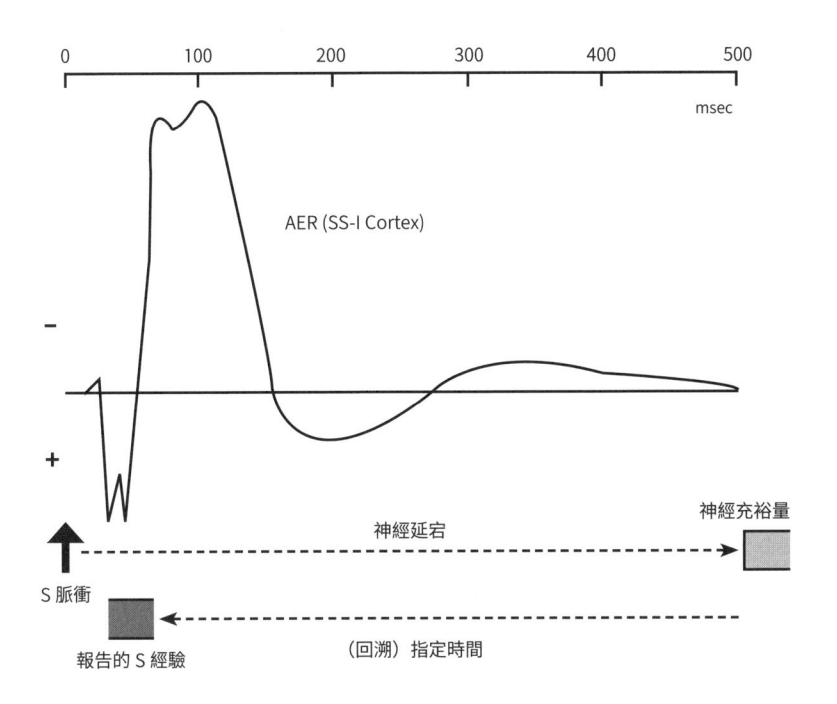

圖 2.9 感覺經驗的主觀指定機制，可在時間軸上回溯做反向指定之假說圖示。

平均誘發反應（AER）的紀錄係來自大腦 S1 皮質部，針對異側手部對應區施予閾限以上強度單一脈衝刺激 S 之後的反應。

AER 曲線之下的第一條點線，表示為了產生感覺所需的時間延宕，以達到神經充裕性（neuronal adequacy），這是來自其他相關實驗的證據。第二條點線則是一個感覺經驗的假設性主觀指定機制，在時間軸上反向回溯到 AER 中最早發生初始誘發電位之處★。該一說法可以解釋經驗時間的主觀報告，為何認為在皮膚刺激之後會有即時發生的感覺。（參見 Libet et al., 1979）

★ 譯注：也就是剛開始往參考線下方正向偏折之時的 EP，之後則朝負向發展出 ERP 後期成分。另可比對圖 2.4 與圖 2.5。

我們既驚訝又高興地發現，實驗結果證實了假說所做的預測。當皮膚脈衝與 LM 刺激序列同時開始，受試者傾向於報告說兩個感覺同步出現，但我們知道除非經過 500 毫秒（或在較強刺激下的 200 毫秒），受試者不可能經驗到 LM 刺激的感覺（這種感覺也是表現在外界的皮膚上），他們在 LM 刺激序列短於 500 毫秒時，沒有任何感覺。與 LM 的案例相同，皮膚脈衝感覺先於皮質刺激，只有在皮膚脈衝延遲到皮質部刺激序列完成之時（500 毫秒），兩者才會有同步出現的主觀感覺。

所以我們可看到，縱使皮質部與 LM 刺激皆需類似的重複脈衝時間來產生感覺經驗，但是經驗的主觀定時在刺激 LM 時會提早很多。如所指出的，這兩種刺激在感覺皮質部的電反應大有不同，只有 LM 序列刺激會在施予每個脈衝時，產出初始 EP 反應，因此發生了與用單一脈衝刺激皮膚的同樣效果。

有些研究者提出批評，認為實驗測試是建立在 LM 刺激的不自然（unnatural）本質上，我們只需要比較一下 LM 刺激與皮質部刺激的配對實驗結果，就可以很快地將這類批評掃到一邊。這兩種刺激位址都是「不自然」的，但是它們在行為上所造成的任何差異，很明顯都是具有意義的。因為這種刺激在兩者身上，若都造成外在皮膚上的刺激經驗，則兩者所需的最短神經延宕，原則上都是相同的，所以 LM 刺激會有較早的主觀定時，應被視為感覺經驗在主觀定時上，做出回溯指定的直接證據。

我們已經得出有關感覺經驗主觀定時強而直接的證據，亦即主觀定時是從後期腦部活動確實已足夠產生經驗之時，往前推算，回溯反向找到一個「時間訊號」，也就是感覺皮質部的初始 EP 反

應。這種說法解釋了我們幾乎即時覺知到感覺訊號的主觀感知與信念，縱使事實上是有相當的延宕。[11]

針對意識性感覺覺知所提出的，在時間軸上回溯之後做主觀指定的觀點，也可用來說明另一個現象：若有不同的皮膚感覺刺激，雖然在強度與刺激位置上皆有不同，但若都同時間進行刺激，則這時的主觀定時又會如何？主觀上，我們應該會感知或相信它們都是同步被刺激到的。該一議題已在本章「初始誘發皮質部反應對感覺刺激做了什麼？」這一節，做過討論，請參閱。

經驗的主觀指定

從上一節已可看到感覺經驗的主觀定時，與大腦神經元在真正引發事件經驗的時間延宕上，並未能取得完全對應。有時感覺經驗會採取一種自動且無意識方式，在時間軸上回溯到感覺訊號所促發的、出現最初快速皮質部反應之所在，最後做出主觀指定的定時。

在感覺事件的空間影像上，有一個類似狀況，亦即一個人覺知到的感官影像，從主觀上看，與引發該一影像之神經元活動的空間組型，有非常不同之處。

透過主觀指定，可以讓真正刺激雖然作用在某個特定點，但卻在不同位置上獲得感知，該一現象可以在直接刺激大腦軀體感覺皮質部時，看到最明顯與最直接的展示。受試者不會感知或經驗到最後的感覺，是發生在腦內某處，縱使這種感覺其實是直接刺激腦部得來的；反之，受試者感知到的感覺是位於外部身體某

處,該處在正常狀況下,又剛好連接到腦中的對應刺激點。譬如若刺激某一皮質點,受試者會感知到她的手被刺激到,她主觀地將腦中受到刺激的空間位置,往外指定到某一身體結構上。她完全不知道在感覺皮質部所受刺激的區域,究竟發生了什麼活動。

笛卡兒在17世紀時已經提出,只有在腦部適當區域被激發時,感覺經驗才會發生,但是感覺的主觀定位只會發生在感官輸入的正常位址之上。他認為這種狀況可以透過刺激中樞神經系統的任何地方,而得到類似的主觀定位。笛卡兒的講法,與我們所得到可以支持該一觀點的直接證據之間,有著驚人的相似性。

主觀指定的相關現象,發生在所有正常感官輸入的空間位置上。以視覺影像為例:從可見物體來的光流,引發了一連串視神經衝動,經過某些中繼站傳往視覺皮質部,這些可以對光輸入做反應的皮質部神經細胞,它們在皮質部的空間排列,若與眼中實際影像相比,可說已有相當扭曲。事實上,針對眼睛所見的外界光流輸入,皮質部會有對應的反應圖,但無法由此辨認出原來外界所看到物體的樣子。若與主觀上所看到的影像做一比較,則對應的皮質反應在空間上可能會大幅扭曲,但事實上卻是經由這種扭曲的皮質表徵,體驗到外界的視覺影像。所以腦中針對外界視覺影像所形成的扭曲神經組型,會透過主觀指定或投射到外界空間,使得所看到的影像得以用一種更好與更準確的方式,對應到真正的視覺物體。[III]

我們已經以實驗方式證實感覺經驗的定時,也會有主觀指定的現象,其方式與空間的主觀指定相類似。雖然施予刺激之後,從大腦感覺通路上傳到皮質部,時間可能需要長達0.5秒來產生意

識性感覺，受試者卻報告說主觀上感覺幾乎即時發生，這可能是因為延遲經驗在主觀上，會經由時間軸回溯到感覺皮質部，去尋找發生快速初始 EP 反應所提供的時間訊號之處，受試者無意識且自動地將感覺事件的定時，在時間軸上回溯到感覺皮質部最初快速反應之處，並主觀指定這就是皮膚受到刺激之時。但是受試者並不知道底下這件事，亦即除非一直累積到有 0.5 秒的充分大腦刺激，否則是不會真正發生感覺經驗的。

主觀指定「矯正」神經表徵

感官事件在空間與時間特徵上的主觀指定機制，可以用來矯正感官事件的神經扭曲。大腦神經元在空間與時間上表徵事件時，大腦結構決定了這類神經扭曲的方式，讓人在感覺的意識性經驗中，覺得事件好像是即時發生而非要經過 0.5 秒之後。進一步的有趣現象是，特定投射到感覺皮質部的通路，可提供用來做空間與時間指定的訊號，這個通路若受損（如某些大腦中風），則會喪失刺激的主觀空間定位與刺激的主觀定時。

無意識能力能夠做出刺激的空間定位，在盲視案例中，縱使病人因主視覺區損壞，破壞了特定的主投射系統，而且無法意識性地看到外界目標，但病人仍能藉著正確指認影像，來定位外界目標。看起來主觀的意識性定位，需要用到通往主視覺區的特定感覺投射，但是對無意識定位而言，則無此需要。

對感覺皮質部所提供的資訊做主觀矯正，顯然是後天學到的。最能夠說明主觀指定是一種可學習現象的直接證據，來自過去一些令人驚奇的實驗。受試者戴上可將外界物體看成上下顛倒的稜

鏡眼鏡（Stratton, 1897; Snyder & Pronko, 1952），剛開始受試者看到的是上下顛倒的世界，而且無法正確指認視野中的定點。

然而連續戴了大約一個星期後，受試者開始可以正常行動，就好像外界影像是正常的一樣。一位受試者在回答有關主觀經驗的問卷時，報告說他沒有覺知到視覺影像是上下顛倒的，但當他進一步被問到時，則回憶說確實看到的是上下顛倒的世界。客觀來講，視覺輸入當然仍是與正常狀況相反的，受試者多少學到不去注意上下顛倒這件事，而且努力去適應調整視覺動作反應，就好像影像是正立的一樣。當稜鏡眼鏡拿掉後，受試者的視覺動作反應再次短暫地會有不準確的情事發生，但在幾天內就恢復了。這個實驗指出行為變化的適應，不是因為對外界扭曲影像做了主觀上的反轉，而是多少壓下了影像是上下顛倒的覺知。

有趣的是，這種視覺動作指定機制的彈性，並非所有動物都有。史培理（Roger Sperry）曾翻轉青蛙的眼睛，眼睛變成是上下顛倒（Sperry, 1950），其結果是青蛙總是跳進自己雙眼所看到上下顛倒的視野之中，沒有學到對外界的顛倒影像做出正確反應。

這些視覺動作指定的特徵，提示了新生嬰兒可能在面對尚未適應調整的視覺影像時，會遭遇困難。他／她們可能需要學習以某種方式在行為上去指定視覺訊息，以便產生相對於外界真實狀況的影像。也許嬰兒剛開始時會看到相對應於感官輸入到視覺皮質部上，所產生相類似的扭曲表徵影像。也或許嬰兒需要時間學習將這個扭曲表徵指定到外界這個被矯正的影像上，也就是剛開始時，外界真實影像會被這個腦部扭曲表徵所矯正，之後再透過學習慢慢將外界影像矯正回來。這種講法可能有助於解釋為何嬰

兒在一個月大之前，看起來總是不能正確地看待外界事物。視覺研究專家能夠設計一種方式，來測試該一假說嗎？

接著一個有趣的問題是，在給予適度電刺激或經過正常感官輸入傳導後，大腦皮質部的每一個主感覺區，究竟如何引發主觀感覺中與自己有關的特定質素。也就是說，刺激後中央溝的軀體感覺皮質部會引發主觀的身體感覺（觸、壓、動、溫、冷，不含因此引起的痛覺）；刺激位於後端枕葉紋狀區的視覺皮質部，會引發視覺感覺；刺激位於顳顬葉上方的聽覺皮質部，能引起聲音的感覺。雖然在這些不同區域的神經元組成會有若干不同，但基本的神經元結構及其突觸間連接是相似的。刺激大腦皮質部其他大部分區域，並不會產生任何意識性經驗，這並不是神經細胞對這些在非感覺腦區（nonsensory areas）上所施予的刺激沒有反應，可能是因為被興奮的神經纖無法啟動更複雜、且與這些非感覺腦區功能相關的神經細胞網絡之故。

假設每個感官輸入已經都能正常產生感覺的特定主觀質素，現在討論一個新問題：若特定腦區的感官輸入改變了，是否會產生同樣的特定感覺？科學家在這個問題上，提出一個奇怪的問法：若將聲音感覺通路與皮質部的視覺區做一個功能上的連接，而且將視覺感覺通路改連到皮質部的聽覺區去，究竟會發生什麼事？會因此而看到雷聲、聽到閃電嗎？這類實驗當然不能在人類身上做，但已經有限度地在雪貂（ferrets）身上做出來（Sharma et al., 2000; Melchner et al., 2000）。

在新生雪貂身上，將往上傳送的網膜通路重新繞接到內側膝核（medial geniculate nucleus, MGN；該神經核在正常狀況下，接

收往上傳送的聽覺通路,之後將神經軸突投射到顳顬葉的聽覺皮質部),至於原來在正常狀況下往上傳送到MGN的聽覺通路,則在MGN以下全部切除,實驗動物接著養到成年再做測試。研究者發現,原來作為聽覺皮質部的神經元,開始對視覺刺激做反應,這些重新繞接的神經元則組成了方位模組(orientation modules),與視覺皮質部的正常神經安排類似[8]。除此之外,若重新繞接之後在可以看到的視野上出現光刺激,則雪貂會對光刺激做反應,就好像知覺到的是視覺而非聽覺刺激。當然,雪貂們沒辦法回應研究者它們所主觀知覺到的內容。[IV]

主觀指定的一般引申

在空間與時間上,大腦感覺反應的主觀指定,依賴感覺皮質部可用的快速與局部初始反應,若缺乏這些初始反應,則主觀指定就變得不足或完全不會發生。但可能在另一意義上,所有的主觀經驗都是指定的(referred),一般而言,心智事件的主觀經驗不能化約成為造成這些經驗的神經細胞活動,這些神經活動也無法用來描述主觀經驗。如本書第一章所提,對神經元活動的完整知識,並無法讓我們對由神經活動所可能引發的主觀經驗有任何了解,為了了解主觀經驗,必須要經驗主體提出內省報告,只有這個人能觸接(access)到他自己的意識性功能。換句話說:意識性經驗的性質與內容,看起來不同於產生該經驗的神經細胞活動

---

8 譯注:亦即在正常的視覺輸入下,會在視覺皮質部發展出不同特定方位偏好的柱狀結構(orientation columns);若將上行的視覺神經繞接到聽覺皮質部,由本實驗可看出會在原聽覺皮質部,發展出與正常視覺皮質部相似的方位柱狀結構。

組型。你說不定會因此主張,可以藉著這些看起來會引發經驗的神經細胞活動組型,將所有主觀經驗的性質與內容,指定進入心智空間(mental sphere)之中。

有主觀指定的神經機制嗎?

主觀指定的另一層面,可能對心腦(mind-brain)關係本質的了解具有根本重要性。目前看起來尚不知有何神經機制,可以直接調節或用來負責這些指定功能。

就以底下這個案子為例,初始誘發電位如何可以作為皮質反應,而藉此來指定主觀空間位置與感覺刺激的主觀定時。這是如何發生的?縱使在皮膚刺激低於感覺閾限時,該一初始 EP 仍會發生,不過它就這樣單獨而短暫地發生,並沒有任何後續的誘發電位。當刺激強度相當於或超過感覺閾限時,就會出現持續 0.5 秒或更長的 EPs(見 Libet et al., 1967)。初始 EP 只出現在感覺皮質部高度局部化的小區,但後續的 EPs 則並未局限在主感覺區,相關的反應廣泛分布在皮質部。單一視覺事件(可能超過閾限)所引起的廣泛活動分布,已有其他研究者做了說明,參見巴契那等人論述(Buchner et al., 1997)。

應該就是初始 EP 本身,已提供了所需訊號,可透過該一指定來產生定時與空間位置的主觀覺知。是否可以找到一個新的神經歷程,讓它能夠調節一個延遲感覺經驗的反向指定,以便可以在時間軸上回溯到初始 EP 之時?雖然這類機制並非不可能,但問題開始變得更困難了。當然也可以想像將初始 EP 本身視為定時主體,不需經過其他未知神經活動的調節,則主觀指定看起來就是

一個純粹的心智功能,在腦中並無相對應的神經基礎。

但是心智功能與神經機制之間關聯性的議題層面,遠比此處所提意識性感覺經驗的主觀指定之特定議題,更為寬廣。所有引起主觀意識性經驗(包括思考、意向、自我覺知等)的腦內歷程,看起來並不像衍生性經驗(emergent experiences)。真的,縱使對負責的神經歷程已有完全知識,也無法從先驗觀點描述伴隨發生的心智事件,該二現象必須放在一起研究以發現相關性。從神經組型轉換到主觀表徵,應該是從心智或心理空間發展出來的,而該心智空間又是從神經組型所衍生出來的。前述若干實驗提及某些特定神經訊號能夠引導做出感覺指定,但並無法告訴我們「指定」(referral)究竟是如何做到的。

認為主觀感覺指定與其他心智事件,無法直接用神經層次來描述的這類推論,如何與某些論及心腦關係的哲學觀點關聯到一起?首先,這樣一個推論並非是笛卡兒意義下的二元論例子,亦即該推論並未在實際腦部與心理現象之間,蘊涵出一個可互相分離或獨立存在的兩個實體。我對心理主觀功能的看法,認為它是來自合適腦部功能的衍生性質(emergent property),意識性心理若無產生它的腦部歷程,則無法存在。但是,衍生自腦內活動而作為這個身體系統的獨特性質,心理實質(the mental)卻能表現出在神經腦部中看不到的現象,該一觀點與史培理所主張的系統衍生性質相似(更多細節見第五章與第六章)。

同一論可能是連接物理(身體)與心理,最常見的哲學理論(見 Hook, 1960),在一個簡化的同一論中,腦部結構與功能的外在可觀察特徵,可用來描述系統的外在性質。意識性或無意識心理

事件，則描述了同一系統或實體的內在性質，亦即給定的實體負責了此處所描述的外在與內在性質。同一論承認主觀經驗（內在性質）只能被擁有該一經驗的個體所觸接，但若無特定對應到心理事件（如空間與時間中的主觀指定）的神經事件（這是一種物理事件），則無共通的實體來提供這些外在與內在性質的等同性。同一論的早期領導人之一，是柏克萊加州大學已故的哲學教授佩柏（Stephen Pepper, 1960），我有一次與他討論時，他馬上意會到我們在時間軸上回溯做主觀指定的觀察與發現，會對同一論造成嚴重困難，尤其是若找不到該一心理運作的對應神經成分。

同一論學家可能會說，這種可觀察到的性質，與內在（心理）性質，明顯無法對接的現象，可單純視之為在共通單一實體（substrate）中，表現出兩個層面（外在與內在）的一種方式。但這種講法好像是想用一句話來掩蓋碰到的困難，也就是用「共通實體」，來涵蓋所有的性質。除此之外，所謂的「實體」是一個無法被任何測試所否證的假設性建構。在任何狀況下可以清楚看到的是，心理現象的特徵與物理上可觀察的腦部活動顯有不同，而且內在與外在性質本身都無法在先驗上，以對方的性質來加以描繪。[v]

另外一個問題是，如何去認識一個人對現在所持的觀點或經驗，亦即「當下」。感覺事件的覺知需要延宕達 0.5 秒才能出現這件事，顯然會對如何定義或了解現在瞬間（the present moment）造成困擾。然而，在時間軸上回溯到感覺皮質部的快速初始反應所產生的主觀指定，確實將現在的主觀經驗弄回到已經發生過的「現在」。所以我們身處一個奇怪的情境，也就是「現在」的真

正覺知確實是被延遲了，但是意識經驗的內容則被對準接到現在。主觀上，我們確實是活在經由時間軸上回溯到已經過去的現在，雖然事實上在感覺訊號抵達大腦皮質部之後長達 0.5 秒的時間，我們都未能覺知到真正的現在。

這些引申對所謂「現在」的若干觀點，造成了嚴重後果。如維根斯坦（Ludwig Wittgenstein）曾被引述說過：「現在既非過去也不是未來，所以要去經驗現在會是一個時間不存在（timelessness）的現象。」[9] 但是假如我們對一個感覺刺激的經驗，真正是在 0.5 秒的延宕之後往前回溯而得，則該一經驗其實應是過去 0.5 秒所發生事件中的一環，所以主觀上的「現在」，事實上是過去的一個感覺事件，而非「沒有時間」，亦非永恆。

內在的意識性事件（思考、想像、非感官的感知等），與正常的感覺經驗不同。在時間上要能做出反向指定，將感覺經驗往前回溯，這種情形只發生在當快速感官輸入引發了初始皮質反應，而且可當作定時指定訊號之用的時候；但內在的非感官意識性事件，並沒有這類可供使用的定時訊號。若內在意識性事件也需要長達 0.5 秒的適當神經激發來產生覺知，也就是說所有的覺知現象都遵守我們所提的假設原則，則所有內在意識性事件都將在一定延宕後才會經驗到。若假設所有的覺知都需由無意識神經事件引發，則此處所說的延宕，就要從該無意識神經事件啟動後開始起算，一直到覺知出現為止。[VI]

---

9 譯注：在數學上，假設在時間軸上出現一個機率函數的連續性分配，則在時間軸上取一個區間，可以計算在該時間區間內發生的機率，但若在時間軸上單取一點，如「現在」，則該單一點的發生機率為零。在此利用該一方式，嘗試闡釋維根斯坦的說法。

譯注

I

李貝等人發現直接電刺激左半球的軀體感覺皮質部 S1（對應右手背），且經過 200 毫秒後才電刺激左手背，但發現左手背會先於右手背有觸痛的意識性知覺產生（Libet et al., 1979）。該結果違背了神經原則（neuron doctrine）與大腦同一論。實驗結果中，兩者的差別在於刺激左手背時，會於 10 至 30 毫秒後在右半球 S1 開始出現初始誘發電位（EP），但直接刺激左半球 S1 則不會產生 EP（可能是因為沒有從邊緣神經系統來的投射輸入之故）。李貝認為左手背受刺激後產生觸覺的時間，理論上不應快於直接刺激左半球的 S1（直接刺激 S1 後產生觸覺經驗的時間約需 500 毫秒，稱之為可產生意識經驗之神經充裕量），但由於受試者會將主觀觸覺時間回溯到 EP 發生之時（如皮膚刺激 15 毫秒後產生 EP 之處，可作為一種時間標記），所以會以為較快在左手背產生觸痛感覺（見本章圖 2.8）。

實驗簡述

（1）受試者：可容忍 30 至 90 分鐘 60 pps（pulses per second，每秒脈衝數，每一脈衝時間在 0.5 毫秒以下）刺激的長期疼痛與動作不能病人，這些病人腦中已插有治療用的電極。

（2）測量部位與刺激強度：測量部位為 S1、視丘（nVPL 與 nVPM；指的是腹後側與腹後內側神經核）、LM（內側丘系神經束），與手背區（見本書導讀圖 1）。刺激強度在 S1 之尖峰強度為 1 至 3mA/mm^2，LM 為 0.1 至 0.2mA，通過之庫侖量皆控制在不致產生不可回復組織傷害的條件下。手背區之電流量無資料，採感覺強度配對之原則。

（3）實驗程序：在刺激手背時，要求受試者確定有刺激時立即按鍵，並計算其反應時間。該類實驗另使用三項技巧，一為直接刺激大腦 S1 區，

時間在 0 至 750 毫秒之間,並詢問受試者在哪一條件下會有對應手背區的主觀觸覺;一為反向遮蔽(retroactive masking),先對手背區做刺激之後,在不同的後續時距做對應 S1 區刺激,以觀察是否會遮蔽手背區的主觀觸覺;另一為先後判斷(recency judgement),在手背區與非對應之大腦 S1 區各做同時或有時間區隔的刺激,如刺激左手與刺激左半球的 S1 區,要求受試者在不同實驗條件下報告哪一隻手背(左手或右手)先有主觀觸覺。

實驗結果綜述

(1) 刺激手背區,在約 15 毫秒之後會在大腦 S1 區產生誘發電位(EP);但若直接刺激大腦 S1 區則無 EP 發生,主要是因無投射輸入(projection afferent)之故。該 EP 似有作為時間標記(time marker)之功能。

(2) 潘洛斯將李貝在這方面的發現,做了一個很清楚的整理(Penrose, 1989),如「譯注圖 2.1」,略述如下:(a)係表示手背區受刺激時,幾乎有瞬時反應(以按鍵速度測量);(b)表示當 S1 區的直接刺激短於 500 毫秒時,無對應手背區之主觀觸覺;(c)表示當 S1 區的直接刺激長於 500 毫秒時,即有主觀觸覺;(d)表示刺激手背區之後的 500 毫秒時距內,施予對應 S1 區的連續刺激,可以阻斷刺激手背區的主觀觸覺,亦即發生反向遮蔽作用,同側手臂的直接刺激被遮蔽;S1 區的刺激超過 500 毫秒時,仍能產生其應有的主觀觸覺,但與手臂的直接刺激無關;(e)係較特殊的時序先後判斷結果,當持續刺激大腦 S1 區(如左半球)後,在 500 毫秒之內刺激非對應手背區(如左手),受試者會先對異側的左手觸覺做按鍵反應,與(d)有完全不同的結果;參閱本章圖 2.8。

李貝認為手背刺激後產生主觀觸覺的神經充裕量仍要 500 毫秒,與大腦 S1 區所需的相同,因此刺激皮膚(已經比 S1 刺激晚了 200 毫秒)產生意識性主觀觸覺的時間,應晚於直接刺激 S1 區。但實驗結果是

直接刺激S1區產生意識觸覺的時間,反而比直接刺激手背(譯注圖2.1〔e〕)還慢,則必表示刺激手背時一定另有機制,造成這種不容易解釋的結果。李貝因此主張刺激皮膚後可以回溯到EP發生的時間點,但S1區的刺激則無該時間點可資回溯,李貝認為可以利用這兩種不同的機制,來解釋不符常識的實驗結果。

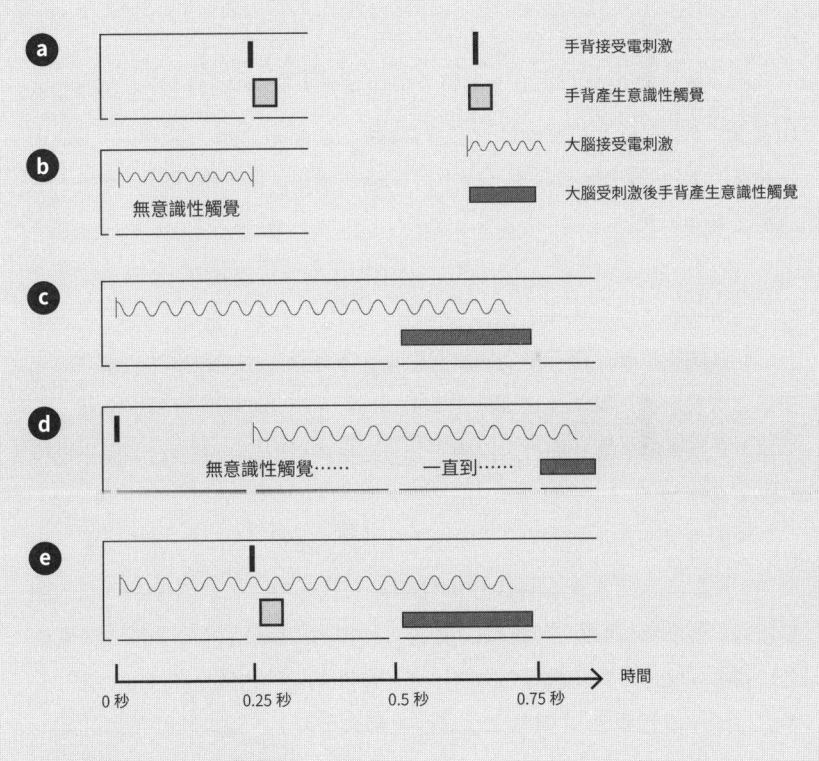

a 手背接受電刺激
手背產生意識性觸覺
b 無意識性觸覺
大腦接受電刺激
c 大腦受刺激後手背產生意識性觸覺
d 無意識性觸覺…… 一直到……
e

0秒　0.25秒　0.5秒　0.75秒　時間

譯注圖 2.1 ｜ 李貝的實驗示意圖。

(Libet et al., 1979;修改自 Penrose, 1989, 圖 10.6)

Libet, B., Wright, Jr., E. W., Feinstein, B., & Pearl, D. K. (1979). Subjective referral of the timing for a conscious sensory experience: A functional role for the somatosensory specific projection system in man. *Brain*, 102, 193-224.

Penrose, R. (1989). *The emperor's new mind*. Oxford: Oxford University Press.（許明賢、吳忠超譯〔1993〕：皇帝新腦。臺北：藝文印書館。）

II

該一系列研究曾引發很多爭議，首先是知名的神經哲學家派翠西亞·邱其蘭（Patricia Churchland），在史諦區（Stephen Stich）與狄內（Daniel Dennett）的提議下代表發難，底下只就邱其蘭與狄內的批評做一簡述，另並提出其他解釋。

爭議與回應

邱其蘭認為李貝這一系列的研究結果，不能全然由神經事件（如神經充裕量、神經激發、神經遮蔽與回溯到發生 EP 之時間起始點等）來解釋，可能還涉及較高階的認知與行為反應，如被遮蔽的可能是記憶痕跡，而非單純的神經活動。

她的批評大體上是認為：（1）針對手背刺激做「go」的言語反應，約需 358 毫秒（來自未正式發表的小實驗），若再扣除發音的產出時間，則意識到手背觸覺的時間應低於 200 毫秒，所以若與腦皮質部所需的 500 毫秒直接刺激相比，手背刺激覺知的時序判定會在前面，也就是譯注圖 2.1（e）中的結果（直接刺激 S1 後的 200 毫秒才刺激手背）。但李貝認為語言反應（正如按鍵動作）可以在有意識經驗前即做出，故不表示受試者在做出反應時已有意識知覺，亦即刺激手背後仍然要先走完 500 毫秒的神經充裕量，所以為了要解釋上圖 e 的結果，而且 EP 標記應該也是需要考量的重要神經

生理指標，才提出在時間軸上回溯做主觀指定的機制。（2）假設同意李貝的數據，亦即上圖 e 的結果，但也不必因此提出有二元論色彩的回溯指定機制，可以依據上述（1）所述，各加 300 毫秒，亦即此時直接刺激皮質部在 800（500+300）毫秒後有覺知，手背刺激在 700（200+200+300），多出來的 300 毫秒可以視為在神經已經達到充裕量後，需要有一些短期記憶凝固與注意的時間，以便做完實驗後能夠順利回憶出來。另外一種可能則是由於邊緣與中樞刺激的不同特性，讓受試者在時序判斷上發生實驗者所認為的錯置或錯覺。這些解釋都是一般性的認知解釋，不必介入帶有神祕性的回溯指定機制。

但李貝並不同意這種看法，他認為：「覺知是一個獨特的現象，有其分立的不同神經要件；覺知不是記憶歷程的一種功能展現，它不能等同於所形成的敘述性記憶痕跡；無法做出覺知的報告，也不是因為早期實際感覺經驗的快速遺忘。」可以說，兩人互不同意對方說法，而且誰也沒說服誰（Churchland, 1981a, 1981b; Libet, 1981）。

值得一提的，雖然李貝並不喜歡沾惹二元論上身，但邱其蘭在評論文中，已經明確地將李貝視為與艾可士一樣是二元論者。李貝在本章「記憶形成的角色」一節中，雖已針對記憶與覺知之間的問題，做了大體回應，但並未特別針對邱其蘭的批評再做回應。

狄內（Dennett, 1991）則認定這類實驗結果可以不必再討論，因為他強烈認定該系列的實驗結果從未被複驗過，雖然他也認為若李貝該系列實驗真正被複驗成立之日，將會是唯物論的黑暗之日。但狄內這種觀點並未阻斷後續的科學討論之路，因為所謂的「未被複驗過」，應該指的是同樣條件的實驗未被其他研究者複驗過，而非實驗結果未被其他研究團隊的類似結果驗證過（李貝在本章中也做了一些比較），而且在李貝等人研究被專家嚴格檢視後所發表的論文中，已不只一位病人呈現出同樣的結果，但這類研究非常難以安排，且需漫長時間，縱使要複驗，也非具有良好條件的其他研究者可以在短期內進行的，更別提一般研究者。他與費恩斯坦的緊密合作期間長達

二十來年（1957-1978），一直到費恩斯坦於 1978 年無預期過世為止，之後李貝就轉往研究正常受試者的腦部功能，因為該一系列的研究已難以為繼。克里克（Crick, 1994）曾經這樣說狄內（摘錄重寫）：「狄內是一位哲學家，懂一些心理學，也懂一點腦部——他辯才無礙——他在 1991 年出版的《意識論》（*Consciousness Explained*）書中，提出幾個實驗設計，以支持將笛卡兒劇院（Cartesian Theater）視為意識在腦內之唯一居所的觀點。但它們全都是心理學式的，無一將神經科學的實驗驗證方式視為重點——」由此可判斷，以狄內當時的專業，可能較難有同理心來體會該一實驗神經科學領域的難為之處，對科學複驗的看法也有其堅持之處。其他相關評論觀點，請參見本書的〈導讀〉。

神經運作的平行處理觀點：一種替代性解釋

依照李貝的想法，直接刺激 S1 區產生意識觸覺的時間，反而慢於直接刺激手背，必表示刺激手背時一定另有機制，最可能是神經生理因素，但也不能排除認知、精神力量，或其他因素介入。李貝認為是 EP 在此發揮了關鍵性作用，在刺激皮膚之後，雖然需要一樣的神經充裕量，但接著會在時間軸上回溯到 EP 最早開始的時間點，並主觀指定此時就是皮膚受到刺激之時，而對 S1 區做直接刺激則無 EP 發生，沒有可資回溯的時間點，因此異側的皮膚刺激會比直接刺激皮質部的覺知來得快。這些應該就是李貝推論的邏輯。

但是這一套邏輯不見得沒有替代方案，設若採用與上述系列性處理（serial processing）不同的平行處理（parallel processing）觀點，也可能解釋何以手背觸覺（意識知覺）時間短於 S1 區。克里克與柯霍認為 V1 激發並不表示即有意識經驗，尚有待於前額葉的回饋方足成事；而且視覺覺知的產生尚需依賴多腦區的同時激發（Crick & Koch, 1990, 1995）；傑奇（Semir Zeki）對盲視病人的看法，亦指出 V1 區雖有損傷，但仍有另一條視覺通路到 V3，可是因缺乏 V3 至 V1 聯結之故，才無法產生意識經驗（Zeki, 1993）。上述說法指出感覺通路有平行處理方式的存在可能性，且不能只靠

單一大腦區的激發,亦即不將單一 S1 區的激發作為意識經驗的唯一依據,而是可能還有大腦跨區的回饋,這些應該都是產生意識經驗的要件。上述這類說法並未違背李貝所提的覺知主張,他只說在刺激 S1 之後 500 毫秒產生覺知,但並未將該 500 毫秒的神經處理全部局限在 S1 之內進行,亦即不排除在這 500 毫秒內,可以整合多腦區之神經訊息來產生覺知。在該一重新考量下,則針對李貝在時序先後判斷實驗上的結果,尚可做如下之推論(黃榮村,1999;徐嘉宏,個人意見交換,1998):

(1) 刺激手背時,除在 S1 區引起神經激發外,亦會同時送到其他更高級區;而直接刺激 S1 區再激發其他高級區的時間相較之下則較久,因為手背連到各觸覺相關的大腦區已建立特定網絡,可做平行激發,但刺激 S1 區時則會引起無關之激發(因過去並未建立大腦跨區之對應,這件工作主要由感官系統來促動),需先做消除工作後再依系列運作方式連上更高級區。

(2) 手部刺激較為特定、偏向狹小範圍,但 S1 區的刺激則較廣泛(亦即有較大的手背對應區),故較花時間。

(3) S1 大區域內有中間神經元(interneurons),刺激手背區後的平行運作,可較快地做全面聯繫與激發,但在只刺激 S1 小區域時,需再多花時間去激發中間神經元。

(4) 觸覺的意識知覺包含多種感質(qualia),應有跨區之大腦激發。直接刺激 S1 小區域時需多花時間去匯整各區的訊息,但手背區的刺激可透過自然通路較快地獲得整合。

依上述平行運作的原理,可以得到手背區意識性的「總體整合出來」之主觀觸覺,應快於直接刺激 S1 區的推論。若外部皮膚觸覺的「覺知」(而不是單純的按鍵或口頭反應),確實如邱其蘭所主張的遠短於 500 毫秒(如 200 毫秒),則該推論結果尚可符合,但不必用到記憶或認知概念來解釋;該推論與李貝的實驗結果也尚稱相符,但不必用到「時間回溯」(back-referral in time)這類概念,且可不必預設 EP 的時間標記功能。這是一種不

違背李貝的神經充裕量（與覺知有關的所有腦區，而非局限在 S1），也不違背邱其蘭所提、不應採用回溯指定這種神祕機制的強烈主張。但這只是一種可能的替代性神經生理解釋方式，僅供參考。所有上述解釋方式，包括李貝本人以及邱其蘭與狄內等人的說法，皆非具有可否證性的進一步實驗測試，只是針對李貝的特色實驗所提出之各種闡釋方式而已，目前尚無定論。

李貝實驗的爭議既廣泛又持久，在第四章有關自由意志的研究中，一樣有不停的論辯，而且規模更大。寇斯林為本書所寫的〈前言〉可做參考：「李貝的發現初看頗具爭議性，但撐過了時間的考驗，……現在任何有關意識及其神經機制的理論，必須要去闡釋李貝所獲得的實驗結果。」現在實驗數據還在那邊，李貝生前排斥用其他的知覺記憶或認知方式來解釋，但是相關負責的神經機制顯然尚未底定，寇斯林的評論看來尚稱公允。

Crick, F. (1994). *The astonishing hypothesis*. London: Simon and Schuster.

Crick, F., & Koch, C. (1990). Towards a neurobiological theory of consciousness. *Seminars in the Neurosciences*, 2, 263-275.

Crick, F., & Koch, C. (1995). Are we aware of neural activity in primary visual cortex? *Nature*, 375, 121-123.

Dennett, D. C. (1991). *Consciousness explained*. New York: Penguin.

Churchland, P. S. (1981a). On the alleged backwards referral of experiences and its relevance to the mind-body problem. *Philosophy of Science*, 48, 165-181.

Churchland, P. S. (1981b). The timing of sensations: Reply to Libet. *Philosophy of Science*, 48, 492-497.

Libet, B. (1981). The experimental evidence for subjective referral of a sensory experience backwards in time: Reply to P. S. Churchland. *Philosophy of Science*, 48, 182-197.

Zeki, S. (1993). A vision of the brain. Cambridge, MA.: Blackwell.

徐嘉宏(1998)。個人意見交換。

黃榮村（1999）：假象運動的時間詭論之解決。李江山編：視覺與認知，頁 259-270。臺北：遠流出版公司。（另收錄於：陳烜之、梁覺編〔2000〕：邁進中的華人心理學，頁 39-55。香港：香港中文大學出版社。）

III

　　李貝想要說明經過外在實際刺激之後發展出覺知所需要的時間，並非忠實反映在大腦皮質部感覺區的神經充裕量上面，而是透過整個感覺傳導過程中剛開始的一小部分，亦即對初始 EP 反應處所做的主觀指定，而得到外界刺激是即時發生的覺知，並非嚴格對應於客觀的 0.5 秒。這是一種大腦時間表徵的扭曲。

　　為了說明這種表徵的扭曲其實在感官刺激上經常發生，李貝以視覺的空間表徵為例，說明外界物體的大腦視覺區表徵（或戴稜鏡眼鏡），其實相對於外界物體是扭曲的，但是透過主觀指定的適應與調整，可以回復出外界物體的「真實」知覺。觸覺的空間表徵與回復，應該也是一樣的。

　　李貝拿空間領域的扭曲與轉正，作為時間領域特例的類比，以說明雖然在時間知覺上，大腦實際進行的 0.5 秒與即時的外界刺激覺知之間，有很大的扭曲存在，但這類例子不是只發生在時間領域，也發生在感覺刺激的空間領域之中。

　　李貝的說明從大體類比層次而言是可以參考比對的，但若就兩者涉及之處理與轉換機制而言，則大相逕庭，不可一概而論。外界的視覺與觸覺刺激，就其組態（configurations）而言，是以地形投影（topographical projection）的方式，經由上行通路傳送到大腦主視覺區與主軀體感覺區，因此在大腦皮質部形成的表徵雖是扭曲，但資訊是充分的，而且大腦的扭曲表徵與外界剛

性組態,基本上具有拓樸不變性(topological invariance),亦即兩邊拉長或收縮,扭來扭去,理論上可以恢復原來樣貌,所以兩者可以是同構的。亦即大腦在表徵外界組態時,雖有扭曲,不一定有距離間隔上的精確對應,上下左右可能做了翻轉,但上下前後左右的整體鄰近關係卻是不變的,所以可在經過適當轉換後回復出不同程度的原來特性。

唯本章所提的腦中 0.5 秒神經充裕量中,外界刺激剛開始在大腦形成的初始 EP 反應,則是這 0.5 秒鐘的一小段,依據李貝所提出在時間軸上反向回溯做主觀指定,就停在初始 EP 反應處,好像在這個函數空間中找到一個固定點(fixed point)一樣,以回復對外界刺激的即時覺知,這表示腦中的時間表徵除了這個初始 EP 以外,都是可以不必被真正用到的資訊,除了導引去找出初始 EP 之外。如此則在此大腦內部與外界對應中,真正有效被使用的扭曲表徵,其實就是那一小段初始 EP 所可能提供的時間資訊,此時這一小段只是整個大腦時間表徵中的一部分,有效資訊是不充分的,所以在這種定義下所得到的大腦表徵,若與外界時間做一對應,則不能說具有拓樸不變性,也無同構性存在。因此李貝在時間與空間領域上做類比,是有其局限性的,透過什麼樣的建構才能真做到等同類比,可能還需再進一步研議,特在此做一說明。

IV

李貝於本章中主張在腦內達到神經充裕性之後,會循著時間軸回溯,去尋找腦內最早發生 EP 之處,並做出刺激經驗的主觀指定。李貝想說的是這類主觀指定其實就是大家所熟知的,經常在感官世界所做的主觀指定。李貝的本意是想知道感覺經驗如何做主觀指定,主觀指定可能扭曲了神經表徵,但也可能讓被扭曲的神經表徵得以矯正回來。但是主觀指定不是一個簡單或確定概念,以下分述之。

在同一感官內操弄神經連接：先天與後天問題

史培理在 1940 年代所做的經典實驗中（Sperry, 1956; Grafstein, 2006），有兩類特殊的實驗。一是切斷非哺乳類的蠑螈與較高階的兩棲蛙類原有的視神經系統，之後內部視神經會自行修復再生，並利用化學標記，在網膜後端的視神經纖維與視覺中心之間找路，循路連接到視覺中心視頂蓋（optic tectum）的原來相對應點，就好像迷路的孩子們找到各自的媽媽一樣。另一類實驗則是將眼肌切開後，將眼球以視軸為座標旋轉 180 度（網膜後的神經纖維仍保持完整），就像戴了倒立的三稜鏡，將外界視野影像投影到網膜上，變成是上下或左右或上下左右顛倒的影像。等手術恢復之後測試，其行動都無法對應到外界的實際方向與位置，而且無法經過學習恢復到原來的正常狀態，亦即一直無法適應調整（縱使過了兩年之久）。

這兩個結果表示，視神經連接好像已經先天連好，在切斷後還會找路連到原來的地方；顛倒的視覺則無法再經由後天學習獲得改變或矯正（Sperry, 1944, 1945）。

本章提出人類戴倒立三稜鏡後，經過一個星期後會逐步適應，稜鏡眼鏡拿掉後，雖會有短暫不適應，不過幾天之內即可恢復（Stratton, 1897）。這種學習彈性顯然不存在於兩棲蛙類上，但人類對外界投影的扭曲卻可以經由主觀指定調整過來，而不必都依照腦內既有的神經表徵辦事。

莫里紐克問題

曾任愛爾蘭國會議員、也研究光學的莫里紐克（William Molyneux），問了洛克（John Locke）一個問題：天生盲人復明之後，能夠指認周圍事物嗎？他是否能夠利用以前透過觸覺所獲得之立方體與正方體的知識與經驗，在復明之後立即正確指認何為立方體、何為球體？洛克是經驗論者，主張概念之間的連結（如觸覺與視覺共同概念之間的連結）是後天得來的，所以洛克的回答當然是不能，但天生論者的回答則會全然不同。這個問題稱之

為「莫里紐克問題」(Molyneux's question)，歷經三百多年未獲具有說服力的科學解答，主要係因非常難以找到天生盲人，在長大之後還能復明的案例，因此這個問題很難測試。

　　印度盲人小孩數在 36 萬到 120 萬之間，是全世界盲人數最多的國家，估計其中因天生白內障、角膜受損、屈光不正與眼睛感染所引起的天生視盲，有相當大比率是可以治療的，但印度因為鄉村地區極度缺乏醫療資源，又有些醫院與醫生認為視覺經驗的發展有關鍵期（如六至八歲），過此期間，大腦無法發展出有意義的視覺經驗，因此而耽誤了治療時間。MIT 的辛哈（Pawan Sinha）於 2004 年，在印度推動兼具人道與科學目標的開光計畫（Project Prakäsh），選擇若干治療成功後穩定的成年人進行測試（包括莫里紐克問題與各類錯覺）。簡而言之，在剛開始時，觸覺經驗與視覺辨認之間無法互通，大約相當於猜測水準，但過了一兩個禮拜後進步神速，甚至可以達到 90% 以上的正確率，該一證據正面支持了洛克的說法，但已歷經三百多年矣（Held et al., 2011; Chatterjee, 2015）。至於在幾項知名錯覺上的測試（如 Müller-Lyer 錯覺、Ponzo 錯覺），則又傾向支持大腦已事先設定的天生論說法（Gandhi et al., 2015），此處不再贅述。

跨感官操弄神經連接：腦內地圖並非固定不變

　　李貝感興趣的問題是，若感官輸入區改變了，是否會產生同樣的特定感覺？蘇爾（Mriganka Sur）等人（Sharma et al., 2000; Melchner et al., 2000）曾經提出類似的問題：若將聽覺感覺通路在功能上改連到皮質部的視覺區去，會看到雷聲嗎？他們在初生的雪貂身上清楚獲得部分答案，結論是：視覺感覺上行通路神經，繞接到已經切除聽覺輸入神經的聽覺內側視丘區（內側膝狀核，MGN），以及聽覺主感覺皮質區（A1）後，都會在這兩區產生視覺神經反應與視覺受域（receptive field）。而且在繞接到聽覺皮質部後，能做不同空間頻率的辨識，雖然不如正常的控制組；另外比較特殊的，則是會發展出不同方位偏好的柱狀結構（orientation columns），就像一般在主視覺

區（V1）所發展出來的一樣，雖然沒有排列得像 V1 的方位柱狀圖那麼秩序井然。

所以輸入端的投射方式若有改變，也會在繞接後投射的腦區做出重新指定。類似的引申也發生在其他的人類實驗之中。定藤規弘（Norihiro Sadato）等人發現，明眼人與天生及年幼即已眼盲之盲人，若給予被動觸覺作業，都不會激發 V1 區（包括V2，以下同）；在主動刷讀盲人點字版時（主動觸覺），明眼人不會有 V1 之激發，但盲人在大腦兩側 V1 伴隨有區域大腦血流量之顯著增加。這種結果似表示一般只保留給處理視覺刺激的視覺腦區，在盲眼人的視覺皮質部可以被觸覺刺激激發（Sadato et al., 1996）。「譯注圖 2.2」說明，若用右手進行主動觸覺作業，則在明眼人只會激發單側（左側）的 c 與 d；但盲人卻另可在大腦兩側 b 處的 V1 皆有激發，可能係透過其他腦內的連接造成，研究者認為可能是先透過上顳顬葉區，連結後頂葉觸覺區與視覺皮質部，透過神經回饋方式而導致視覺區的雙側激發。

但是先天盲人原來的主視覺區 V1 並非全讓給觸覺，枕葉也是可供天生盲人處理語文記憶與產生動詞的地方（Amedi et al., 2003），明眼人一般是在較高級腦區處理這類工作。看起來天生盲人的枕葉有很多彈性空間，可提供給非視覺類型的不同作業，以滿足其擴張性的需求。

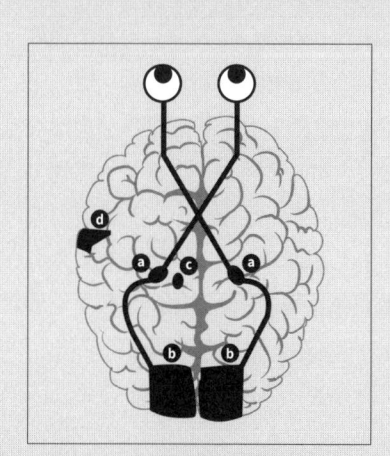

譯注圖 2.2 | Sadato et al., 1996 實驗示意圖。

a 為兩側視丘視覺中間站，b 為 V1，c 為左側視丘觸覺中間站，d 為左側軀體感覺皮質部 S1。

假作真時真亦假，無為有處有還無

拉瑪錢德倫（V.S. Ramachandran）設計一種簡便、但可以創造出虛擬實境效果的鏡箱（mirror box），中間垂直插入鏡片，分隔出左右兩個空間，讓一位覺得幻肢無法動彈、形同癱瘓，以致產生幻肢疼痛的病人（這是一種幻覺，因為已無實際肢體），將健全右手伸入鏡箱右邊空間，左邊的幻肢放入左邊，之後要求病人透過鏡箱的觀察孔洞（或鏡箱不加蓋），將右手的鏡像完全疊置到左手幻肢之上，並要病人同時動左右手，一直訓練到真的感覺左手幻肢可以動了，由此而重新獲得對左手（幻肢）的控制感。

該一治療的背後邏輯是，假若幻肢的癱瘓感覺是來自後天學習，則可透過這種視覺回饋方式，做出反向學習（unlearn），以重新獲得控制感，並慢慢因此而「截斷」幻肢的感覺。另外在其他案例中，利用鏡箱療法的標準程序，將健全手與幻肢疊在一起，透過視覺回饋，以棉花棒碰觸健全手指，病人會覺得幻肢亦被碰觸；以冰水或熱水澆灑健全手指，在有視覺回饋時，亦會在幻肢上產生被澆灑的感覺（Ramachandran & Blakeslee, 1998; Ramachandran, 2004）。總體而言，這可視為是一種經過主觀指定的合體過程之後，而成功產生出來的效果。

「橡膠手錯覺」（rubber hand illusion）則是可以用在健全肢體受試者身上的有趣實驗（Botvinick & Cohen, 1998; Ehrsson et al., 2004）。將左手放在看不到的地方，仿製的橡膠手與右手，則各放在鏡箱中可看到的一邊，之後平均每秒一次，以束狀細絲同步同位置，輕拂左手食指與橡膠手食指約60秒（或其他可引發效果的同步性做法）。如此，則會產生橡膠手錯覺，覺得橡膠手是屬於自己身體的一部分（feeling of ownership），此時若敲擊橡膠手，受試者會急速抽回左手，此稱之為「橡膠手錯覺」。這應該也是一種經過主觀指定的複雜歷程，在視覺與觸覺連結會通之後所產生的效果。

小結

主觀指定在人類身上看起來有相當彈性，經過一定程度的學習或神經繞接後，可以由內往外指定，也可以由外往內指定，不會完全受限於原來的神經表徵，但是在什麼狀況下指定是主觀的？應該是在滿足神經充裕性，最好是在有覺知之後，可以針對環境變化做出具有適應價值的調整，才是主觀指定。若只是依照大腦線路或表徵做反應，那只是神經編碼對應到外界環境，這是不涉及覺知的神經指定。由上述可知，在實驗動物身上所做之操弄，改變的基本上是神經指定。但多項人類之實驗結果，很多是在覺知之後做出調整，可歸類為主觀指定之例，以呼應李貝的想法。也就是不管是腦內本身（以神經充裕性為基礎所做之後續內部指定），或腦內的神經表徵對應到外界之後，都有透過適應主體予以指定的案例，在短期內即可顯現，並未完全受限於腦部的特定表徵。天生盲人的體外觸覺刺激，會找路進駐主視覺區，也是不受原來神經表徵限制之意。

綜合來說，依據李貝的講法，上述這些人類實驗應該都是可能透過主觀指定歷程，來「矯正」神經表徵，而且對感覺皮質部所提供的資訊做出矯正，顯然是後天學到的。但是這些案例是否因此足夠說明李貝所提的主觀指定機制，則是另外後半段的事。因為李貝的主觀指定機制大約是：「外部刺激在 S1 滿足 500 毫秒的神經充裕要求後，在未產生覺知前就馬上循著時間軸回溯到 EP 發生之處，做出（無意識）的主觀指定，之後再產生覺知，（意識性）的主觀指定這裡就是感覺被刺激到的時間。」李貝針對自己所提的主觀指定機制，仍未能提出獨立的神經生理證據，至於上述實驗或其他案例，是否能夠對應到李貝所提的「腦內無意識主觀指定」或「腦內的意識性主觀指定」這樣一個複雜推論，可能還需要進一步的驗證，依目前狀態來看，是尚未能做出結論的。

Amedi, A., Raz, N., Pianka, P., Malach, R., & Zohary, E. (2003). Early 'visual' cortex activation correlates with superior verbal memory performance in the blind. *Nature Neuroscience*, 6, 758-766.

Botvinick, M., & Cohen, J. (1998). Rubber hands 'feel' touch that eyes see. *Nature*, 391, 756.

Chatterjee, R. (2015). Out of the darkness. *Science*, 350, 372-375.

Ehrsson, H. H., Spence, C., & Passingham, R. E. (2004). That's my hand! Activity in premotor cortex reflects feeling of ownership of a limb. *Science*, 305, 875–877.

Grafstein, B. (2006). Roger Sperry: pioneer of neuronal specificity. *Journal of Neurophysiology*, 96, 2827-2829.

Gandhi, T., Kali, A., Ganesh, S., & Sinha, P. (2015). Immediate susceptibility to visual illusions after sight onset. *Current Biology*, 25, R1-R2.

Held, R., Ostrovsky, Y., de Gelder, B., Gandhi, T., Ganesh, S., Mathur, U., & Sinha, P. (2011). The newly sighted fail to match seen with felt. *Nature Neuroscience*, 14, 551-553.

Melchner, L. von, Pallas, S. L., Sur, M. (2000). Visual behaviour mediated by retinal projections directed to the auditory pathway. *Nature*, 404, 871-876.

Morgan, M. J. (1977). *Molyneux's question*. Cambridge: Cambridge University Press.

Ramachandran, V. S. (2004). *A brief tour of human consciousness*. New York: Pi Press.

Ramachandran, V. S. & Blakeslee, S. (1998). *Phantoms in the brain*. New York: Morrow.

Sadato, N., Pascual-Leone, A., Grafman, J., Ibañez, V., Deiber, M-P., Dold, G., & Hallet, M. (1996). Activation of the primary visual cortex by Braille reading in blind subjects. *Nature*, 380, 526-528.

Sharma, J., Angelucci, A., & Sur, M. (2000). Induction of visual orientation modules in auditory cortex. *Nature*, 404, 841-847.

Sperry R. W. (1944). Optic nerve regeneration with return of vision in anurans. *Journal of Neurophysiology*, 7, 57– 69.

Sperry R. W. (1945). Restoration of vision after crossing of optic nerves and after contralateral transplantation of eye. *Journal of Neurophysiology*, 8, 15–28.

Sperry, R. W. (1956). The eye and the brain. *Scientific American*, 194, 48-53.

Stratton, G. M. (1897). Vision without inversion of the retinal image. *Psychological Review*, 4, 341-360.

V

依照李貝所詮釋之同一論的看法,如看到外界一座山的影像後,在腦部會產生相對應的視覺神經表徵,這是一種從外部就可觀察到的神經活動組型,是腦部所具有的外在特質;看到同一座山以後所產生的主觀經驗或心理感動,稱為是該經驗系統的內在性質,也應有對應的神經事件,雖然該神經事件並不需要是充分條件,因為有些是當事人才能觸接到的第一人稱經驗。依李貝講法,同一論主張腦部所能描述出來的外在特質,與主觀經驗的內在特質兩者之間,會有共通的實體來對這兩種性質賦以等同性,或至少在某一程度上,互相解釋對方,甚至互為充要條件。但同樣表徵同一小區皮膚觸覺感覺的 500 毫秒神經充裕量與初始 EP 之間,卻很難找到等同性,因為初始 EP 顯然是一段不完整且性質差很多的神經表徵(見本章譯注 III)。

李貝在本章評論同一論時,認為心理現象的特徵與物理上可觀察的腦部活動顯有不同,而且內在與外在性質本身都無法在先驗上,以對方的性質來加以描繪。若此處所提的內在與外在性質,也都是來自同一個實體,則李貝

在此處之說法頗有性質二元論（property dualism）的色彩。另外，李貝在本章稍前討論如何在時間軸上，回溯到感覺皮質部初始誘發電位發生之處做主觀指定時，認為初始 EP 單獨本身，即已提供了所需訊號，以指定產生定時與空間位置的主觀覺知，假若初始 EP 本身就是定時主體，不需經過其他未知神經活動的調節，則主觀指定看起來就是一個純粹的心智功能，在腦中並無相對應的神經基礎。綜合上述這兩點說明來看，李貝已經隱隱約約顯露出他的偏好，支持唯物論傾向的哲學家，對他這些觀點是頗不以為然的。

VI

心智（或精神）力量是否可以介入進行中的神經歷程？ 在此做一個小結。本書〈導讀〉中已說明，李貝對神經充裕量需要 500 毫秒的解釋相當簡單，認為產生類似的神經激發所需時間本身，可能就是覺知的基礎，亦即適當神經元重複產生類似激發的時間達到一定長短時，覺知現象就衍生出來了，所需時間應該就是為了衍生覺知的神經編碼（neuronal coding），他還依此推論「我們並非活在當下（因為總是慢上 500 毫秒）」。這類講法對神經科學家而言，結論雖然有點跳躍，但大概尚可接受其所呈現的腦部神經活動數據。唯此一系列實驗最特殊的結果是「在大腦半球軀體感覺皮質區（S1）施予電刺激，所引起的身體對側手臂上之被刺激感覺，會晚於在 200 毫秒後才刺激另一側手臂所引起的被刺激感覺」。雖然這樣的實驗結果並不易理解，但真正引起爭議的是李貝的解釋方式，他主張會在神經充裕量達到之後，循著時間軸反向回溯到腦內初始 EP 發生之處（或稱之為「EP 標記」），並做出主觀指定。這種講法容易讓人以為在暗示心智力量（或精神力量）可以介入已經發生的神經歷程，相當違反已成主流之泛唯物論的詮釋方式，但喜歡二元論的幾位大哲學家與大科學家卻公開表示歡迎，如波柏與艾可士認為李貝的實驗結果，看起來有「心智或精神力量在控制大腦做時間回溯並做主觀指定」之可能性在，說明了精神力量有很多可以介入大腦運作的空間，如主觀回溯到 EP 剛出現之時，以作為時間標

記（Popper & Eccles, 1977）。他們這種傾向心物二元論的心智運作觀點，在一般神經科學家中相當少見，對主張意識的神經關聯理論（NCC）之主流研究者而言，更是不可思議。大概也是因為他們常常做這類主張，所以克里克曾評論說：「他們（波柏與艾可士）兩人都是二元論者，他們相信機器中有鬼魂，我對他們兩人的觀點從無同情心，不過他們對我的觀點大概也會講同樣的話吧。」（Crick, 1994）

再舉一個與個人經驗有關的例子。我（譯注者）在大一時，曾於有霧的凌晨看到沒有彩色的巨大黑白虹，問了幾位有物理學背景的同學，他們異口同聲說是因為我從中南部來臺北讀大學，心情還未調適好或者是心情不好，所以將彩虹看成黑白。這個問題在同學群中引起討論，也有認為這是我「夢中的景象」，或者來自「幻覺」、「錯覺」，說不定還是「記憶」出了問題。這些解釋無法說服我，因為明明看到的是黑白虹啊，所以當時想轉到心理系研究一下心情會不會真的影響到感官功能，還有人的夢、幻覺、錯覺與記憶究竟有多神奇。這件事情有很長一段時間，沒辦法找到合適的答案。

後來發現這基本上不太可能，也就是說縱使心情不好，也只會將美麗的彩虹解釋成帶有悲傷意味的色彩圓環，但不會將彩虹看成沒有色彩的黑白虹。若模擬李貝在本章的說法，可以討論從無意識偵測到意識性覺知的過程中，是否有可能以潛意識的壓抑方式，來改變彩虹的意識性內容？縱使這是一種可以考量的想法，也應該局限在討論無意識的潛抑力量，是否大到可以阻止知覺結果發生（如是否會由於性壓抑，致使看不到裸女圖的外界刺激；或者一位因為看到碎裂屍體而大受打擊的人，可能會報告說根本沒看到什麼影像），或者會有限度地扭曲了所看到的影像，而非擴大解釋認為會大幅改變知覺結果（如看成穿正式衣服的女性圖片，或者穿上衣服的完整身體）。但要判斷這類想法是否為真，都會碰到是否具有可否證性的問題，難以做進一步的實驗論證。

心理學界早期有一種稱為「知覺防衛」（perceptual defense）的實驗，認為透過知覺防衛與潛抑（repression）機制，可能會對情緒字眼或禁忌字

（taboo words，如與性有關的字眼）產生防衛作用，以致提高視覺辨識閾與皮膚電反應（GSR）（McGinnies, 1949; Howes & Solomon, 1950），作者之一的麥金尼（Elliott M. McGinnies）曾到臺大心理系任教一年。有趣的是該類研究本意，本宜用來測試精神分析中的核心概念潛抑機制，但論文中竟未引用任何佛洛伊德的著作，不過這類研究在1960年代以後就不再流行，合理的講法應該是時代的性開放概念與態度已經轉變，不容易觀察到有這類潛抑作用，而且相信這種想法的人愈來愈少之故。

我的結論性判斷與自然界中是否存在有黑白虹息息相關，若真正有黑白虹，則「心情」假說顯然不適用，所以「精神力量介入腦部神經活動」想法的可行性將大幅降低。這個推論的成立與否，涉及在彩虹產生的機制中，是否容許出現黑白虹，這個有趣的彩虹科學雖有點偏離主題，但值得在此做一簡述。

彩虹的成因是背後遠處太陽的平行光在無雲的條件下，照射飄浮空中的眾多小水滴，在水滴表面折射進去後在其內部反射一次之後再度折射出來，當這兩條線對觀測者形成一個特定的夾角後，會造成分光現象，就像牛頓用三稜鏡所做的實驗一樣。換個方式說，當第二次折射出來的光線與平行於陽光方向的假想視軸，形成一個40至42度的特定視角時，即會產生彩虹，當角度是42度時看到的是紅光，40度大約是藍光系列，依主要波長而有不同，所以當觀測者仰頭42度時，看到的彩虹帶依序是從紅到藍由上往下排列，亦即圓弧頂點不同位置的水滴，對人眼形成不同的色彩，呈現一個斷面有序排列的彩虹弧帶。若是在小水滴內反射兩次後再折射出來，則會形成較模糊且色彩光排列順序相反的副虹（以與上述的主虹作一區別），則其夾角約為51度，所以是在主虹的上方。至於為何連續水滴在陽光照射下會形成圓弧，則是另一個有趣的幾何問題。

很多人以為最早研究彩虹的是亞里斯多德，他認為彩虹來自陽光在水滴上的反射；而彩虹成因之解決則來自17世紀的笛卡兒，42度夾角就是他的主張。其實在這中間，先有中古世紀方濟會修士羅伯特・格羅

斯泰斯特（Robert Grosseteste，林肯大教堂主教，之前可能實質上擔任過牛津大學的首任校長），提出彩虹來自陽光在濕雲中所產生的折射作用。一世紀後則有最早期的系統性研究，是由一位道明會神父狄奧多里克（Theodoric of Freiberg）在 14 世紀初所出版，只不過他提出在水滴面先折射→水滴內反射→再從水滴面折射出來的夾角，是今日無法複驗的 22 度（Harre,1981）。真正要解決彩虹的分光七彩排列，則還要等待 17 世紀後期牛頓的革命性實驗。

至於黑白虹則出現於凌晨又是陰天時，若天空中的小水滴特別小，光的干涉效應（或繞射）異常顯著，能使不同色光重疊，形成黑白相間的灰白虹。灰白虹也可能發生在凌晨起霧而有極細小水滴，而且霧又薄到可讓陽光穿透時。在這種特殊的光照與觀看條件下，分光效應的色彩分布不易被察覺，濕冷空氣粒子也有阻尼與遮蔽效果，以致會有看到巨大灰白虹之可能（當太陽近地平線時形成的虹較大較高）。我確實也在一些書及網站中看過這類黑白虹（white rainbow），可見雖係極為罕見，但仍有其理論與經驗基礎（如 Lewin & Goldstein, 2011）。所以其實真的是有黑白虹，我可以因為當下心情不好而將彩虹看成不祥的色彩，或者因為記憶失敗，日後以為是黑白虹，但應該不會在當下將彩色看成黑白，因為若這樣就表示是精神力量介入當下正在處理色彩的神經活動，但這是不可能的，除非對持心物二元論的人而言，或有可能採信。

精神力量能否介入神經活動，一直都是科學史上的重要問題，不少人想藉此釐清個人經驗或信念，但這也是一個容易產生迷惑、不容易做清楚判斷的問題，甚至還會涉及心物一元論與二元論觀點的重大爭議。

若不將本章的特定實驗結果看成是「精神力量可以介入神經活動」的例證，則有何可以替代的科學解釋？前面幾個譯注中，已討論過若干可能方案，不過離真正解答還有一段距離。最好的方法應該是繼續這一線的實驗研究，設計出可以區辨出不同假說的關鍵實驗，以釐清相關機制。但這類實驗的啟動必須滿足很多嚴格條件，在現代的研究潮流與趨嚴的倫理規範下，可

能更難達成,所以對這類實驗結果的最佳對待方式,應該就是耐心等待新資料的出現吧。

Crick, F. (1994). *The astonishing hypothesis*. London: Simon and Schuster. (劉明勳譯〔1997〕:驚異的假說。臺北:天下文化。)

Harre R. (1981). *Great scientific experiments: Twenty experiments that changed our view of the world*. Oxford : Oxford University Press.

Howes, D. H., & Solomon, R. L. (1950). A note on McGinnies' "Emotionality and perceptual defense." *Psychological Review*, 57(4), 229-234.

Lewin, W., & Goldstein, W. (2011). *For the love of physics*. New York : Free Press.

McGinnies, E. (1949). Emotionality and perceptual defense. *Psychological Review*, 56(5), 244-251.

Popper, K. R., & Eccles, J. C. (1977). *The self and its brain*. Heidelberg: Springer-Verlag.

第3章

無意識與意識性心智功能

假設你正在城市街道上開車，時速 30 英里，忽然一位小孩追著球闖入街道，跑到你的車前。你大踩剎車讓車子在尖嘯聲中停住。你在踩剎車之前，有意識性地覺知到這個事件嗎？或者那是一個無意識的動作，你在踩了剎車之後才覺知到？

無意識心智功能

第二章所描述的實驗證據，已經說明感覺皮質部的激發，需要長達 500 毫秒的處理，才能針對感覺訊號產生覺知。當施予感覺皮質部的閾限刺激短於 400 或 450 毫秒之下時，就不會報告有任何感覺覺知，受試者會報告說：「我沒有任何感知。」同樣的狀況也發生在針對腦內上行感覺通路施予刺激脈衝序列時，這是一個從延髓到大腦皮質的快速通道。

在這個假設事件中，先不管需要長達 500 毫秒才能覺知到小孩與球的實際延宕，你確實能夠在小孩出現之後的 150 毫秒或更短的時間踩剎車（見圖 3.1）。所以，該一行動必定是在無意識沒有覺知的狀況下做出來的，令人驚訝的是，你所延宕的覺知能夠在時間軸上，自動主觀地往前回溯，所以你會報告說在小孩出現的瞬間，就已經看到他（見第二章「感覺經驗延宕後的往前回溯」該節）。

腳踩剎車並非簡單的脊髓反射，它包括有辨認訊號的性質（小孩），以及行動的決定，目的是為了不要撞到他。這個相當複雜的心智功能，是在無意識之下執行的。

也許應該釐清我們所說的無意識（unconscious or nonconscious）功能是什麼，以及它們與意識性（conscious）心智功能如

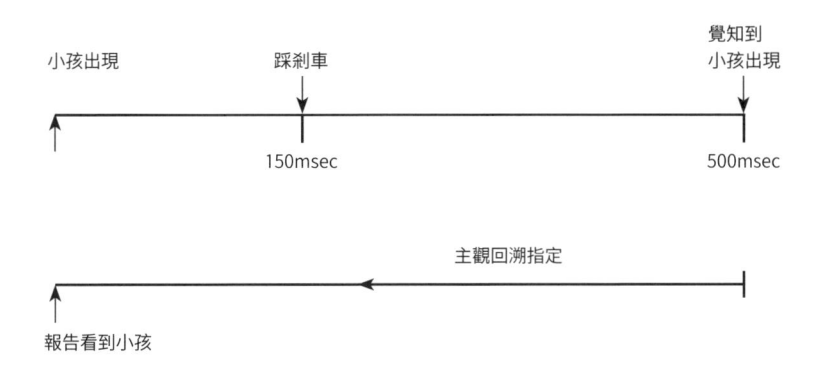

```
小孩出現              踩剎車                                    覺知到
                                                            小孩出現
   ↑                  ↓                                       ↑
   ├──────────────────┼───────────────────────────────────────┤
                   150msec                                  500msec


                              主觀回溯指定
       ├─────────────────────────────────────────────────────┤

   ↑
報告看到小孩
```

圖 3.1｜當一位小孩跑到行駛中汽車前面時所發生的一系列事件。

小孩出現後的 150 毫秒踩剎車，依照神經充裕量的概念，需要 500 毫秒之後才能覺知到有小孩出現；但主觀上會沿著時間軸回溯指定小孩出現的時間就是覺知之時，認為在第一時間就看到小孩跑出來。

何的不同。意識性經驗的首要特徵是覺知，這是一種主觀現象，只有經驗當事人能夠觸接到，為了研究覺知，必須依賴當事人的能力來指出他確實已經有了這個經驗。意識性經驗也涉及覺知中的某些內容，如覺知到或感知到手上的碰觸。具有覺知的內容與沒有覺知內容之類的課題，另在本書其他地方討論（見第一章「覺知」與本章「『時間到位』理論的實驗測試」）。若當事人對事件沒有可報告的覺知，就將這一個心理功能或事件視為無意識；該一定義涵蓋無意識歷程的不同可能種類與層次，從一般麻醉的不同深度，到所謂的下意識（subconscious）在內。

作夢（dreaming）很明顯是意識性歷程，縱使作夢內容可能是扭曲的事件。夢境一般而言很難或不能被回憶出來，所以夢是屬於那種有覺知、但很少或沒有記憶的類型。

很多腦內與脊髓的慣常功能活動是在無意識下執行的，包括在運動或情緒事件下血壓與心跳速率的調整、呼吸的啟動與控制、身體與四肢的姿勢調整、走與跑、胃腸蠕動與分泌的控制、內分泌腺的控制，甚至包括免疫系統的重要控制。這些不同類別的維護功能發生在測試與運動之時，它們發生在進食、性活動、打或逃反應以及其他場合，但是我們不會將它們稱為是心智或心理現象，事實上這些活動大部分並不能讓人有所覺知。

然而，涉及心智或心理特徵的無意識功能是非常多的（見 Velmans, 1991）。條件反射（conditioned reflex，或稱「制約反射」）可以在不需要受試者的覺知下學習得到，如向眼睛吹氣時眼瞼會反射性地閉起來，若在吹氣之前一秒鐘給一個純音，持續到吹氣之時才結束，則受試者會學到當只出現純音時，也不由自主地做出眨眼動作。傑出的心理學家湯普生（Richard Thompson）告訴我，他曾在人類受試者對條件刺激（conditioning stimulus，此處指純音）沒有任何覺知下，制約出眼瞼眨眼反射。其他心理學家也報告了該一現象，克拉克與史奎爾（Clark & Squire, 1998）則提出不太一樣的實驗安排，若作為條件刺激的純音，在吹氣之前 500 到 1,000 毫秒時就終止（與湯普生的實驗安排不同），則受試者只有在可以覺知到該一刺激時，才能夠被制約，而學習到該一條件反應。這裡的 500 毫秒時間間距，相當符合我們所發現腦部產生覺知所需時間要件的實驗證據。縱使在複雜的刺激習得序列中，序列變化的新奇性也可在受試者對該新奇性無所覺知下，做出反應來（Berns et al., 1997）。人對感覺訊號的快速反應，看起來是可以在對訊號沒有初始覺知下進行的。

另一實驗例子是有關受試者如何追蹤移動目標的研究。受試者被要求急速去碰觸一個給定的影像或目標，但在受試者開始追蹤動作仍未碰觸到目標之前，目標就已經移位，受試者會在半途中改變追蹤運動方向，去碰觸新位置上的目標。有趣的是，受試者並未察覺到自己中途變換方向，亦即這種改變是在無意識中做成的（Jeannerod, 1997）。

自主行動的啟動能夠在無意識狀態下於腦中產生，遠在覺知到有任何動作的意識性意圖之前（見第四章），亦即腦部無意識地展開了自主性行動的歷程。

有相當多的證據可再說明，其他很多以無意識方式處理的簡單與複雜心理活動（如 Kihlstrom, 1993, 1996; Shevrin & Dickman, 1980）。大部分這類證據發現，人在某些事件發生時並無任何覺知，但仍可以針對事件表現出若干心理效應。譬如說，在銀幕上極短暫（如10毫秒）呈現文字或描圖，受試者對這些字圖並無覺知，但當事後被要求對其他字圖做回答時，該一事前的無意識呈現，很明顯地會影響到對當前作業的反應。

也有一些常經驗到的現象，就是對某一議題或決策忽然會出現一種直覺（hunch），這些直覺係建立在無意識的心智背景或知覺上。你曾有過類似的直覺嗎？達瑪席歐（Antonio Damasio）等人在近期一篇有關直覺的研究中（Bechara et al., 1997），發現正常受試者能夠快速學到從四副牌組（decks）中，選出有正面給付的兩副牌組，受試者在他們能夠清晰釐訂意識性的選擇策略之前，即已開始偏好能賺錢的牌組。皮膚電阻降低是焦慮的一種身體反應指標，可能是因為皮膚流汗或血流增加之故，在該研究中，當

受試者正在發展無意識性直覺之時,也可看到皮膚電阻下降的現象。但這種能力並未發生在六位額葉皮質特定部位受損的病人身上[1],這些病人的一般智能與記憶並未受損,但是問題出在無法做出成功的決策,也不能在無意識狀態下做這些事情。尼可斯與紐森(Nichols & Newsome, 1999)評論了相關的猴子實驗證據,在這些實驗中,猴子很快學到選擇有較高獎賞值的目標,縱使兩個標的物看起來完全相同。[1]

在外科手術的全身麻醉中,也可看到雖然無法明確回憶出手術麻醉過程中的對話或提示性評論,但仍可對事後的思考、感覺與行動產生影響(Bennett et al., 1985),這些無意識歷程已被不少麻醉醫師所肯認。較具治療重要性的則是觀察到,被麻醉的病人在無意識中所接收到不同性質的外科醫師評論,會影響到後續恢復的進程,醫師的正面敘述能促進後續的恢復,但負面的講法則不利於恢復。

有很多思考歷程顯然是無意識的,尤其是在嘗試解決問題之時,如某些大數學家所描述的,在解數學題時所發生的特別令人吃驚的現象。譬如大數學家龐加萊(Henri Poincaré, 1913)想了解他自己如何找到數學解答,因此想辦法記錄下這個過程。他曾想解一道特別困難的數學問題,但在仔細思考之後放棄了,後來到里昂旅行,當他走下巴士時,整個答案竟奇蹟式地跳入他的意識之中。很顯然的,這個解答是來自很多無意識、但具有創意的思考結果。也有人說,當數學家對一個困難問題,意識性地察覺到有一個解答時(該一解答係經過一段無意識歷程之後發生),則他們能夠

---

1 譯注:此處特指大腦腹內側前額葉 vmPFC 受損。

在做必要的分析證明之前，就很快直覺到該一答案是否正確。這類無意識心智運作的案例，也發生在著名的數學家與哲學家懷德海（Alfred North Whitehead）身上。

　　創造力一般來講幾乎可以確定，是來自無意識或半意識的心智歷程。有很多奇聞軼事指出，大科學家在問題解決上所提出具有想像力的假說時的一些想法，泰半都是在一段無意識孵蛋期間之後，才進入意識狀態的。若干傳聞都一致指出，在針對問題產生嶄新有原創性的想法時，大約依序會有底下幾個步驟：（1）確定問題所在；（2）收集或產生與問題有關的訊息；（3）延後提出解決問題的假說，亦即讓議題的關切仍然處在無意識狀態中；（4）調整到讓問題解決的合適假說，得以在意識中出現；最後則是（5）對最後已浮現到意識層面的東西，應用一種意識性的理性分析，以測試其可用性與有效性。步驟（3）可能是最具創意的部分，其他步驟則主要是邏輯分析的性質。龐加萊主張對科學的進步而言，直覺性工作甚至比分析性工作更重要，他說：「純粹的邏輯無法得出任何東西，除了同樣意思的反覆說明之外；它創造不出任何新東西。」（引自 Rafael Franco, 1989）

　　據研究，創造性概念也發生在睡眠作夢或白日夢之時。出現在夢中的觀念與思考，顯然並非來自深思熟慮的意識性分析或過程，它們出現時並無緊跟在前的前導思考，可視為一種無意識發展在睡夢中跳到意識性的覺知。諾貝爾獎得主奧圖‧路維（Otto Loewi）有一個被津津樂道的出名故事，可用來說明他如何找到令人驚訝的發現，這是歷史上第一次發現細胞之間的神經傳導，可透過兩者突觸間隙的化學物質來發揮作用。

首先是路維為了無法找到問題的實驗解法而深感挫折,然後有一天晚上他夢到了一個解法,醒來做了一些筆記,又去睡覺,隔天清醒後卻發現看不懂自己所寫的筆記!接下來一個晚上,他又做了一個類似的夢,路維即刻起來在寒夜中走到自己的實驗室,立刻將想像中的實驗搭架出來。路維所提出觀念的原創性,在於收集兩隻青蛙心臟之間流動的液體,該液體會從一個心臟流向另一隻青蛙的心臟且被吸收,當路維刺激流出方心臟的迷走神經時,會讓心跳放慢或暫時停止,此時第二個心臟的心跳也跟著變慢。顯然第二個心臟所收到第一個心臟的「訊息」,就是透過化學物質的作用而來,它從神經被刺激之後所釋放出來的物質,接著傳導到第二個心臟。之後幾年,這類化學傳導物質的作用,在很多相鄰神經細胞的突觸中發現,包括在腦部與脊髓的神經細胞。[11]

創造性寫作、繪畫、作曲與表演,也廣泛被認為涉及無意識的心智歷程,但我就不在此立論,請參考柯斯特勒(Arthur Koestler, 1964)在其《創造的藝術》(*The Art of Creation*)一書中,所發展出來的類似觀點。

我個人也經常在睡夢中或作白日夢時,經驗到一些具有建設性的新想法,會突然跳入我的意識狀態心智之中。多年來我都會在床頭放些紙張與鉛筆,當我在夜晚有新念頭醒來時,就會做筆記,也寫些白天可以去做的事情,不少與研究問題有關的解答及詮釋,可說是來自這個管道。我在讀書、散步、聽管弦樂,或聽演講時,有時會掉入白日夢中,譬如在聽現場交響樂演出時,我的心智經常飄移而且跑出其他想法,可能部分是因為受到動聽古典樂背景的刺激之故,我就塗鴉式地記下任何想法,縱使是在黑

暗的音樂廳中。這些想法經常可以針對我所關心的研究問題，提出具有創造性的解決方式。

這種經由白日夢所獲得的創造性成果範例之一，是讓我想到了一種利用報告牆壁上時鐘指針位置的方法，來了解一個人如何開始意識到他自己想要有所動作的自主性欲求（見第四章）。這一個念頭發生在我訪問義大利貝拉吉歐的洛克斐勒高等研究中心（Rockefeller Center in Bellagio），靜坐在研究室之時；那時我應該是要專注撰寫另外一個相當不同的議題，有關意識性感官經驗主觀回溯的研究論文（Libet et al., 1979；見第二章）。至於另外一個有關如何以實驗方式，探討腦部歷程與意識性自主行動之間關係的問題，在前一兩天即與我太太霏（Fay）討論到該一問題看起來是無解的窘境，但在靜坐研究室之時忽然跳出了解法，這個解法是讓受試者在剛意識到有了想要行動的意圖時，須與牆上時鐘第二個指針（秒針）的位置關聯起來，受試者之後所報告的時鐘指針時間，可能就表示這是覺知發生之時。

讓你的無意識心智歷程得以發展出想法與解答，以及提供機會讓這類歷程得以發生，是一件重要的事情，你也必須學習在這些歷程跳出來時，要能去辨認它、注意它，也就是說你要容許無意識歷程得以自由流動，而且要學習尊重它們的重要性。這類歷程通常不是固守成規的，它們充滿了創意，當你開始覺知到它們時，就可以做出意識性的選擇，看看如何使用或處理它們。懷德海要大家養成不需深思熟慮就開始行動的習慣，他說：「文明會因為我們增多不用思考就去行動的次數，而大幅進步。」（取自Bruce Bower, 1999 的引述）

利用白日夢產生創造性想法與解決方案的重要性，很難說服其他人。我太太經常覺得我在浪費時間又沒在工作，因為她老是看到我在寫字板、打字機前呆坐，而且不太寫東西，我想最後應該說服她了吧，讓她了解這種表面上沒什麼動靜的呆坐，並不是完全的浪費。

無意識功能是心智現象？

截至目前為止，我一直避免討論什麼是心智或心靈（mind），以及什麼是心理或精神或心智（mental）歷程，你可以在文獻中發現有關這個主題很細緻的討論，大部分來自哲學家[2]。作為一位實驗神經科學家，我傾向採取一種簡單直接的研究取向，這與我們對這些概念的「可報告」觀點與感覺是相容的。依據字典定義，「心智或心靈」不只指稱一個人的知性，也包括志向與衝動，以後者而言，情緒歷程也在裡面。

至於「心理或精神」則僅是描述心智功能的一個形容詞，心智因此包含了意識經驗，但也不排除符合定義範圍內的無意識功能。「心智或心靈」可以被視為腦部的一種總體特性，包含有主觀意識經驗與無意識心理功能。

但是這種觀點有一些強烈的反對者，哲學家瑟爾（John Searle,

---

2 譯注：「philosophy of mind」是哲學領域一個很活躍的核心學術分支，中文習慣上譯為「心靈哲學」。心理學上指稱幼兒對外人有什麼心理想法或處在什麼心理狀態的一種猜想，稱之為「theory of mind」，一般譯為「心智理論」。本書對「mind」與「mental」的指稱範圍甚廣，也符合常識用法，李貝將「mind」視為名詞，「mental」則為同一件事物的形容詞，因此譯為「心理」、「心靈」、「心智」、「精神」其實皆無不可，本書譯文亦不做仔細區分，若需特別細分，再另於文義脈絡下說明或限制。

1993, 頁 156）主張「心理」應該只指稱意識主觀經驗，至於無意識功能則只是伴隨著特定神經活動而產生，不需去啟動什麼無意識的心理事件。不過他同意這些無意識活動會影響後續的意識性思考、感知與行為。

那我們何以要將無意識的重要心理歷程，作為心智或心理歷程？當採取該一觀點時，已賦予無意識歷程一種特性，讓它在本質上以某種方式連上意識性歷程，除了缺乏覺知之外。這兩種不同觀點（無意識活動是心理或非心理歷程）都是尚未驗證的假設，但有理由相信，若將無意識視為一種心理特徵，更能描述無意識功能的已知屬性，也為處理這些功能提供了一個更有想像力、更具猜測力道的圖像。

無意識功能所處理的心理問題，看起來與意識性功能所面對的並無兩樣，除了缺乏覺知之外。無意識功能可以是經驗的表徵（Kihlstrom, 1993），認知、想像與決策歷程都可以在無意識中進行，經常會比在意識中進行更具創造性。這類具有心理重要性的無意識功能，就像意識性功能一樣，無法以事先知道的神經歷程來描述或預測，這是與瑟爾的觀點完全不同的。若將無意識歷程視為「心理功能」，作為一種與意識性心理功能相關，但缺乏覺知的現象，則看起來更為簡單、更具積極性，而且更符合臨床經驗。畢竟上述所提的定義，也只是用來增進更多樣性的思考而已，並非科學上確定的結果。在無意識功能上要加入覺知，則可以將大腦活動激發時間延長到 0.5 秒以上，覺知就能產生出來，請參見下節的討論。

時間到位理論：
腦部如何區分意識與無意識心理功能？

意識與無意識心理功能的最主要差別，在於前者有覺知，而後者無覺知。我們發現腦部需要一段足夠的時間（約 0.5 秒），來產生對感覺訊號的覺知，而無意識功能則僅需要遠比 500 毫秒更短的時間，如 100 毫秒。在這段短暫激發、但尚未長到可以產生意識的期間，腦部在做些什麼？腦部並非沉默以對，而是產生可被記錄得到的神經反應，與一路累積充分在最後才覺知到的神經反應並無兩樣。這些持續較短的神經細胞反應序列，不能產生覺知，但是它們是否能夠對感官刺激，提供一個可做無意識偵測的機制？針對該一問題，我們提出「時間到位」（time-on）理論，用來詮釋從無意識功能的腦部活動，如何轉換到意識功能所需的腦部活動。

「時間到位」理論有兩個簡單的成分：
（1）為了產生意識感官經驗（亦即產生覺知），必須進行最短約 500 毫秒（當事件接近閾限時）的適度腦部活動，也就是「時間到位」或活動期間大約要 0.5 秒。我們已經利用實驗證實了該一特性。
（2）無意識腦部活動時間不足以產生覺知，但仍然會介入產生無意識心智功能。無意識功能只要增長適當腦部活動的時間（或稱為時間到位了），就可以轉換成為意識功能。「時間到位」可能不是從無意識轉入意識（時間已經到位）的唯一原因，但可作為一個控制因子。

你可能會問,為什麼有些就位的時間足夠長到可以產生覺知,但更多的則是時間不夠長、不足以到位產生覺知?我們沒有完整的答案,但是有好理由可以相信,若將注意力集中在給定的感官訊號上,則有助於讓感官反應進入意識狀態。我們仍然不知道是什麼樣的腦部機制決定注意這個訊號而非其他,但有證據顯示注意機制能夠「打亮」或激發大腦皮質部的某些區域,提高了這些區域的興奮水準,因之可能協助拉長神經細胞反應的持續時間,使得就位的時間夠長,足以產生覺知。

我們無法精確知道針對意識或無意識心智事件,究竟哪些神經活動是「合適」的,但我主張不管合適的神經細胞活動為何,這些活動的持續時間,可能才是決定這兩類心智事件之間有所差別的關鍵因素。

「時間到位」理論的實驗測試

任何自詡為科學的理論,必須經得起驗證。所以我們就針對「時間到位」理論,設計了實驗予以測試(Libet et al., 1991)。該實驗測試有兩個特性:(1)必須能夠變化調整感覺皮質部適度重複激發的持續時間,所以可以控制神經細胞活動的到位時間,以便施予低於或高於 500 毫秒這足以產生覺知的刺激;(2)需要設計一個心理作業,以便讓受試者得以指認輸入訊號是否已被知覺到(偵測到),而不管是否能覺知到該一訊號。這樣我們就可以將刺激時間,與偵測正確性,以及每次嘗試次的覺知水準(有或沒有覺知)之間,做一個配對。任何在沒有覺知下所做的正確偵測,就是該訊號的無意識偵測。

要滿足第一個特性,可以在傳往感覺皮質部的視丘內上行感覺通路上,施予刺激序列,正如前述,對閾限強度的刺激而言,最短時間需要 500 毫秒,才能引發意識性感覺(我們將刺激脈衝調到比最低閾限稍強一點,所以大約 400 毫秒就夠了,不需要長到 500 毫秒)。每秒 72 個脈衝序列的確實呈現時間,依每次測試而變,從 0(未出現刺激)到約 750 毫秒(也就是 0 到 55 個脈衝)。500 毫秒的刺激序列時間,大約包含有 36 個脈衝。

受試者面對一張有兩個按鈕的板子,每個按鈕可短暫點亮(見圖 3.2),每個嘗試次中,第一個燈光(L_1)亮約 1 秒,1 秒過後換 L_2 亮 1 秒(燈光都足夠強,可以清楚看到是 L_1 或 L_2 亮)。此時隨機在視丘內的上行感覺通路上施予刺激,有時是在 L_1 亮的時候,有時則在 L_2 亮的時候給予刺激。

受試者的工作需要指認刺激究竟是在 L_1 或 L_2 亮的時候發生[3]。她必須做決定,縱使她在整個測試過程中並未覺知到有任何感覺發生。換言之,她是被逼迫做選擇,藉著按 L_1 或 L_2 來表示所做的選擇。接著按其他鍵來表示針對刺激的覺知水準,#1 的按鈕表示有感覺,縱使很弱;#2 表示無法確定是否有感覺到,或者感覺到好像有什麼不同的事情發生;#3 則指毫無感覺,只是在 L_1 與 L_2 之間做猜測而已。

在 L_1 或 L_2 之間做選擇,若純屬猜測反應(guessing responses),則在所有嘗試次中做出正確反應的機會有 50%,若在某一

---

[3] 譯注:受試者的工作是要在腦內視丘內上行感覺通路被脈衝序列刺激後,依其覺知的程度來判斷,若有所感覺,究竟是在 L_1 或 L_2 亮的時候發生。如第二章所說,覺知到會有感覺的地方並非在腦內某處,而是在其相對應的觸覺輸入處,或皮膚上某處。

```
        #1

        #2

        #3

  L₁          L₂
```

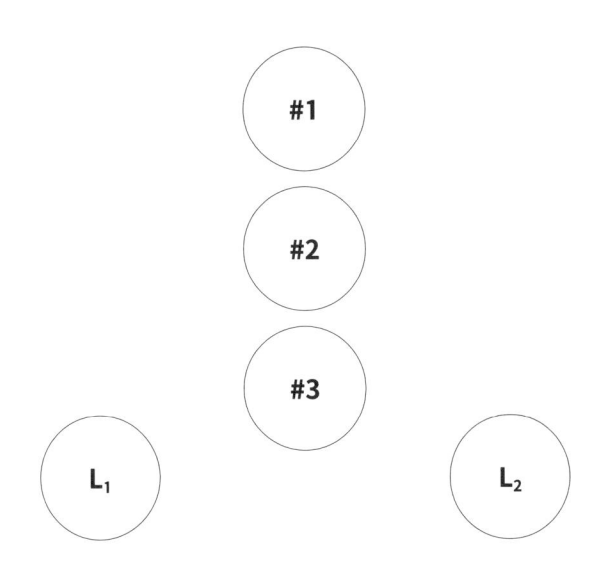

圖 3.2 | 「時間到位」理論的測試。

受試者在實驗中面對外界安置好的表面看板，在每個嘗試次 L₁ 亮約 1 秒，1 秒過後接著是 L₂ 亮約 1 秒，腦內感覺通路的脈衝刺激，則安排在外界接續嘗試次中 L₁ 或 L₂ 亮的時候施予。

當 L₂ 亮光結束之後，受試者須按 L₁ 或 L₂ 的按鈕，來指認刺激的施予，是發生在 L₁ 或 L₂ 發亮之時，縱使受試者在這兩個區間都未感覺到有任何刺激。

受試者藉著按 #1、#2 或 #3，來表示對刺激的覺知水準。#1 是指受試者感知到刺激，縱使很弱；#2 是指受試者對刺激有不確定感，或者可能有不一樣的束西，縱使與 #1 的感覺不同；#3 則指受試者無法感知到任何事情，只是選擇在 L₁ 與 L₂ 之間做猜測。
（取自 Libet et al., 1991）

特定刺激時間的正確反應率超過 50%，則表示不管對該訊號是否有覺知，這是在此期間下對該一刺激的真正偵測狀況。每位受試者都做了數百個嘗試次，因此這些結果已經足夠用來做統計分析。

實驗結果饒富意義：

（1） 當在 L₁ 或 L₂ 期間都沒有刺激施予時（零脈衝），嘗試次的

反應接近 50% 正確，與純粹來自運氣的猜測相符。

（2）對所有真正施予脈衝序列刺激的嘗試次，但受試者沒有任何覺知而僅是猜測時，正確反應率明顯大於 50%，該一結果甚至在 15 至 150 毫秒的短刺激序列時（1 到 10 個脈衝），亦復如此。在更長的刺激序列（150 至 260 毫秒），雖然受試者仍是猜測，但有 75% 正確率等等。很明顯，受試者在沒有任何刺激的覺知下，仍然經常偵測到刺激，而且做出正確反應。

（3）透過統計分析，我們確定了條件 A（無覺知，在猜測下的正確反應）與條件 B（多少有點不確定的覺知下的正確反應）之間的不同，在 A 與 B 兩組中，所有的反應都是正確的，真正的差別在於 A 組是沒有覺知的，B 組則是對刺激有最低限度的覺知，我們發現要從條件 A 轉到條件 B，需要將刺激持續時間多增加約 400 毫秒才可以做到。也就是說，要在正確的偵測之上多獲得覺知，就需要將刺激持續期間增加 400 毫秒，來多給予重複的脈衝序列。「時間到位」理論很精確地預測到該一結果。

這些結果證實了覺知是一個「獨立於內容的現象」。當內容相同時（在刺激出現時都有正確反應），刺激時間必須增加 400 毫秒，以產生對反應的最低限度覺知。該一產生覺知本身的獨特要件，讓它成為一個與腦內其他機制有所不同的功能。

這類結果也對「閾限下知覺」（subliminal perception）現象，提供了直接的證據。較短的大腦激發時間是閾限下的，因為它們無法產生針對訊號的覺知，但是這些閾限下的輸入被正確反應的

機率超過50%。下節將討論該一發現對閾限下知覺現象的可能引申，從任何方向來看，該一結果直接闡明了訊號的無意識偵測與意識覺知之間的重要差別。

要讓刺激在無意識偵測與意識覺知之間做轉換，就本研究而言，只需在完全一樣的大腦激發之上（透過直接的上行感覺通路），增加適當的時間即可。該一實驗結果增強了我們對「時間到位」理論的一些信心，也容許我們去猜測如何從該理論出發，來做出一些重要引申。

「時間到位」理論如何影響心智功能

「時間到位」理論認為要讓無意識心理功能獲得覺知的特性，重點在於將適當的神經活動時間予以充分拉長，就可到位。該一理論因此提供與推導出下列一些觀點：

（1） 在任何意識出現之前，可能所有的意識性心智事件都從無意識的處理先開始。就我們的實驗數據觀之，該一狀態發生在身體感覺的覺知上，也發生在做自主行動時內在所產生的覺知上（見第四章）。也就是說，為了要引發這類覺知，需要有一段時間的大腦活動；亦即無意識的短暫大腦活動會先發生，經過一段延宕後才有意識事件。看起來，從這兩類不同意識經驗所發現的該一基本要件，也可以應用到其他類型的覺知上，如視聽嗅味等類感官經驗，與意識思維以及感知情緒等等。

若將該一原則應用到內在產生的思維與情緒感知上，會引

出一個很有趣的特性出來。不同類別的思維、想像、原創想法、問題解決等等，剛開始都是在無意識中發展，此類無意識思維只有在適當的腦部活動持續一段時間後，才會進入一個人的意識性覺知之中。

（2）發聲、說話與書寫都屬於同一類別，意即它們都可能在無意識下被啟動。目前已有實驗證實，在一件簡單自主行動中，可以觀測到大腦電活動變化的準備電位（RP），已經先在無意識中開始啟動。這種在行動之前已先在無意識中啟動的大腦電活動變化，也同樣發生在說話或書寫之類的自主行動上（見 R. Jung, 1982）。我會在本書第四章另外討論意識性意志（conscious will）性質的研究發現及其影響。就說話這件事來講，可以認為在真正開始說話之前，說話的過程甚至包括所說的內容在內，已經先在無意識之中啟動，並且做好準備。假如覺知的時間到位要求一定要被滿足，講話的人必須要在說話之前先清楚覺知到每個字詞，則人將無法像平常那樣，快速講出一連串的字詞。假如講出來的話不符講者在清醒正常下想說的，則講者通常是在聽到自己所說的話之後，再做修正。確實，你若想辦法在說話之前，先弄清楚每個要講的字詞，則你講話的整個流程將變得緩慢與猶疑不定。

在流暢的談話中，字詞得以採自身的樣態出現，換句話說就是它們已在無意識中被啟動。小說家福斯特（E. M. Forster）曾這麼說過：「怎麼可能要等到話講完之後，才知道自己在想什麼？」另一個則是羅素（Bertrand Russell）

在深夜與社交名媛奧托琳（Lady Ottoline Morrell）夫人談話之後，所發生的事情。羅素寫說：「我都不知道我愛妳，一直要到我聽到自己這樣告訴妳——在這一瞬間我想『老天，我究竟說了什麼？』接著我知道這是真的。」（這兩個例子的描述，請見 Sean Spence, 1996）。再看作家多克托羅（E. L. Doctorow）的優雅描述：「我喜歡讓心智流動在句子之間並尋找新的發現，我相信自己的寫作天賦，而且要看看如何進入其中。」我女兒 Gayla 告訴我，當她寫詩時，前面第一二行是跳著進到心裡來的，之後，剩下的詩行是從一個無法意識到的來源，直接流到她執筆的手上。

（3）樂器如鋼琴或小提琴演出，以及歌唱，也必定涉及類似的無意識行動操作。鋼琴家經常快速彈奏，雙手按序敲擊琴鍵，快到很少能先看清楚再彈；不只如此，在每個音樂系列或音型中，每根手指必須敲到正確的琴鍵上。彈鋼琴的人不可能對每根手指的動作都能有意識性地覺知，因為每根手指的動作都需要一段相當的延宕，才可能有所覺知。真的是這樣，演出者通常會報告說，他們不會察覺到自己要移動手指的意圖，反而是聚焦注意力在表達自己的音樂感知上面，其實這些感知也是在無意識之中發生，因為依據我們所提產生覺知的「時間到位」原則，這些音樂感覺在還無覺知之前即已發展出來。樂手與演唱者都知道，假如他們去「想」演出的音樂，則音樂的表現會變得具有壓迫性或者生硬。表達流暢又感人的音樂，來自演出者不需在意識要求下做表現時，亦即來自無意識之時。音樂家經

常在演出時閉上眼睛,這種行為可能有助於減少外來訊息,並與無意識感覺多做觸接。我從自己的四個小孩獲得有關這些因素的第一手資料,他／她們都是有經驗的弦樂演出者,有的則來自我個人的歌唱經驗。

(4) 所有對感覺訊號的快速行為動作反應,都在無意識之下發生,這些反應都可在訊號出現之後的 100 至 200 毫秒內做出來,遠在覺知到訊號之前。很多運動動作屬於此類;職業網球選手必須要能處理時速 100 英里的曲線球,選手們報告說可以覺知到對手的揮球動作樣態,但在回擊之時並未能馬上知道來球的位置。棒球打擊手要面對的則是時速 90 英里(每秒 132 英尺)的投手球,還有在最後出現的曲速或下墜球,打擊手必須決定是否揮棒,並在可以碰到球的通道上揮棒(見圖 3.3)。因為投手只距打擊手 60 英尺,投出的球約 450 毫秒就可抵達,打擊手只有最後的 200 毫秒左右,去辨識球速與行進軌跡並決定揮棒,這類辨識與決定應該都是在無意識中進行的。偉大的棒球打擊手,可能就是那些在生理條件所允許的範圍內,能夠盡量延後這些歷程又能成功的人。一旦棒球打擊手做了決定而且開始揮棒,很明顯的是他縱使體會到這是一個錯誤決定,但他通常無法停止揮棒,也就是說無法重來。

再補充一點,偉大的運動員(athletes)一般而言是那些能讓無意識心智主宰,而不受意識性心智干擾的人。運動選手告訴我們,假如他們對應該即時反應的動作做「思考」,就會變得不太成功。真的,我傾向於認為這類想法,適用

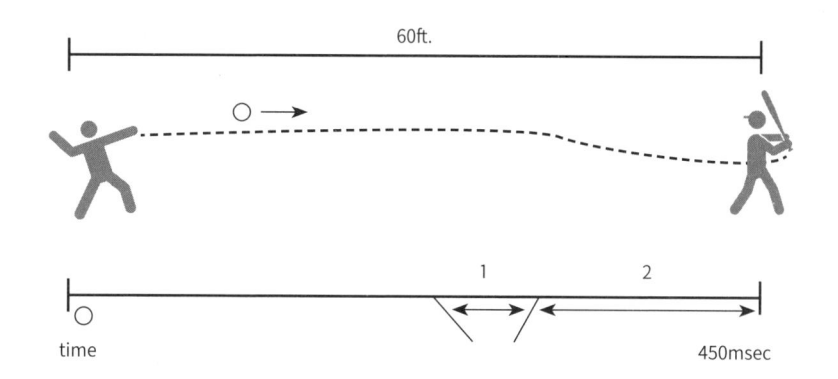

圖 3.3｜棒球打擊手揮球反應的時序。

假設投手投出時速 90 英里的曲速球,球在 450 毫秒內會抵達打擊手所站的位置,打擊手可能等到最後 200 毫秒(在 #1 期間),才試著去判斷來球所走的路線。
打擊手必須決定是否在最後的 150 毫秒左右(#2 期間)揮棒;150 毫秒是激發整個神經反應並做出揮棒動作的最短時間。其中,啟動動作皮質部送出神經訊號往下到脊髓的動作神經細胞,以激發合適的肌肉,要花 50 毫秒左右時間;真正產生肌肉收縮來做出揮棒動作約需 100 毫秒。偉大的全壘打高手如貝瑞・邦茲(Barry Bonds),能夠以驚人的速度揮棒,因此讓他們能夠延遲揮棒的決策,一直到再不揮棒就來不及之時。

於所有包括藝術、科學、與數學在內的創造過程。

對訊號的快速反應,可以在反應時間研究中做量化的測量。在反應時間研究中,真正的反應可能在無意識中就已發生,之後才對訊號的出現有所覺知。事實上已有研究顯示對給定訊號的反應時間,在完全沒有訊號覺知時(相對於有覺知的條件)也是一樣長。若在訊號出現之後給予延宕的遮蔽刺激,便可達到阻斷訊號覺知的效果(Taylor & McCloskey, 1990)。

(5)若無意識心智功能是由持續時間較短的神經活動所處理,

則它們便可以在更快的速度下進行。從我們在訊號偵測以及在無訊號覺知下做強迫選擇反應的實驗觀之，無意識功能的有效神經活動到位時間，真的可以很短，大約100毫秒或更短。其引申義則表示解決問題所涉及的系列無意識歷程，可以處理得很快，一個接一個的快速歷程。該一快速性很明顯地讓無意識思考變得非常有效，它包含有無意識思考的短效性成分，在掃描中完成一個複雜問題的一序列困難步驟。對照來看，若人一定要對思考的一系列步驟有所覺知才做反應，則整個過程會慢上五倍左右[4]，而且意識思考與最後的行動決策將變得緩慢單調。

（6）意識經驗的出現有一種全有或全無（all-or-nothing）的特性（見圖2.2），也就是說，若500毫秒是真正閾限覺知所需的時間，則縱使合宜的神經活動已持續達90%時間，仍然無法對該一事件報告出有意識性的覺知。「時間到位」實驗所顯示的是，當神經活動持續整整500毫秒時，閾限覺知係以非常突然的方式跳出來。

（7）人有連續性意識流的流行講法，與意識性覺知的時間到位要求是互相抵觸的。意識流（stream of consciousness）的講法，係由大心理學家威廉・詹姆士所提出來的，其立論基礎來自對他自己意識思維的直覺性掌握。不少心理學家與小說家採用了意識流觀點，將其作為一個人或書中角色心智活動的真實特徵，但是我們的證據指出，意識思考歷程

---

4 譯注：假設在無意識下，可於100毫秒內做出反應，但若要等到有覺知之後再做反應，則需要500毫秒，依此就是五倍的差距。

必定包括不連續的分立事件。若每一意識事件需要 500 毫秒的神經激發延宕後才能發生，則一系列的意識事件便無法以連續流發生，每一意識事件的覺知，在最初的 500 毫秒之前是不存在的。

系列意識性事件的不連續性是一種違反直覺的特性，它不是人所真正經驗到的；在我們的意識生活中，並沒有知覺到這種翻動的感覺。以感官經驗為例，人的連續性感知可用如下觀點解釋：每個經驗透過自動的回溯性主觀指定，在時間軸上回歸到感覺皮質部產生快速反應之處，該皮質部的快速反應，在外界感官刺激出現後 10 至 20 毫秒之內即已出現。主觀而言，人在外界感官事件的覺知上，並未察覺到有任何會注意到的延宕，我們的實驗則指出，受試者會以為自己已經覺知到該一感官刺激，時間約在其可能真正覺知到刺激之前的 500 毫秒。這個差距可以客觀地量測出來，它不再是一個理論上的猜測，我們稱這現象為「在時間軸上回溯做主觀指定所形成之意識性感官覺知」（見第二章）。

然而該一特性並不能應用到其他類的意識經驗上，包括行動的意識性意圖與思考事件。我們只對感官經驗提出主觀往前推算（在時間軸上反向指定）的機制（Libet et al., 1979），縱使在該類個案中，往前推算的機制，也只發生於外在感官被刺激之後，在感覺皮質部已經誘發一個快速的定時訊號，也就是初始誘發電位出現之時（見第二章）。至於在從身體內部產生行動的意識性自主行動意圖之個案上，我們已

經以實驗說明這類意圖經驗的主觀定時,事實上是發生了導致自主行動的腦部活動初次啟動之後,還要再延宕400毫秒左右,才會做出來(見第四章)。行動的意識性意圖並無外在的線索加以誘發,它是來自腦中內生的意識經驗,在該類性質的個案中,並無類似感官系統對外在刺激做反應時所產生的初始誘發電位[5]。

也許人對一系列思考所得到的連續性流動之主觀感知,可以用不同心智事件之間的重疊性(overlapping mental events)來加以說明(見圖3.4)。腦部看起來可以處理很多同時發生、在時間上重疊的意識性事件。若要解釋進行中事件的不連續性,何以仍然能產生出總體的流暢連續性,我們可以先想想肌肉動作的生理學。骨骼肌肉如手臂上的二頭肌,是由很多運動單位(motor units)組成,每一個運動單位內都有很多肌肉細胞或纖維,當你伸彎手肘讓二頭肌做平順收縮時,針對二頭肌內任何單一運動單位動作所進行的電紀錄,則顯示出運動單位以每秒大約相對緩慢跳動10次的方式在收縮。若直接觀看各個運動單位的個別動作反應紀錄,則顯示出雖然個別來講,在頻率上都是每秒10次的肌肉收縮,但這些個別運動單位的肌肉收縮之間,會呈現出跳躍式或波浪式的運動狀態,而非像整個二頭肌的平順收縮方式。所以整個二頭肌總體性的平順持續之收縮,可看成是來自驅動二頭肌內不同運動單位的神經纖維,它們以非同步(asynchrony)方式啟動所得到的結果。不同個別運動

---

[5] 譯注:同樣的分析,應該也適用在由一連串純粹內在思考所形成的意識經驗上,它們應該也不會產生初始誘發電位。所以作者雖然已經以感官經驗為例,來說明何以人能在主觀上獲得連續性的感知,但該一分析原則尚未能應用到不會產生初始誘發電位的內在思考之上,作者另利用圖3.4的方式進行分析。

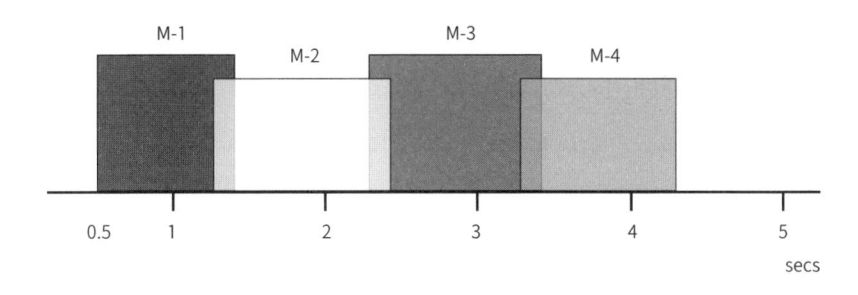

圖 3.4 │ 不連續心智事件的重疊以及流暢意識流的感知。

M-1 意識性心智事件在經歷 500 毫秒無意識所引發的歷程之後，突然發生。M-2 的意識性心智事件，則可能在無意識引發歷程之後於 M-1 結束之前發生。M-3 與 M-4 也是遵循同樣機制。接續性的意識性心智事件可能以這種方式互相重疊，避免了在意識流中出現斷裂。★

★ 譯注：作者已經利用 EP 與回溯主觀指定機制，解釋了外在感官事件之覺知何以能夠在主觀上具有連續性與流暢的意識流感知。但其想法並不適用於由一連串純粹內在思考或意念所形成的意識流上，因為依照作者的觀點，它們應該不會產生初始誘發電位，因此將無法依回溯機制，形成連續流暢的意識流。作者利用不連續心智事件重疊的概念，以圖 3.4 來解釋威廉・詹姆士所提出的意識流觀點，以及小說家所慣用的意識流技巧，他們所處理的大部分是以內在流動的想像或意念，來形成連續性意識流。

單位的波浪式收縮，在時間軸上發生重疊，所以一個運動單位放鬆時正是另一單位收縮之時，諸如此類事情一直發生，個別單位的正負波幅在時間軸上互相加總調整，而得到平順收縮的綜合結果。事實上，假若我們以每秒 10 次電刺激二頭肌整個大條運動神經，將會逼使所有的運動單位以這個速率做同步反應，亦即做出每秒 10 次的同步收縮，亦即各個單位無法利用非同步性的放鬆與收縮來互相調節，只能做被動式的同步反應，反而會引發整個二頭肌出現跳動或顫抖式的收縮，而無連續性且持續的平順動作。

（8）意識經驗的時間到位需求，可能擔負了過濾功能，在任何一個時間內，來限制意識性經驗出現的次數。每秒輸送到腦中的眾多感官刺激，顯然只有極少數會得到意識性覺知，雖然其他的可能會在無意識下，驅動有意義的大腦與心理反應。法國哲學家柏格森（Henri Bergson）主張，腦部可能阻擋了大部分的感官輸入去獲得覺知，以保護我們不需要去處理大量的意識性反應，我們目前的實驗發現，說不定可以提供一個這種腦部阻擋的生理機制。

我們認為絕大多數的感官輸入保持在無意識狀態，因為它們並未發展出可供產生合適大腦神經細胞活動所需，足夠長的到位時間。也許這是因為注意力機制，讓某一經過選擇的反應持續得夠長才能產生覺知，但是注意力本身顯然不是產生覺知的充分（sufficient）機制，所以覺知的時間到位需求，能夠另外提供部分的機制來篩選感官輸入，免得它們進入覺知狀態。

對輸入的慎選與過濾，可以防止意識性覺知變得雜亂，而且讓它能在一特定時間只聚焦在少數事件上。若你真的覺知到所有感官輸入，你將被一堆意識性事件沒有效率的嗡嗡聲干擾，以致不堪負荷。也許某些心智異常，就是反映了這類過濾機制功能的失常，因此讓進入覺知狀態所需的腦部活動時間，被不正常地往下調降。

（9）訊號的無意識偵測，應該要很清楚地與訊號的意識性覺知分開，該一區辨可以從前面所提的「時間到位」理論與實驗結果，得到直接的闡釋。但是該一分辨經常被忽視，因

此導致對意識經驗本質產生了混淆與錯誤的結論。訊號偵測理論（signal detection theory）的研究發現，受試者對訊號強度趨近於零的刺激偵測，經常可以獲得比隨機猜測要高的正確率，因此而得出一個結論，認為基本上並無產生（意識性）感官知覺所需要的閾限水準，在刺激強度（從零開始）與反應正確性的座標曲線圖上，反應正確性應呈平順的遞增。該一結論精確呼應了我們在感官輸入（尚未有覺知）上，所獲得的無意識偵測結果。在訊號偵測（Green & Swets, 1966）與很多其他心理物理學議題的研究上，受試者被要求做強迫選擇反應，針對刺激出現的問題做出是或否的反應，但並未被要求說明是否覺知到刺激。這兩個不同問題的答案，會有令人驚奇的不同結果。

嚴格來講，強迫選擇問題研究的是訊號偵測，不管是否處在無意識狀態或伴隨有覺知之下。有一些有趣的例子可做說明，巴爾伯等人（Vallbo et al., 1984）發現對皮膚做感官輸入時，也許可以知覺到絕對最小的可能訊息，所謂「最小」，指的是在單一感覺神經纖維上的單一神經脈衝。但在受試者的強迫選擇反應中，不管感官訊息是否送出，都必須做是或否的反應，巴爾伯自己也認為這種做法，並不表示有感覺上的覺知，而可能是一種無意識感覺偵測的例子（個人通訊）。但是很多神經科學家錯誤地將巴爾伯等人的發現，作為是意識性感官知覺具有絕對潛勢（absolute potentiality）的一種指標。

人類受試者能夠區辨施予皮膚上兩個不同頻率的振動刺激，該結果可以發生在當個別重複性振動刺激之間的時間間隔，遠少

於 500 毫秒時,至於 500 毫秒則是我們發現要覺知到感官事件,所必需的閾限時間。有些人依此論證說,我們主張需有長時間才能覺知到的證據不可能是真的,因為人類受試者可以在很短的時間間隔下,分辨振動刺激之間的不同。但是能夠在短時間間隔下,區辨不同頻率的振動脈波,說明的是對這些差異的偵測,依我們的看法,對這類分辨的覺知,應該隨後才會來到。也就是說,我的問題是受試者何時才會覺知到該一分辨,而不在於去問說時間間隔可以到多短,還可以分辨出相隔的脈衝。

懷斯克蘭茲(Weiskrantz, 1986)有關盲視的研究,漂亮地區分了無意識偵測與意識性覺知之間的差別。病人由於視覺皮質部的損傷,在其視野的某些部分,失去了意識性視覺,當病人被要求在其盲區中指認目標物時,看起來應是靠猜測來回答該一問題,但病人有令人訝異的指認正確率,只不過病人報告說無法看到目標物。

(10)閾限下知覺:若將閾限下刺激定義為受試者尚無意識性覺知的刺激,則很明顯的在無意識下,即可能偵測到該一閾限下刺激。有關該一問題的直接證據,已納入前述針對時間到位理論所做的實驗測試之中(見本章稍早的討論)。當採用一般的自然感官刺激時,較難驗證閾限下知覺,這是因為閾限下與閾限上(已有覺知)感官刺激之間,在強度與時間等項特性上的差異通常很小。然而已有相當數量的間接證據,可以支持閾限下知覺的存在,收集這些證據的做法,通常是先給予不足以產生意識性覺知的刺激,觀察對後面測試結果的影響。受試者對隨之而來所做測試的反應,

顯現出會受到前面閾限下刺激出現的影響。薛弗林（Howard Shevrin, 1973）以 1 至 2 毫秒的短暫時間，閃現視覺圖形或文字，受試者完全無法覺知到閃現刺激的內容，但隨後的測試顯示，前面的閾限下內容會在文字聯想作業的反應選擇上產生效果。很多其他類似的測試，都指出閾限下文字刺激「促發」（primed）了受試者的後續反應。[III]

（11）無意識與意識功能，發生於腦部何處？這兩種心智面向是否由腦部不同位置處理？時間到位理論指出無意識與意識功能，可以由同樣的腦部位置、同樣一群神經元來加以調節。假如兩種功能之間的轉換，只要將相似的神經細胞活動時間拉長，即可誘發出覺知，就不需為這兩種功能來假設有分立的神經元組織。當然也有可能腦部活動是有一個以上的階段或腦區，來參與調節意識心智過程，而且在涉及無意識功能時，也可能會有不同腦區介入。若有這類案例，則時間到位控制的單一腦區，可能就無法作為表徵無意識與意識功能的唯一區分方式。然而時間到位的特性仍可以作為該一區分的控制因子，不管腦部運作的區域可能會在何處。

盲視現象的發現（Weiskrantz, 1986），讓意識與無意識功能應有分立腦部通路與腦部結構的說法更具可能性。病人在大腦皮質部主要喚起區受傷時[6]，無法在對應的視野中看到，對該一外在視野不會有意識性的視覺，然而此類病人在要

6　譯注：此處應係指主視覺區 V1。

求下仍能正確指出受損視野中放置的物體,就像在強迫選擇情境中的反應一樣,受試者報告他們並未能意識性地看到物體。

無意識的盲視行動,可能是由腦中一個腦區或網絡來執行,與意識性視覺之運作機制應有不同,因為主視覺區(V1)在意識性視覺中占有必要性地位。然而不同的看法則認為,意識性與無意識視覺功能可能都「進駐」(reside)到主視覺區之外的結構,如次級視覺區之中。主視覺區的功能可能轉為對輸入刺激做重複激發,之後傳入次級區,從而增加次級區活動的持續時間,並因此得以對視覺反應增加了覺知。這樣一個效果在主視覺區受損而不具功能後,就難以出現了。

可以不需要主視覺區(V1)而有意識性知覺嗎?巴布等人(Barbur et al., 1993)做了非常有趣的研究,主張他已經證實的確有人可以做得到。他們研究的病人因為車禍已完全失去 V1 腦區,若在他已毀壞的 V1 區所對應的外在半視野呈現刺激,則表現出古典意義下的視盲,但是他能分辨出視覺刺激的運動方向,也在語言報告中表示,能覺知到視覺刺激的本質以及運動的方向。

然而巴布等人所下的結論「在沒有 V1 下仍可能有意識性視知覺」,並沒有因此排除我們時間到位理論的適用性。在對視覺刺激做反應時,V5[7] 會有上升的活動量,可能會藉著長時間激發,來產生視覺的覺知,因而取代了 V1 的角色。看起來是這樣,因為巴

---

7 譯注:在顳顬葉的 MT 區,對運動方向敏感。

布等人的實驗就是在足夠的時間內,重複給予視覺刺激。[IV]

(12) 意識經驗內容的調控,被視為是心理學與精神醫學的重要歷程。當一個人所報告的經驗,與真正呈現的視覺影像不同時,就可看出意識經驗內容被調控的事實。在觀看女性裸體照片時,情緒因此不安的人,可能會報告看到與呈現之裸體照片不同的照片(一位出色的瑞典神經學家被問到是否曾經嘗試做這類試驗,他回答說在瑞典,這類裸體照片不足以構成心理上的困擾)。

經驗內容的改變看起來不是意識性扭曲,受試者未能覺知到自己對該一圖形已經做了扭曲,而且這個過程看起來是無意識的。

佛洛伊德利用調控現象,來說明情緒衝突的無意識,如何作用在個人的意識經驗與語文表達上(見 Shevrin, 1973)。時間到位理論提供了一個生理機會,讓經驗內容的無意識調控得以發生。要在呈現影像的主觀內容上獲得改變的效果,則須在刺激出現後有一些時間來發展,假如你馬上就意識到感官影像,將沒有機會對意識性影像做出無意識的改變。在意識性感覺覺知發生前這段期間,腦部組型能偵測到影像並做反應,藉著神經活動,可在意識內容出現之前修改它。

我們的證據指出,足夠時間的神經活動(500 毫秒的時間到位)事實上有其必要,以便誘發出感官事件的覺知。該一延宕提供了一個簡單且充分的生理機會,在這段期間,無意識腦部組型能在事件有所覺知之前,來修改經驗內容。

真的，意識感官經驗在時間軸上反向回溯做出主觀指定的實驗現象，提供了相對直接證據，以說明對主觀經驗的一種調控扭曲。延宕的經驗做了主觀定時後，好像一點都沒延宕過一樣。我們進一步的實驗發現，當皮膚刺激之後500毫秒期間，施予一個延宕的大腦刺激，則皮膚刺激的主觀經驗會報告說比其真正的強度更強（見第二章）。這是一個直接證據，可以說明當感官經驗在最後終將進入覺知的這段500毫秒期間，還可以趁尚未有覺知之前修改經驗的內容。任何發展中經驗的調控或改變，對當事人而言都是獨特的經驗，它反映了這個人本身的經驗歷史，以及情感與道德內涵。但是調控是在無意識下做出來的，最終而言也許可以說，某人的獨特本質能夠在無意識歷程中表現出來。這種講法與佛洛伊德的主張是相符的，也與大部分的精神醫學及心理學觀點相符。

我們現在清楚看出，產生覺知需要一個相對簡單神經活動時間（時間到位因子）的發現，深刻影響到人對各種無意識與意識心智功能運作方式的認知。值得一提的，這些神經活動時間因子，只能在採用直接實驗方式探討腦部如何處理意識經驗時才得以發現，若只是依據腦部歷程的過去知識來提出猜想式理論，是不可能得到這些結果的。

譯注

I

李貝在本章中引用達瑪席歐（Antonio Damasio）等人的研究，以皮膚電阻降低（如流汗或焦慮時）作為指標，說明正常健康的人可以發展出無意識性的直覺，而做出成功的決策。

人類決策過去一向以理性計算為依歸，因為可在不同選項中找出利益的極大值與損失的最小值，至於情緒則一般被視為與理性的極大化計算無關，或甚至成為負面的黑暗力量，如1930年代的大蕭條或2008年的世界金融危機。但達瑪席歐反其道而行，提出顛覆性看法，在其《笛卡兒的錯誤》（*Descartes' Error*）一書中，提出「軀體標記假說」（somatic marker hypothesis, SMH），主張情緒感知是驅動心智運作的首要力量，尤其是在不確定的狀態下，其運作影響則係透過無意識方式進行（Damasio, 1994）。

達瑪席歐等人設計愛荷華賭局作業（Iowa Gambling Task, IGT），作為檢驗SMH的關鍵工具，作業中有A、B、C、D四疊牌，各疊中每張牌有一個輸贏值，每疊牌則有一個期望值，假設A與B的期望值總體而言為負值（壞牌），C與D為正值（好牌），現在讓受試者玩一百次，每次要在四疊牌中選出其中一疊的牌。因為事先不知哪一疊是好牌或壞牌，所以必須以嘗試錯誤方式進行。他們找了兩批人，一組為正常人，一組為情緒功能受損的腹內側前額葉（ventromedial prefrontal cortex, vmPFC）受損病人，發現前者會慢慢選向好牌，由其膚電反應（SCR），則可發現受試者似乎可以利用這類與情緒有關的軀體標記（somatic marker），在無意識中引導趨吉避凶，慢慢在此過程中獲得直覺（hunch），累積計算，找到正期望值的牌組。但後者病人組，則可能因為不能產生有用的軀體標記警告訊號，也就是沒有敏感的膚電反應來趨吉避凶，無法發展出無意識的直覺，因此可能只依賴眼前的短期輸贏，傾向選擇其實是負期望值的牌組（Bechara et al., 1994, 1997）。

達瑪席歐等人認為在不確定的複雜世界中，單靠理性不足以解決問題，因此提出「軀體標記假說」以及 IGT 賭局作業，說明「情緒」如何以無意識方式正向協助決策者趨吉避凶，並主導其與「理性」之間的分工整合。但是「軀體標記假說」以及 IGT 的測試結果，其實與實際的行為決策學之預期不符，邱耀初與林錦宏等人從行為決策學的精神與文獻，認為人在動態不確定的決策情境中，若無具體資訊可資計算，是不可能靠正常情緒的幫助而自動趨吉避凶的，而且 IGT 有其內在的實驗結構問題，難以作為支持 SMH 之骨幹實驗，因此設計了另外一種 SGT 作業，可以區分出正常受試者究竟是否真的可依平均值大小找出好牌組，結果發現甚至連正常人都只能依據短期的輸贏頻率選牌，無法採取極大化的策略而做出有遠見的理性決策，亦即決策者可能受到輸贏當下情緒所左右，不易累計實際選擇的結果，難以意識到並擷取出賭局內部的知識結構，所以無法有效發展出符合理性的策略。該一結果顯示 SMH 理論所預測的，認為正常人因有良好的軀體標記，可以協助趨吉避凶而做出理性計算與選擇的說法，並不正確（Chiu et al., 2008; Lin et al., 2009）。我們也綜合評論過去 IGT 實驗，在牌組選擇實驗結果上所出現的計算問題，並另行計算匯總文獻上所呈現的奇異 B 牌效應（prominent deck-B effect，指對壞牌 B 反而有選擇上的顯著偏好），來說明 SMH 與 IGT 在決策選擇行為上，若干預測錯誤或無法解釋之處（Chiu et al., 2012）。

Bechara, A., Damasio, A. R., Damasio, H., & Anderson, S. W. (1994). Insensitivity of future consequences following damage to human prefrontal cortex. *Cognition*, 50, 7-15.

Bechara, A., Damasio, H., Tranel, D., & Damasio, A. R. (1997). Deciding advantageously before knowing the advantageous strategy. *Science*, 275, 1293-1295.

Damasio, A. R. (1994). *Descartes' error: Emotion, rationality and the human brain*. New York: Penguin Putnam.

Chiu, Y. C., Lin, C. H., Huang, J. T., Lin, S., Lee, P.L., & Hsieh, J. C. (2008). Immediate gain is long-term loss: Are there foresighted decision makers in the Iowa Gambling Task? *Behavioral and Brain Functions*, 4(13), 1-10.

Chiu, Y.C., Lin, C. H., & Huang, J. T. (2012). Prominent deck B phenomenon: Are decision-makers sensitive to long-term outcome in the Iowa Gambling Task? In A.E. Cavanna (Ed.), *Psychology of Gambling: New Research*, Chapter 7, pp. 93-118. New York: Nova.

Lin, C. H., Chiu, Y. C., & Huang, J. T. (2009). Gain-loss frequency and final outcome in the Soochow Gambling Task: A reassessment. *Behavioral and Brain Functions*, 5(45), 1-9.

II

神經傳導主要是一種電化學活動，神經細胞的激發取決於單位時間內發生動作電位的頻率，但要從這個細胞傳到下一個或鄰近細胞，則常需透過細胞間突觸的化學傳導物質。奧圖‧路維（Otto Loewi）在1920年代意外發現並提出神經衝動的化學傳遞理論，在此之前，神經傳導一般被假設為是藉著電波傳導與擴散，將神經衝動從神經末端傳到下一個細胞的。他發現到細胞所製造出來的化學物質乙醯膽鹼（acetylcholine）是一種神經傳導物質，它經由刺激，在神經細胞軸突末端被釋放到細胞之間的突觸間隙，協助神經訊號的傳遞，所以神經傳導的動作電位，到了突觸間隙是靠化學傳導過渡到下一個作用端的神經細胞。這樣一個想法，路維在1903年時已有此直覺，認為若完全是電傳導，則這種電位只會產生同一類影響，不會在作用端有時是興奮、有時是抑制，因此中間應該會介入其他的傳導方式，但路維一直找不到好的測試方法，放到了1920年才又端上檯面。

路維在1920年復活節前一天晚上作了一個夢，凌晨六點起來寫下潦草

的筆記後回睡,但睡醒之後無法辨識出筆記所寫的內容。隔夜凌晨三點又夢到,於是起來寫下如何測試17年前想法的實驗設計,之後立刻在寒夜中動身到實驗室(路維當時在奧地利格拉茲大學〔University of Graz〕),搭設實驗細節。在後續實驗中,則先分離出兩隻青蛙的心臟來,第一顆心臟帶有神經,第二顆則無,並各注入林格液(Ringer solution),之後刺激第一顆心臟的迷走神經(vagus nerve)幾分鐘,發現心臟跳動變慢,再將此處的生理食鹽水流注到第二顆心臟,發現第二顆心臟的跳動也開始減慢;反之改為加速第一顆心臟跳動的實驗中,也獲得第二顆心臟跟著加速的結果。由此得證神經傳導可以透過化學物質完成,路維繼之提出科學史上第一個神經的化學傳導假說,並經由合作者戴爾(Henry Dale)分離確認,迷走神經被刺激讓第一顆心臟跳動變慢後,所釋放出來的是化學物質乙醯膽鹼,它也是一種神經傳導物質。依據路維的說法,一直要到1936年他們才知道加速心跳的神經傳導物質是腎上腺素(epinephrine)。他與戴爾於1936年獲諾貝爾生醫獎。他在自傳中說,領獎後返回格拉茲路上暫停維也納,第一次與佛洛伊德見面,與佛洛伊德在工作室單獨相見時,頓時覺得佛洛伊德的個性充滿房間,他這輩子覺得只有另外兩人有此氣場,一位是凱恩茲(Joseph Kainz,奧地利名演員),另一位則是愛因斯坦。在路維眼中,他們都是人間的天才,謙遜到甚至謙卑,對自己的大成就則視為理所當然,認為並沒有太奇特之處。

2015年我在格拉茲大學,聽他學生輩出名的藥理學家們講起這段發現,而且提及路維有很長一段時間待在格拉茲大學,1938年納粹入侵,他用存在國外的諾貝爾獎金交換保命,才得以逃出,輾轉落腳美國紐約大學,與佛洛伊德同年逃到英國定居倫敦(隔年過世)的遭遇類似。1938年時,薛丁格(Erwin Schrödinger)也在格拉茲大學,他在1933年已與劍橋的狄拉克(Paul Dirac)同獲諾貝爾物理獎,但遭遇同樣很慘,在納粹逼迫下發表悔過書,引起學界軒然大波,但還是不能保平安,逃出後路過牛津劍橋,因悔過書事件不獲青睞,轉進到愛爾蘭都柏林(Dublin)的三一學院,1944年在

那邊發表《生命是什麼》(*What is life*)演講集，其所提出的晶體概念，啟發了克里克與華生做出解碼 DNA 雙螺旋結構的重大發現。

上述這幾個路維的經歷可說鮮明到直逼眼前，相隔百年之後，他的個性與氣場好像還充滿在格拉茲醫學大學（Medical University of Graz）的校園之中（格拉茲大學醫學院在 2004 年與維也納大學醫學院一樣，獨立成為醫學大學），就像他過去在講佛洛伊德一樣。

這是一段科學史上非常特殊的發現故事，在路維（1960）的自傳中有精采描述；前後相關的演進與爭議，可另見 Cobb（2020）。

Loewi, O. (1960). An autobiographic sketch. *Perspectives in Biology and Medicine*, 4, 3-25.

Cobb, M. (2020). *The idea of the brain: The past and future of neuroscience.* New York: Basic Books.

III

李貝在本書第二章中詳細分析「神經（或大腦刺激）充裕量」（neuronal adequacy, NA）與「EP 標記」（evoked potential marker）這兩個概念，在本章中則主張無意識與意識處理的主要差別，在於處理程度是否達到神經充裕量，並提出無意識處理的內容，或閾限下知覺（subliminal perception）的內容，事實上也會影響及整合後續的意識處理歷程。亦即無意識與意識之間其實可以當成是時間向度上的連續體，而不必有心理與運作本質上的不同；在無意識狀態下，也可以像意識狀態一樣，對行為產生類似影響。因此可將無意識與意識兩個歷程視為本質上相近之實體，並容許在此基礎上做互動。

利用這些概念，我們可以嘗試處理在「假象運動」（apparent motion, AM；或譯「似動運動」）中，極為麻煩的時間悖論問題。假象運動指的是

當至少有兩個以上在空間上分離（視角小於四度）的刺激，交替呈現給觀測者看時所發生的，在兩個刺激中間雖然沒有對應物理刺激下，但會產生主觀連續性運動知覺的現象。該一現象可說是建立格式塔心理學派中「部分知覺的總和不等於整體知覺」原理的最重要實驗。

在假象運動（AM）中，前後交替呈現兩個光點，在看到第一個光點後，會先看到中間連續性的錯覺運動，而第二個光點則在之後才會被察覺。但按物理與神經生理時序而言，理應先看到第一與第二光點後，才會產生中間連續性的錯覺運動。該不一致現象指出人類的知覺時序與物理事件出現時序不符，稱為「假象運動的時間悖論」（timing paradox in apparent motion），迄未有合理解答。簡單圖示如下：

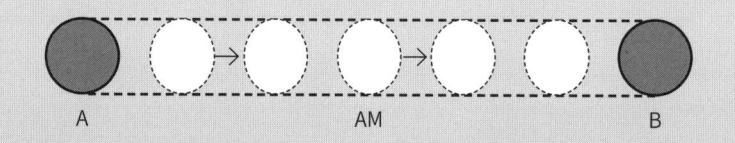

譯注圖 3.1

空間固定位置上交替出現 A 與 B 兩個光點，會知覺到中間 C 有陸續移動的錯覺光點 AM。但出現次序不是 A → B → AM，而是 A → AM → B。這是一種經由時間安排所誘發的空間錯覺，稱為「假象運動」（AM）。

我們可以假設在大腦運作上，必定有不自主的成分牽涉在內，以致發生這類時間悖論，若採用李貝的「神經充裕量」（NA）與「EP 標記」概念，來分析假象運動之形成機制，應可相當程度解決時間悖論問題（黃榮村，1999）。假設對第一個光點有意識知覺，而對第二個光點有未達神經充裕量的無意識知覺時，即可協同運作產生出中間的連續性錯覺，因為在看到中間連續性運動之前，觀測者的確已有第二個光點的感官輸入，雖然尚未能形成意識知覺，但已能與第一光點的意識知覺協同運作，衍生出在主觀的空間與

時間上,皆介於第一與第二光點之間的假象知覺,請參閱譯注圖 3.2 圖示。

譯注圖 3.2 將時間分為三類,亦即物理刺激出現的時間,稱為「物理時間」;物理刺激出現後會先產生極短暫的 EP(該 EP 帶有標記功能),再發展出神經充裕量(NA)以產生意識性知覺,這段時間稱為「神經生理時間」;由神經生理反應定義具心理意義的無意識(UC)與意識(C)知覺,並說明假象運動發生的時間範圍,這段時間稱為「心理時間」。各取適當代號後,

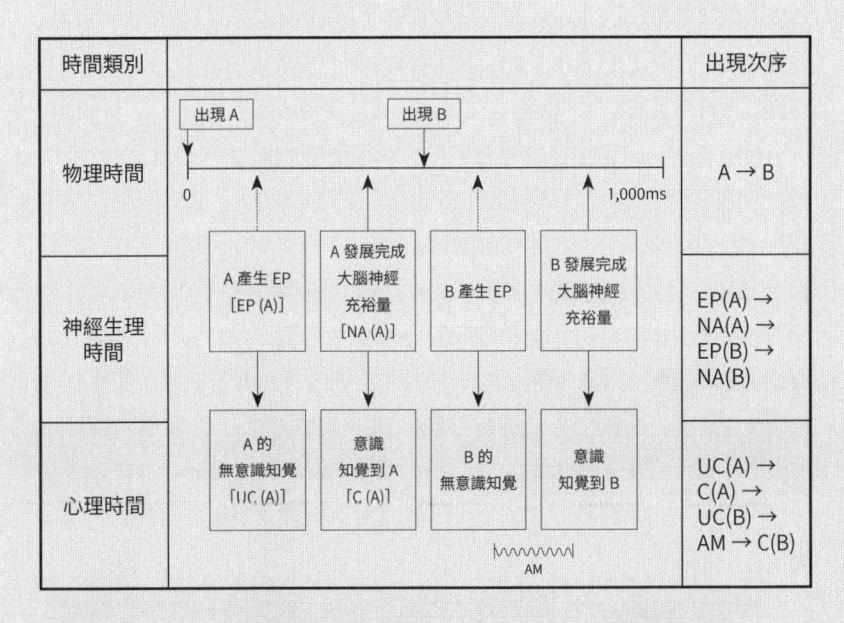

時間類別					出現次序
物理時間	出現 A 0	出現 B		1,000ms	A → B
神經生理時間	A 產生 EP [EP (A)]	A 發展完成大腦神經充裕量 [NA (A)]	B 產生 EP	B 發展完成大腦神經充裕量	EP(A) → NA(A) → EP(B) → NA(B)
心理時間	A 的 無意識知覺 [UC (A)]	意識 知覺到 A [C (A)]	B 的 無意識知覺	意識 知覺到 B AM	UC(A) → C(A) → UC(B) → AM → C(B)

譯注圖 3.2 │ **假象運動形成過程中物理/神經生理/心理時間之關係。**

AM:假象運動(apparent motion)
A/B:前後輪流出現的光點
EP:誘發電位(evoked potential)
NA:神經充裕量(neuronal adequacy)
UC:無意識或閾限下知覺(unconscious or subliminal perception)
C:意識知覺(conscious perception)

即可在最右邊的格子中表示出現次序,並說明 AM 之出現係介於 C（A）與 C（B）之間,亦即 AM 係在先看到 A 但未看到 B 之前發生,符合實驗觀測。但因物理刺激 B 與 B 的無意識知覺（UC [B]）已在 AM 之前出現,故可解決 AM 的時間悖論問題,亦即 AM 其實是發生在 B 已出現但尚未意識地知覺到 B 之前,所以 AM 不是在只有 A 出現後即憑空出現的感覺,它必須等到 B 也出現之後才會發生。

　　上圖係分析 AM 存在的合理性,主要是來自 C（A）與 UC（B）在時間向度上做了有效混合之故,該一有效混合（effective mixing）的機制需另有實驗驗證方式行之。另外在文獻資料中並非所有安排皆可產生 AM,故上圖的分析方式必須亦能處理不存在的觀測,方稱完備,不在此贅述。

　　利用大腦神經充裕量的假設,其基本邏輯在於當第一個光已有意識知覺,而第二個光點則有未達神經充裕量的無意識知覺時,兩者即可協同運作產生中間的連續性運動錯覺。這是一種大腦的不自主運作,以衍生出在主觀的空間與時間上皆介於第一與第二光點之間的假象知覺。至於假象運動的大腦神經表徵為何,亦可做如下推論。AM 的大腦表徵似具有「不連續」之特性,亦即不需在主視覺區（V1）相對於主觀的 AM 有所激發（因為並無相對於 AM 的外在事物）,但卻可透過第一與第二光點在 V1 的各自激發,經由第一光點的意識知覺與第二光點無意識知覺的協同運作,在高級視覺區（MT）獲得 AM 的神經表徵,以衍生出 AM 的知覺結果,且不致於造成時間悖論。

　　上述所討論的是經由時間安排所誘發的空間錯覺,也就是假象運動（AM）。另外一個剛好反過來的,稱為「似曾相識現象」（déjà vu, DV）,如譯注圖 3.3 所示。這是經由空間線索所誘發的時間錯覺,就像 AM 的 A 與 B 兩個端點,似曾相識現象的 B 可視為現在某個空間角落（B 只是一個空間線索）,誘發出似曾相識的感覺（因為與過去經驗過的空間有一些相似之處）,之後一下子就拉到某個與該空間片段相似的過去現場（稱為 A）,形成一個錯覺的時間通道,從這個時間點回憶起一個從 A 到 B 順序

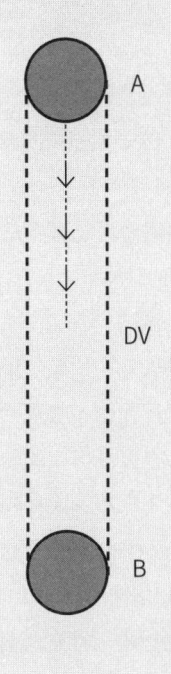

譯注圖 3.3 | **似曾相識現象形成過程中物理／神經生理／心理時間之關係。**

B 為現在某個角落的空間線索，誘發出過去與該空間片段相似的現場（A），形成一個錯覺的時間通道（即「似曾相識現象」）；A/B：由前往後輪流出現事件的方向與內容，流動到 B 後，可以再回到 A，重新依順序回想）。這種經由空間線索所誘發的時間錯覺，稱為「DV」。

的過去場景（如慣稱的「魂斷藍橋」）。看起來 DV 亦可仿 AM 做一解釋，不過可能有一些不必在 AM 中考量的問題會出現，不再深入討論。

AM 與 DV 這兩個現象都顯示出，在心理場域的運作中，時間與空間可以是不必互相獨立的，反而令人訝異的是，時間與空間有一些互相依賴的關係在。具體而言，AM 是經由時間安排所誘發的空間錯覺；DV 則是經由空間線索所誘發的時間錯覺。這裡面所涉及的機制，是否如物理上的重力一般，也有一種類似的心理重力（mental gravity）機制，讓心理時空互相關聯或糾纏在一起？該一猜想，僅供參考（Huang, 2017）。

黃榮村（1999）：假象運動的時間詭論之解決。李江山編：視覺與認知，頁 259-270。臺北：遠流出版公司。

Huang, J. T. (2017). *Psychological entanglement of time and space: Apparent motion and déjà-vu illusions*. Paper presented in International Conference on Cognitive Sciences and Cross-Strait Forum on the Joint Development of Cognitive Science Studies, September 1-3, 2017, Taipei.

IV

　　意識性知覺是否需要 V1，可以從另一觀點加以了解。激發 V1 區之後，需要前額葉皮質部或其他高階區之由上往下（top-down）的神經訊號回饋過來，才能產生意識經驗。由於 V1 與前額葉及 MT 並無直接聯繫，所以 V1 的激發並非意識產生之充分條件，但從臨床個案的觀察與心理物理學的實驗，V1 可以是產生意識經驗的必要條件（見 Crick & Koch, 1995）。

　　這大致上是認為 V1 雖然無法在意識性知覺到外界刺激時具有完全主導地位，但應該在有了意識經驗後，會發現有 V1 的角色參與在內。該理論依此所做的預測之一，是認為 V1 對知覺上難以察覺到的外界光柵，會產生對特定知覺屬性的神經反應，該一預測在整整十年之後，才獲得明確的驗證（Haynes & Rees, 2005）。這種闡釋方式，雖與李貝所引用巴布等人從臨床個案的分析上所提出意識性知覺不需要 V1 的說法（Barbur et al., 1993）並不相同，但基本上並不違反李貝認為無意識歷程具有功能的想法，亦即 V1 可以在無意識下做出反應，而且在總合獲得意識性知覺的過程中，具有一定的分量，雖然不具充分的因果性角色，但有其必要的貢獻在。

Barbur, J. L., Watson, J. D. G., Frackowiak, R. S. J., & Zeki, S. (1993). Conscious visual perception without V1. *Brain*, 116, 1293-1302.

Crick, F., & Koch, C. (1995). Are we aware of neural activity in primary visual cortex? *Nature*, 375, 121-123.

Haynes, J. D., & Rees, G. (2005). Predicting the orientation of invisible stimuli from activity in human primary visual cortex. *Nature Neuroscience*, 8, 686-691.

第 4 章

行動的意圖
我們有自由意志嗎？

在討論意識性意志（conscious will）可以扮演什麼角色，以及更進一步探討有關自由意志（free will）問題時，必須先處理一個關鍵問題：腦部如何處理自主性行動（voluntary acts）。若假設一個自主性行動，需要有一個能夠導致該行動的腦部活動，則想要做這個行動的意識性意志，應該是要發生在腦部活動開始之前，或者與該腦部活動一起發生？若這樣想是對的，則自主性行動應該由意識性心靈來啟動與設定。但是，假如並非這樣，則又如何？是否有另一種反過來的可能性，亦即特定的腦部活動，會在行動的意識性意志出現之前就已開始，而驅動產生了自主性行動？換句話說，該腦部活動是否可能發生在一個人察覺到他想意圖行動之前？這樣的可能性確實已經發生，部分原因是來自我們以前的證據顯示，感官的覺知會延宕到腦部活動已經進行了相當一段時間之後（見第二章）。假若行動的意志或內在意圖產生的覺知，也是要延宕到持續達500毫秒（0.5秒）的腦部活動之後，則可以引發意志性行動（willed act）的腦部活動，可能早在行動的意識性意志充分發展出來之前，已經提前開始。

這個問題可以用實驗方法來檢視，簡短來講，我們發現腦部會出現一種啟動歷程，在自由自主行動發生的550毫秒之前即已開始；但是決定要執行行動的意識性意志之覺知，卻僅在正式行動開始之前的150至200毫秒才會出現。所以自主性歷程係在無意識下啟動，大約在受試者察覺到自己有意圖要做出行動前400毫秒就已發生。本章將討論這個令人訝異之時間順序的實驗證據。

實驗設計

　　由於孔胡伯與狄克（Kornhuber & Deecke, 1965）的一項重要發現，讓該一問題得以採用實驗方式來探討的可能性大為增高。他們發現在自主性行動之前，總是可以從腦中記錄到一種常規發生的特定電活動變化；亦即在自主性行動發生之前，可以在主要位於頭部頂端的腦殼區，記錄到電活動的負值在緩慢增加，電活動的變化在受試者執行一件明顯的自主性行動之前 800 毫秒或更早即已開始。所以該一訊號就被稱為「準備電位」（readiness potential, RP），德文名稱為「the Bereitschaftspotential」（BP）。[1]

　　在該研究中，受試者所需做的行動很簡單，就是自主快速地彎曲手腕或手指。由於每個準備電位（BP 或 RP）都很小，而且事實上是深藏在休息狀態腦部的其他電活動之中，所以這類行動要做很多次，以便讓電腦能綜合這些微小的準備電位，來獲得平均數據的描繪圖形。受試者可採自行控制的方式，執行這一大串行動，但他能自由選擇行動的時間，依據孔胡伯與狄克的做法，係於每個嘗試次中限制在大約 6 秒之內完成，以便在可接受的實驗時間範圍之內，能收到 200 至 300 個準備電位的資料。

　　孔胡伯與狄克並沒有考量到當行動的意識性意志發生時，它與腦部準備狀態（也就是 RP）之間的關係這類問題。但是 RP（準備電位）在自主性行動之前一段長時間，即已發生的這件事實，讓我直覺到在啟動腦部活動，與出現意識性意圖以執行自主性行動之間，可能也有一段時間差距存在。在一次有關意志性行動的公開討論中，神經科學家與諾貝爾獎得主艾可士曾表明他的信念，

認為在自主性行動發生之前,就有長達 800 毫秒以上的準備電位,一定表示與此相關的意識性意圖,甚至會在 RP 早期啟動之前即已出現。我理解到並無證據可供支持艾可士的觀點,這個觀點可能帶有他自己關於心腦互動(mind-brain interaction)哲學的色彩(見 Popper & Eccles, 1977)。[II]

所以意識性意志與腦部活動(RP)孰先孰後的時間關係,顯然值得探討。若自主行動的意識性意志,竟然發生在腦部準備電位 RP 啟動之後,則對我們如何看待自由意志這件事,將會帶來根本性的衝擊,但在那時我看不出有什麼方式,可以用實驗方法來測試該一議題,也看不出來能對意識性意圖出現的時間,做出什麼有效的測量。意識性意志是一個主觀現象,無法讓外在觀測來做直接觸接,它需要由正在經驗該一主觀事件的受試者做出報告。若要受試者在經驗到時就按鍵或說出「現在」(now)的反應,以表示他正經驗到的意識性意圖,則可能會在原來所要求的手腕彎曲行動之外,又多出了新增的自主性行動。這樣一來,相對於已經啟動的腦部活動(RP),將會模糊掉意識性意志出現的有效計時,而且也無法保證盡快按鍵或說「現在」的反應,係在意識狀態之下做出來的。也就是說,受試者可能是在覺知到該一主觀經驗之前,在無意識下做出該一快速反應,若是如此,則我們將無法對意識性意志給出一個有效的出現時間[1]。

1977 年,當我在北義大利貝拉吉歐的洛克斐勒高等研究中心

---

1 譯注:亦即這時有兩類動作發生,分別是表達意識性意志之按鍵或說話動作,以及自主性彎手指。此時除了難以確定 RP 與這兩類動作之間的關係之外,也難以對意識性意志做出有效計時,因為利用按鍵或說話所記錄到的反應時間,可能不等於出現意識性意志的時間。

擔任駐中心學者時，將思考再度拉回到這一個時間測量上的難題。我發現受試者可以透過時鐘面的時間（clock-time），來報告想要有所行動的意識性意圖經驗，鐘面上的時間則是在不出聲下記住，在嘗試次結束後再做報告。我一回到舊金山，就著手設計這樣一個技術（Libet et al., 1983）。

我們安排了一個陰極射線管的示波器，讓一個光點沿著圓形外圈遊走，示波器的圓形邊界就像鐘面，標定為 60 格，光點的移動就像一般時鐘秒針的移動，但是光點繞完一周是 2.56 秒，大約比一般鐘面的秒針要快上 25 倍（見圖 4.1）。所以示波器上光點每走一格，大約是 43 毫秒（2.56 秒／60），這是一個走得比較快的

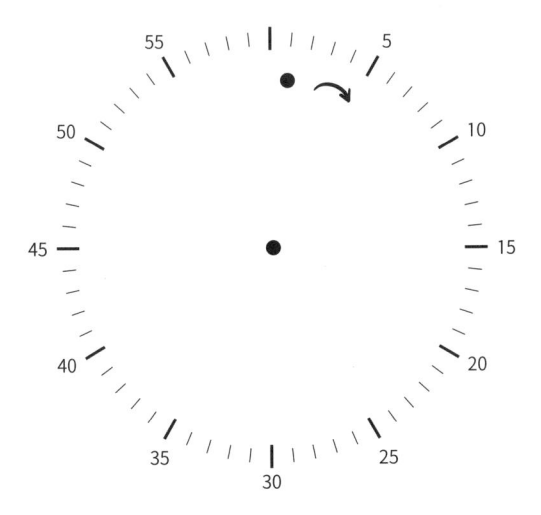

圖 4.1 │ **設計用來為心智事件計時的「鐘面」。**

由陰極射線示波器內產生的光點，安排繞著示波器圓版的周邊移動，轉一圈要 2.56 秒。該一安排係模擬一般鐘面的秒針掃描，但是移動速度快了約 25 倍。
周邊的數字表示一般鐘面的 60 秒掃描秒數，但是每秒大約真正等同於 43 毫秒。（參見 Libet et al., 1983）

「鐘」,因此可以呈現出以百毫秒計的時間差異。

受試者坐在距離示波器 2.3 公尺處,在每一嘗試次都盯緊示波器鐘面中心,他需要做自由的自主行動,這是一個簡單迅速彎曲手腕的動作,可以在任何時間覺得想彎就彎,不需先做規劃,讓行動看起來是自然發生。這種做法有助於區分經過規劃才行動的歷程,以及自由即時的當下行動。受試者這時須將他意圖彎曲手腕的第一覺知(first awareness),與示波器鐘面上的光點位置連接起來。受試者在完成嘗試次後,必須報告當時光點的鐘面位置(亦即60格中的第幾格)。我們將這個報告出來的時間稱為「W」,以表示意識性的行動意圖或意志。實驗中在頭顱上放置合適電極,記錄每個自主行動產生過程中的準備電位(RP),每個 RP 都在 40 個嘗試次的基礎上做平均,這個處理還算合適。該一平均的 RP 啟動時間,可以與經過同樣 40 個嘗試次所平均的 W 時間做一比較。

剛開始我們很懷疑受試者是否能在意識性意圖出現時,準確且可靠地報告出所對應之鐘面時間。但從我們收集到的證據,發現在準確度與可靠度上,都在令人滿意的範圍內。以 40 個嘗試次為一組所計算出來的 W 時間資料,其標準誤差(standard error, S.E.)接近 20 毫秒,該數值在每位受試者身上大約如此,縱使每位受試者的平均 W 值並不相同。由於所有受試者的平均 W 值,大約是在做出手腕彎曲動作之前 200 毫秒(-200 毫秒)發生,所以正負 20 毫秒的標準誤差應該可以提供足夠的穩定度。[III]

至於 W 的正確性,則要在設計上多做點巧思。我們無法以絕對的方式弄清楚,報告的 W 時間與覺知時真正的主觀時間之間,

究竟有多接近。但是可以測試受試者在使用鐘面時間技術時,究竟有多準確。為了達到這個目的,我們另外設計了一個40嘗試次的實驗系列,在此過程中對手部做微弱的皮膚刺激,告訴受試者不要做任何自主性動作,只要集中精神注意當皮膚有感覺時,鐘面上的時間為何,而且在每個嘗試次之後做報告(就如對W的做法);皮膚刺激在40個嘗試次中,則分別依隨機的鐘面時間施予。受試者並不知道這些整理出來的時間(「S」),但觀察者可以在電腦計算後打出來的報表上看到。我們因此得以將主觀覺知的客觀預期時間,與受試者所報告鐘面時間之間的差距做一比較。報告的S時間,相當接近真正的刺激時間,但它們之間確有-50毫秒的差距,亦即覺知到被刺激的時間,比真正給予的刺激時間要早50毫秒。由於該差距相當一致,因此可以作為誤差元素,從-200毫秒的平均W時間中扣除,得出一個經過矯正後的-150毫秒平均W時間[2]。在每一個實驗區間,都會針對一個皮膚刺激,做一系列的報告時間測試,來做矯正之用。

對自主行動所做的定義中,包括「行動的意志源自內在」這一項。也就是說,沒有外在線索來驅使做出這個行動;沒有外在限制何時才能做行動;最重要的,受試者覺得她要對行動負責,而且覺得她自己可以控制何時要做行動,以及是否要做出這個行動。人類受試者可以區分出來哪些行動是可以符合最後該一自主行動的判準,又有哪些則未能符合。神經外科醫師潘菲爾德(Penfield & Rasmussen, 1950)在治療癲癇病灶手術時,電刺激動作皮質部,會造

---

2 譯注:亦即W與真正行動之間的平均時間差。

成病人身體上某些肌肉收縮或特定部位的移動，病人報告說他們並沒有要做這些行動，這些行動是被刺激器強加到身上的，他們在這些事情上沒有自主性。

在很多臨床異常個案中，有些行動是在沒有意識性意志下發生的，包括腦麻、巴金森氏症、亨丁頓舞蹈症、妥瑞症的不自主動作，甚至包括偏執的強迫性行動。一個驚人的例子是異手症（alien hand sign），病人在大腦皮質前動作區的前方內側部分受損，可能會發現在受影響側的手與手臂，會做出一些奇怪、但具有目的性的行動，如當病人想穿衣時，卻做出解開上衣鈕釦的動作。（Goldberg & Bloom, 1990）所有這些動作都不是在病人的意圖與意志下發生的，甚至出現違抗意志的行動。

兩組準備電位（RP）的啟動時間

本實驗目的擬研究在沒有外在限制下自行決定何時行動時，自由的自主行動會做何表現。在系列性研究的大部分實驗中，每個都是 40 嘗試次，受試者都沒有在口頭報告中提起有做過任何事先規劃，這些自主行動都是在完全自由下即時做出來，沒有任何事先規劃（preplanning）要何時做出行動。行動的性質是要瞬間彎曲手腕，在實驗前即由實驗者告知受試者，並在即將使用到的實際肌群表面，放置記錄電極；由記錄到的肌電圖可確定行動發生的時間，也可由此送出訊號驅動電腦去收集整理在肌肉活化前 2 至 3 秒內，所記錄到的顱部外電位資料。何時做出行動完全自由，由受試者自行決定。我們的實驗問題是：想要做出行動的意識性

意志,究竟是發生在腦部活動之前還是之後?該問題的測試,只需要讓行動的發生時間完全由受試者自由決定,至於行動的內容性質其實並不重要。

在某些嘗試次的系列中,受試者報告說,有事先規劃出一個範圍內的鐘面時間來做行動,雖然我們事先已建議受試者不要這樣做。這些系列會產生較早啟動的 RPs(#I),這是做了事先規劃後所記錄到的第 I 型準備電位,又稱「RPI」。它們平均而言,大約出現在軀體行動發生之前 800 至 1,000 毫秒之間(見圖 4.2),這些數值與孔胡伯及狄克(Kornhuber & Deecke, 1965)所得到的相似,也與其他利用自我控制(self-paced)方式產出行動的實驗有類似結果。在自我控制行動的作業上,這些實驗者看起來會做出若干限制規範,因此受試者在決定要何時行動時,可能會先做事先規劃,受試者知道他們應該要在 6 秒內做出行動,所以可能會因此鼓勵他們先做出事先規劃。我們的受試者則無此類限制。

在這些各有 40 個動作嘗試次的每個實驗系列中,受試者大部分不會在決定要何時行動之前預做事先規劃,這一部分的實驗資料組別稱為 RPs(#II),這是不需做事先規劃所記錄到的第 II 型準備電位,又稱「RPII」。它們的誘發啟動,平均在肌肉活化之前 550 毫秒(-550 msec)發生。值得注意的是,腦內真正啟動的過程,也有可能在記錄到準備電位 RP 之前即已開始,但啟動的腦區來源未知,之後則激發大腦皮質的輔助動作區(SMA),這是位於腦部中心線靠近顱頂的腦區,應該就是我們得以記錄到 RP 的來源。

想要行動的第一覺知時間稱為「W」(這是一種表示意志力中

256──如何測量自由意志？

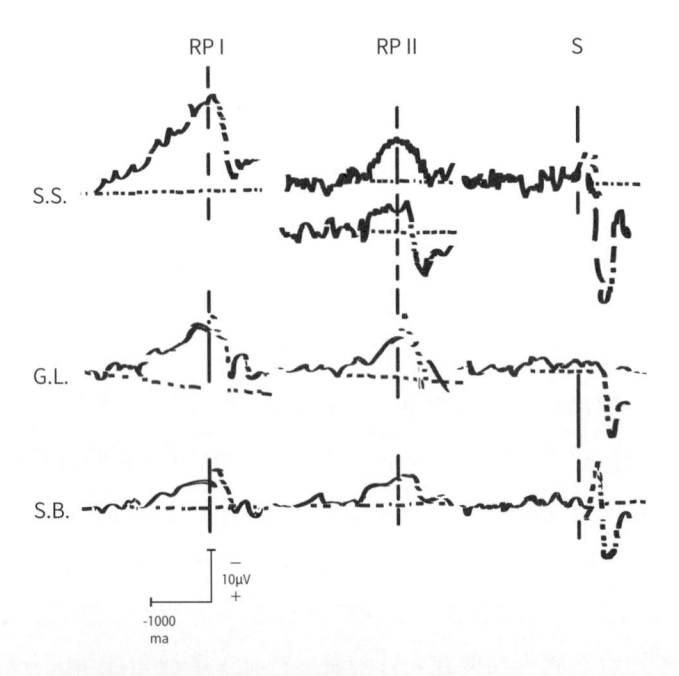

圖 4.2 | **自我啟動自主行動之前的準備電位（RP）。**

橫軸上的線段係電腦平均來自顱部電極的電位紀錄。對受試者 G.L. 與 S.B. 而言，電極放置位置在顱頂中線；對受試者 S.S. 而言，電極放置在顱頂左側的動作／前動作區之上，亦即使用右手時的異側控制腦區顱外處。

RPs 標示為第 II 型（RPII）時，表示在 40 個嘗試次系列中，沒有事先規劃何時行動下，主觀報告說每個快速手腕彎曲的行動已即時發生的電位紀錄。第 I 型 RP（RPI）則係受試者經驗到提前規劃的行動後，約一秒之內的紀錄。

S 這一行（column）指的是 40 個嘗試次中，每次在受試者未能預知時間下，給予接近閾限的皮膚刺激。受試者在每個嘗試次後，需要回憶與報告在覺知到皮膚刺激時的鐘面指針所在位置，與前述要在覺知到想要彎曲手腕時做鐘面時間報告的方式相同。大的正值 ERP（event-related-potential，事件相關電位；正值電位一般標示於橫軸下方，負值電位則標示於橫軸上方），峰頂出現在給予刺激之後的 300 毫秒處，一般可以在未能預知刺激出現的時間下，觀測得到如此處 S 這一行的紀錄。

每一紀錄圖的實心垂直線代表零時（0），此處為 RP 系列中肌肉活化（以肌電圖 EMG 表示）開始之時，或者是在 S 系列中給予皮膚刺激之時。（參見 Libet et al., 1982, *Electroencephalography and Clinical Neurophysiology*, vol. 54, 322-335.）

的覺知〔awareness in volition〕之時間指標），在所有實驗系列中，它的平均數值是 -200 毫秒（相對於自主行動啟動時，肌肉激活的發生時間）。如前所述，該數值可以扣掉從皮膚刺激研究所知的 50 毫秒誤差，經矯正後為 -150 毫秒。在 RPs（#I）或 RPs（#II）（後文皆稱「RPI」或「RPII」）的兩種實驗資料群組中，其所測得的 W 時間都一樣，亦即不管在決定行動前有無事先規劃，W 時間都是一樣的（也就是 -150 毫秒）。該結果表示最後必須要啟動的意志歷程（現在開始行動），大概在 -550 毫秒時即已開始，不管這個決定何時行動（when to act），是完全即時決定或是做了事先規劃。這個最終過程，可能是自主歷程的「現在立刻行動」（act now）特徵，在此特徵下所發生的事件，都是相似的，不管有沒有事先規劃。[IV]

「現在立刻行動」歷程，應該要與為了執行行動所做的深思熟慮或事先選擇分開，畢竟一個人可以慎思終日卻從不行動。我們基本上不研究意志的深思熟慮面向，除了需要處理受試者在決定何時要行動時，偶而會出現的事先規劃現象。[V]

有些問題則涉及 W 時間的意義。前面章節已提及在發展意識性感官經驗時，需要有一段長達 500 毫秒的延宕，所以鐘面時間的覺知，可能早已在做意識性的 W 報告之前啟動。但是受試者被要求做的，是將想要行動之時的第一覺知，與鐘面時間做一連接，他們並沒有被要求在意識到這個連接時，就馬上要做出時間報告。在意識到這個時間之前，可能會有 500 毫秒的延宕，但是自動回溯指定到所連接之鐘面時間的最初感官訊號處，會讓受試者感知到他在做出連接之時即已覺知到。不論如何，受試者要看對鐘面時間並無困難，就像在前述皮膚刺激測試中所做的時間報告一樣。

多提（Doty，個人意見交換）認為在解釋我們所獲得的 W 值時，有一個不同的潛在錯誤來源，這涉及在轉移注意力時，需要付出額外的時間「成本」，做轉移作業（switching task）所需的額外時間，在某些狀況下可能長達 100 毫秒或更長。將該一想法用到我們的案例上，則是「一個人無法在注意到行動決定的內省世界時，又同時注意到示波器鐘面上的光點位置或時間」。多提接著提出，是受試者的自由意志啟動了準備電位 RP；還有當注意力轉換到示波器鐘面時，這種轉換產生了時間成本，導致 W 時間的報告因之延後，其實這個 W 事件應該是在 RP 一開始時，就已經被受試者觀察到。

我對轉移作業說法的論證如下：

(1) 從 RPII 啟動後以迄 W 延宕發生，經矯正後為 400 毫秒（550 減掉 150），該值比一般轉移作業所需的注意成本時間要長，縱使這樣一個成本可能會存在。

(2) 本研究嘗試次的實驗條件，與文獻中產生成本之轉換作業的實驗方式大有不同。後者的作業是在完全分開的嘗試次中進行轉換，但在本研究中，受試者在嘗試次開始之前，即已被充分告知作業的要求是，當觀看監測鐘面時間時，要注意想要行動（W）的最早經驗，並將 W 的發生與鐘面時間連接起來，這些事情都在同一嘗試次內發生，作業的要求可說與一般會產生成本的轉移作業不同。

(3) 在決定何時行動之前即已有若干事先規劃的 RPI，其啟動時間是 -800 到 -1,000 毫秒；即時行動且未做規劃的 RPII，其啟動時間為真正行動前的 -550 毫秒。但是在這兩種不同性質案例下的 W 值，都是一樣，在未矯正下大約是 -200

毫秒。這表示 Ws 在 RPI 啟動之後 600 至 800 毫秒出現，但若換成 RPII，則 Ws 是在 350 毫秒後出現。這兩種類別的嘗試次，都是相似的作業，若有作業轉換也應該都會付出相似或相同的成本。但是依多提的解釋方式，就無法說明為何這兩種類別，在 RP 至 W 區間會有不同差距，因為依此說法，兩者應該是相同的。也就是說，若 W 確實啟動了 RP，而且若在這兩類中的作業轉換有相同成本，則不應在 RPI 啟動之後相對於 RPII，有較長的 RP 至 W 時間間隔。

（4）最後，以皮膚刺激（不是動作）為主的嘗試次結果，看起來並不支持轉換成本的想法。如前所述，皮膚刺激系列的嘗試次，基本上與自主行動系列是一樣的，受試者被要求監測鐘面光點，而且要求當他們在不同嘗試次、不同時間隨機出現的皮膚刺激下，若感到有微弱的皮膚感覺時，需要將鐘面的時間點與這種皮膚感覺連接起來。受試者所報告的鐘面時間，事實上很接近刺激給予的真正時間；相對於真正的刺激時間，平均的報告誤差時間是 -50 毫秒，也就是報告的時間會比真正的刺激時間，提早 50 毫秒。這種 50 毫秒準確度的範圍，不足以供應轉換作業成本所需的數百毫秒時間，也就是應無多提教授所擔心，會有注意力轉換下增加時間成本的情況發生。

在「現在立刻行動」情境下的事件序列

所以，回到我們最初的問題，腦部活動準備電位（RP）與行

動的意識性意志兩者,哪一個會先出現?清楚的答案是:腦部首先啟動了自主歷程(RP),受試者後來才意識性地覺知到想要行動(W),W大約是在 RP 出現之後的 350 至 400 毫秒才發生。這個結果對九位受試者中的每一位,對每個有 40 嘗試次的實驗系列而言,都是一樣的。

這兩個事件的發生順序,已經被凱勒與黑克豪森(Keller & Heckhausen, 1990)、黑格與艾瑪(Haggard & Eimer, 1999)以及其他兩個研究團隊所肯認,縱使後面這兩個研究群並沒有準確複驗我們的實驗。黑格與艾瑪還有一些有趣的發現:他們不只在顱頂(動作區與輔助動作區上方)像我們一樣記錄到 RPs [3],也在皮質部(兩側)的側前動作區(lateral premotor areas)發現到 RPs,這些側 RPs(lateral RPs, LRPs)的啟動時間,比較接近我們在 RPII 所測量到的 -550 毫秒。黑格與艾瑪還將皮質部側前動作區所量到的 LRP [4],分出較早啟動組與較晚啟動組,LRPs 較早啟動組所報告出來的 W 值,也是比較早出現的 W 值;LRPs 較晚啟動組所報告的 W 值,則是較晚出現。然而,對這兩組嘗試次而言,LRPs 的啟動都先於 W 的出現時間。這些結果顯示,LRP 的啟動先於 W 相當時間出現這件事實,適用在廣泛的 LRPs 與 Ws 範圍。[VI]

黑格與艾瑪另提出一個看法:顱頂 RP 歷程對 W 的出現應不

---

3 譯注:指在顱頂中心線 Cz 所做的測量。
4 譯注:LRP 一般係指側化準備電位(lateralized readiness potential),這是一種側化的準備電位,若用右手反應,則泛指將對側/左側 C3'記錄到的電位,扣掉同側/右側 C4'電位之後,再做左右手加權運算後所得之負值電位偏折量;但李貝在此強調的應是 RP 與 LRP 在測量位置上的不同,一在顱頂中心,一在側腦區,但雖有測量位置之不同,兩者都會在 W 之前發生。另參見本章譯注 VI。

具因果關聯性，因為在實驗中 RPs 並未與早出現或晚出現的 Ws 產生共變[5]。我們的 RPII（與黑格及艾瑪之顱頂 RP 的測量方式相似）則是一個重要數值，可以了解是否與自主性「立刻行動」歷程的最後誘發有所關聯，所以我們所量得的 RPII 應該可再分為早期組與晚期啟動組，以便測試與早出現或晚出現的 Ws 之間是否具有共變關係。至於 RPI 則為在決定何時行動之前，就已有事先規劃深思熟慮在內，這是屬於另一種歷程。但不管是我們或黑格與艾瑪，都沒有針對這些資料做過測量分析，所以在這些基礎上是否有哪些因果關聯性，目前並無任何結論可資提供（見 Haggard & Libet, 2001）。

哲學家瑟爾（John R. Searle, 2000a, 2000b）主張，自主性行動的發生，係當意識性自我（self）在理性基礎上有所作為，而且能夠引發行動之時。但我們發現「現在立刻行動」的自主歷程，係在無意識下被誘發出來，所以意識性自我並不能引發該一歷程。由意識性自我所發展出來的行動，比較適合歸類到事先規劃或做出選擇的類別，我們已利用實驗闡明此類歷程，與不做事先規劃的「立刻行動」歷程大有不同。一個人總是能夠規劃要做一個行動，而且可以深思熟慮，但卻可以什麼都不做。瑟爾的哲學取向模式，問題在於沒有將所有已知的實驗證據納入考量，他的模式大部分未經測試，甚至無法測試。

回到我們的實驗：再一個重要的發現是，W 在肌肉活化後真正動作之前的 150 至 200 毫秒發生（見圖 4.3）。另外，真正的大腦

---

5 譯注：這只是一種看法，並無像上述 LRPs 的具體資料分析可供下此定論。

自主啟動行動系列

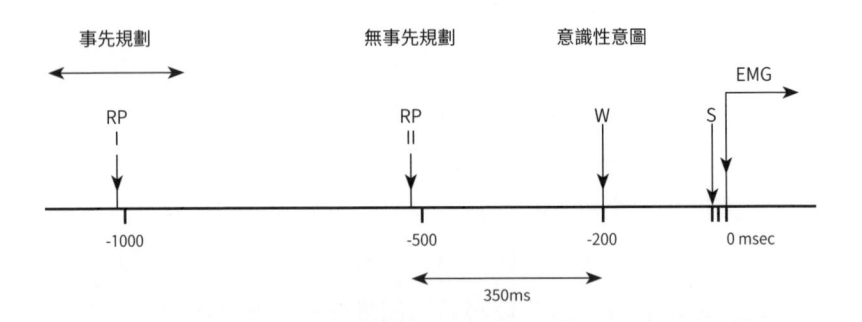

事先規劃 ← → **無事先規劃** **意識性意圖**

RPⅠ RPⅡ W S EMG

-1000 -500 -200 0 msec

350ms

圖 4.3｜事件序列圖示，自我啟動自主行動之前的大腦 RPs 與主觀意圖 W

相對於零時（0，肌肉活化之時，以肌電圖 EMG 表示），大腦的 RPs 最先開始，不管是事先規劃的 RPⅠ 或無事前規劃的 RPⅡ。想要動（W）之最早覺知的主觀經驗，出現於真正行動（零時）之前約 -200 毫秒處，但落後 RPⅡ 的開始時間約 350 毫秒。皮膚（S）刺激的主觀計時平均約在 -50 毫秒處，亦即早於真正刺激施予時間的 50 毫秒前★。（參見 Libet., 1989）

★ 譯注：這是一個需要扣掉的提前發生之穩定誤差，所以 W 的主觀計時應在此參考架構下修正，需要扣掉 50 毫秒，成為 -150 毫秒。依此則 W 的發生時間落後 RPⅡ 大約 350 毫秒，亦即 -500 與 -150 毫秒之間的差距。參見本文說明。

激發（RP）與意識性意志（W）之間的時間差，可能長達 400 毫秒。如前所述，這可能腦中有某一未知部位，引發了我們所記錄到的 RPⅡ。

此為何意？首先，導致自主行動的歷程，是由腦部在無意識中所誘發，且早在想要行動的意識性意志出現之前發生。該一結果的引申義為，假若真有自由意志，則引發自主行動的也不是自由意志。

該一實驗結果對需要快速誘發之自主行動的啟動時間，就如在大部分運動所看到的活動，也有廣泛性的引申。網球選手在揮拍回擊時速達 100 英里的發球時，無法等到弄清楚自己決定要如何行動時再出手，在運動中對感官訊號做反應，需要複雜的心智運作來滿足每個獨特事件，這些反應都不是一般的反應時間，職業運動（professional sports）選手會告訴你，假如你非得意識到自己會做什麼動作時才出手，那你就真的死定了！

意識性否決

意志歷程是在無意識下被誘發的發現，導出了下列問題：在自主行動的表現裡面，意識性意志究竟能扮演什麼角色（Libet, 1985）？該一意識性意志（W）雖然在大腦啟動 RP 之後至少 400 毫秒才發生，但是仍然比真正的動作行動要早 150 毫秒，就可能性而言，150 毫秒是一段足夠的時間，可讓意識功能來影響或控制意志歷程的最後結果。但事實上，只有 100 毫秒可處理這類事情，因為在肌肉活化之前的最後 50 毫秒，是主動作皮質部（M1）驅動脊髓的動作神經細胞之後、再驅動肌肉的時間，在這最後 50 毫秒期間，行動即將走完全程，不可能再被大腦皮質部的其他腦區指令所終止。

意識性意志可以決定讓意識歷程走向終點，並以肢體動作做出總結；另一種可能性則是，意識性意志也可以阻擋或否決（veto）該一歷程，所以就不會發生動作行為。

否決一項想要行動的意念，對所有人都是常見的經驗，特別

是當這個行動不符社會觀感，或與一個人的總體性格或價值不搭調之時。事實上我們已經以實驗方式證實，否決一個已規劃的行動是有其可能性的，縱使只剩下在預期行動時間之前的最後 100 至 200 毫秒。這是一個有局限性的測試，它不能適用在「自發性否決」（spontaneous veto）的案例上，因為此時並無肌肉激活可送出電訊號來驅動電腦，以調閱出幾秒鐘前已在顱外所量到的腦內電活動紀錄。所以我們在技術上受到限制，只能去研究已經設定行動啟動時間的否決案例，受試者先被要求準備在一個預定的鐘面時間，如 10 秒的記號處，要做出行動（如彎手腕），然後進一步要求受試者須在該一鐘面預定時間的 100 至 200 毫秒之前，否決（或取消）原先預期要做出的行動。在取消行動之前 1 至 2 秒，可觀察到一段確實清楚的 RP 發展出來，與受試者報告想要行動的感知是一致的，但是在抵達預定行動時間的 100 至 200 毫秒之前，當受試者取消該一行動、而且未出現肌肉反應時，該一 RP 便開始平坦化。實驗者在預定行動的時間到了之後，便送出一個驅動訊號到電腦，結束實驗。這個結果至少闡明一個人在預定行動時間之前的 100 至 200 毫秒內，可以否決或取消一個預期要做的行動。

這些結果讓我們對意識性意志與自由意志，在做出行動的意志過程中，應該占有什麼角色，開始有了一些不同看法。若將該一結果外插到其他自主性行動，則其引申義是意識性意志並不會啟動自由自主行動，但它能夠控制行動的後果或實際表現，它能讓行動繼續下去，或者否決（取消）該一行動，讓行動不會發生。若讓意志歷程繼續，一直到產生行動，則意識性意志便具有積極性角色，意識性意志可以積極地讓自主歷程繼續往前，一直到產

生行動,所以在這種狀況下,意識性意志不會只單純是一個被動的觀察者。[VII]

自主性行動可視之為從無意識方案的起心動念開始,接著透過腦內歷程顯現出來。意識性意志會從這些方案中選出一個,可能是往後做出行動的方案,也可能是選擇取消行動的方案,讓動作行為不會出現。我將在下節討論自由意志的全面引申含義。

多提曾懷疑是否因為腦中的無意識方案出現如此頻繁,以致讓意識性意志一直忙著監測有哪些方案需要否決。但是我們不知道有多少與自主性行動有關的方案會浮現出來,它們出現的頻率相對而言應該不多。然而,就每一案例而言,無意識歷程可能提供了某一方案是否可被接受的訊息,這些無意識歷程會在 RPII 開始啟動之後的 400 毫秒內發展出來。請參看後面小節「意識性否決是否有先行的無意識源頭?」,只有當這些無意識歷程將某一方案視為難以接受時,意識性否決歷程才需要出面來提醒去做出可能的行動。

人有自由意志嗎?

自由意志的問題可以回溯到有關人性,以及如何連上宇宙與自然律觀點的最根本處。人是否被物理定律的決定論性質所定義?人在本質上是否就是複雜的自動機器,至於加到身上的意識性感知與意圖,可能只是伴隨發生的現象(epiphenomena),並不具有因果力量?或者,人是否有一些做決定與行動的獨立自主性,不完全受已知物理律的決定?

最廣為人知的一般見解，認為人有神賜的才能來選擇或決定想做的，這個才能不完全受自然界物理律的決定性限制，世界上很多宗教都在推廣這樣一個觀點，若無該一觀點，將很難去主張一個人在自主行動上的責任倫理問題。自由意志的傳統與流行觀點，也假設一個人是在意識狀態下執行其意志。當人對自己的行動選擇完全沒有覺知，而且是在無意識下做這些事情時，社會上會傾向於認為他／她們不需為其行動負完全責任。

很多人也相信神是全能的，控制了人與自然界。由此想法產生了相關的信念，認為人的命運是上天注定的，所有活動超過了個人的獨立性。若神事先知道你想要做的事情，則很明顯的，在你能夠獨立做出行動的獨立自由決定或選擇之前，你的行動選擇已被設定。弔詭的是，該一有關人的命運與神的能力之觀點，竟然與可能是無神論之唯物決定論者的主張相同。

過去幾個世紀以來，神學家已經提出不同理論，用一種與全知全能的神得以相容的觀點，來說明自由意志的存在。譬如，猶太神祕教派卡巴拉主義（Kabbalists）提出，神本人主動放棄自己預知人想做什麼的權力，如此則能讓人類的自由意志得以運作，這是神希望人類擁有的特徵（見 Cooper, 1997）。

腦部歷程與意識性意志的時間運作

我們在實驗中已經移除所有對行動自由的限制，受試者做的只是在任何時間當他想要做時，做個簡單的手腕或手指彎曲動作，這些主動的行動是隨意做出，不受任何外在限制或約束。自由意志在此不能被視為是自由主動歷程的啟動者，我們清楚看到準備

工作的啟動，以迄落實到自由自主的動作之上，是來自腦部的無意識歷程，發生在想望與意圖「立刻行動」的意識性覺知之前，這段領先時間大約是 400 毫秒或更多。

意識性意志的控制功能

否決或取消的可能性是否存在，並不是一個被質疑的問題。我們實驗中的受試者，有時報告說意識到出現了想要去行動的念頭，但他們將這個念頭壓下來或取消它。由於肌肉在這種狀況下未被激活，所以無法送出電訊號，以驅動電腦去調閱與分析任何在否決之前可能會出現的 RP，因此若該一行動意圖被自發性否決時，在技術上並無法量到 RPs。不過，我們發現受試者可以否決一個事先已經規劃好，在某一特定時間要做的行動（見上節「意識性否決」）。

我們都曾有過否決掉一個想要行動之自發性渴望的經驗，這種案例經常發生在會導致社會無法接受的情境，如想對自己的老師飆髒話。碰巧的是，妥瑞症候群（Tourette's syndrome）也會自發性地飆髒話，這些行動事實上是不能控制的，在這樣一個行動之前並無 RP 出現，雖然妥瑞症病人若自主產生一個行動，則確實會在行動出現之前產生 RP。在每個人身上，對一個沒有預警出現的刺激做出快速反應時，也不會有先行的 RP 產生，雖然它可能會依賴先前已經開始準備的無意識歷程，但基本上它並非是一個已經具有意識性的自由自主行動。

如上所述，除了有否決的功能之外，意識性意志還有另外一個潛在的功能，亦即可以驅動意志歷程走到最後的行動，如此則

意識性意志便可在動作行為的主動產出上，占有一個角色，但意識性意志該一假設性的角色，並未曾經過實驗測試。另外有些會成為「自動化」的行動，可以在沒有意識性要做什麼之下做出來，但是在它之前所帶動的 RP，其波幅與持續時間皆甚微小。

強迫症（obsessive-compulsive disorder, OCD）是一個有趣的相關案例，可用來說明行動的意志渴望與否決功能角色之間的不正常關係。OCD 病人經驗到，想要重複執行一件行動的意識性渴望，如一直重複洗手，他很明顯的是欠缺否決該一渴望的能力，因此停不了一直做同一件事。

洛杉磯加州大學（UCLA）神經學家在一個有趣的臨床研究中，可以訓練 OCD 病人以積極方式來否決或取消想要做出重複性行動的衝動（Schwartz & Begley, 2002），病人努力學習否決該一強迫歷程，因之得以紓解OCD症狀。史華慈（J. M. Schwartz）與貝格里（S. Begley）主張在討論如何將行動的強迫性衝動否決掉時，應該要考量一種主動的「心理力」，該一意識性的心理力無法以唯物論、決定論的觀點，做出合理的解釋或說明。最近一位舊金山的精神科醫師告訴我，他已開始訓練一些有意願的病人，來對自己激烈的強迫性渴望做出強烈的反制否決行動。

所有這些做法都符合我對意識性否決功能的看法，而且對我所提出自由意志應如何運作的主張提供了強而有力的支持。也就是說，自由意志並沒有啟動意志歷程，但是能夠控制後果，控制的方式則是容許這個行動繼續發生，或者透過積極的否決意志歷程，以中止或取消該一行動。

美國約有二十萬人罹患妥瑞症，症狀之一是控制不了飆髒

話，以及出現其他不正常行為，這些衝動大部分無法在意識層面上予以控制。腦部影像對妥瑞症的研究（Wolf et al., 1996），已經發現有尾狀核（caudate nucleus）參與其中，尾狀核係位於皮質下基底神經節（basal ganglia）的一部分，看起來與意向性動作行為的一般性組織機制有關。對妥瑞症病人而言，其尾狀核對多巴胺（dopamine）有高度敏感性；相對而言，巴金森氏症病人則是神經傳導物多巴胺不足，呈現出緩慢的動作起動能力。有趣的是，強迫症病人難以將想要行動的衝動壓抑（或否決）下來，也在尾狀核的活動上出現變化。這些結果顯示，否決想要行動的意志渴求這件事，可能包括有尾狀核的神經活動在內，雖然否決的機制相當可能是在大腦半球前額葉先啟動的。有些研究顯示前額葉的損傷，可能導致出現更不受抑制而經常是非社會性（asocial）的行為。

哈佛大學社會心理學家威格納（Daniel Wegner, 2002）提出一個長論證，來表達「意識性（自由）意志是一種錯覺」的觀點。他準確描述了我們的實驗，說明了自主性行動係在腦中無意識啟動，威格納就像不少人一樣，認為我們的實驗結果指出：意識性意志「可能只是一個鬆散的結果，就像其他經由早先腦部活動與心理事件所引發的行動一樣」（頁 55）。然而，威格納並未在其書中討論否決現象，以及否決在意識性意志中所可能扮演的因果性角色。該一角色控制了自主性行動的最後樣貌，縱使自主性歷程是在意識性意志發生之前，已在無意識之中啟動。

如何掌握自主行動是由我們啟動的感知

在前一小節「腦部歷程與意識性意志的時間運作」中，提及自由意志可能如何運作的觀點，確實會製造一個問題出來：如何解釋在我們啟動了行動之時，心中的感知或經驗？假如啟動一個自由的自主行動之大腦歷程來自無意識，則如何感知在意識性之下啟動了行動歷程這件事，就變得有點弔詭。我們知道在真正的行動之前，確實會覺知（aware）到想要行動的渴望，這種覺知會讓人感知到自己已經有意識地啟動了該一過程，然而，若是真感知到我們已經啟動了整個自主性歷程，則這種感知不可能是真的，因為我們並未覺知到該一歷程其實是由無意識所啟動的。

從另一方面來看，意識性意志產生之後，可能可以作為一個誘發因子，來驅動無意識中已準備好的方案，繼續往前處理一直到行動出現。若真如此，則啟動或產出自主行動的意識性感知，所反映的便是實際狀況，因此也就不能稱之為錯覺了。

但是真正能夠確定的，其實只有針對能夠封鎖或否決意志歷程，以及阻止任何軀體行動出現的意識性意志能力。換言之，意識性意志能夠控制無意識啟動歷程所引起的後果。至於它是否也扮演了另一角色，能讓未被否決的行動繼續往前以迄完成，則尚未有實驗證據可供驗證。

意識性否決是否有先行的無意識源頭？

討論到這裡，應該考量到一個可能性，亦即意識性否決本身可能可以在先行的無意識歷程中找到根源，就像意識性意志的發

展與出現一樣。若否決本身是在無意識中啟動與發展,則否決的選擇將成為一種無意識的選擇,在此基礎之上,我們開始意識到這件事,而非將否決視為一種在意識中進行的因果性事件。參考我們所提的實驗證據,已顯示只有在 500 毫秒間距的適當神經激發之後,腦部才能產生某一事件的覺知(見第二章,以及 Libet, 1993, 1996 的評論)。

有些人提議說,縱使否決選擇是來自無意識啟動,但仍是來自個人所做的真正選擇,因此可將其視為自由意志歷程(如 Velmans, 1991)。我無法同意這種自由意志的主張,因為依照這種觀點,人不能意識性控制他自己的行動,他只能在無意識的啟動選擇之後才獲得覺知,他不能對任何先行的無意識歷程本質,做出直接的意識性控制。但是自由意志歷程的含意,應是人能夠在意識層面上為自己的選擇做或不做來負起責任,我們不認為人能為自己在無意識中所做的行動負起責任,因為不存在有意識控制的可能性。

譬如說,一個人在癲癇發作時的動作或妥瑞症病人的飆髒話,不會被認為是自由意志下的行動,則一個由正常人在無意識下所發展出來的事件,假如這是他沒有辦法做意識性控制的歷程,為何會被認為是一種自由意志下的行動,為何他必須去負這個責任?[VIII]

我另行提出一種看法,亦即意識性否決可能不需要先行的無意識歷程,也不必視為是該一無意識歷程的直接結果。意識性否決是一種控制功能,與單純的對行動意願之覺知並不相同,在任何心腦理論(mind-brain theory)甚至同一理論中,在邏輯上並無

必要性去針對一個意識性的控制功能,來設定先行的特定神經活動,以確定其性質。而且若假定控制歷程在不需要特定的先行無意識歷程下,即有可能發生的說法,也沒有任何實驗證據足以反對。

因此「意識到否決的決定時,確實表示人覺知了該一事件」的講法,也許是難以否認的。這樣一種想法,如何與我的主張相容?也許在討論覺知及其內容之發展的大腦歷程時,應該重新回去看看覺知的概念,如何與覺知的內容發生關聯。我們以前的研究已指出,覺知本身是一個獨特的現象,可以與一個人覺知的內容分離開來。[IX]

譬如說,感官刺激的覺知不管是來自軀體感覺皮質部或皮質下通路(視丘或內側丘系神經束),都需要相同時間的刺激序列。但是這兩個案例所產生的覺知內容則有所不同;在皮質刺激時的感覺覺知有主觀上的延宕,但同樣刺激皮質下通路時則無主觀上的延宕[6]。無意識心智歷程的內容(如在對訊號仍無覺知之時,對訊號卻有正確偵測),可能與可以覺知到訊號做正確偵測時的內容相同,但是想要對該一內容有所覺知,則需要將皮質下通路的刺激時間增長到 400 毫秒(見 Libet et al., 1991)。

對一個內生的自由自主行動而言,要覺知到行動的意圖,會延宕到腦部以無意識啟動該一歷程的 400 毫秒之後(見上節「在『現在立刻行動』情境下的事件序列」)。在此所說的覺知,可以視為適用到整個意志歷程,包括有行動意識性意圖的內容,以及可能影響意

---

6 譯注:參考第二章,刺激皮質下通路會在大腦產生快速的初始 EP,因此會啟動回溯反向指定機制來做主觀定時,與刺激時間相比不會產生主觀上的覺知延宕。

識性否決之各種因素的內容,對事件的覺知不一定要局限在整個事件的某一內容細節。

有一種可能性是做出否決決定所依賴的各項因素,確實是由否決之前已經開始的無意識歷程所發展出來。然而否決的當下意識性決定,仍然可以在沒有先行無意識歷程的直接指定或影響下做出來,也就是說,當一個人已經有了一整套由先前無意識腦部歷程所提供出來的方案,則他便能夠在這時做出意識性的接受或否決。決定要否決的覺知,可以有先行的無意識歷程,但是覺知的內容(真正現在要做的否決決定,這是一種特定內容),則是另外一個不同的特徵,不需要做相同的要求。

我們的發現對自主行動有何重要意義?

除了我們所研究的簡單自主行動外,是否能假設其他的自主行動,在無意識腦部歷程與出現想要行動的意識性意志之間,也具有同樣的時間關係?科學研究通常受限於技術,因此先探討簡單系統中的單一歷程,接著再去了解從該一簡單系統所發現的基礎行為,是否真的能夠表徵其他相關與更複雜系統的現象。譬如密立根(Robert A. Millikan)在一個孤立系統中所測量到的單一電子電荷,仍適用於所有系統電子電荷的測量。事實上,其他研究者已發現準備電位(RPs),會在做其他更複雜的意志性行動之前出現,如要開始講話或書寫。然而這些研究者並未探討,要開始做出這些行動之意識性意圖的出現時間,所以可以考量我們有關自主性行動的實驗發現,看看是否可以做出哪些一般性的引申。

我們也應該區分深思熟慮做行動選擇(包括針對該一選擇所

做何時行動之事先規劃），以及實際上「現在立刻行動」的最終意圖之間的差別。畢竟一個人可以深思熟慮終日，卻永遠不做出行動，在這種案例中即無所謂自主行動在內。我們從實驗中發現，受試者會在確定約略何時行動的某些嘗試次中，做出一些意識性的事先規劃（如在下一秒鐘左右來做出行動）。但縱使在這些案例中，受試者報告想要現在立刻行動之意識性意圖的時間，大約是 -200 毫秒，該一數值非常接近沒有事先規劃，完全自發性決定要行動的報告時間。綜合來看，為了準備行動所產生的無意識腦部歷程（RPII），可說遠在要做出行動的最後意識性意圖出現之前，即已啟動。

這些發現指出，要做行動的大腦意志歷程順序，可能適用於所有的自主行動，不管它們是完全自發性或者有一段深思熟慮的時間。亦即不管先前的深思熟慮或規劃是否出現，現在立刻行動的歷程係在無意識中啟動，大約是在準備行動之意識性意圖出現的 400 毫秒之前。「現在立刻行動」歷程，看起來是獨立於深思熟慮或事先規劃歷程，而且這是兩個可以分開的歷程。

自由意志如何運作的倫理引申

因此意識性自由意志的角色，並非在於啟動自主歷程，雖然它可能讓該一過程最終得以導致行動。然而，意識性意志一定可以控制讓行動是否會發生，若將與自主性行動有關的無意識方案，視為腦內在無意識中陸續湧現的想法，則意識性意志便可從這些方案中選擇有哪些可以付諸行動，有哪些可以否決掉以便放棄行動。

這種自由意志的角色,其實與一般宗教及倫理教條相容。大部分宗教哲學主張,人應為其行為負責,並宣稱人要控制自己的行動。《舊約》的十誡中,大部分都是「不准」的誡令;猶太拉比與大哲學家邁蒙尼迪斯(Maimonides)則將神聖(holiness)定義為「嚴格的自我控制,以及對自己最本能身體欲望說不的能力」(引自 Rabbi Shlomo Riskin, 1999)。針對這類黃金律,猶太教與基督教版本之間有一個有趣的差異,拉比希列爾(Hillel)生活在比耶穌時代稍早之時,他是這樣說的:「不要對別人做出你不想讓別人對你做的事。」也就是說,不要干擾別人,要容忍;基督教則採取正向積極的觀點:「對別人做出你想讓別人對你做的事。」已故哲學家考夫曼(Walter Kaufmann)在其1961年《異端者的信仰》(Faith of a Heretic)一書中,認為該一差異非常重要,他說基督教的黃金律,可以導致做出違反他人意願的強制性行動。

何時人會變成有罪或罪孽深重

在不同的宗教及哲學系統中,我們的發現如何與人何時可能被視為有罪(guilty or sinful)該一問題關聯起來?人若經驗到一個意識性的欲求,要去做一件社會上不能接受的行動,是否即可視為有罪,縱使該一欲求已被否決且無行動發生?某些宗教系統會說確屬犯罪。美國總統卡特承認曾對某些女性起了色心,雖然他並未有所行動,但顯然對自己這種色欲衝動,心中不免有罪惡感。看起來卡特面對的是由〈山上寶訓〉(Sermon on the Mount)中的兩段經文所衍生出來的基督教傳統:「你們聽見有話說:不可姦淫。只是我告訴你們,凡看見婦女就動淫念的,這

人心裡已經與她犯姦淫了。」(《馬太福音》5:27-28，費里曼〔Anthony Freeman〕牧師提示我這兩段經文。)

但是依據我們的發現，任何這類欲求應是在腦中被無意識啟動與發展出來的，在無意識中所發生之行動意圖，無法在意識層面予以控制，只有在最後行動的完成過程中，可以被意識性地控制。所以，若一個宗教系統只因人有心理意圖或衝動要去做某些不被允許的事，縱使這件事其實並沒有做出來，就予以譴責，則這樣的做法會造成一種生理上無法克服之道德與心理上的難題。

真的，若堅持認定一個想去行動、但不能被接受的欲求，雖然沒做出這件事，也是有罪的，則實質上將讓每個人都成為帶罪之身。類似欲求的無意識啟動機制，可能存在於所有人身上，會去經驗到這類社會不能接受的欲求，以及想要行動的意圖。在這種意義下所提出的觀點，可以為原罪（original sin）提供一個生理基礎。當然，原罪的概念也可以從認定為有罪（guilty）或罪過（sinful）的不同觀點上發展出來。

倫理系統處理的是掌理個人行為或與他人互動的道德規範或慣例，它們基本上是處理行動，而非只是處理欲求或意圖，因為只有行動，才能直接影響他人的福祉。因為可以在意識上被控制的是行動表現，所以在此觀點上認定個人行動有罪且須為其負責的觀點，應該是具有正當性的。

決定論與自由意志

有關自由意志還有一個尚未討論到的深層問題，我們從實驗上所獲得的，是一些有關自由意志可能如何運作的知識，但是仍

未回答底下的問題：（1）意識性的意志行動，是否完全決定於掌理腦部神經細胞活動的自然律？或者（2）自由的自主行動與執行自主行動的意識性決定，是否在某種程度上可以獨立於自然決定論來做處理？上述第一種選擇將讓自由意志成為錯覺，執行個人意志的意識性感知則被視為附隨現象（epiphenomenon），只是腦部活動的一個副產品，自由意志本身在這種意義下不具有因果效力。[7]

哈佛大學的威格納（Wegner, 2002）用相當篇幅來主張自由意志是錯覺的觀點，其他人像兩位邱其蘭（Churchland & Churchland, 1998）與狄內（Dennett, 1984）也都有類似觀點。威格納提出「表象心智因果理論」（theory of apparent mental causation），主張「當人將自己的思考想成是產生行動的原因時，人就會經驗到有意識性的自由意志」（前揭書，頁64），亦即意識性意志的經驗，是「相當獨立於任何有關人的思考與行動之間的真正因果連結」。這類主張當然可以在決定論的觀點下提出，來作為一種自由意志的理論，但並無重要證據可以證明其有效性，也沒有提出任何可以用來否證該類理論的實驗測試。當不具有否證的可能性時，一個人便可以做出任何主張，而不用擔心會有矛盾出現（如波柏所闡釋過的講法）。

首先，自由選擇或行動是無法預測的，縱使它們被視為是完全可被決定的。海森堡的「不確定性原理」（uncertainty principle），確認我們對事物的分子活動無法獲得完全知識，量子

---

[7] 譯注：在討論自由意志是否有基因根源時，也有這類弔詭的結論。若認為自由意志應該有基因基礎，則此時自由意志便被基因所圈限，而無自由意志可言，因此產生了悖論。

力學逼著我們去處理機率問題，而非事件的確定性。在混沌理論（chaos theory）中，隨機事件可能以一種無法預測的方式，改變了整個系統的行為。然而，這些事件縱使在實務上無法預測，但並不因此排除它們是遵守自然律以及被決定的可能性。

該一基本問題可重述如下：我們必須接受決定論嗎？非決定論是一個可行選項嗎？我們應先了解，這兩種不同觀點都是未經證實的理論，亦即在論及自由意志的兩種存在可能性時，都是尚未被證實的講法。連結自然律的決定論，整體而言在物理可觀察世界中運作良好，因此也讓很多科學家與哲學家認為，任何偏離這類決定論的想法，都是荒謬、愚笨，而且不值得考慮。但是自然律來自對物理世界的觀察，而非來自主觀的心智現象，後者是無法直接觀測的，它們是個體的內在經驗。目前並無任何證據或甚至實驗測試的設計，足以確定或以具有說服力的方式來闡明自然律決定論作為中介或工具的效力，可及於自由選擇或自由意志。

在物理現象與主觀現象類別之間，有一個尚未能闡明的差距。研究者遠如萊布尼茲曾指出，當你看往腦內而且完全掌握解剖生理與神經細胞活動時，你不會看到任何被稱之為主觀經驗的東西，你只會看到細胞結構、相互連結、神經衝動、其他電神經生理活動與代謝化學變化。我們從 1950 年代後期開始進行意識經驗生理學的實驗研究，基本認定就是外在可觀測的腦部歷程，與相關可報告的主觀內省經驗，必須同時放在一起研究，而且將它們視為互相獨立的類別，以便理解它們之間的真正關係。認為物理可觀察世界的決定論本質，也可以用來處理主觀意識功能與事件的想法，是一種猜測式的信念，並非一個科學上已獲證實的主

張。當然,現代物理學教導我們,縱使是物理事件也可能不是被決定的或可預測的,這些物理事件在巨觀的層次上遵守自然律,但並不排除物理事件會在無法觀測的微觀層次上,被外在心智力量(mental force)影響的可能性。

非決定論者主張意識性意志,可能有時不遵循已知的物理律來產生效應,這其實也是一種未獲證實的猜測性信念。意識性意志能在違反已知物理律下,影響腦部功能的觀點,可分兩種形式來談。一種看法認為是否違反物理律是無法偵測到的,因為心智行動可能處在量子力學所容許的不確定水準之下(這種加但書的講法是否站得住腳,尚未可知),該一想法容許在無法察覺到自然律被違反下,保有非決定論的自由意志。第二種看法認為違反已知物理律這件事,已經大到可以偵測,至少在原則上,但在實務上卻可能做不到,這種偵測上的困難,特別發生在當意識性意志可以在相當少的神經元素上,就可藉著最小的動作來發揮影響力時,並假設這些動作可以誘發出放大的腦部神經細胞組型活動量。就這兩種看法,我們都無法從科學上去回答,究竟是哪種理論(決定論或非決定論)可以正確描述自由意志的本質。

然而,有一個需要去體認的普遍經驗,亦即我們能在特定情境下,以自由、獨立的方式針對是否行動,做出選擇與控制的動作。最簡單的例子就是在我們實驗中所使用的做法,亦即以自由任意方式在意識性意志下彎曲手腕。該普遍經驗提供了一種表面上的證據,認為意識性心智歷程能夠以因果方式控制某些腦部歷程(Libet, 1993, 1994),當然,這種經驗的本質必須予以釐清。我們的實驗發現顯示,意識性自由意志並未引發最後的「現在立刻行

動」歷程，最後行動的啟動係在無意識中發生，但是就如前所述，意識性意志當然是有潛力去控制意志歷程的進程與結果。所以，針對是否與何時行動的選擇及控制經驗，確實是具有潛在的堅實效度，而非錯覺。至於在任何「現在立刻行動」歷程之前，所做的意識性深思熟慮與事前規劃，它們所考量之行動選擇的大腦運作本質，則尚待釐清。

　　這類經驗如何與實驗科學家的觀點做一結合？看起來對決定論者造成的困難，會比對非決定論者多。現象上，大部分人感知到至少在某些行動上，真的有一種自由意志，可以在若干腦部與環境的限制條件下發生。我們對自由意志現象的直覺感受（intuitive feeling），形塑了如何看待人性的根本基礎，但必須要很小心，不要相信那些依賴一些隱藏性的特定假設，自以為是做出有關人性本質的科學結論。一個將自由意志現象簡單地解釋成錯覺，而且否定自由意志效度的理論，看起來就比接受或包容自由意志的理論更不具吸引力，也不受歡迎。

　　由於該一議題對於「我是誰」、「我們是誰」的觀點，具有根本重要性，所以主張自由意志是錯覺的講法，應該要建立在相當直接的證據上。理論應係用來說明觀察與事實，而非跳過或扭曲它們，除非有強大的證據可以支撐這種做法，但這類證據並不存在，決定論者也未提出任何具有潛力的實驗設計，來測試他們的理論，一些經過精細論述認為自由意志是錯覺的主張，如威格納（Wegner, 2002）所提的，就是屬於該一類別。若在一個未經證實的決定論理論上，放棄人有若干行動自由度，以及自己不是事先設定之機器人的想法，可說相當不智。

若自由意志指稱的是人在非決定性意義上之真正自由，則我對自由意志的結論會認為，它的存在至少是一個好的科學選擇，縱使沒有比被自然律決定論所支持的反面版本更好。其實決定論與非決定論所提出的主張，基本上都是猜測的，那為什麼不採取人有自由意志的觀點，至少可以等到出現若干真正的矛盾證據後再說？這樣一個觀點至少能讓我們去接受與包容，讓自己相信有自由意志的深層感知，不需將自己視為完全被已知物理律控制的行動機器。這樣一個寬容的選項，前一陣子也是神經生物學家史培理所宣揚的主張（見 Doty, 1998）。[x]

　　容我在此引用大小說家以撒・辛格（Isaac Bashevis Singer）的一段話做個小結。辛格強烈主張人有自由意志，他在一個訪談中自由自在地說：「人類與人性所收到的最大禮物，就是自由選擇。沒錯，我們在使用自由選擇上有其限制，但是這個小小的自由選擇禮物是如此巨大，而且它的潛藏價值如此豐盛，為了這個，生命就值得活下去。」（Singer, 1968）

譯注

I

　　1929年由漢斯・貝爾格（Hans Berger）所提出的EEG測量，是腦部神經活動的粗糙指標，但只要經過適當實驗設計，將事件開始之後的信號放大存放電腦，之後就以重複嘗試次（經常要上百上千次），或不同受試者資料（早期電腦計算能力不足時，只能做個別受試者的分析），進行匯總平均分析之抽離程序，即可能從總體的EEG原始資料中，在每個重要的電極紀錄端標定出與特定事件有關的成分，如事件相關電位ERP（event-related potentials）或誘發電位EP（ERP舊稱「EP」）。假如不是很在意這類測量結果，是來自哪一腦內特定精細位置，或特定神經生理活動來源之類的定位（localization）問題時，則ERP是研究毫秒級心理與認知活動的方便與重要指標。

　　1960年代發現在警告刺激出現與目標作業（如看到目標刺激後按鍵）之間，會在額葉電極處記錄到大的負電壓（電壓是兩點電荷量的差，電位則是某一點之電荷量），這是第一個發現與認知事件（期待與準備）有關的ERP成分，稱為「關聯負電位變化」（contingent negative variation, CNV）。CNV在警告訊號與目標作業之間出現，與動作準備有關，這是大範圍朝向負電壓方向變化的ERP成分。若將警告與作業之間的時間拉長，則可看到警告訊號出現後，朝向負電壓變化，接著回歸基本線，在快要接近目標作業之前，又開始朝向負值發展，此時第一個階段的負成分反映警告訊號的處理，但第二階段負成分則可視為動作之前的準備。

　　後來陸續發現P3或P300（如當受試者難以預測下一個是聲音或視覺刺激，或者針對罕見刺激，則在刺激出現後的300毫秒如頂葉或額葉，會有大的正電壓峰值）、N400（與語言相關的負電壓方向峰值，可在中央線與頂葉測得）、N2pc（N2-posterior-contralateral；負電壓方向，目標刺激出現

後 200 至 300 毫秒內，在腦殼後方異側與同側測量相減後，所抽離出來與目標注意力有關的 ERP 成分）等等。但這並不一定是很準確的時間標示，因為在實驗持續進行時，會有一個變動範圍在，如在一些語言實驗中，P3 會在 N400 之後出現（Luck, 2005）。

若不從外界給刺激，而是讓受試者主動做一系列的動作反應（如彎手指），則可在真正動作發生前，於額葉與中央線的電極紀錄處，發現有緩慢長達一秒往負電壓方向偏移的峰值出現，好像是處於一種動作準備階段，這就是孔胡伯與狄克在 1964 年所發現的準備電位（BP）（見下文譯注 II），也就是李貝書中所講的準備電位（RP）。

Luck, S. J. (2005). *An introduction to the event-related potential technique.* Cambridge, MA.: MIT Press.

II

BP（Bereitschaftspotential，或稱「readiness potential」〔RP〕）的歷史性測量首見於 1964 年，由孔胡伯與狄克提出（Kornhuber & Deecke, 1965）。另外有一個在時間上很接近的獨立發現（Vaughn, Costa, & Ritter, 1968），這是一種用來特別指稱，自發性主動動作（如快速彎曲右手食指）的腦內事前電位或「準備電位」，與以被動感覺反應為主的 ERP，在實驗安排上有所不同（見譯注 I）。1960 年代仍然流行將人作為被動個體且排拒自由意志，德國兩位研究者卻能獨排眾議，特別注意到自發性主動動作的重要性，並深入思考如何在腦殼上測量這種特殊的腦內電活動，可說具有革命性意義。

BP 或 RP 是一種緩慢增加，一般在 10 至 15 微伏（μV）範圍內的負值腦部表面電位，係由多次動作實驗（達數千次的彎指動作），經由電腦儲存大量電位數據，去除干擾之後累加計算平均出來的大腦波型。它無法從

即時的腦波紀錄上看出，也不是一種減弱型的 α 波，比自發性 α 波（8 至 12Hz，平常舒緩下的腦波）要小上十到百倍，所以必須要從大量數據中做平均，才找得到它的蹤跡。1964 年首次在皮質部的主動作區與輔助動作區顱外，亦即在 C3（中央左側）、C4（中央右側）、Pz（頂葉中線）各自同時測到在自發性主動動作之前，明顯爬升的（負值）準備電位。一般在動作前期 1,250 毫秒左右，兩側大約對稱，但到了動作之前 500 毫秒左右，異側的負值（取絕對值）電位高於同側，因此 C3 扣掉 C4 後之值可以表示右手食指彎曲的「特徵」準備電位；在動作之前約 90 毫秒，前述電位開始向正值方向彎曲；動作之前約 60 毫秒出現動作電位，動作發生時則開始測到肌電反應（Kornhuber & Deecke, 2009/2012）。由此可知 BP 或 RP 的最大值，應出現在身體動作的異側中央溝前的動作相關腦區。如譯注圖 4.1 所示。

依照李貝的說法，無法控制的行動如妥瑞症候群（Tourette's syndrome）自發性地飆髒話，在這樣一個行動之前並無 RP 出現；可以在沒有意識性要做什麼之下做出來的「自動化」行動，在它之前所帶動的 RP，其波幅與持續時間皆甚微小；RP 主要發生在自主性行動的歷程，但在做出意志性的否決或取消該一行動後，RP 開始平坦化。

本章一開始提到孔胡伯與狄克的原創性發現，受試者在做出

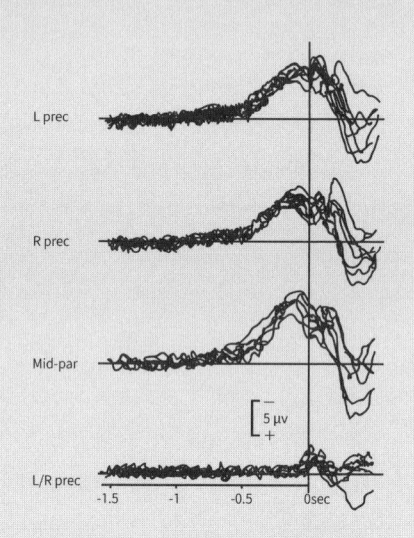

譯注圖 4.1 ｜ 歷史上第一個 BP（或 RP）測量圖。

相對應之腦波電極測量標準位置：L prec：C3；R prec：C4；Mid-par：Pz；L/R prec：C3-C4。（Kornhuber & Deecke, 1965；本圖由作者狄克於 2005 年 12 月 25 日放上 Wikimedia Commons。）

自主性行動之前 800 毫秒或更早，即已在大腦產生準備電位。但該研究並未將意識性意圖納入實驗變項之中，亦即無法確定意識性意圖會在自主行動多久之前發生，所以也可能是在意識性意圖發生之後，才出現 BP，或者兩者出現的時間非常接近。因此李貝在 1983 年發展出一套做法，特別將該一重要的意識性意圖變項納入實驗之中，卻得到令人驚訝的結果，並引發迄今尚未停止的爭議，這是本章所要描述的主題。孔胡伯與狄克在後來出版的綜論專書中（Kornhuber & Deecke, 2009/2012），也特別提及李貝這一系列意圖與意志性行動的研究，並稱之為是一個有關腦部的重大研究。潘洛斯對這兩個相關聯的系列實驗結果也很快地表達了高度興趣（Penrose, 1989）。

在本章中，李貝提及艾可士可能是因為對心物二元論的偏好，所以認為孔胡伯與狄克的實驗在自主性行動發生之前有長達 800 毫秒以上的準備電位，一定表示與此有關的意識性意圖，甚至會在 BP 或 RP 早期啟動之前出現，也就是精神力量會介入引導大腦事件的發生（這是事前介入誘發）。李貝曾與艾可士合作共事過，當他在此處提到艾可士的特殊哲學觀時，係指其傾向心物二元論（dualism），這在一般神經科學家中相當少見，尤其是對主張「意識的神經關聯理論」（NCC）之研究者而言。

艾可士主張精神力量會介入引導大腦事件的想法並非孤例，其實在針對前述李貝第一系列的神經充裕量與 EP 標記研究的詮釋中（見第二章與譯注）已做過類似主張（Popper & Eccles, 1977）。但李貝認為這是沒有根據的想法，所以才想辦法直接研究意識性意圖的角色，依其結果是意識性意圖發生在 RP 之後而非之前，不過李貝也指出可能腦中有某一未知部位，引發了實驗中所記錄到的 RP。這種講法初看起來與艾可士的說法確有不同，因為並未使用精神力量的概念，但會衍生另一問題，亦即那又是誰誘發了影響 RP 發生的腦中未知部位？依此可以一直往前推論，而產生無窮迴歸（infinite regress）的麻煩問題，因為最後可能只好假設腦中有一小人（homunculus），他才是在背後操弄的影武者。但這樣一來，精神力量介入影響大腦事件（而且絕對是事前介入）的信念又出現了，也可說是心物二元論的一種變形。李

貝這種詮釋方式，也許會因此被認為是心物二元論的支持者，不過李貝並未輕易認可這種講法。

    Kornhuber, H. H., & Deecke, L. (1965). Hirnpotential ändrungen bei Willkürbewegungen und passiven Bewegungen des Menschen: Bereitschaftpotential und reafferente potentiale. *Pflügers Archiv*, 284, 1-17.（英文翻譯：Kornhuber, H. H., & Deecke, L. [1965/2016]. Brain potential changes in voluntary and passive movements in humans: readiness potential and reafferent potentials. *Pflugers Arch-European Journal of Physiology*, 468, 1115-1124.）

    Kornhuber, H. H., & Deecke, L. (2009/2012). *The will and its brain: An appraisal of reasoned free will*. Lanham, MD.: University Press of America.

    Penrose, R. (1989). *The emperor's new mind*. Oxford: Oxford University Press.

    Popper K. R., & Eccles, J. C. (1977). *The self and its brain*. Berlin: Springer-Verlag.

    Vaughn H. G., Jr., Costa L. D., & Ritter, W. (1968). Topography of the human motor potential. *Electroencephalography and Clinical Neurophysiology*, 25, 1-10.

III

    在等比量表的資料中有三種常見的統計指標，可以用來表示環繞著平均趨勢的相對變動方式：（1）標準差（standard deviation, SD）；（2）標準誤差（standard error of the mean, S.E.）（3）變動係數（coefficient of variation, CV）。

SD 係用來描述一組實際資料的離散狀況，若 SD 高過平均數的一定比例，如超過平均數的 50%，則表示有極端值在裡面。若資料分布為常態或高斯分配，則平均數加減一個 SD，約可涵括 68% 該組資料在內，若加減 1.96 個 SD 可涵括 95%，若加減 2.58 個 SD 則涵括到 99%。

S.E. 則是先由一個實驗的實際資料算出平均數與標準差之後，由 SD 除以實驗樣本數的平方根來表示，所以樣本數愈大，S.E. 愈小，可用來推論以後若每次重複同樣實驗，而且若其分配是常態分配（或者抽樣樣本夠大時，依據中央極限定理，可趨近於常態分配），則所產生的平均數大約有 68% 的機會落在已統計出來之平均數加減一個 S.E. 的信賴區間（confidence interval）之內，若信賴區間擴大為平均數加減 1.96 個 S.E.，則新實驗平均數落在此區間的機會，會提高到 95%；其餘類推。標準誤差（S.E.）其實也是一種 SD 的概念，只不過不是針對一組實際資料計算其變異程度，而是針對理論上由平均數所形成之抽樣分配計算其變異（假設存在有一母體，每次隨機從其中抽出 n 個樣本，就可算出一個平均數。抽出後放回再隨機抽取，可計算另一平均數，如此反覆便可針對理論上的平均數做出一個抽樣分配，再依據這個分配算出變異數。S.E. 就是平均數抽樣分配的標準差，可由實際資料的 SD 除以樣本數的平方根來做不偏估計，實際實驗中的樣本數愈大，S.E. 就會愈小）。SD 是一種描述統計，S.E. 則屬推論統計，所以 S.E. 可說是從描述統計前往推論統計的一個重要概念通道。

CV 等於 SD 除以平均數，可表示該組資料的變動程度（反過來說就是穩定程度），在比較講究品質的工作上，可被接受的實用標準約在 5% 或 10% 之內。至於一般人熟知的較大規模的群體智力分數分配，由於這種特性（IQ）的分布比較離散，所以常見的變動範圍大約是平均數 100、SD 為 15 的常態分配。

現在回到李貝對其 1983 年論文所提資料的描述。他說受試者以 40 個嘗試次為一組所計算出來的 W 時間資料（可用的受試者人數只有個位數，每人做幾個實驗區間〔sessions〕，每個實驗區間有 40 個嘗試次），其標準誤

差（S.E.）接近 20 毫秒，該數值在每位受試者身上大約如此，縱使每位受試者的平均 W 值並不相同。且由於所有受試者的平均 W 值，大約是在做出手腕彎曲動作之前的 200 毫秒（-200 毫秒）發生，所以正負 20 毫秒的標準誤差應該可以提供足夠的穩定度。

假設李貝所描述的不是將 SD 寫成 S.E.，則該組資料的 SD 就應等於 S.E. 乘以樣本數 40 的平方根，所以 SD 大約是 $20 \times 6.3 = 126$，再算該組資料的 CV，約 $126 \div 200 = 0.63$（63%），則正負 20 毫秒的標準誤差（S.E.）應該較難提供足夠的穩定度，反而應該是當 SD 等於 20 毫秒時的 CV 是 10%，比較像可以提供足夠穩定度。但若依此修正，則真正的 S.E. 便是 $20 \div 6.3 = 3.17$ 毫秒，離原來正文中所說的 20 毫秒差很大（雖然是用毫秒計時）。所以依常識來看，本章此處之「S.E.」是否為「SD」的筆誤？不過也很有可能發生的狀況是，每個人在一個需要做 40 嘗試次的實驗區間中，相對於真正彎下手指而激活肌電訊號之前，做出意識性地想彎曲手指或手腕的意圖時間（W），這種作業可以明確參考的座標很少，與一般實驗作業不同，看起來變動性較大，應該很難維持在 -200 毫秒附近的小區間，所以就 W 分配的實際反應資料而言，確有可能比一般反應時間實驗的 SD 來得大。

在李貝的論文表 1 中（Libet et al., 1983），確實是以 S.E. 標示與計算，且文內亦說明 SD 可從 S.E. 乘以 40 的平方根換算出來（約 126 毫秒）。所以李貝在本章中所描述的標準誤差值（S.E.）大約是 20 毫秒（相對於平均 W 值 -200 毫秒）應是無誤。這表示理論上，重複再做的平均數約有 68% 機會落於 -200 ± 20 毫秒的信賴區間，作者認為這個範圍尚稱穩定，而且在其他時間差異的比較上，採用 S.E. 會比 SD 更有意義。亦即每位受試者在其中一組實驗的 40 個嘗試次中，可以計算出一個 W 分配的平均值，之後以該受試者的 40 個 W 值與其平均 W 值之間算出標準差，再除以 40 的平方根，此稱之為該受試者偏離平均 W 值的標準誤差（S.E.），依此可表示理論上會有多大信心認為平均數應該落入某個經過推估的信賴區間（如上所述）。在李貝的研究中，雖然每位受試者的平均 W 值並不相同，但每個人偏離其平均

W 值的標準誤差大約都在 20 毫秒左右。

　　此處的平均 W 值，並非一般實驗中受試者從開始到按鍵的實際反應時間，而是相對於實際動作（彎手指）肌電反應發生之前的時間，所以 -200 毫秒係指實際彎手指之前 200 毫秒的意思，這類實驗所得的資料，其穩定性應該不可能太高。至於在實驗結果中以資料的平均數與 S.E. 表示，乃係常態，而且若以平均數與 SD 並放，則成為 -200 ± 126 毫秒，兩者數值太過接近，也容易引起閱讀者對實驗資料取得方式的抗拒，或對實驗資料的誤解。

Libet, B., Gleason, C. A. Wright, E.W., & Pearl, D. K. (1983). Time of conscious intention to act in relation to onset of cerebral activity (readiness-potential): The unconscious initiation of a freely voluntary act. *Brain*, 106, 623-642.

IV

　　李貝在此處做了一個推論：「想要行動的第一覺知時間稱為『W』，不管在決定行動前有無事先規劃，W 時間都是一樣的，也就是 -200 毫秒，由於有大約 50 毫秒的誤差，經矯正後為 -150 毫秒，亦即兩者都是在真正行動肌群激活之前的 150 毫秒，會開始出現可以覺知到的、想要行動的意圖（W）。該結果表示真正的意志歷程（現在開始行動），大概在 -550 毫秒時即已開始，不管是完全屬於立刻決定或是已經做了事先規劃。」

　　這兩類事件有不同的 RP 啟動時間，事先規劃的 RPI，其啟動時間是 -800 到 -1,000 毫秒；即時行動且未做規劃的 RPII，其啟動時間為 -550 毫秒，但是兩者的 W 時間都是 -150 毫秒，假設 W 的發生也需要一個定量且足夠的同樣神經激發時間，則或可認定兩種歷程的 W 都在 -550 毫秒時開始啟動。

　　至於 W 是被哪種機制所啟動，或甚至是即刻啟動，則有各種可能的想

像。底下是一些不同的講法：RP 在無意識中啟動了 W，接著啟動手腕彎曲；RP 直接在無意識中啟動之後，可以直接驅動手腕彎曲，但與 W 無關；RP 是被執行手指彎曲這件事所誘發的；W 有另外的誘發根源；W 可以忽然發生，不必有先前的神經活動；手腕彎曲是由 W 所啟動的；根本不清楚 W 與 RP 或手腕彎曲之間是有什麼關係。上述這些講法事實上很難判定何者為真，因為在李貝的實驗中，並未直接處理這些問題。

　　李貝不認為 W 是來自一開始就啟動的 RP，因為在無意識中啟動的 RP，應該是與最後的實際行動之肌群激活有直接相關。李貝也另外觀察到受試者在做出意識性的否決之前的 1 至 2 秒，可觀察到一段確實清楚的 RP 發展出來，與受試者報告想要行動的感知是一致的，但是在抵達預定行動時間的 100 至 200 毫秒之前，若受試者決定取消該一行動而且未出現肌肉反應時，該一 RP 便開始平坦化。這樣看起來，RP 可能與手腕彎曲的肌肉激活，有比較直接的關係。

　　上述這些不明確的解釋，也是爭議的來源之一。其實李貝研究的重點是：哪一件事在實際上決定了行動的發生（手腕真正地彎曲）？若是意圖（W）實際影響行動的發生，則所謂 W 係指必須要清楚意識到的意圖才算，不管它有沒有前行的無意識神經活動。但是實驗結果卻發現，有一個被認定為與內生行動（如自由自主地手腕彎曲）有密切關係的輔助動作皮質區（SMA），在其顱外測量時卻發現已有 RP 先行，W 則在 RP 後面以及真正行動之前發生。若是如此，則前述譯註 I 提及艾可士——他由孔胡伯與狄克實驗推論，意識性意圖可能會在 RP 早期啟動之前出現，也就是精神力量可能會介入引導大腦事件發生的說法——就不再適用。

　　此時不管是 RP 引發 W 再啟動實際行動、RP 直接引發實際行動、W 另有腦內誘發來源、W 忽然冒出來，或其他什麼原因造成的，清楚的結果就是 RP（無意識）在 W（依定義必須要有意識性）之前發生。依照定義，W 或自由意志的概念，就是一定要在意識狀態之下運作，至於它怎麼來的則是另外一件事情。因為實驗結果 W 比較晚發生，所以不可能反過來去影響到

RP，則 W 應該不是決定實際行動發生的最早或最關鍵因素。這個推論與過去的常識有很大的不同，但是李貝另外賦予 W 或意識性意圖兩個可能角色，一為 W 雖可能無法作為真正行動的啟動力量，但可作為促成的協力角色；另一為在此關鍵時刻，雖然時間已經很急迫，但仍可決定不要做，也就是意識性地做出否決的決定（veto or free won't）。依照李貝的說法，在時間仍夠做出有效否決時，實際行動的肌群因此未能被激活，在這段期間 RP 會開始平坦化。

V

符利斯與黑格（Frith & Haggard, 2018）評論指出，科學上因必須在果之前發生，所以李貝的實驗結果，看起來好像是無意識狀態下啟動的準備電位（RP）誘發了自主意志的主觀經驗（已在意識狀態下），而非想要自主行動的主觀欲求（已在意識狀態中）誘發了 RP。該一發現對唯物論取向的神經科學家，應不致於造成困擾，因為意識經驗本就應是腦部活動的結果，而非意識經驗誘發了腦部活動。世俗的想法則認為意識性意圖（conscious intention）是意識性行動（conscious action）的前置因素，因此這兩類都有不同的責任要負，但李貝等人的結果則指出，意識性行動是經由無意識啟動而完成的，若可如此解釋，則人應如何負責任？

符利斯與黑格也指出，外界對李貝該一實驗普遍的批評，並不在於實驗的可重複性，而是認為實驗中要受試者彎曲手指這件事，在人類決策與行動上是一件無足輕重的作業要求，而且隨機性高。真正的行動應該是要有影響性的，或者能針對會有不同後果的不同行動之間做選擇，以便經由行動來控制外界，要能有作主的感覺（sense of agency），這些考量都涉及後悔與責任，也都需要事先規劃，所以意志才會變得這麼重要。後續的相關研究傾向於以這類須經事先規劃的行動為主，一般認為李貝的實驗應該可以在此脈絡下做重新檢視。

李貝在本章中已說明其重點不在研究意志的深思熟慮面向，除了須處理

受試者在決定要行動時，偶而會出現的事先規劃現象。李貝將這類需要事先規劃的行動稱為「類型 I（RPI）行動」，依其結果，RP 仍會在意識性意圖之前發生，若與其他類型比較起來，則更早出現，而且波幅更大。但李貝等人首先做出來、也更為重視的，則是人類無事先規劃、自由度更高、也更即時的「類型 II（RPII）行動」，並發現在這些自主性很高、行動簡單，看起來不需做什麼準備的意識性意圖出現之前，就會先在腦內產生準備電位，更能彰顯出背後所涉及的不自主性本質，也就是人有沒有自由意志的問題。

幾個對 RP 本質的擴充解釋與不同看法

李貝所發現受試者在意識到決定要彎曲手指之前的 350 毫秒左右（或自主性即時性動作發生前 550 毫秒），可以發現到腦內已有準備電位（RP）發生，該結果產生了一種流行觀點，認為是自主行動已經在無意識中先被啟動之後，才會出現意識性的自由決定（如在 RP 之後 350 毫秒），其引申義則為有意識的自由決定，並非是啟動自主行動的充分條件（該一流行看法很重要，是造成持續爭議的來源，但容易忘記，所以多講幾遍）。

不過對 RP 之結構與功能的解釋，C. S. Soon 等人有若干重要的擴充說明，蘇爾格（Aaron Schurger）等人則有非常不同的看法，在本書〈導讀〉中，已略述 Soon et al.（2008）與 Schurger et al.（2012）對李貝的 RP 與自由決定自主行動的擴充性發現，甚至提出完全不同的看法。在此再做補充。

Soon et al.（2013）指出文獻上已重複驗證了，無意識的神經活動會在做自由決定之前出現，而且可能影響到後續所做簡單動作或動作選擇時的自主決定。至於複雜的自由決定，如做數目加減這種抽象的意識性作業，是否也會有先行的神經活動？受試者須先決定選擇要做數字相加或相減，之後再出現要做計算的數字。研究者發現，在受試者真正意識到並指出要選擇做個位數相加或相減的決定之前 4 秒，已經在內側前額葉與頂葉出現神經活動。該一發生時間因作業性質而提前到 4 秒，相對而言，Soon et al.（2008）的動作選擇作業所提前發生時間約為 10 秒（見〈導讀〉）。由該 2013 年的研究可

看出，在自由選擇之前所做的無意識準備，並非局限在動作準備之上，而是可以適用到不同層次的、比較高階的抽象化決定上。

　　C. S. Soon 等人解釋其準備電位的研究結果，可在李貝的簡單自主行動之基礎上，擴充到動作選擇、甚至是比較高階與複雜的抽象化作業上。但蘇爾格等人所提的，則是完全不同的主張（Schurger et al., 2012, 2016, 2021），認為雖然李貝的發現引發了長期辯論，但有關 RP 本質的一些關鍵性假設，仍然未受質疑，他／她們因此提出一個非常獨特的主張，認為一直到行動發生前 200 毫秒所累積發展出來的神經活動，可能是背景神經雜訊起起落落所造成的結果，而非來自特定的神經事件（如開啟動作之主觀決定）。

　　這種神經活動的累積是一種有界積分（bounded integration），在特定時間內透過決策神經元將感官資訊與內部雜訊統合起來（以神經活動方式表現），當神經激發頻率超過閾限值後，就可開啟特定動作反應，這種計算模式常應用在知覺決策的研究上。但由於李貝式即時性自我決定開啟動作之前，並無有意義與實際的感官訊息（不管是意圖或決定，都是屬於內在的訊息處理，很少感官的實質介入），因此該一歷程應由內部雜訊所主導，當累積到超過閾限值後，就是產生具有意識性的動作意向（intention）及決定行動（decide to act）之時（在李貝的實驗中，大約是真正動作啟動之前的 150 至 200 毫秒）。在他們看法中，RP 的發生並未對應到任一有意義或與生理有關的真實事件，應該只是內部神經雜訊活動在做平均過程時，所出現的一個結果而已，不能賦予什麼實質意義。所以將 RP 的發生時間與 W（意圖有所動作的時間）相連結，是一件沒有意義的事情。

　　李貝認為 RP 與自主行動之間存在有類似因果性關係，至少也應該是伴隨發生的相關神經現象，但若以蘇爾格等人的觀點來看，則自主行動可以是來自內部神經雜訊活動超過閾限的緣故。除此之外，Schurger et al.（2012）也發現在自主行動之前，大部分可以找到 RP，與李貝的經典實驗結果相似；但在經由實驗者安排的被動感官刺激（聲音）所促發的非自主行動（按鍵），也可找到類似的 RP，因為感官刺激（聲音）出現的時間無法預期，所以不

宜將之視為動作準備的神經生理指標，比較像是瞬時的神經波動現象。而且若連這樣的安排也會出現 RP，則 RP 被作為促發自主行動之充分條件的正當性，就不是那麼牢靠（見〈導讀〉）。這種看法與過去幾十年對準備電位的看法大相逕庭，也可能與研究事件相關電位（ERP）的研究者之看法有很大差異，因此是否能在日後取得專業學界之廣泛認可，尚待進一步研判。

Frith, C. D., & Haggard, P. (2018). Volition and the brain--Revisiting a classic experimental study. *Trends in Neurosciences*, 41, 405-407.

Schurger, A., Sitt, J. D., & Dehaene, S. (2012). An accumulator model for spontaneous neural activity prior to self-initiated movement. *Proceedings of the National Academy of Sciences of the USA*, 109(42), E2904-E2913.

Schurger, A., Mylopoulos, M., & Rosenthal, D. (2016). Neural antecedents of spontaneous voluntary movement: A new perspective. *Trends in Cognitive Sciences*, 20(2), 77-79.

Schurger, A., Hu, P. B., Pak, J., & Roskies, A. L. (2021). What is the readiness potential? *Trends in Cognitive Sciences*, 25(7), 558-570.

Soon, C. S., Brass, M., Heinze, H-J., & Haynes, J-D. (2008). Unconscious determinants of free decisions in the human brain. *Nature Neuroscience*, 11, 543-545.

Soon, C. S., He, A. H., Bode, S., & Haynes, J-D. (2013). Predicting free choices for abstract intentions. *Proceedings of the National Academy of Sciences*, 110, 6217–6222.

VI

準備電位的腦側化（LRP）

　　RP 的腦側化部分稱為「LRP」（lateralized readiness potential），是認知研究廣泛使用的指標，也被視為是認知研究中最重要的單一 ERP 成分。用右手按鍵之前的準備期間，至少會在動作皮質部的左腦側面（lateral）量到側化的準備電位（LRP），這也表示手部在動作皮質部的表徵，是位於腦部的側面。LRP 的標準特性是當同一隻手按鍵，在異側所量到的側面 RP 準備狀況會比同側所測量到的，有更高的負電壓值（不管是異側或同側半球，都會有激發值）；同理，左手按鍵在異側右半球所量得的 RP，其負電壓值一般會大於右手按鍵在右半球同側測量到的 RP。所以經過矯正公式，當異側與同側的 ERPs 相減後，可能只剩下側化的動作準備成分。N2pc 也可用同樣方法計算出來。由於大部分的感官與認知成分並非以這種方式側化，所以 LRP 與 N2pc 是屬於容易抽離出來的 ERPs 類別（Luck, 2005）。

　　密勒與黑克禮（Miller & Hackley, 1992）利用 LRP 的特性，來區分認知作業的系列或平行運作（serial or parallel processing）模式。傳統的系列模式認為一個歷程全部處理完獲得結果後，才會交給下一個階段繼續處理；平行模式則認為一個歷程在獲得部分結果後，即可交給第二個歷程開始處理，而不必等到第一個歷程結束。這是兩種很不同的概念架構，他們想利用一些關鍵實驗來釐清這兩種模式，尤其是藉由 LRP 來說明，是否在知覺辨識歷程開始、但尚未完成作業刺激之前，即可發現動作準備歷程已被啟動。該研究的材料刺激是大 S、小 S、大 T、小 T，實驗作業要求受試者在看到 S 或 T 時要依指定按左鍵或右鍵，但另限制是要在看到大或小時才做反應（如看到大 S 按左鍵、看到小 T 按右鍵之類，都可在實驗中指定），這些都是實驗上要注意的平衡設計（counter-balance），不再贅述。重點是在實驗中，形狀的不同（S 或 T）具有高顯著度，很容易就分辨出來，但大小則相對不易判斷，所以在知覺辨識（包括形狀與大小）完成之前，是否可啟動動作元素？

從實驗的 EEG 與 EMG 紀錄，可以清楚看到 LRP 在肌肉收縮之前發生，且在沒有外顯反應時也會有 LRP，表示 LRP 是一種反應準備的成分。另外，在準備要做動作時，腦半球的異側 RP 會比同側 RP 來得大。所以 LRP 的出現，證明了腦部確實正在準備左手或右手的反應。研究者預測當辨識到作業刺激的形狀時（如 S 或 T），相對應要做反應之手的異側會出現 LRP，縱使字母大小尚未到加入做反應的程度（EMG 紀錄可確定尚無肌肉收縮）；當字母大小最後終於辨識出來，而且確實是不必做按鍵反應時，則 LRP 將不再發生。

設 Eleft 與 Eright 表示在左半球與右半球的電極測量，Rleft 與 Rright 則是左手與右手的反應，科爾（Coles）依此提出一個可以透過平均左右腦半球神經活動與左右手反應，來避免掉特定半球與特定手所造成的效果，以抽離出比較乾淨之 LRP 的計算公式（Coles,1989）：

LRP ＝〔（ErightRleft−EleftRleft）＋（EleftRright−ErightRright）〕÷ 2

利用這種測量與計算方式，讓密勒與黑克禮得以充分驗證系列與平行運作的相關議題與假說，請參看所列論文。

Coles, M. G. H. (1989). Modern mind-brain reading: Psychophysiology, physiology and cognition. *Psychophysiology,* 26, 251-269.

Luck, S. J. (2005). *An introduction to the event-related potential technique.* Cambridge, MA.: MIT Press

Miller, J., & Hackley, S. A. (1992). Electrophysiological evidence for temporal overlap among contingent mental processes. *Journal of Experimental Psychology: General,* 121, 195-209.

VII

一般不相信自由意志的人,對李貝實驗的流行說法是認為:並非「意識性意圖」(W)啟動了後續的行動,反之,行動是在無意識或自動狀態中啟動的。李貝的實驗結果衍生了一個關鍵問題:若因果鏈中的準備電位(RP)已經足夠產生行動,且不需意圖或意識扮演任何重要的中介因果角色,則行動的道德責任與意志及意識的有效性,都會同時受到質疑。李貝並未否認自由意志的存在,且提出人有否決力量(veto power),可在行動執行前喊停,雖然時間可能短到只剩下 100 毫秒。但是很多科學家與哲學家都藉著李貝與類似的實驗結果,來主張不存在有自由意志或甚至相關的責任。

謝路德(Peter U. Tse)認為在李貝實驗三十幾年之後,雖然仍不乏熱烈討論,但包括李貝在內,仍然無法真正釐清,RP 是否可以作為動作性行動、行動規劃、行動期望、或者是意識性意志的一種神經關聯(Tse, 2013)。這種評論也可以引申為,RP 可能只是在大腦輔助動作區所量到的一種隨機性電位變化,來自腦內未明事件的影響,因此不一定對意識性意志或真正的動作性行動,能夠具有什麼因果性的驅動力量(另參見譯注 V)。這是一個常識性、但也是致命性的批評,因為李貝確實是依據常理,認定輔助動作皮質部(SMA)是主管內生性動作產出的負責腦區,若如此,則在顱外所量到的 RP,應與後來的自主動作有關,並引用 Kornhuber & Deecke(1965)的文獻以茲印證(見譯注 I)。該評論並非無的放矢,因為李貝確實也沒有在實驗中提供證據說所量到的 RP,是否真的與後面之自主行動有直接的生理關聯性。看來這是科學上的常識之爭,哪一個更符合常識準則,應仍屬可以賡續研究判斷之事。

史列格與謝路德等人(Schlegel et al., 2015)並不認同李貝等人在其 1983 年的實驗研究中,認為無意識的準備電位 RP 歷程引發了 W 與最後實際行動的講法。他們做了一個有趣的實驗,想跳過 W 直接產生行動,若能如此,則表示 W 對意志性行動的出現與否並無因果力量;另外也表示 RP 與 W 無關。他們利用催眠技術來跳過 W,受試者進入催眠後,須依照銀幕指標,

以左手或右手依自己步調（self-paced）按壓力球，並同時記錄腦波與肌電圖。實驗結果發現意志性行動可以在沒有 W 的非意識狀態下發生（如被催眠時），同一受試者於催眠後與清醒時，在做出壓球行動前產生的 RPs（以及 LRPs）都是一樣的（催眠與清醒兩組資料，在 RP 以及 LRP 上皆無統計上的顯著差異），亦即 RP 不因 W 之有無而變化，一樣持續到行動發生之時，所以行動不一定被 W 驅動，也不是有 RP 就可以產生 W。他們甚至認為 RP 是一種獨立的存在，不只與 W 無關，也與意志性行動本身無關。

哲學家瑟爾對李貝實驗的看法也有類似之處（Searle, 2015），認為行動之前發生在大腦輔助動作區所量到的顱外 RP，不一定是來自要做行動之故，也不一定會導致行動的發生。發生 RP 的一個可能原因，是因為要求受試者在做行動決定前後，要注視鐘面指針跑到哪裡所發生的大腦反應；若受試者決定不彎手指時，也會出現 RP，則 RP 的發生應與行動的產生無關（這是瑟爾的說法，李貝認為受試者決定否決行動時，因為肌肉未能被激活，所以無法量到 RP）。瑟爾認為也許自由意志是虛假的，但李貝的實驗根本與此議題無關，不應就此推論李貝的實驗結果，否定了意識的重要性或否定自由意志的存在，或由此認定人的行為是命定的。在本書中，經常可看到李貝的觀點與瑟爾並不合拍，顯然瑟爾對李貝的研究方式不以為然，反之亦然。與李貝不對頭的，還有好幾位知名的心智哲學家，包括狄內與派翠西亞・邱其蘭在內，可參見分散於本書的作者評論，尤其是第五章。

上述觀點不管是否合適，都是李貝實驗結果與詮釋所引發出來的各類爭議性討論之一二，請讀者參酌本章與本書內容自主研判。

Schlegel, A., Alexander, P., Sinnott-Armstrong, W., Roskies, A., Tse, P. U., & Wheatley, T. (2015). Hypnotizing Libet: Readiness potentials with non-conscious volition. *Consciousness and Cognition*, 33, 196-203.

Searle, J. (2015). *Seeing things as they are: A theory of perception*. New York:

Oxford University Press.

Tse, P. U. (2013). *The neural basis of free will*. Cambridge, MA.: MIT press.

VIII

重大或需規劃的行動大部分發生在意識覺知之後,但若依本章所述,在某些作業上,腦中已先在無意識中為行動歷程發展出準備電位,意識覺知則在準備電位已發生一段時間之後才出現,有人因此主張自由意志是一種錯覺。既然這樣,人要為其所做的行動負什麼責任?要負責到什麼地步?底下先做幾項有關心理狀態與法律責任之間關係的討論。

在英國法庭的刑事案件審理中,經常出現下列需要提供神經科學與心理狀態證據,為犯行所做的減責辯護:(1)非意志性行為(automatism):行動並非出自意志,如癲癇發作、人格解離遁走;(2)精神失常(insanity):雖係意志性行動,但理智有缺陷或推論陷入瘋狂;(3)請求減輕責任(diminished responsibility):有基因缺陷、異常腦部功能、心智異常;(4)被激怒(provocation):理性的人因為被挑釁激怒而失去控制(Eastman & Campbell, 2006)。我國刑法所提之心神喪失(得免其刑),可屬上述第一類與第二類,精神耗弱(得減其刑)則屬第二類與第三類,實際做法為先委由司法精神醫學作專業判斷,再送法庭審理決定。

古代羅馬法系已經將犯罪區分為意圖(intention)與行動(action),若已有意識性意圖(有是否已著手準備之區分),但在最後關頭否決了該一行動(非實施犯),則是否仍屬犯罪(如思想犯、準備犯)?要在最後關頭時間緊迫之時否決行動,通常很困難(如強迫行為與反射式行為,都很難在行為之前否決行動的發生),則是否可歸咎於來自腦中已在無意識中啟動的準備電位作怪,以致做出非自主性的行動?另外如精神耗弱、心神喪失、夢遊犯罪等情事,如何依比例原則追究個人責任?

文獻上與實務上經常討論到的病態性人格(psychopath),係比較特殊

又具有危險性的案例（Blair, Mitchell, & Blair, 2005）。病態性人格並無明顯智能與認知上的問題，在違犯社會或道德規範時（包括反社會行為與隨機殺人），認知清楚且無情感困擾，他們在法醫精神醫學上的診斷，非屬嚴重的心神喪失或較輕微的精神耗弱（法律用語，非精神醫學的專業分類），而是病態性的邊緣人格，並非失去意識或如嚴重精神病的急性發作狀態，因此難以減免刑責，與心神喪失或精神耗弱下的異常行為相較，有很大不同。病態性人格的嚴重犯罪，一般難以免其刑，因為行動主體仍處於意識清楚之下，邏輯思考未受影響，因此仍可否決其行動，亦即處於自由意志狀態下，但因缺乏道德善惡概念而神智清楚地做出犯行，仍可能須依比例原則參考專業判斷予以判刑。

由上可知，意志性與可控制性之判斷，一向是涉及人如何為行動或犯行負責的重大議題，若將自由意志視為錯覺，則行動與責任之間的關係將變得非常混亂，而且更難判斷。李貝為了跳脫這個困境，提出在真正行動之前仍可做出否決行動，這是一種具有自主性可以控制的行動，若當事人該作為而不作為，則應自負其責。但李貝這種主張是否即可讓人難以逃避責任？李貝在書中所觸及自由意志是否存在，以及自由意志與責任之間關聯性的議題，是當今學界、實務界與社會都極為關心的重大事項，這也是李貝該一系列研究如此受到注意與討論的理由（Sinnott-Armstrong & Nadel, 2011）。

Blair, J., Mitchell, D., & Blair, K. (2005). *The psychopath: Emotion and the brain*. Oxford: Blackwell.

Eastman, N., & Campbell, C. (2006). Neuroscience and legal determination of criminal responsibility. *Nature Reviews Neuroscience*, 7, 311-318.

Sinnott-Armstrong, W., & Nadel, L. (2011). *Conscious will and responsibility*. New York: Oxford University Press.

IX

　　覺知本身與覺知內容可以區分開來這種講法,指的是產生覺知的機制並不會受覺知內容的影響,可能原因之一是覺知有其先行的無意識歷程,覺知內容則係在意識性覺知發生後所產出的內容,時間上一前一後,可以區分開來。這種區分在討論夢的產生機制與夢的內容時也清楚可分,夢的產生來自每一睡眠周期的快速眼球運動(REM)階段,由腦部網狀組織的橋腦(pons)等皮質下部位所驅動,作夢機制大致相同,但其後的作夢內容則受個人經驗與過去記憶儲存影響大,主要由大腦皮質部提供內容素材,各有不同(分別參見 Aserinsky & Kleitman, 1953 與 Stickgold et al., 2001)。

　　另外在精神病急性發作時的正面症狀,如幻覺與妄想,其驅動機制由皮質下組織先開始,Silbersweig et al.(1995)指出皮質部下方的深層結構是穩定產生幻聽的主要機制(包括邊緣系統〔limbic system〕與基底神經節〔basal ganglia〕),皮質部則決定其知覺內容。幻覺與妄想內容則有時代、社會與個人經驗上的差異,這些不同內容大部分來自大腦皮質部的運作。上述的證據與論證,目前都已經是科學界的常識。

Aserinsky, E., & Kleitman, N. (1953). Regularly occurring periods of eye motility and concurrent phenomena during sleep. *Science*, 118, 273-274.

Silbersweig, D. A., Stern, E., Frith, C., Cahill, C., Holmes, A., Grootoonk, S., Seaward, J., McKenna, P., Chua, S. E., Schnorr, L., Jones, T., & Frackowiak, R. S. J. (1995). A functional neuroanatomy of hallucinations in schizophrenia. *Nature*, 378, 176-179.

Stickgold, R., Hobson, J. A., Fosse, R., & Fosse, M. (2001). Sleep, learning, and dreams: Off-line memory reprocessing. *Science*, 294, 1052–1057.

X

葛詹尼加（Michael Gazzaniga）認為在李貝這本書出版之後，陸續有進階版的發現，尤其是在自主性行動之前 RP 的發生時間，以及無意識歷程對行動的影響等項上（Gazzaniga, 2009）。這些新的進展不只更新數據，也強化了李貝的主張。行動之前數百毫秒在輔助動作區（SMA）所啟動的準備電位，可能只是整個行動過程中的後端部分，是否更高階腦區在做出意識性決定之前，也會提早以無意識的方式涉入整個決策與行動？2008 年的一個研究指出，大部分受試者在按鍵反應之前約 1,000 毫秒會清楚地做出決定；而且 fMRI 的成像顯示，在做出行動決策的意識性意圖之前約 10 秒鐘，已經在前額葉與頂葉皮質部出現神經活動，遠比 SMA 的準備電位更早做好無意識下的準備（Soon et al., 2008；另見〈導讀〉與譯注 V）。

另外，人是如何理解意圖與意志性行動，以及如何了解它們之間的關係？研究者想了解前動作區與頂葉之間的神經網絡，如何與這些事情發生關聯，他／她們針對七位在中央溝附近長腦瘤而進行神經外科治療的病人，在局部麻醉仍清醒下，做腦內不同位置的直接電刺激。當刺激右半球下頂葉腦區（inferior parietal region）時，誘發了想移動異側手、手臂或腳部的強烈意圖，但刺激左半球下頂葉區，則產生想要開口講話的意圖；當頂葉區的刺激強度增加時，病人受試者相信自己已經真的做出這些行動，但事實上沒有，因為肌電圖並未記錄到任何活動。該結果表示在頂葉活動量增加時，意識性意圖與動作覺知會發生在行動之前，與李貝的說法相符。但若刺激前動作區（premotor region），會誘發嘴唇與對側的肢體移動，唯病人受試者堅決否認做出了行動（亦即沒有意識性的動作決策或意圖）（Desmurget et al., 2009）。該一結果比較像前述譯注 VII 史列格與謝路德等人（Schlegel et al., 2015）利用催眠所獲得的結果，意即在完全無意識的狀態下，沒有動作決策，也可做出行動。

Gazzaniga, M. S. (2011). *Who's in charge? : Free will and the science of the brain*. New York: HarperCollins.（鍾沛君譯〔2021〕：我們真的有自由意志嗎？。臺北：貓頭鷹。）

Desmurget, M., Reilly, K. T., Richard, N., Szathmari, A., Mottolese, C., & Sirigu, A. (2009). Movement intention after parietal cortex stimulation in humans. *Science*, 324, 811-813.

Schlegel, A., Alexander, P., Sinnott-Armstrong, W., Roskies, A., Tse, P. U., & Wheatley, T. (2015). Hypnotizing Libet: Readiness potentials with non-conscious volition. *Consciousness and Cognition*, 33, 196-203.

Soon, C. S., Brass, M., Heinze, H-J., & Haynes, J-D. (2008). Unconscious determinants of free decisions in the human brain. *Nature Neuroscience*, 11, 543-545.

第 5 章

意識心理場論
闡釋心智如何從物質衍生出來

當代物理學已經做到趨近極致的地步：對無生命物體有效。若要將具有意識的有機體也納入描述，則必須在全新的概念之上，以全新的定律來取代當代物理學。

——尤金・維戈納（Eugene Wigner）

（1963 年諾貝爾物理學獎得主；引自 Burns, 1991）

問題在哪裡？

我們所能問的最深刻問題可能是：意識主觀經驗如何從腦內神經細胞的活動中衍生出來？也就是說，心智如何從物質中產生？無疑的，人類腦中的適當神經活動，對心智或心理狀態（主觀經驗）的出現相當關鍵，但假若你真能看入這些牽涉到的神經活動與神經結構，你將無法看到任何可稱之為主觀經驗的東西。是否有可能從實驗角度切入這個深刻問題？要想這麼做，你必須體認到主觀經驗，無法被外界的客觀儀器或觀察所直接測度。意識主觀經驗只開放給具有這個經驗的個人，但是它看起來只與腦內的適當神經活動有關，要做這類研究需要個人的內省報告，以描述他對某事某物的經驗或覺知。

意識經驗與腦內神經活動之間的關係，可將兩者特徵放在一起觀察以做出成功的研究，而且將之視為獨立但相關的變項。也就是說，神經活動與意識經驗必須在同一事件中做觀察，以便去發現哪些腦部活動，可能表徵了哪種意識經驗。任何這類研究要對意識經驗的本質有所貢獻，只能透過將意識經驗與腦部功能放在一起研究，才能建立起這類研究的意義。

然而，縱使能成功探討出意識經驗與神經活動之間的重要相關性，仍無法回答一個更為深刻的問題：「類別上不同的主觀經驗之非物質現象，如何能從神經細胞的物質活動中產生出來？」哲學家查爾摩斯（David Chalmers, 1996）稱這個問題為「困難問題」（hard problem）。

查爾摩斯（Chalmers, 1995）提出訊息雙面向論（double-aspect theory of information）以嘗試解決該一問題。他假定訊息有兩個面向，一為物質面，一為現象面，經驗則衍生自或等同於現象面向。該一主張看起來是同一論的版本，但在很多理由上不具說服力（Libet, 1996）。同一論認定對所有實存事物皆有一共通的基質（substrate），該基質則有「外在素質」（outer quality）與「內在素質」（inner quality），外在素質係指我們物質大腦所見所測量之事，主觀經驗的內在素質則無法讓外在觀察者得以觸接。但是包括查爾摩斯版本在內的同一論，是無法測試的，所以不能稱之為是一個科學理論。有一種不同但可測試的解決方案，如統一意識心智場（unified conscious mental field）的想法，將在本章中做一說明。

哲學家馬京（Colin McGinn, 1999）將該一問題視為「無法回答的問題」，他想像不出有什麼可行方式，可以利用自然物理秩序來解釋意識與主觀經驗。史賓諾莎（Baruch de Spinoza）則相信他解決了這個問題，他論證說：「思考與經驗總是相同的，在腦與身體之內都會有一系列客觀變化。」該一觀點的困難與同一論所碰到的問題並無兩樣。它是無法測試的，看起來也無法解釋心智與物質如何會有因果互動性；縱使這種講法有些吸引力，但它畢竟

是建基在形上學的信念之上。我將嘗試提出一個可以測試的假說（testable hypothesis），以回答心智與物質之間所產生的問題。

除了馬京與查爾摩斯之外，還有很多哲學家在其著作中以出色的方式嘗試闡明，如何將腦部活動與主觀經驗關聯起來，這些人包括有瑟爾（Searle, 1992）與狄內（Dennett, 1991），以及保羅·邱其蘭與派翠西亞·邱其蘭（Churchland & Churchland, 1999）。兩位邱其蘭代表的是一個極端，認為心智主觀現象可以化約為神經細胞的物理事件，他／她們「宣稱一種取消式唯物論（eliminative materialism）的立場，直白來說，該一立場認為心智或心靈狀態是不存在的，但我們以民俗或庶民心理學（folk psychology）的方式談論，將它們講得好像是真的存在一樣」（見 McGinn, 1999, 頁46）。也就是說，我們應滿足於以神經網絡的方式來描述意識經驗，在他／她們的立場上來看，「心靈或心智是一則神話」[1]。

另一方面，瑟爾（Searle, 1992）將意識經驗視為一種實存現象，無法化約到腦部神經元的物理活動。該一觀點當然並非瑟爾所獨有，我個人從 1950 年代以來的實驗工作，就是立足於心智與物質這兩大類現象無法互相化約的基礎上進行的。馬京與我一樣，分享這種觀點，但他對瑟爾日後更進一步就該一觀點所做的擴張解釋，則並不認同。

若邱其蘭兩人要自認他／她們完全被神經細胞的物理活動所決定，那他／她們當然有資格有權利如此認定，縱使其他人覺得自己擁有真正實在的意識心智，而不是一個自動機器。16 世紀的

---

1 譯注：依據馬京的講法，「取消式唯物論」認為所謂不可化約的心智或心靈現象根本不存在，那是因為長久慣用的語言與概念框架，讓人誤以為它們存在。另參看第一章譯注1。

笛卡兒問說：「什麼是我真正確定實際存在的？」他的回答如下：我確定實際存在的，只有我自己的意識主觀心智或經驗。

瑟爾主張，當科學界完全掌握與意識經驗有關的神經事件知識時，將能弄清楚所有能夠知道的心物關係，他將意識單純視為腦中神經元的生物高階歷程。馬京（McGinn, 1999）指出，瑟爾並未回答有關的核心問題，亦即意識經驗的生物歷程如何從較低階的神經元之物理性質中產生，「瑟爾所提出的問題解答，其實只是把問題再講一遍而已」。

瑟爾（Searle, 2000a）進一步提出看法，說明意識經驗與自由行動，如何與腦部功能關聯起來。瑟爾的模式與實驗證據不符（Libet, 1985），事實上是與證據相反的，如他說意識性的「自我」能夠啟動一個自主行動，但是我們的實驗發現指出，「現在立刻行動」歷程是在無意識中啟動的。瑟爾的模式主張「意志的自由」發生的時間，係在決定行動與行動啟動歷程的間距之中，但是該一間距實際上是一段大約 400 毫秒的無意識時間，介於啟動要行動的決定（尚在無意識之中），與做出意識性決定之間（另見對瑟爾主張的評論；Libet, 2001）。就如同很多哲學家對心物問題所提出的猜測看法一樣，瑟爾的模式也是未經測試，甚至無法以實驗方式測試。

「意識經驗的統合」（the unity of conscious experience）該一現象，是「困難問題」的一部分。其中一個明顯例子是視覺影像的經驗，影像產生是來自千千萬萬神經細胞的活動，這些在大腦主視覺區神經活動的空間組型，看起來並不像我們實際所看到的影像，它是被扭曲以後才形成影像的。視覺影像的其他特性則表徵在其他大腦視覺腦區，特化到色彩知覺、影像運動、臉型辨識

等等。不管這些可分離神經功能在腦中的複雜呈現,我們主觀上看到的是一個統一影像,所有視覺元素都平順地整合在一起[2]。這只是個小例子,可用來說明從神經細胞活動的複雜組型產生了人的統一與整合經驗。[1]

「困難問題」的另一特徵,則是自由意志如何運作的問題。若自由意志可被視為有效現象,則需要假設有一種意識心智功能(可能是非物質的),會來影響神經細胞的物理性活動。但這種講法,可說是將「物理性神經細胞如何產生意識主觀經驗」反過來的問法(the converse)。

確實,多提(Doty, 1998)已經雄辯而優雅地就此提出「心智或心靈的五大祕密」。

衍生現象如何與該問題產生關聯?

在物理世界中,一個系統所呈現出來的現象,可能無法從系統的構成元素特性中看出來。例如,碳氫化合物苯是由六個碳原子與六個氫原子組成的,德國化學家凱庫勒(August Kekulé, 1829-1896)提出六個碳原子係以環狀結構連接,氫原子則分別依附到環結構碳分子的連接點上,這就是著名的「苯環」(benzene ring),是有機化學(與生物學)的基本結構。苯作為有機溶劑與其他有機化合物所表現出來的特性,無法事先從其組成成分碳與氫原子的特性中事先預測出來,也就是說一種新的特性會從 C_6H_6 環狀系統中衍生出來。同樣的,輪子的特性也無法從輪子的材料

---

2 譯注:這是心理學史與知覺神經生理領域中,著名的「分解與聚合」(decomposition and binding)問題。

特性中顯現出來（Sperry, 1980），輪子得以滾動，係來自輪子材料在特殊配置下做成的系統所衍生出來的特性。環繞著傳輸電流線圈所產生的磁場，則是一種在那個系統下所衍生的現象。天文物理學家艾丁頓（Sir Arthur Eddington）曾說：「我們過去相信，若先知道一件事再知道另一件事，則會知道兩件事，因為一加一就是二。我們現在發現，必須多學一點有關加法（and）這件事。」（引自 B. D. Josephson, 1993）也就是說，系統的特性有時是不會顯現在系統組成元件或部件上的。

我們很自然地採用同樣觀點來看待主觀經驗，將其視為多少是從腦內物理性神經細胞活動的一種合適系統，所衍生出來的現象，然而與物理界的衍生現象不同，衍生的主觀經驗無法用任何物理方式去做直接觀察或測量，因為主觀經驗只有具該經驗的個人得以觸接。該一系統衍生的主觀經驗，與相關的神經細胞特性有所不同，它的結果顯然無法從這些神經活動中做出預測。衍生的主觀經驗呈現了獨特且無法預期的特徵，這一點不應該有何令人驚訝之處。

主觀經驗如何衍生自合適的神經活動這件事，可能不會比有關其他基礎現象的相似問題更好回答。譬如，為何物質會有慣性？為何物質之間有重力吸引？為何物質的行為有波粒二象性（wave-particle duality），有時像波，有時像粒子？基礎物理現象是無法化約或解釋的，我們只能接受它們，視之為自然界「給予」的事物，只能研究它們的表現，如何影響、互動與控制物理世界所發生的種種現象。

我們也許可以將意識性的主觀經驗視為自然界的另一獨特基

本特性。該一經驗除了本身才能觸接的主觀經驗或覺知之外,還有哪些別的獨特特徵?大概就是主觀經驗的統合,以及影響神經細胞活動的潛能,但這些特徵也不會顯現在衍生出這些主觀經驗的神經基質上。

如何處理意識主觀經驗的統合

在心腦關係中,其中一個最神祕而且看起來難解的問題,就是意識經驗的單一與統合性質。我們的腦部估計有上千億神經元[3],每個都與其他神經元有數千個以上的連結,愈來愈清楚的是,大腦皮質所具有的很多功能都特化到不同腦區或神經線路上。該一結果至少在下列為真:每一感官功能的主感覺區、控制動作的動作區,以及說話與語言區,所有這些結果已發現經年;很多其他功能目前也都找到腦區特化的表徵,包括有影像的色彩、形狀與速度表徵,人臉辨識,與動作行動的事先規劃等項。功能的特化看起來甚至可擴展到任一既定腦區的細部層次,部分大腦皮質被組織成具有功能性,而且在解剖上形成垂直柱狀的細胞結構,每個結構的寬度都在公釐等級,柱狀結構內部與遠近相隔的柱狀結構,以及與若干皮質下組織之間,都分別有相互連結。這類柱狀組織與功能的觀點(columnar view),首先來自蒙卡索(Mountcastle, 1957)的發現,嗣後已被他本人與其他研究者大幅擴充,譬如說,休伯與威瑟爾(Hubel & Wiesel, 1962)發現了處理視覺形狀、運動與雙眼視覺的柱狀特化,在特定腦區存在有具功能性的柱狀

---

3 譯注:現在有一種新的估計,認為腦部大約有 860 億個神經細胞。

組織。

這些功能特化分區與表徵雖有非常複雜的結構序列，但被這些神經特性誘發或相關的意識經驗，卻具有整合與統一的性質。如我們在看往任何物體或環境組型時，在主觀上會看到一個平順的整合影像，縱使該一影像的大腦表徵並不具有同樣的整合性，因為真正進入覺知的事物，在經驗上並不是廣泛個別事件的無窮盡細部排列。針對這種在特殊神經表徵與統一整合意識經驗之間所出現令人驚訝的差距，可能會有人認為這單純表示了心智與神經事件之間缺乏可互相對應的同構性。但是這樣講，只是針對這個現象給個語言上的名字而已，迴避了更深層的問題，也就是假若存在這樣一個不一致的差距，則又如何得以由此而導出整合的經驗。其中有一種可能性是不宜排除的，亦即某些統合歷程或現象，可能調控了問題中所說的深層轉換。

面對物理上不統一時，主觀上卻有統一性的一般性問題，已有多位研究者提出，至少可以回溯到現代神經生理奠基者之一的薛靈頓（Sherrington, 1940），或者可能更早。艾可士則指出：「經驗的統合不是來自神經生理的綜合，而是來自自我意識心靈的整合特質。」（Popper & Eccles, 1977, 頁 362）他所提的是結合了心物二元互動論（dualist-interactionist view）的看法，亦即一個分立的非物質心靈，可以偵測與整合神經活動。有些更傾向一元論的神經科學家，也得到類似看法（如 Sperry, 1952, 1980; Doty, 1984），換句話說，「整合」這件事看起來最適宜在心理場（mental sphere）中處理，而心理場則衍生自神經活動。

已有愈來愈多的共識認為，意識經驗的發生處不可能是在單

一或單群細胞之處,意識經驗更可能是腦內一個更為總體或分配式功能的屬性(見 Edelman, 1978; Baars, 1988)。但並非腦內所有的細胞群皆與覺知的產生有關,我們已經以實驗方式闡明,不見得所有的神經細胞活動都能產生意識經驗(Libet, 1973, 1985; Libet et al., 1991),譬如對感覺皮質部施予一個短如 100 毫秒的刺激脈衝序列,將會激活很多神經細胞,但不會有任何主觀經驗。

逮至晚近,發現了一種對特定視覺組型可以產生在振盪神經反應下的廣泛共振現象(Gray & Singer, 1989; Singer, 1991, 1993),辛格(Wolf Singer)總結他們的結果時這樣說:「針對艾德曼(Gerald Edelman,1972 年諾貝爾生醫獎得主)群體選擇理論(group selection theory)的核心假設,提供了實驗支持。」這些結果讓一些人認為「關聯」(correlation)模式可以表徵神經編碼,以便利用這個關聯性從混亂的背景中辨認出統一的影像出來,亦即經由腦內不同區域電活動振盪的共時性關聯(synchronous correlation),可以得出一個統一的主觀影像。該一猜測仍有待直接驗證,但縱使在神經元共振與統一主觀經驗之間,可以找到適當的相關,仍無法解釋何以主觀經驗具有完整的統一性,而且在空間與彩色影像中沒有裂口或間隙,這一點與分立神經細胞群組的共振活動並不相同。[11]

自由意志如何發生

在心腦關係中,另外一個看起來相當棘手的問題,是心靈與腦部之間的互動可否雙向進行。無疑的,大腦事件或歷程會影響、控制、也可能產生心理事件,包括意識性事件。反向來看,若說

心智歷程可以影響或控制神經歷程,一般來講並不被大部分科學家所接受,不接受的理由經常是隱晦不明的。但是我們有時覺得至少在某些行動與心智運作上,會感知到有意識控制的存在,這些感知看起來對該一反向互動,提供了一些表面上的間接證據。

很明顯的,該一反向特徵在自由意志議題上占有根本性角色（見第四章）。過去在歷史上,有很多這類心智影響腦部活動的看法,大部分都是來自神學家與哲學家的主張,這些觀點對一般人曾經有過重要且具有說服力的效應,然而站在客觀或科學判準上,它們幾乎都是無法測試的。

縱使是由神經科學家所提出之嚴肅且仔細的論證,也只能提供猜測性的解答,也許能啟發思考,但仍無法以實驗方式進行測試。艾可士提出一個二元論解法（Eccles, 1990）,他主張心智單位（或稱為「心理子」〔psychons〕）可與神經細胞分離,但能夠影響在細胞突觸間隙釋放化學傳導物質的機率,這個力量接著可以影響某一特定神經細胞,讓其具有一種能力,能夠在其神經網絡之中傳遞訊息給下一個細胞。諾貝爾生醫獎得主史培理建立了腦部左右兩半球,可以採用不同、甚至獨立方式運作的證據,他在1980年提出一元論解答（monistic solution）的論證,不再區分腦部功能的心智與物理屬性,主張心智活動衍生自物理系統的腦部,但是接著會影響腦部的神經活動（Sperry, 1980）。他將這種影響限定在對神經活動的監督（supervene）而非干涉（intervene）,該一限制性的主張,讓史培理的觀點得以停留在決定論層面之上。然而如何在決定論上,調整放入人性化的自由意志層面?史培理與這個問題纏鬥幾十年之後,終於放棄了嚴格的決定論觀點,他選擇

了讓心智功能有其可能性，以一種並非全然受物理世界自然律所主宰的方式，來真正控制若干神經活動（見Doty, 1998）。很遺憾的是，艾可士與史培理的觀點仍然只停留在具有解釋力的哲學理論上，尚未改寫成具有可供實驗測試的版本。

統一的意識心理場論可以提供解答嗎？

為了探討心智與腦部活動之間的關係及其展現出來的特性，我已提出一個在實驗上可能具有可測試性的解決方式，主張可將意識性主觀經驗視為一個「場」（field），係產生自腦內多樣但適當的神經活動（Libet, 1993, 1994）。這樣一個「場」，可以在沒有神經連結與通路下，在大腦皮質部內進行溝通工作[4]。

這裡所提的「場」，就是「意識心理場」（conscious mental field, CMF），它可以在神經細胞的物理活動與衍生的主觀經驗之間，扮演中介者角色，因之可以針對「非物質心智如何從物質產生」該一深刻問題，嘗試提出解答。

CMF其中一個主要特徵是統合或單一的主觀經驗，意即CMF是讓統合主觀經驗得以呈現的實體。另一特徵則是具有因果力量，可以影響或改變某些神經功能。這種利用CMF來描述主觀經驗的意義或解釋力，將在後續提出理論的實驗測試方式時，說得更為清楚，意即CMF不只是另外一個指稱「統合主觀經驗」的名詞而

---

[4] 譯注：就如一個海中孤島，沒有任何實際的交通或溝通工具可與外界聯絡，但仍可藉著無所不在的電磁場所提供之溝通平臺，來感知外在世界或與之互動。但本章所提出的心理場性質，不同於其他物理場，具體意義將在後文敘述。

已，它還有其他意義在。

目前所提的假設性 CMF，不會是任何已知的物理場，如電磁場、重力場之類，意識心理場係設定為一個現象上獨立的類別，無法以任何外在可觀察物理事件，或任何目前已建構的物理理論，來加以描述。與所有的主觀事件一樣，CMF 只能以主觀經驗的方式來偵測，只有擁有該一經驗的人得以觸接，外在觀察者只能從經驗者的內省報告來獲得有關 CMF 的有效直接證據。從這個層面看，意識心理場與所有可被物理觀測之已知物理場的存在及特徵，有很大不同。史培理的理論將「心理」視為來自「物理」腦的衍生特性，CMF 理論可視為史培理理論的延伸。

擬議中的意識心理場（CMF）應被視為一個運作現象的建構，亦即作為腦部功能的一種模擬與可測試特徵。你可能會認為 CMF 多少與已知物理力場應有可類比之處（Libet, 1997; Popper et al., 1993），如磁場係因導體中電流流動產生，但反過來則可以影響電流的流動，然而如前所述，CMF 無法透過外在物理方法來直接觀察。

如何將統合主觀經驗中的 CMF 屬性所產生之變化，與局部神經區域的貢獻關聯在一起？CMF 的局部變動將反映到變化後的整個場，但這類局部改變所產生的效應，並不需要一個分立的機制來做傳輸與整合工作。當我們用傳輸與整合歷程來想這個問題時，就變成是繼續採用從外在觀察神經事件的方式在思考，這樣就誤解了 CMF 的特性，它應該是一個現象上的類別，無法化約到雖然關係密切的神經歷程。無疑的，在 CMF 與物理（外在）可觀測神經歷程之間的大部分關係，應有規則可循，但這些規則無法在同時研究該二現象而有所發現之前，就能事先（a priori）做出描述

（見 Libet, 1987, 1989）。

在史培理等人的裂腦研究（split-brain research）之中（Sperry et al., 1969; Sperry, 1985），切開了連接兩大腦半球的主要連合神經束（commissures）[5]，神經外科醫師利用切開這些神經束，來控制在兩個大腦半球之間往返反覆出現的癲癇發作。研究者接著發現切開聯繫的兩半球，各個半球同時會有不同的經驗內容。在正常狀態下，兩半球藉著主要連合神經束互相溝通，分享同樣資訊；但在切開裂解了連合神經束之後，右半球心智事件的新內容無法提供給左半球，反之亦然，結果任何右半球活動能提供給心理場的，可能就無法直接改變左半球的 CMF。在這類狀況下，CMF 的統一將局限在給定的一個半球，除此之外，局部神經區域對某半球總體 CMF 所提供的各個貢獻，只在與接近的其他區域共同作用時才稱有效；亦即這些貢獻無法有效跨越兩半球之間或組織屏障之間的大分裂空間。假若 CMF 連針對同一腦部兩鄰接半球之間的障礙都不能跨越，則很明顯地無法作為一個平臺，來傳送自身的訊息到另一個人的腦部去，也不能從別人腦部接收到訊息，所以在 CMF 的理論中，並無任何可容納心電感應（mental telepathy）的討論空間。史培理（Sperry, 1984）曾指出，若某半球在欠缺主要連接神經束的情況下，連鄰近半球都無法溝通，則裂腦現象的存在，顯然不利於去論證人與人之間會有任何心電感應的存在（另見 Buser, 1998）。

這些特徵連帶提出了其他基本問題：如右半球是否會有意

---

5 譯注：包括前連合、後連合與胼胝體等共五個。

識？[6] 在單一個人身上，是否有兩個自我，每個半球有一個自我？

右半球看起來是可以有意識的，雖然它能夠做語言報告的能力非常有限。我曾有機會看過一位病人的錄影帶，是左半球因病做了手術移除，由於這項手術在病人成年後才切除，所以相對於在孩童期就切除而言，無法在右半球發展出可能的調整。但這位成年病人表現得好像有意識覺知一樣，他看起來是機敏的，會以恰當方式回應問題，有時因為受限於無法用講的來回答問題，而顯現出挫折與厭煩。

兩個自我的問題則比較複雜（見 Bogen, 1986; Doty 1999）。裂腦病人並不會報告在個人統合感知上有什麼困擾，亦即自己覺得與裂腦手術前的自己沒什麼兩樣。在測試時若未局限在單一半球上給予刺激，則兩個半球皆可收到同樣的感官資訊，病人的雙眼會掃描整個相同的視野，非常特殊的是，病人們不會感知到另有一個意識主體的夥伴，而是感知到仍為同一個自我。

我們可以就此假設這個擬議中的 CMF 在某些層面上，其實還是可以聯繫兩個半球的；或者，在兩個大腦半球之下，腦部較低層之處，兩邊仍可能有神經連接，所以多少可說明為何還有統合的性格。

是否有可以測試 CMF 理論的實驗設計？

任何科學理論，尤其像 CMF 這種，必須要能夠測試才會被

---

6 譯注：這是假設當左半球已有 CMF，而且具有可以做語言報告的能力，所以左半球應能獨立發展出意識狀態。

嚴肅看待，CMF 理論提出一些至少在原理上可以做實驗測試的重要預測。假若大腦皮質部的局部腦區，能夠對較大且單一的 CMF 做出獨立貢獻或改變，則在下列條件下，應有可能作為測試基礎，以用來說明這類貢獻：（1）特定皮質區域在腦中完全分離（isolated）成為孤島，或切斷與其他腦部區域的所有神經聯繫；但是（2）該一特定皮質區域仍停留在腦內原來位置或原址（in situ），以適當方式活動來維繫功能，與其原本的正常行為有充分類似性。需要測試的實驗預測如下：對分離組織做適度電刺激或化學激發，應會產生或影響意識經驗[7]，縱使該組織與腦部其他區域並無神經連接；此時若有溝通，應係在某種「場」的形式下發生，不需依靠實際的神經通路。

　　研究者必須針對該一分離板塊（isolated slab），控制並排除其藉著利用物理的非神經管道（如電流），來擴散影響周邊的可能性。假若一個主觀經驗被誘發，且在一秒鐘之內報告出來，則應可排除是來自化學擴散，以及血管循環的變化或循環血液中內容物變化的影響（見 Ingvar, 1955）。

　　適當的神經隔離可以靠如下的方式做到：（1）用手術切除所有與腦部其他區域的神經連接，但仍有足夠的血管連接與健全循環；或者（2）暫時阻斷所有在該目標區域進出的神經傳導。手術切除隔離的討論，將於本章稍後提出。

　　功能性的隔離可以利用注射小量阻斷劑，在大腦皮質的某一特定區塊周圍形成一個環狀阻斷圈，如可將局部麻醉劑普羅卡因

---

7 譯注：CMF 其中一個主要特徵就是意識經驗。

（procaine）放入林格式注射液（Ringer's solution）中，適當緩衝至酸鹼值 pH 7.4；或使用河豚毒素（tetrotoxin），能選擇性地阻斷鈉離子通道傳導的神經動作電位。另可與鈣離子通道阻斷劑如維拉帕米（verapamil）合併使用，以確保與鈣離子相關之動作電位的神經傳導也被阻斷。使用這種藥理阻斷方法的好處是其可逆性，可用在不做外科切除手術的皮質區域，如此可在風險控制下，大幅擴大可用受試者的範圍。缺點則是：（1）由於擴散因素，要將阻斷限制在一個板塊的狹長帶狀之中，有其難度；（2）必須要確認已經做到完全的阻斷；以及（3）本來可以藉著興奮板塊內、但位於下方邊界的上行神經纖維，以便將神經輸入傳送到隔離板塊內各處的能力，將會大幅降低，這是因為化學阻斷透過局部擴散，鈍化弱化了板塊內某些神經纖維的神經活動之故[8]。

如何利用手術在大腦皮質部原址做出分離板塊？

大腦皮質的板塊可以透過手術切斷與周遭的神經連接，在腦軟膜下做所有的腦迴橫切或直切，但不阻斷流往皮質的血液，這是分離板塊與腦部其他區域的唯一聯繫。皮質板塊仍在原來位置保持活躍狀態，腦軟膜蛛網膜（pia arachnoid）是一層與腦部（包括大腦皮質）表面有直接接觸的薄膜，通往皮質的血管在軟膜中

---

8 譯注：此處指的是，化學或藥理阻斷方式雖然可以阻斷板塊之外的神經輸入，但也連帶弱化了分離板塊內本來可以進行的神經傳送。此處所指的「板塊內、但位於下方邊界的上行神經纖維」，是因為上行的神經纖維會從皮質部或板塊的下方邊界（lower borders）進入，這是上行神經通路的一般走向，所以若要興奮該一板塊，最好的方式就是直接刺激剛進入板塊下方邊界的上行神經纖維。

呈水平走向,血管的分支在不同的分叉點往下垂直通向皮質。皮質的手術切除可在軟膜之下為之,但可以讓血管完整無傷。

對這類在原址(in situ)做出分離皮質板塊之後的電生理活動研究,已有多起報告(Kristiansen & Courtois, 1949; Burns, 1951, 1954; Echlin et al., 1952; Ingvar, 1955; Goldring et al., 1961)。做法是使用又狹又彎的刀片,穿過軟膜蛛網膜無血管區的開口,外科醫師將彎曲的刀尖在距離軟膜一定距離處,將刀尖轉一圈,在皮質中切出一個板塊,同時也切斷了與鄰近皮質區域的連接。

史培理(Sperry, 1947)在一個早期研究中,曾想了解鄰近皮質區域連接被垂直切除之後,如何影響猴子感覺動作皮質部之整合與組織功能,他在研究中使用了多少與前述有些不同的技術(見圖5.1)。切除工具是極細纜線或縫衣針所製成的兩面刃,該纜線削尖尾端部分彎成一個直角,之後將刀片末端垂直沉放入皮質,以使水平臂恰好位於軟膜下方,當垂直刀片往前移動時會在皮質內進行切割,水平臂則在軟膜下滑動。該一技術可以經過簡單的安排,在皮質中切出不同的板塊。史培理技術的好處是,動刀只會傷害到腦內極為細狹的組織,因此而產生的長期疤痕不到 100 微米厚。當外科醫師為了治療之故,想將分離的皮質板塊留在原址時,這個優點特別符合治療上的需要。當一小部分皮質必須摘掉,以便移除一個棘手的癲癇病灶時,若改以此處所提方式,只分離出這一個地方的致病病灶,則看起來會有較大好處,因為若直接摘除病灶所在的皮質區域,則會留下一處空腔,可能反而會讓危險的傷疤組織隨之在此空腔處成長。近年來很多神經外科醫師已經透過摩瑞(Frank Morrell)醫師的引介,開始採用該一分離技術。

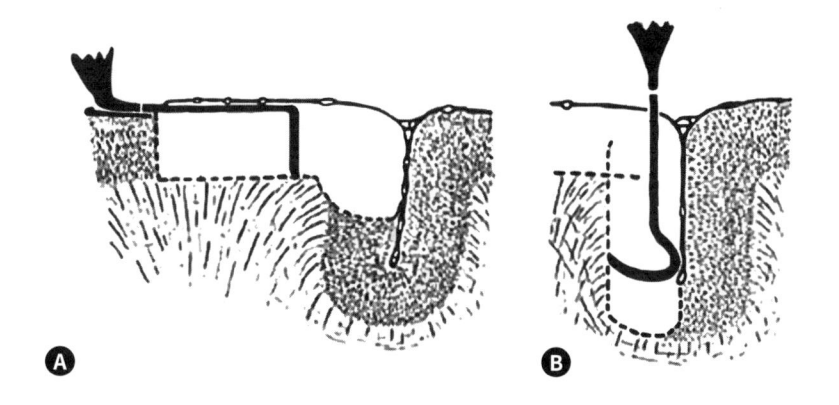

圖 5.1 │ **在大腦皮質做出一個分離、但活躍的皮質板塊。**

A. 一條細纜線彎折出如圖所示的形狀，前行的垂直臂在插入皮質之前先弄尖，之後調整插入皮質的深度，使得水平臂剛好位於軟膜蛛網膜表面的下方。將垂直臂往前推，則可切斷皮質那一端與鄰近的連接，切斷所有各邊的連接後，安排手術刀切出一個板塊，該一皮質板塊已與腦內其他區域完全沒有神經連接，但仍保持活躍，因為膜表面的血管血流供應仍完整無缺。
B. 手術刀的另一相關形狀，切入左邊腦迴（gyrus）中間（空白處），兩腦迴之間則為腦溝（sulcus）。（取自 Sperry, 1947）

　　艾契林（Echlin et al., 1952）利用全身與局部麻醉方式，在病人腦部分離出皮質板塊，他們發現在該一分離區域的節律性腦波（EEG）活動會立即下降，但並未完全消失，在 20 分鐘後則出現陣發性的高電位誘發活動。若在正常腦中出現這類癲癇組型，通常會被認為是正常功能遭到破壞或扭曲，而且會在動作區產生抽搐性動作，但是分離板塊的神經活動，並不會擴散到鄰近腦區。

　　皮質板塊的生理性質，很明顯的在被分離之後會馬上改

變，因為所有的神經輸入遽然流失。譬如，腦幹的網狀激活系統（reticular activating system, RAS）神經連接會往上傳送，在大腦皮質內擴散，該一系統若遭損壞，則會造成昏迷。此時該一神經傳入必須要做適當替換，以便「喚醒」因 RAS 損壞而形同被分離的大腦皮質板塊，這時必須要做一些程序，以恢復充分正常活動的若干水準。在大腦皮質形同被隔離的幾個小時內，從下往上的神經纖維輸入，以及它們透過突觸與板塊細胞的接觸，即會迅速退化，所以我所提有關 CMF 之實驗設計的若干研究，必須在分離手術剛做完的初期階段執行，此時板塊內的軸突雖已切割掉輸入端，但仍活躍，具有潛在性的功能，它們可用來恢復某些程度的神經輸入，以連繫分離板塊內的神經細胞。神經外科醫師可以植入微細的刺激電極，抵達分離板塊的下方邊界，來對這些板塊內位於下方邊界的上行神經纖維做電刺激，在板塊表面所做的活動之電測量則可作為指標，以判斷分離板塊是否已經恢復到某些「清醒」的正常條件。

如何尋找合適的病人與組織

以手術分離出皮質組織的板塊，勢必會對其原先的正常功能造成永久損害，所以相關研究所選取的對象，應限制在皮質組織板塊已經因為治療緣故被指定為須做手術移除的病人。若其他條件也可以滿足，則在組織移除之前，實驗程序可在手術室進行，病人須在清醒狀態，而且有反應，外科醫師宜用局部而非全身麻醉來做這個皮質手術，病人則應被告知並同意合作，風險評估必須經過所有相關核可，尤其是醫院或大學委員會，以保護病人與

受試者的權益及安全。很多病人可以在局部麻醉下忍受腦部手術，而且在過去研究中可看出有豐富的參與紀錄（如 Penfield, 1958; Libet et al., 1964; Libet, 1973）。在該一實驗程序中，神經外科醫師最好能在將要分離的皮質板塊中，留放一些少量尚有相當正常反應的組織，很幸運地，神經外科醫師在過去總是會留下一些少量的正常組織，並確保在移除病理組織後可以獲致足夠療效。

該實驗還有進一步的要求須滿足，大腦皮質的電刺激只會在極為有限的位址上，誘發可報告出來的意識經驗，最有效的位址是那些接收特定感覺訊息的主感覺區（primary sensory areas）。軀體感覺有一主感覺區，位於中央溝後面的腦迴（postcentral gyrus）；至於視覺主感覺區則位於枕葉的紋狀皮質（striate cortex）；聽覺主感覺區則在顳顬葉上唇部位。刺激其他地方確實也會激活神經細胞，但是這些反應並不會激發能產生可報告意識經驗的腦內系統。因為測試方式是針對皮質做電刺激，所以研究者選擇的最好板塊部位，應該是那些在正常狀態下可誘發出經驗內省報告之處。

但很少病人能滿足該一需求條件，全世界每年最多可以找到五到十人。縱使病人的癲癇病灶是在主感覺區，外科醫師也很抗拒將該一病灶切除掉，因為可能會對病人造成嚴重的感覺損害。因此，想嘗試尋找一位願意在這方面合作，並可以安排找到這類病人的外科醫師，一直是個令人怯步又很糾結的過程。

CMF 能否影響神經細胞活動？

針對假設性 CMF 是否具有影響神經功能之因果性力量的測試，已經在上述有關證實 CMF 是否存在的描述中，以隱含的方式做了說明。若刺激分離皮質板塊可以誘發受試者做出內省報告，則 CMF 必定是能夠激活適當的大腦腦區，並做出語言報告。

擬議中實驗採用的標的，是利用大腦皮質部已分離、但仍保持活性的皮質板塊。該實驗應可提供一個直接測試，來回答 CMF 是否能以一種意識性意志角色的方式，介入影響神經細胞功能的問題。

其他針對意識性意志之可能行動所擬訂的研究方案，在解釋上都碰到模糊不確定的困境。如從區域血流或代謝率測量上，已可知當受試者在想像移動手指（但未真正移動）時，神經活動會在輔助動作區（SMA）出現選擇性的增強（Ingvar & Phillipson, 1977; Roland & Friberg, 1985），艾可士將該一現象視為心智行動（想像要做移動）可以影響神經活動的示範例子。但從該一實驗所做出的這種結論，會碰到諸多困難。利用影像技術如 PET 或 MRI 所測量出來的神經活動增強指標，係建立在局部血流或代謝增加的基礎上所計算出來的，但血流或代謝的增加，一般是在局部神經細胞活動有了真正變動、並經過相當延宕之後（可能以秒計）才會發生，該一耽擱模糊了一些相對時序的決定，也就是心智活動造影與局部神經細胞活動之間的時間落差。另外，總是會有其他的可能性存在，如整個過程是被某些其他腦區的神經事件所引發，或者因為變化或趨勢太小，以致無法用影像方法測量得到等類問題。除

非是有關想像或要求之類的心智事件,可以從實驗上確認,會在所研究相關歷程的可能神經事件之前發生,否則總是會有諸如此類有關因果互動本質上的爭議[9]。利用在神經連結上與外界孤立的皮質板塊來做研究,則可排除這類解釋上的困難。

CMF 理論的一般性結論

假設實驗結果是正面的,也就是說針對神經連結上已經被孤立的皮質板塊,若做了適當刺激之後,引發了可報告出來的主觀反應,而且不是因為來自在鄰近神經連結未被孤立腦區,或其他大腦結構上所做的刺激,則可表示一個腦區的激發,能夠藉由非神經傳導傳送訊息的模式,貢獻給總體的統一意識經驗。該假設性結果若能成真,則對擬議中的場論,可以提供重要的支持證據,意即一個皮質腦區可以影響更大的意識場,該結果將可提供一個實驗基礎,來主張有主觀經驗統一場,以及在神經功能運作中會有心智干預現象。

假設真的有這樣一個結果,你/妳可能會問,那麼我們所熟知的那一大群複雜的神經連接、皮質與皮質之間、皮質與皮質下之間、腦半球與另一個半球之間,究竟又扮演了什麼角色?底下是一個可能答案:它們的主要服務對象是所有的大腦功能,但是直接與意識主觀經驗及意識性意志有關的功能除外。必須提醒的

---

9 譯注:本節所說的因果互動之本質爭議,係承接前述討論而來,指出單從腦部造影資料並無法說明究竟是心智活動在先,或相關腦區神經活動在前,也就是誰先誰後、誰驅動誰的問題,在這類資料中是無法做出清楚判斷的。

是，所有認知功能，包括訊號的接收分析與辨認、訊息儲存、學習與記憶、生理喚起與注意歷程、情感狀態、與其他，都不是擬議中意識心理場（CMF）所要組織或中介的功能。簡言之，只有意識主觀經驗現象以及相連結的所有複雜大腦功能，才是 CMF 所要做假設性模擬的對象。[III]

有些人可能很快就要否定，不認為該一擬議的實驗測試，有什麼足以獲得正面結果的展望性，因為這類結果，就當前建立在物理連接與互動基礎上的大腦功能流行觀點而言，可說是完全出乎預料之外。但是認為不可能有正面結果的判斷，嚴格來講，是因為受制於過去一直無法成功處理主觀經驗統一性，以及腦部歷程是否可受心智控制之類問題的影響下，所衍生出來之既存觀點的影響。CMF 理論與所預測正面結果的潛在引申含意，很明顯有其本質上的深刻性在。在這些基礎理由下，也因為所擬議的實驗原則上可行（雖然困難），所以擬議實驗的設計在心腦問題研究中，理應值得做一嚴肅考量。

理論物理學家波耳（Niels Bohr）曾這樣形容一個嶄新的理論：「當一個偉大的創意出現時，它看起來是混亂與怪異的，對發現到它的人而言，只能說是懂了一半，對其他人則像未解的祕密。任何觀念若在一開始看起來就不怪異，那就沒有希望了。」（引自 Mukhopadhyay, 1995）

主張 CMF 就表示是心物二元論嗎？

心物二元論觀點的主要特徵，就是主張身體與心智現象代表

兩個可以分離的實體（entities）。二元論的極端版本來自笛卡兒，他認為有兩種實質（substances）：思維物（res cogitans，不具空間性，如信念），表現的是心智與意識特性；另外則是延展物（res extensa，具有空間特性），表現的是包括個人身體在內之物理世界實質。他宣稱兩個實質透過松果體（pineal gland）互相溝通，松果體是唯一單獨存在的腦部結構，所有其他腦內結構在左右半球皆有對應，是雙份存在，笛卡兒因此認為單一的松果體，能用來處理意識的統一本質。笛卡兒所提的主要區別在於，心智是不可分割且是一體的，至於物理世界則是可分割且具有延展性（換句話說，在空間中占有位置）。（另見第六章）

但是二元論也有不那麼極端的版本，它們並不假設有可分離的實質，而是認為物理與心智世界之間的關係中，存在有某種二元面向，持這種觀點的人主張，兩個世界之間明顯是不可化約的（non-reducible），也就是說心智主觀現象無法先驗地被任何物理事件與結構的知識所描述；反之，物理事件（包括腦內神經事件）也無法被伴隨出現的心智主觀事件知識所描述。只有兩類事件之間的相關性關係，可以被研究與描述。

該類二元論觀點，並不需要假設存在有分離的實質。另外在同一論中，心智與身體現象被視為單一實體的兩個面向，也就是一種「二元面向」（dual aspect）理論，其中一個是「內在」面向，是主觀的，只有當事人能夠觸接；另一個是「外在」面向，表徵於外在可觀測物理結構與腦部功能中。該一理論看起來是不可測試的，因為無法直接找到據信能表現出該二元面向的單一實體。「同一論」事實上是主張一元論（monism）的，並非二元論，但

是一元論相對於二元論的定義，開始在這些層次上失去其效用。我們要記住定義是設計用來幫助考量不同現象的建構，當定義已失去效用時，我們應該放棄它們，至少在已知不適用的條件上。

所以，如何將 CMF 放入這個論證中？擬議中的 CMF 是腦部衍生現象（emergent phenomenon）的一種性質，CMF 顯然不是笛卡兒二元論所列出的分立實質類別，CMF 因有腦部才能存在，它衍生自神經活動的適當系統。

從另一方面來說，雖然腦部活動促生了 CMF，但由此衍生的 CMF 現象，是假設用來呈現無法用腦部活動來解釋的性質。在某種意義上，可以用物理世界的若干條件予以類比，亦即物理系統的性質無法用系統各個成分的性質來做描述，請參見前述所討論有關苯環的例子，苯係由六個碳原子與六個氫原子所組成的系統。CMF 與所有這類系統的最大差異，在於它無法以物理測量方式做直接觀測。每個人腦部產生了特定的 CMF，該 CMF 的屬性只有當事個人可以觸接，若你要說這種講法為二元論，那你應該了解這類二元論並非笛卡兒式的，就某種意義來說，這種講法也適用在所有的物理系統上。

針對各種形式的二元論，有一種批評是「在機器中放入鬼魂」（ghost in the machine），這裡是參考哲學家萊爾（Gilbert Ryle）的講法（引自 McGinn, 1997）。機器就是腦部，鬼魂講的是心智意識現象，因為它是無法做物理觀測的，我已經論證過後者確係屬於意識主觀經驗，不管是否可以作為 CMF 的一個屬性。主觀經驗無法純粹從神經細胞活動的物理觀測中看出來或做描述，已是一個事實，我們必須同時研究主觀與物理類別，以便發現兩者之間的

關聯性。

你當然可以問「反鬼魂」論證的支持者：「你們如何知道在機器中沒有鬼魂？」結論是他們並非真的知道，因為如何從神經細胞活動衍生出意識主觀經驗，仍是一件神祕的事，若你想將主觀經驗視同鬼魂，你可以這樣做。該一反鬼魂的信念，讓我回想起愛因斯坦與霍金（Stephen Hawking, 1988）之間的類似論證，愛因斯坦不喜歡量子理論所提，物理事件依循機率更甚於確定性的講法，愛因斯坦說他不相信上帝會與宇宙玩骰子。霍金的反應則是：「愛因斯坦如何知道上帝不與宇宙玩骰子？」

另有一種論證，反對無法從物理系統知識來預測心智主觀功能的講法，認為在這樣一種說法下的心靈，就像是沒有方向性的自走砲（loose cannon），具有混沌性質，與可觀測到的腦部功能並無嚴格連接關係。但是在這樣的認定下，心靈被假設成不會也無法具有自身的限制條件，縱使這些限制條件，無法從大腦系統（這是衍生出心靈的地方）的物理觀測來加以描述或預測。再者，心理功能的運作從經驗上來看，經常像個沒有規矩的大砲。就結果而言，將心靈視為自走砲的論證，並不必然與將心靈視為部分非決定性（partially indeterminate）的看法有所衝突。

不管 CMF 理論是否有效，神經細胞結構與功能的知識就其本身，絕對無法解釋或描述意識主觀經驗。如前所述，研究腦部可以得知神經細胞究竟在做什麼，但無法顯示或描述任何主觀經驗，而且有些心智現象可能沒有直接的神經基礎（見第三章），意識性意志也可能不會總是遵循物理世界的自然律（見第四章）。

所以我們可能必須滿足於目前有關意識主觀經驗，如何與腦

部活動相關聯的知識,但是可能無法解釋主觀經驗為何或如何能夠從腦部活動中產生出來,就像在解釋為何重力是物質的一種性質時所碰到的問題一樣。我們接受每個基礎類別現象的存在,而且可以研究每個現象與其他系統之間的關係,雖然還不知道為什麼這類關係會存在。[IV]

譯注

I

　　請另參見第二章譯注 III。大腦神經活動的空間組型，雖然是外界實際看到影像的一種扭曲表徵，但保留有外界視覺影像地形投影（topographical projection）的拓樸對應性，經過後續的調整，可回復出外界物體的「真實」知覺。這是利用當代近七十年神經電生理研究，在大腦視覺運作功能上所獲致的成果，做出合理引申的事後解釋。至於是否能夠利用反向工程（reverse engineering），從大腦神經活動組型反向建立出外界的實際知覺，則涉及對腦部運作知識的完整性，以及是否能建構出跨腦區與不同階層訊息處理的有效回復算則（recovery algorithm），目前尚無共識。在語音、音樂或聲學場景訊息的有效回復，也有相似的成就與困難。至於更困難的題材，如是否能從作夢的腦波或神經影像紀錄，反向回復出實際的夢境內容，目前仍被認為是讓科幻小說或電影談談就好的有趣情節。

　　本章一開始作者即指出，縱使你真的能看入人腦內被認為可能相關的神經活動與神經結構，你也無法看到任何可稱之為主觀經驗的東西。此處的主觀經驗強調第一人稱的內容（外界影像的一般知覺係屬第三人稱經驗，亦即雖不同人，但會有共通經驗），比第三人稱經驗更具個人私密性，因此雖可能找到負責的腦區位置，但很難在腦內找出相對應的表現結構（縱使是扭曲的表徵）。克里克在開始有系統地研究意識現象並朝 NCC 方向發展初期，就已聲明不涉入這類第一人稱具私密經驗的意識研究，也認為這是當前科學尚無法處理的問題。大體上，這就是哲學家查爾摩斯（David Chalmers, 1996）所說的「困難問題」（hard problem）。亦即，縱使能成功地探討出意識經驗與神經活動之間的重要相關性，仍無法回答一個更為深刻的問題：「類別上不同的主觀經驗之非物質現象，如何能從神經細胞的物質活動產生出來？」這是另一種更困難的課題，目前仍茫無頭緒，難以做出合理引申的

事後解釋;至於是否可以找到有效的「反向工程」,那更是在排除各項困難之後,才能著手進行的研究工作。

在本章中,李貝很清楚表達對意識與主觀經驗的基本看法,認為由腦內系統衍生的主觀經驗,無法從相關的神經活動中做出預測。主觀經驗如何衍生自合適的神經活動這件事,可能不會比有關其他基礎現象的問題更好回答,也許可以將意識的主觀經驗視為自然界的一種獨特基本特性。另外,主觀經驗的統合,以及反過來影響神經細胞活動的潛能,這些特徵也不會顯現在衍生出這些主觀經驗的神經基質上。這樣的觀點,與當代主張 NCC 的研究主流,不見得合拍,這是另外一個值得繼續探討的問題。

II

如本章所述,這些結果讓一些人認為「關聯」(correlation)模式可以表徵神經編碼,以便利用這個關聯性從混亂的背景中辨認出統一的影像出來,亦即腦內電活動振盪的共時性關聯(synchronous correlation),可以得出一個統一的主觀影像。以前馬爾斯柏格(Christoph von der Malsburg)已在 1981 年提過腦區內與跨腦區神經關聯激發(correlated firing)的概念(Crick, 1994),但是真正具體取得跨腦區同步關聯激發(如 V1 與 V2,甚至跨半球之間)的實驗證據,則主要來自德國研究者辛格(Wolf Singer)與格雷(Charles Gray),在貓的視覺皮質部所得到之發現,也就是本章所提出的結果。不過不同腦區的關聯激發時間,會涉及多種因素而有不同,有的甚至短到不足幾百毫秒。

克里克與柯霍是最早對視覺覺知(visual awareness)講出一番道理,也提出相關神經結構與機制假說的人(Crick & Koch, 1990)。他們的立論根據主要來自辛格與格雷的發現(Gray & Singer, 1989; Gray et al., 1989),但另加入頻率鎖定(frequency locking)機制,先跨腦區尋找調整出 40Hz 振盪頻率,這是粗略的講法,指的是腦波 35 至 75Hz 的伽瑪頻率(gamma frequency)振盪範圍,之後再做相位鎖定(phase locking),若全部振盪頻率神經活動

透過這一系列機制,在一切條件滿足之後(包括啟動注意力機制),會產生跨腦區的共振(synchronization)現象,此時即是視覺覺知發生之時,克里克與柯霍將這種神經元關聯激發下所產生的共振機制,稱之為「視覺覺知的神經關聯」(neural correlate of visual awareness)。不過克里克此處所說的,主要還是侷限在第三人稱的知覺經驗,不涉及人人不同、只有當事人能觸接的私密第一人稱經驗。依克里克與柯霍的說法,當物體的知覺屬性(如色彩、形狀、運動、深度)透過獨立的感覺通路被逐步分解(decomposition),送到不同腦區分別處理後,透過頻率與相位的調整及鎖定產生跨腦區共振,亦即各類知覺屬性在此一瞬間得以聚合(binding),而覺知到外界有一個具有統合所有知覺屬性的單一物體存在,此時即是意識產生之時。至於這整個機制得以發動的核心,克里克與艾德曼的想法有相似之處,也就是視丘與皮質部所形成的神經迴路,應該就是神經群互動的核心,因為除了嗅覺以外,所有其他的感覺都是要經過視丘再送出去的,而且視丘是一個重要的控制與注意力中心,得以與皮質部的不同層(cortical layers)在進出之間形成神經迴路。克里克稱這種講法是一個「令人驚訝的假說」(astonishing hypothesis)(Crick, 1994)。有一次我碰到發現夸克、也關心意識研究的格爾曼(Murray Gellman),談起克里克這個令人驚訝的假說,他的回答只有一句:「What's astonishing!」(這有什麼好令人驚訝的!)這類互動方式似乎是意識研究這種爭議性領域的常態,克里克在前述他那本 1994 年的書中,就忍不住且不少大牌人物,包括波柏與艾可士在內。李貝在本書中也不遑多讓,所以格爾曼的反應應該也算是正常。

　　李貝在本章中特別提出,辛格認為他們的研究結果是「針對艾德曼群體選擇理論的核心假設,提供了實驗支持」(Singer, 1993)。其實辛格與格雷不只提及艾德曼神經細胞群的群體選擇理論,也明確提及克里克與柯霍(Crick & Koch, 1990)的研究,但李貝在本章討論到神經活動關聯激發與共振時,並未提及克里克與柯霍所提的意識產生機制,大概是在引用時有所偏好之故。推測原因可能是在辛格與格雷提出詳細的發現之前,艾德曼已經在

其神經群體選擇理論中,做了粗略的描述;克里克則是在實驗報告完成之後,提出足以解釋神經關聯激發與共振機制,以及如何連接上視覺意識之發生時序,這種令人驚訝的假說,讓辛格與格雷的實驗數據更顯珍貴。但是李貝可能基於艾德曼事先的粗略描述,因此在時間順序的考量上,讓辛格與艾德曼連接起來,這也是一種處理科學關聯的態度。

縱使有這麼多一流人才在做開路工作,李貝仍然認為所有這類猜測尚有待直接驗證,縱使在神經元共振與統一主觀經驗之間,可以找到適當的相關,仍無法解釋何以主觀經驗具有完整的統一性,而且在空間與彩色影像中沒有裂口或間隙,這一點與分立神經細胞群組的共振活動並不相同。看起來在這中間,有很多有關知覺填補(perceptual filling-in)的問題需要解決。李貝可能更重視第一人稱的個人主觀經驗,所以對神經元共振與統一主觀經驗之間的對應,持更嚴格的標準。

Crick, F., & Koch, C. (1990). Towards a neurobiological theory of consciousness. *Seminars in Neuroscience*, 2, 263-275.

Crick, F. (1994). *The astonishing hypothesis: The scientific search for the soul*. New York: Touchstone.

Gray, C. M., & Singer, W. (1989). Stimulus-specific neuronal oscillations in orientation columns of cat visual cortex. *PNAS*, 86, 1698-1702.

Gray, C. M., König, P., Engel, A. K., & Singer, W. (1989). Oscillatory responses in cat visual cortex exhibit inter-columnar synchronization which reflects global stimulus properties. *Nature*, 338, 334-337.

Singer, W. (1993). Synchronization of cortical activity and its putative role in information-processing and learning. *Annual Review of Physiology*, 55, 349-374.

III

　　李貝在此處提出了一個不想讓人懷疑他是二元論者的特殊講法：（1）CMF（意識心理場）是腦部衍生現象（emergent phenomenon）的一種性質，CMF 顯然不是笛卡兒二元論所列出的分立實質類別，CMF 因有腦部才能存在，它衍生自神經活動的適當系統。（2）雖然腦部活動促了 CMF，但由此衍生的 CMF 現象，是用來呈現不能用腦部（神經）活動來解釋的性質，腦部是藉由非神經傳導傳送訊息的模式，貢獻給總體的統一意識經驗。

　　李貝的主張是：（1）所有認知功能包括訊號的接收分析與辨認、訊息儲存、學習與記憶、生理喚起與注意歷程、情感狀態與其他，都不是擬議中 CMF 所要組織或中介的功能。（2）只有意識主觀經驗現象以及相連結的所有複雜大腦功能，才是 CMF 所要做假設性模擬的對象。

　　李貝等於同時賦予腦部兩種處理機制，一種是以一般神經機制做訊息處理，處理對象包括了意識之外的所有認知功能；另一種模式則是以非神經傳導方式傳送訊息，以意識主觀經驗為主。這種腦部可以有兩種不同心智運作之神經機制的講法，對神經科學家來講，當然是難以接受，他們應該也是無法理解腦中如何能夠還有一種訊息處理機制，居然是可透過非神經傳導方式來形成意識心理場；另外將認知訊息切割成意識主觀經驗與其他所有認知功能，而且是分別由截然不同的消息處理機制負責的說法，這對很多認為意識（不管第三人稱或第一人稱經驗）運作應該與其他認知功能息息相關，而且不是那麼計較神經機制的心理學家與認知科學家而言，也會是一頭霧水的。

　　就這個例子來看看中醫針灸，並做一比較。中醫針灸中所常用的傳統經脈觀念，首見於作者不明的《黃帝內經》，成書年代可能在馬王堆漢墓出土古醫書（已有針灸經絡之說）之後，東漢張仲景撰述《傷寒雜病論》之前（此時已知有《黃帝內經》），史家判斷約在秦漢之際，已歷兩千年。我問過針灸名家張永賢，他在出現時間上的判斷也大約相同。由傳統經脈圖可知，在軀體上的運行方式絕大部分是同側走向（從左側或右側手腳直接通往同

側腦部，全身百脈交匯於頭部頂端百會穴，稱為「諸陽之會」）；近數百年則有完全不同看法，認為感覺通路會交叉往異側上傳的神經解剖觀點（觸覺則係在延髓以後交叉），首見於 18 世紀（Mistichelli, 1709），19 世紀以來明確建立該一交叉傳導的解剖證據（Hall & Hartwell, 1884），至於為何會形成這種交叉，又具有什麼演化上的利益，則尚未能有清楚解答（Shinbrot & Young, 2008）。當代科學更進一步了解各種感覺神經系統，係以交叉且透過視丘連往大腦形成迴路為原則（嗅覺例外），若是與針刺觸覺有關的通路，則係在上行通路到了延髓之後，交叉往上通過視丘進入大腦。這兩種不同軀體訊息走向的主張，可說是大相逕庭，很難有調和的空間。更有甚者，身體感覺是以一種上下顛倒的方式予以表徵，足部與腳掌位於靠近頭頂的腦迴，臉與頭部則表徵在最底下。所以人類大腦的表徵，既是交叉，也是上下顛倒。

其實有一種簡單的可能性在，就是經脈的非交叉走向是錯的，因為這是在神經交叉被發現之前想當然爾的主張。主張中西醫藥一元化的杜聰明也有類似想法，認為針灸學的價值，係屬於經驗的、實際操作的醫學，重點在其臨床實效，而非其機轉與理論，他認為經絡理論可能是古人混淆了神經、血管功能，所形成的粗糙理論。但是有些人會以經脈（以及針刺）非屬神經傳導為由辯解（如與血管血流或內分泌系統有關），亦即主張觸覺刺激的感官訊息處理，可以有神經（適用於身體一般訊息的處理）與非神經傳導（適用於經脈走向）機制。這種講法與李貝的主張有類似之處，但尚無可供測試的實驗設計，與李貝思慮周詳的測試方式相比，在科學做法上有甚大差距。

李貝引用了大物理學家波耳的講法：「任何觀念若在一開始看起來就不怪異，那就沒有希望了。」而且他又說：「不管 CMF 理論是否有效，神經細胞結構與功能的知識就其本身，絕對無法解釋或描述意識主觀經驗。」看來他是鐵了心孤注一擲。不過截至目前為止，尚無人在此思考路線上做出任何驗證。

Hall, G.S., & Hartwell, E. M. (1884). Bilateral asymmetry of function. *Mind*, 9, 93–109.

Mistichelli, D. (1709). Researches on the intimate structure of the brain, human and comparative. First Series. On the structure of the medulla oblongata. *Philosophical Transactions of the Royal Society of London*, 148, 231-259.

Shinbrot, T., & Young, W. (2008). Why decussate? Topological constraints on 3D wiring. *The Anatomical Record*, 291, 1278-1292.

IV

意識研究上有兩種不能稱之為主流的主張，它們分別是以「場」（field）的概念來闡釋意識經驗特性，以及用量子效應來模擬意識在不同尺度的運作機制。不過這兩種主張都不受「意識的神經關聯理論」（NCC）學派青睞。李貝在本書中雖然不談意識的量子論觀點，但他對場論仍是情有獨鍾，提出有神經外科與臨床診療依據的意識心理場論（CMF）。底下分述這兩種主張的源起與困難。

(1) 場論的主張

相對於個別或分立的感官與認知經驗，意識指涉的主要係統合跨感官、跨不同認知層面的總體主觀經驗，因此從心理或心智角度上，提出場論的建置，以用來描述意識經驗，也是很合理的發展。心理或心智場論發源甚早，早期最為人所知的是以電磁場的概念來模擬心智與心靈的各個面向；在物理學的發展上，是先有電磁場、後來才有重力場之提出，因此最早的心理場論係以電磁場為立論依據的（Rose, 2006）。但李貝所主張之意識心理場論是一種非物理性質的場（non-physical field），又具有總體特性，並非電磁場、

亦非重力場的物理觀念（Libet, 1994），另參見本章的詳細討論。

克里克與柯霍不喜歡使用「場」這種概念，認為太容易引申為電磁場攜帶腦內整合資訊的運作方式，而且認為就生物物理的觀點而言也不能成立（Crick & Koch, 2005）。意識心理場（CMF）雖然自認此處之場並非一般的物理場，亦非電磁場，但不容易講清楚，還是有類似「場」的想法，而且還主張非神經傳導的訊息處理方式，這種概念與克里克所主張「意識的神經關聯理論」（NCC）之意識產生方式，也就是跨不同腦區的神經關聯激發與共振仍以神經傳導為主要機制的看法，有根本上的不同。

(2) 從光接受器到皮質細胞的量子特性演變

相對於李貝對意識場的情有獨鍾，漢洛夫（Stuart Hameroff）與潘洛斯（Roger Penrose）顯然也有類似偏好，不過改以量子態來闡釋類似問題。他們主張訊息處理來自腦部深處微小管（microtubules）的計算與量子狀態的變化，微小管是腦部神經細胞的蛋白質結構，是細胞骨架的一個組成成分，當它們躍升出大規模且持續量子同調（quantum coherence）狀態之後，就是訊息計算之時（Penrose, 1994）。底下試做一簡單分析。

尺度很小的粒子（如電子）行為，無法同時精確測量到位置與動量，這是自然界所加諸的限制，亦即受到不確定原理（the uncertainty principle）的規範。日常生活事件也會有這種不確定性，但一般可以忽略。依據波耳所提出的對應原則（the correspondence principle），當物理尺寸愈大時（如對行進中的子彈做軌道與速度同時量測），則古典物理性質愈明顯，不確定性愈來愈小，愈不受不確定原理的規範（Halliday & Resnick, 1966）。此處所提量子物理與古典物理之間的對應關係，就像當運動速度愈來愈接近光速時，牛頓力學所做的預測愈來愈不精確一樣。這種將有限尺寸微觀下的量子特性，與尺寸趨大後的宏觀古典物理性質做一對比的做法，也適用來探討從光接受器與皮質細胞，在微觀的量子特性與宏觀的古典物理性質上所做的比較。

人在黑暗中，只需要單一個光量子即可激發圓柱細胞而量到訊號，而

且只要分別用單一光子激發七個左右的圓柱細胞,即可獲得意識性的感覺(Hecht, Shlaer, & Pirenne, 1942)。在這種條件下應該會表現出量子特性,也服從不確定性原理的規範。但這種高敏感度不適用於在有光線時看東西的圓錐細胞,光線強度一般要超過一億倍,才能讓圓錐細胞發揮功能。光接受器(包括圓柱與圓錐細胞)在不同光照強度下,會依光強度做出不同強度的局部極化反應膜電位,稱之為「階梯電位」(graded potential),但經過連接細胞傳到腦部過程中,連接細胞對外界刺激的接受域愈來愈大,愈具區域整合性,階梯電位在傳遞與匯總的過程中,超過閾限的機會也愈來愈大,因此在透過不同類連接細胞搭上神經節細胞(ganglion cells)以後,就清楚轉換為具有全有或全無(all or nothing)性質的動作電位(action potential),一路往上經過視神經傳到視丘的側膝核(lateral geniculate nucleus, LGN),再傳往枕葉及其他高階視覺皮質區(Nicholls et al., 2001)。在此過程中,可以看到物理尺度變大後的效應逐漸顯現出來。

另可從由下往上的連接中,看出物理尺度的變化。人眼約有一億個光接受器,但只有100萬個視神經軸突,也就是100:1的收斂,但中央小窩的圓錐細胞,會用掉三分之二的神經節細胞。在視神經與皮質部之間,則又變成100萬對上10億個皮質部細胞(Dowling, 2001),但沒有改變愈往上後整合性愈高的特性,改變的是視覺皮質細胞對外界刺激的知覺屬性,可以做出更精細的屬性分解與之後的匯聚(decomposition and binding)。

由上述可知,當物理尺寸愈大時,古典物理性質愈明顯,不確定性愈來愈小;在視覺訊息傳送系統中,則可看到當視覺訊息處理階序愈往上、尺寸愈大時,整合程度愈高。利用這些結果,我們可以探討從光接受器到皮質細胞,是否有微觀的量子特性過渡到宏觀的古典物理性質上之變化。

潘洛斯了解到在作為腦部一部分的網膜上,光接受器確實可被單一的量子事件所驅動,但他也承認就目前所知,在往上的視覺通路上,所找到的神經細胞都需要達到一個閾限,而且需要非常大量的光量子刺激,負責的神經元才會被激發(亦即出現動作電位)(Penrose, 1989)。這意思也就是承認

在腦部找不到可以呈現量子特性的皮質細胞（cortical cells），這種想法的可能依據之一應如前述，是在光線剛進入眼睛網膜上的光接受器圓柱細胞，可以發現有符合不確定原則的量子特性行為，但接著視覺訊息往上傳送之後，如抵達 V1 與更往上的腦部神經細胞時，物理尺度愈來愈大，開始整合底下多個細胞的訊息，就像前述的物理分析，在尺度上從量子層次逐漸進入巨觀層次，從遵守不確定原理到開始適用古典物理原則。但潘洛斯還是認為說不定可以在腦部深處的細胞中，找到具有單一量子敏感度的細胞，若能找到，就不能排除量子力學有介入腦部活動的可能性。後來他找到了有爭議的微小管。

潘洛斯對李貝研究的評價甚高，但他在意識研究的看法上屬於悲觀論調，與克里克具有鼓勵性的正面作為大有不同。他認為當前的物理定律無法解釋意識的存在與運作現象，並將主張心靈運作具有圖靈可計算性（Turing computable），可用演算法模擬，所以可以用人工智能（AI）來模擬心智運作的強 AI 走向，與若干意識及心靈研究，在其書中（Penrose, 1989）嘲諷式地稱之為「國王新心靈」（emperor's new mind）；亦即仿國王新衣的比喻性說法，意指這些研究雖然談的無非是心靈，但往內一看不知心靈在哪裡，顯然是空講心靈、但沒有實質心靈在內的研究。這些批評是相當嚴厲的少數派講法。潘洛斯認為意識係來自腦部非算則式（non-algorithmic）的運作，他在此觀點上與亞利桑那大學的麻醉科教授漢洛夫比較接近，進一步認為腦部神經細胞內的蛋白質結構微小管，可充當這個具有量子特性的角色，如上所述，可能這就是能夠產生意識的根源，而非直接來自神經細胞一般所認知的神經傳導方式運作（Penrose, 1994）。

但大部分科學家並不認同這種概念，因為腦內又濕又熱，不符合能夠產生量子同調的條件，這是因為敏感的量子狀態很容易受到外界擾動和電磁影響而破壞，一般量子計算的主流做法，是將量子系統放置在接近絕對零度的環境中，隔絕外界影響，以維持量子計算所需的疊加（superposition）與糾纏（entanglement）狀態，當量子態糾纏性質未被破壞時，每一個操作可同

時改變所有糾纏在一起的量子疊加態,所以唯有保存了這兩種狀態,才可能展開有效的量子運算,也因此得以做出遠超過古典數位計算的速度(如 2^n 倍)。另外則是,若腦中量子運作方式確實存在,則量子計算時間太快太短,完全不符人類思考的特質(有關量子計算的簡介,可參閱《科學月刊》2021 年 5 月號 617 期的「量子資訊」封面故事)。

依據意識的神經關聯理論(NCC)主張,意識的產生所涉及的腦部運算,應以神經傳導中的動作電位與神經化學突觸為基礎,神經細胞仍是最基本的處理單位,認為量子計算與腦部運作並無相關性存在,腦部細胞並未具有遵循不確定性原則、量子疊加狀態(quantum superposition)、量子糾纏(quantum entanglement)之類的量子特性,運作方式仍係遵循古典物理法則(Koch & Hepp, 2006),這意思是說,應該可以在神經基礎上做算則式(algorithmic)運作的過程中,找到意識出現的軌跡。

不過潘洛斯仍認為意識是件科學上仍未能解答的神祕事,潘洛斯的老搭檔霍金(Stephen Hawking)曾取笑他說,潘洛斯認為意識是件神祕事,而量子重力(quantum gravity)又是另一件神祕的事,所以兩者必須要被關聯起來!霍金也說,他在有人談論意識時就會覺得不自在,尤其是當理論物理學家發言時。當然潘洛斯否認有關神祕加神祕的講法,認為兩人的不同調,主要來自對量子力學本質有不同看法之故。

若干人對場論與量子闡釋的偏好,就當代物理學的發展大趨勢而言,是可以理解的,但更多人認為人類意識還是放在日常生活的古典物理層次為宜。在本書中,李貝並未將此類量子力學觀點放入討論,顯有迴避爭議之意;但是李貝並未遮掩他與克里克的明顯不同。大體上,克里克主張 NCC,主張心智的運作源自神經活動,但心智不能反過來影響神經活動;意識或覺知也應遵循 NCC 原則。李貝則是提出違背 NCC 推論的實驗證據與理論,如在自由意志實驗中所呈現的準備電位(RP)矛盾,以及本章所提出的 CMF。另外,李貝認為克里克是決定論唯物論者(見第一章),他自己則因其第一系列研究,屢被波柏、艾可士與潘洛斯等人大幅引用,而被若干研

究者視為心物二元論的同路人，但他並未輕易承認，在本書各章與〈導讀〉中已多所論列，不再贅述。

Crick, F. C., & Koch, C. (2005). What is the function of the claustrum? *Philosophical Transactions of the Royal Society of London B*, 360, 1271-1279.

Dowling, J. E. (2001). *Neurons and networks*. Cambridge, MA.: Harvard University Press.

Halliday, D., & Resnick, R. (1966). *Physics (Parts I and II)*. New York: John Wiley & Sons.

Hecht, S., Shlaer, S., & Pirenne, M. H. (1942). Energy, quanta and vision. *Journal of General Physiology*, 25, 819-840.

Koch, C., & Hepp, K. (2006). Quantum mechanics in the brain. *Nature*, 440, 611-612.

Libet, B. (1994) A testable field theory of mind-brain interaction. *Journal of Consciousness Studies*, 1(1), 119-126.

Nicholls, J. G., Martin, A. R., Wallace, B. G., & Fuchs, P. A. (2001). *From neuron to brain*. Sunderland, MA.: Sinauer Associates.

Penrose, R. (1989). *The emperor's new mind*. Oxford: Oxford University Press.

Penrose, R. (1994). *Shadows of the mind: A search for the missing science of consciousness*. Oxford: Oxford University Press.

Rose, D. (2006). *Consciousness: Philosophical, psychological and neural theories*. Oxford: Oxford University Press.

第 6 章

總的來說
其意何在？

> 主啊——祢的海如此遼闊，而我的舟如此渺小。
>
> ——無名氏
>
> 要完成這工作不是你的責任，但你也沒有不加入的自由。
>
> ——拉比塔豐（Rabbi Tarfon）
>
> （取自《教會初期聖師的倫理》〔*Ethics of the Fathers*〕；引自 Wouk, 1988）

笛卡兒與作者李貝之間的想像性對話

笛卡兒（René Descartes, 1596-1650）被視為是一位開風氣之先的哲學家，他以系統性方式處理心智與身體之間的關係（或稱「心物問題」〔mind-body problem〕）。若能與他來做一場想像式的對話，可能得以指出我們現在的若干發現與見解，如何來與三、四百年前笛卡兒的基本觀點做一比較。

笛卡兒開始問說：「什麼是我可以絕對確定的？」他的回答是：只有我自己的存在。他將這一點表達為「我思故我在」（Cogito ergo sum; I think therefore I am）（見笛卡兒的 *Treatise of Man*, 1644）。

笛卡兒是二元論（dualist view）之父，認為心智與身體（包括腦部）代表兩個分立的實質（substances），他提出一個架構，解釋兩個分立的實質如何能夠互動互相影響。這類心物二元論（mind-body dualism）的泛笛卡兒觀點，歷經批評與排斥，尤其是來自當代哲學家，但是仍難以在邏輯或現存實驗證據的基礎上來將心物二元論下架。不管如何，笛卡兒體認到心智與腦部的區分，也體認到腦部在思考功能上所占的角色，這些看法都對後來

探討腦部與心智如何關聯在一起的學術發展時，提供了一個具有根本重要性的基礎。

除此之外，笛卡兒將身體（以及外在世界）與形而上的特質及主觀心理層面分離，也解放了物理學與生理學，讓它們得以採用機械式（mechanistic）走向來追求知識。笛卡兒因此協助建立了一個哲學基礎，以供發展對可觀測世界的客觀科學研究。

在這個想像性對話中，笛卡兒的反應將盡可能採自他在自己著作中已表達過的觀點。[1]

BL：李貝／RD：笛卡兒

BL：笛卡兒先生，很榮幸能與你談論一些心物關係的話題，你在這方面已是公認的先驅。現在我想多考量一些一直到20世紀末期所累增出來的事實性知識，尤其是我們自己的實驗發現。

RD：我很高興能在這點上與你交換意見。如你所知，我一向有不太能容忍別人對我觀點指指點點的名聲，雖然我確實會對一些重要的批評做出詳細的分析回應。我將嘗試以較鬆散的客觀性來面對你可能提出的論證。提醒一點，我出現在你的時代這件事，不能被認為是人類永生的證明。

BL：當然。你從一項任何人都難有異議的基礎真理上，開始了廣為人知的堅持，這件事可以總結到你所宣稱的一句話：「我思故我在」，也就是說「I think, therefore, I am」。一個人可以懷疑自己所想的內容，但不能懷疑自己在思考。或者說，我們在懷疑時不能懷疑自己不存在。

現在，你一向被指控在討論「思考中之心智」（thinking mind）時，強調理性思考可能是其具體特徵。事實上最近有一位傑出的神經心理學家達瑪席歐，在 1994 年出版了一本書《笛卡兒的錯誤：情緒、理性與人類腦部》（Descartes' Error: Emotion, Reason and the Human Brain），他指稱情緒感覺才是心智的主要驅動引擎，而非理性思考。你是否能在此釐清「思考中」（thinking）的真正意義為何？

RD：是的，我確實強調過理性思考是真理的最高判斷者，但只有在涉及如數學等抽象科學之時。在我的著作多處皆以更寬廣的方式，來定義有關「思考中」的概念。

我將思考視為我們即時當下意識到的所有事物，包括意識到自己的意志、智能、想像、感覺、情緒感知、愛情、憎恨、欲求、歡樂、憤怒等等（參見我在 1644 年所寫的《哲學作品》〔Philosophical Works〕與《沉思錄》〔Meditations〕），我在那些書中有特別提到情緒感知或熱情，會影響我們意識性心智的行動。所以，我的觀點與達瑪席歐的差別，並不是非黑即白，差異之處可能在於對情緒角色的強調有所不同。

BL：連到你的名言「我思故我在」，有個笑話一直到現在偶而還會出現，希望你能原諒我現在再來講講這個笑話。這個笑話說你到麥當勞買漢堡，當店員問你要不要加芥末時，你回答說：「我不這樣想（思考）。」在當時當地你就消失不存在了。

RD：哈哈！真有趣。事實上我在第二個「沉思」中，已提出這種可能性，當然我只是單純放在一個我要停止思考的前提上立論，但這是一般性的討論，不特別涉及是否要在漢堡上加芥

末。我在〈第二沉思〉中對這個問題的直接答覆是,我不會停止存在,因為我正在思考有關「不思考」的狀況,所以我必須要存在才能做這件事情。

當然,你所提的笑話是依賴在一個與「思考」這個字有關的語意遊戲,你應該採用我對這個字所賦予的更廣泛意義——思考代表的是即時意識到任何事情(immediately conscious of anything)。

BL： 因為你這樣說,我想要問問你的意見,這是有關我如何處理意識經驗的概念性問題。在我的看法,意識經驗的本質是要覺知到某些事情,覺知的內容可以是任何事物,但是覺知本身是一個獨特現象,獨立於覺知中特殊內容的性質。另外,有很多證據指出所謂的思考,如針對數學問題的直覺式解題,能夠以無意識方式進行,這類思考不應拿來作為說明意識性察覺到一個人存在的證據。

RD： 我可以接受你提出意識經驗係植根於覺知的觀點,你的想法在某種程度上,更接近我在不容置疑之事實上所持的觀點,亦即維持覺知是我真正確定而且是證明我存在的現象,不管我覺知的究竟是什麼東西。

BL： 我喜歡你的堅持,主張我們應該拒絕植根於權威上的知識,而且必須尋找證據來建立真理。你更進一步說明,從結果推導出原因的方式不只一種,而且只有透過實驗才能決定哪一個選項是有效的。該一觀點相當接近現代實驗科學所慣用的,為了解釋某項觀察所擬訂的不同假說,須經過實驗測試,以協助判斷哪一假說更具真正的解釋力。你可以接受應用這

種科學方法，去測試你某些擬議的有效性嗎？

RD：嗯，我必須說是的，除了那些無法測試的公理化原則之外。主要的例外當然就是「我思故我在」，我直覺上認定這是不能否認的，雖然我們也可將這句話改成「我覺知故我在」（I am aware, therefore I am）。

BL：我接受你的說明，不過要再提出科學哲學家波柏的觀點供你參考。他堅持必須要能設計出具有可能否證或違反既定擬議假設的實驗測試方式，否則一個人就可以提出任何解釋，而不必擔心會被否證，但這些解釋很明顯無法提供任何確定的真理。

RD：我喜歡波柏這種將證據弄得具有說服力的方式，好，那你想要將什麼付諸這種科學取向？

BL：好的，你曾擬議松果體是居於腦內兩半球中間的核心位址，在那裡安排與進行腦部活動及心靈心智的互動。是否請你告訴我們，你如何得到這個結論？

RD：是的，我體認到思考是不可分的，如意識到的主觀視覺影像是一個整合或單一的「圖畫」，也就是說意識到影像是整合的，縱使從雙眼來的訊息抵達腦部時，是透過視神經很多個別的神經纖維。另外，幾乎所有腦內結構都是兩份的，一個在左半球，另一個則配對在右半球，但是意識到的感覺影像並非雙份。我因此思考到在腦中一定會有一個結構，使得眾多的腦內訊息匯聚過來，以便與心靈互動，而不是採用雙份的方式。因為松果體是腦內唯一沒有備份的單一結構，所以它是一個可以作為互動之單一核心位址的良好選項。

BL： 你所擬議的邏輯不錯，但在處理思考或意識經驗的單一性質時，這並非唯一可能的解釋，事實上最近已有一些其他解釋方式。同時，我們知道松果體接受到的只是腦內眾多神經通路中的一小部分，所以我們應該要有更進一步的證據，來支持松果體確實是腦與心智互動核心區的觀點。

RD： 嗯，我必須承認在我的時代，我們並未有系統地尋找證據，專門來支持一個解釋性的假說，縱使我原則上是為那個主張提出了論證。你有什麼看法？

BL： 一個明顯的測試方式，是去看看若松果體失去功能時會怎樣，在這個狀況下，你的擬議將預測會失去幾乎所有的腦部與心靈互動。雖然你的一般性主張「我思故我在」，表示人在該一狀況下仍能思考且意識清醒，但人至少對腦內的感覺訊息將失去所有覺知而且變得沒有反應。他也會失去能夠讓心靈去知覺飢餓、乾渴、身體愉悅等事項的腦內訊息，更進一步，心智／靈魂（mind/soul）不再能影響腦部活動，所以不會發生針對意識性意志做反應的身體行動。這個人將形同癱瘓。

我必須承認，在活著的人身上故意去對松果體做毀壞或讓它失去功能，不是一件容易的事，或甚至違犯倫理，但至少可以在遺體解剖上尋找是否有松果體罹病的案例，並將這些罹病狀況與死者生前的行為關聯起來。

RD： 我同意在病理解剖時去尋找罹病松果體的案例會比較理想，且可作為探討松果體角色的測試方式。然而我也要指出，縱使是你們這些現代神經科學家，也尚未能建立起心智統一性

機制,並做出實驗測試。

BL：那也是真的。你提議心智／靈魂與「身體」（body,也可視為除了心靈之外的物質世界）,是兩個分立的實質,分別是思維物（res cogitans,不具空間性如信念）與延展物（res extensa,具有空間特性）。對你而言,心智／靈魂實質可以存在,縱使沒有身體實質在,你確實提及你的思維心靈是你沒有懷疑過的一件事,然而人對身體的存在就沒辦法那麼確定了。

換言之,你在日後的著作中提及,心智在腦中有其主要位置,靈魂是在腦內沒錯,但並不知覺事物。你提出人類心智事實上是與身體分離的,然而又如此緊密關聯,以致結合成為一體。該一觀點與現代看法有令人驚訝的相似性,然而看起來好像模糊了心智與身體之間的區隔,你能在這一點上釐清立場嗎？

RD：是的是的,你確實指出了一個困難點,然而我相信那些陳述並不會與我的基本立場相衝突。我接受將腦部作為處理心物（mind-body）互動的結構平臺,並不必然排除兩者是分立實體的看法,兩個分立的心智與腦部如何完成它們之間的雙向互動,是一個困難問題,我也提出一個解決方式,我想你也會想去處理它。

BL：是的,但讓我們暫時釘住這個分立的問題。你是否容許另一種可能性發生,亦即心與腦事實上並非分立實體,而多少是同一個單一實體的反映或性質？譬如有人提出心智乃是衍生自腦部系統的一個現象,你可能知道,現在已有大量證據指

出心智意識歷程，與腦部的特定結構及功能有關。

RD：嗯，我想我在邏輯上不能排除你所描述的選項，然而我已提出心物的差別至少有兩大基本面向，心智不能視為可分割（divisible），但身體明顯是可分割的；再者，心智是一思維物，但身體為一延展物，也就是說身體的位置與向度是可以測度的。因為心智與身體並未共同擁有這些基本屬性，我的結論就是該二性質或實質是互相分離的，就如我在《哲學原理》（Principles of Philosophy）附錄中所說的：「兩個實質可視為真正分立，當任一實質不需另一實質即能存在時。」（見 Descartes, 1644）

BL：嗯，我必須以尊敬之情提出不同論證，你並無法真正知道心智與身體其中任一可以不需另一實質而存在，該一不確定性使得主張它們可獨立分離的看法問題重重。然而，我目前不想在這個議題上再往前逼近，我更喜歡你能在這個對話中平靜以對，而且繼續維持友善的互動意願。

RD：先生，就像你說的，我現在是更為平和了，而且我已保證過不再對反對觀點生氣。與你最後的論證有關，我將再一次說明心智與身體之間的差別，前者不可分割且無空間延展性，後者則可分割並具空間延展性，這是在提出「我所能確定的唯一存在是我自己思考中的心智」原則時所加上去的論證，表示心智與身體在現象上是分立的，而且每一個無法以另一個來做描述。然而，我確實認識到腦部與心智緊密的互動；腦部是心智得以被告知，而且心智會被知覺所影響之處，接著，腦部也是心智得以經由誘發來控制身體行動之處。

有鑑於近幾個世紀以來大量累積的證據顯示，心智須依賴腦部來做出表現，我可以放棄自己所堅持的，也就是有關心智與身體能個別存在而不需要對方的認定。然而，這樣講並未排除我所主張的，心智與腦部是分立事物或實體的看法，換句話說，我所被人認為所謂的二元論觀點。我在此做一點注解，我曾明確敘述我不會說這種二元論意指心智或靈魂不死，我無法知道這種永恆不死是實際存在的。這種觀點替我製造出不少與教廷之間的困擾，然而，我確實指出人可以在信仰之下，相信這種永恆不滅。

BL：好，我接受你的論證邏輯，也很高興在此讚揚你的先見之明，因為你提出只有在腦內，心智才得以認識感官世界。你在很多地方都指出，設若感覺神經是從一個給定的皮膚區延伸過來，則縱使在其通往腦部通路的任何一點上施予刺激，心理上仍將知覺到這個刺激的感覺，是來自皮膚上這個感覺神經的起源處。亦即，只有透過在腦部中感官訊息與心智的互動，每個刺激感覺才能被知覺到，但是主觀上，刺激感覺總是被知覺到是來自皮膚上的正常來源點，而不管事實上訊息發生處是在感官通路的其他刺激點上。用現代的術語，我會說刺激的感覺會被主觀回溯指定到空間上一個特定點，縱使在腦部內所對應的神經活動組型，可能看起來並不像外界的主觀影像。我將在其他地方就有關的實驗證據，做較深入的討論。

RD：嗯，這真的令人安慰，我在三百五十年前描述過的，有關感覺如何傳送到心智的觀點，在今日看起來仍有意義。

BL：我還想聽聽你對另一重要問題的意見。在有關心智的論述中，你看起來是將其性質限制在意識經驗的出現上。

RD：是的是的，我只能確定自己意識性思考的存在，在講到思考時，我指的是某個事物之即時意識。

BL：是的，立場說明得很清楚，然而近幾個世紀以來已有相當證據指出，我們很多心理歷程是在無意識下進行的，並沒有覺知。直接的證據則在過去幾十年中出現（見第二章、第三章），但早在此之前我們已有很多具有說服力的臨床與傳聞證據，例如法國大數學家龐加萊描述過，一個困難問題的答案如何突然出現在他的意識心靈中[1]，而不需要覺知到獲得該一解答的方式。也就是說，整個解出問題答案的複雜創意歷程，已經在無意識下進行。那是否有可能將這類無意識歷程，調整放入你將自己視同「思考事物」（thinking thing）的觀點中？

RD：我必須承認無意識心智運作的證據具有說服力，然而，讓我們回到「我思故我在」的講法，很清楚的，我只能確定我意識性思考的存在，但無法確定我不能覺知到之心智歷程的存在。

換句話說，在不同假說之間找到可以區辨的科學證據，是通往真理的最佳途徑，所以我會樂意說基於所發現的證據，無意識心智歷程的存在，看起來很可能是真的，雖然我不能很肯定地說確實存在，就像講到我意識性思考存在時那麼確定。

---

1 譯注：在過馬路時。

BL：嗯，說到這裡，讓我引用一些可以直接確認無意識心智歷程存在的實驗證據。在受試者通往腦部的上行感覺通路上施予電刺激，若給予足夠長久的電刺激序列（達 500 毫秒），則受試者會報告有一意識性的感覺。若施予的刺激脈衝序列較短（100 至 200 毫秒），受試者無法意識性地感知到任何感覺，但他／她們能夠相當準確地報告說有刺激出現，縱使沒有感知到任何事情！在一個類似的實驗中（Weiskrantz, 1986），失去意識性視覺的病人（因為大腦主視覺區損壞），仍然能夠正確指出物體所在位置，雖然他們無法意識性地看到，這是出名的「盲視」現象。

RD：這類實驗確實對無意識心智歷程的存在提供了具有說服力的證據，但我仍然認為這類結論，並沒有達到像我對自己意識性思考（或感知等等）存在所獲得的確定性。

BL：我來問問你對自由意志是否存在的看法。

RD：喔，我想至少在我們某些行動上可以做自由選擇，應該是無庸置疑吧。

BL：你可能有興趣聽聽我們在該議題上的實驗發現。我們發現腦部開始啟動與準備做出自主行動的時間，大約在受試者意識性地覺知到其意圖或想要行動之前 400 毫秒發生。該結果表示意識性的自由意志並未啟動意志歷程，而是腦部在無意識之下啟動了該一歷程。

RD：所以自由意志有機會在意志歷程中扮演什麼角色嗎？

BL：有的，意識性意圖確實發生在軀體行動之前 150 毫秒，所以還有時間讓意識功能得以介入該一過程。它可能會送出一個

驅動訊號來促使完成整個意志歷程,然而並無直接證據可以說明這一點。但目前已有證據指出,意識性意志能夠停止或否決該一歷程,以讓行動不會發生,在這樣一個案例中,自由意志能夠控制後果。該一結果與我們覺得能夠控制自己的感知是相容的,這也是倫理系統要求我們去做的事情。

RD:我很高興聽到意識性意志能夠有這種角色。現在,你如何將這些事情關聯到底下這種決定論者的論證,亦即我們事實上是自動機器,完全遵循宇宙的自然物理律?

BL:這是個複雜的問題,但我想可以回到你自己有關要相信什麼的觀點,亦即我們可以確定知道自己有意識性的覺知。我們覺知到自己可以控制自主性行動發不發生的感覺,包括要做什麼或何時來做,這是一個認為真正有自由意志的強烈論證。決定論在物理世界有很好的適用性,但它在應用到意識心智領域時,頂多只是個理論罷了。

RD:再一次,我很高興我哲學中的該一基礎面向,仍然有著重要價值。

BL:嗯,笛卡兒先生,非常感謝你參與這個對話以及耐心。

我們的實驗發現可以如何影響你看待自己?

我們已經多少知道在意識主觀經驗(特別是覺知部分)的出現上,神經細胞一定要做的支援或調節工作,這些都是相當獨特的神經活動,必須疊放在一個相對正常腦部的背景功能之上,這些特定的神經活動則環繞聚焦在時間因素之上(另可見 Pöppel, 1988)。

意識心智事件只會在一小段神經激發期間之後出現，這段時間通常是 0.5 秒或更長，雖然在更強的神經活動下可以短於 0.5 秒。無意識心智活動並不需要持續這麼長的激發，它們甚至可在非常短暫的神經激發下出現，如持續 0.1 秒或更短。這些實驗結果大體描述了我所提出的「時間到位」理論，可在意識與無意識功能之間做過渡變換時，作為一個控制因子。

時間到位特徵表示的是，我們對感官世界的意識經驗會有相當時間的延宕。瑞典指標報紙《哥德堡郵報》（*Göteborg-Post*）在 1993 年 5 月報導了我的演講，將時間到位理論的引申義，放上了報紙頭條：「現在已經證實：我們都有點活在後面。」我們並沒有有意識地活在真正的當下！

所以，這是沒料到的非預期證據，指出在我們對感官世界的意識經驗中，會有長達 500 毫秒的延宕。誠然，該一結果完全是建立在軀體感覺之上，但是間接證據說明應有可能應用到所有感官經驗之中。

但奇怪的是，我們對這種延宕並無覺知。延遲後的經驗則會在主觀上往前回溯到感覺大腦皮質最早做出反應的時間點，我們稱之為「在時間軸上回溯做主觀指定」（subjective referral backwards in time），如此就讓我們感覺到自己幾乎即時地覺知到一個感官訊號，但事實上，覺知不可能在所需的延宕之前發生，因為這段延宕是神經活動必須用來發展出覺知所需的時間。

換句話說，在覺知真正出現上所造成的延宕，對其他心智現象也是具有意義的。

無意識心理事件不需要持續這麼長的神經激發，如上所述，

它們可以在極短的延宕時間如低於 100 毫秒之內出現，有關時間到位理論的實驗證據，已經提供了直接的證明。對感官訊號的快速反應，是在無意識中發展出來的，這在幾乎所有運動活動上都是很明顯的事實，在對危險訊號所做的日常反應也是如此，在反應時間測試實驗的反應上，也有證據顯示是在無意識中做出來的。

在正常的對話流中所講出每個字的源頭，就其本質而言，大部分應是無意識的，就如演奏樂器一樣，尤其是在演奏快速流動的音符時。

在所有這些案例上，當它們發生後，你會對所做的反應或動作有所覺知，但若你想在採取行動前就試著要先覺知到，則整個過程會被拖慢，而且變得比較沒有效率。

我們可以將這種延宕的特徵，外插到所有覺知的案例中，這表示所有出現覺知的（內在）心智事件，在覺知發生之前長達 500 毫秒的時間中，會先出現無意識歷程。此時並未發生可供用來主觀影響大部分覺知現象的回溯歷程（antedating），因為只有對外界感官訊號做反應的意識性感知（conscious sensations），才能夠在時間軸上回溯。因此，我們所有的意識性思考會在無意識下啟動，而且在無意識下起個頭後，會延宕達 500 毫秒，亦即所有意識性思考源自無意識。縱使是對具有創意與複雜性的心智運作，也不例外。這樣講當然就對為何會出現所有這類思考的觀點，先定了調，這種講法也提示我們應該鋪陳一些條件，讓無意識心智活動的自由運作得以在其中進行。

假如在產生意識性事件時，都需要有相當延宕，則不可能有所謂連續意識流，意識性事件只能以不連續的方式出現。我們之

所以在日常生活中，經驗到意識性事件係以一種連續方式出現，可能是因為在多個意識性事件出現時，它們之間會有互相重疊之故（見圖 3.4 之譯注，該想法只適用於來自外在感官刺激的感覺經驗上）。

主觀經驗的修改或扭曲，在精神醫學與心理學中都是廣被接受的現象，佛洛伊德主張富含情緒的感覺影像與思考，會在無意識狀態下被壓抑下來。一位因為看到碎裂屍體而大受打擊的人，可能會報告說看到一個與原來不同的扭曲影像，或說根本沒看到什麼影像。

要改變一個感覺影像，一定要在感官訊息進入大腦皮質之後有一段可用時間，在這一段延宕的時間中，腦部可對影像有所反應，而且在受試者意識覺知到該一影像之前，產生神經組型來修改它。為了能發展出覺知之延宕所需的生理要件，大腦提供了一個機會，讓無意識歷程得以修改主觀經驗的內容。確實也是如此，我們發現若在刺激皮膚之後幾百毫秒，對感覺皮質部施予刺激，則能夠回溯性地抑制或加強受試者對皮膚刺激的經驗。

最後，我們發現腦部遠在一個人覺知到意圖或想要做自主性行動之前，已經無意識地啟動了意志歷程。該一結果很明顯地對我們如何看待自由意志的本質，以及個體責任與犯罪議題，產生深刻的影響（見第五章）。

這裡所描述的不同案例，顯示了覺知的時間因素，如何對我們的意識性心智生活產生深刻影響。

在這點上，哲學家羅森塔（David M. Rosenthal, 2002）做了適時的評論，發表在 2002 年 6 月《意識與認知》（*Consciousness and*

Cognition）期刊特輯，該專輯著眼在腦部與世界的時間關係，主要是針對我在該領域研究工作的評論。在該輯中，有不少對我們的研究提出批判與支持的評論，我現在得有機會寫出來發表，來對大部分的意見做出回覆（另見 Libet, 2003）。

羅森塔說他「在這個短評中，對李貝的實驗工作沒什麼好說的」，他認為「李貝的結果與常識之間有明顯的衝突」，所以「在我們已經有的理由上再加一筆，來反對會產生出該一衝突的整個圖像」。羅森塔所稱的「圖像」（picture），包括了在獲得覺知前會有相當延宕的實驗證據、意識性感覺的案例，以及行動的意識性意圖或欲求。這些事情都發生在意志歷程先在腦內被無意識啟動之後，這些實驗證據已分別在第二章與第四章中做了說明。

羅森塔的主要論證是說，這類事件的常識圖像與我們的實驗發現是互相衝突的，他相信因為這樣，讓我們的實驗結論變得不可能有效。他確實指出一個人能夠否定意志性想要行動之表現的能力，「可能多少減低了該一衝突，但需要找到獨立的證據，以說明意識性否定不會在非意識性神經否定之後才發生」。針對後面這個問題，我已經做了相當長度的分析（Libet, 1999），而且提出相容的證據，來說明要做出意識性否定，並不需要伴隨有之前的「準備性非意識性歷程」（preparatory nonconscious process），就可做出否定的最後決定。

羅森塔接著指稱人的常識圖像，清楚地容納了非意識性意志。該說法看起來打敗了他自己原先所提有關常識悖論的觀點，意即他本來是指稱我們的發現「損壞了人作為自由人的意義」。但他

接著竟宣稱我們在意志歷程中所發現的無意識啟動,事實上與一般人的常識圖像非常相容!若你接受自主行動的無意識啟動,與你作為自由人的感知並無衝突,你當然可以這樣做,但你馬上會面對自己在沒辦法做意識性控制下所引發的行為,究竟要負什麼責任與是否犯罪等概念上的困擾。意識性控制只會發生在做最後行動之前,有潛力來否定取消這個歷程之時。

羅森塔看起來與很多評論我們研究的哲學家,分享了相似的做法:可以提出未經測試的哲學模式與猜想式觀點,就好像它們能夠否定基於實驗證據得來的結論一樣。作為科學家,我們無法接受這種看法,擬議的模式或理論只有在它們能幫助解釋資料時,才有價值,但當它們與資料相衝突時,就沒什麼用處了。一個「常識性」的觀點,不能超越辛苦獲得的實驗資料,實驗發現經常有充滿原創、違反直覺的結果與推論。也許沒有比量子理論更違反直覺,而且與常識衝突的,但是量子理論被視為物理學的重大支柱,而且正確預測了實驗觀測。

我們該如何看待自我與靈魂

最後終於要來考量自我與靈魂的本質,並探討它們與腦部意識功能的關係。它們是意識性歷程的特例嗎?或者它們是獨立於意識性歷程的分立類別?它們是衍生自腦部神經細胞的適當活動嗎?或者它們是在笛卡兒意義下,與物理性腦部分離的實體?在最後這點上,我們必須體認並無證據可以支撐存在有分立實體的概念,這只能是一個形上學的信仰,所以我將限制在自我與靈魂

是腦部活動之衍生現象的觀點上,做進一步討論。

當然,這些現象可以因為藥物與腦部病變而做出改變或消除,想想看如在阿茲海默症中,自我的喪失都會有相關的腦部結構與生化改變。

有很多觀點表達對自我之本質、源頭與意義的關切,懷茲沙卡(Carl von Weizsäcker)則說:「心理學的特徵就是不去真正探問靈魂是什麼。」(引自 Del Guidice, 1993)大部分的觀點來自哲學分析與有趣的猜測,我將局限在自我的最簡單現象屬性上做討論,換句話說是大多數人能夠報告出來的屬性。這類可報告出來現象的主要角色,被波柏與艾可士(Popper & Eccles, 1977)用來作為《自我及其腦部》(The Self and Its Brain)一書中的立論基礎,書名則將常見的「腦部及其自我」順序,剛好顛倒過來。

關於「自我」,有一個最簡單的現象學觀點,就是我們每個人擁有作為自己以及具有獨特個人認同的主觀感知。神經學家達瑪席歐(Damasio, 1999)針對短暫的自我(transient self)與自傳式自我(autobiographical self)做了一個區分,前者係隨著個人對變動感官世界的進行中經驗,而得到之連續動態性短暫表現;後者則是建立在經驗的記憶之上。達瑪席歐將前者稱為「核心自我」(core self)。我比較喜歡將「核心自我」這個詞,保留給自我中持久不變的面向,也就是一個人縱使在意識性經驗所容納的內容有顯著、甚至極端變化時,仍然會感知到的個人認同。

在我所偏好的核心自我定義中,「抗拒變化」是相當令人印象深刻的,縱使因為各種原因而暫時喪失意識,當事人在恢復意識後仍然知道他們自己是誰。當一個人從一般睡眠中醒過來、全

身麻醉之後醒來、或甚至長時間昏迷後醒來，都會有同樣的現象發生，也就是都知道他們自己是誰。大腦皮質部在損傷範圍相當廣泛時，仍不會失去個人認同，雖然在這種狀況下，很多心智與意識性功能可能會有所扭曲或毀壞。

裂腦病人在兩個大腦半球之間的主要神經連接已被切除，每個半球所具有的事件知識，無法被另一半球所擁有，但是這些病人在個人認同上並無困難，他們不會抱怨自己有多重人格問題，仍然感知到與手術裂腦前的自己並無不同，前前後後都是同一個人。

同樣的狀況也發生在因為病理性大腫瘤而切除整個大腦半球的病人，他們的個人認同覺知還是連續的，雖然有些心智功能已大幅喪失，如單側癱瘓與失去感覺，或在強勢半球（一般在左半球）切除後的語言損失。我曾看過類似病人的錄影，看起來充分覺知到訪談人，而且會對訪談人做出反應，但是他非常清楚自己的缺陷在哪裡。

再說顳顬葉海馬結構兩側損傷的病人，他們會失去形成新外顯記憶的能力，但是仍然保持了損傷前的事件記憶，這些病人知道他們是誰，甚至覺知到自己已經無法形成記憶。

縱使完全不記得過去歷史，或甚至是自己的名字，但看起來不會有失去自我的感覺。當然，在失憶時並無自傳式自我，但在失憶恢復後會再回復。有一個最近的個案，一位年輕婦女被車子撞擊昏迷，之後完全失憶，但終於恢復全部的意識，在兩年失憶之後，這位病人開始回憶與說出過去的事件，一切開始自她忽然叫出「喬依思」（Joyce），這是她名字的一部分，本來住院期間

醫護人員給她一個名字叫「竇珍」（Jane Doe）。接著她能回憶出自己的社會安全號碼，醫院因此能辨識出她的身分，再接著便是過去的記憶快速恢復，在自傳式記憶喪失兩年之後，她在個人認同上的感知並未因此而被完全摧毀。

自我如何連上覺知

我在較前面章節中提出，覺知是一個基礎現象，在神經活動上有它自己的獨特需求。另也提及覺知的不同內容，可以解釋意識經驗的不同樣態，不需要將不同類別的經驗視為不同種類的覺知。我對自我該一現象也持同樣觀點，也就是說，自我本身的經驗，表徵的可能是加到覺知之上的一種內容。理論家推出不同樣態的自我，以嘗試說明在自我之現象學上的表現，所具有的真正變化樣態。若將這些自我的變化樣態，看作是基本覺知內容上的變化，則在解釋上，會比將它們視為不同層次或不同種類的覺知來得簡單很多。

用這種觀點來看覺知的首要特性時，會出現一個令人困惑的問題，亦即當對某幾類心智內容有覺知時，這些內容是否包括有自我的感知或只是感官刺激的感知？是誰對那個心智內容有所覺知？假設會有一個個人實體來經驗這些內容的想法，在大多數哲學家與神經科學家圈子中並不流行。任何這類個人實體不能視為是位於腦中特定部位的特殊神經組型，因為大腦半球任何部分的重大損壞或切除，並未消除覺知與個人認同，雖然切除視丘的內側層內核（medial intra-laminar nucleus of thalamus）或腦幹的網狀結構（reticular formation），會完全消除掉意識性覺知。有些研

究者因此主張,像這樣的一個腦區可以作為意識核心區,但這些在視丘或腦幹的結構,最好作為是保持大腦皮質清醒的必要腦區,而非將這些結構作為足可處理整體經驗的核心。這些難題逼使我們去想像一個更全面性的意識表徵,以及考量不管「自我」來自哪個腦區,但在大腦任何腦區大切除之後,仍可以保有充分的個人認同這件事。

現在回到我在第五章所提出的意識心理場論(CMF),幾乎大腦皮質的任何部分都可貢獻到該一心理場,該心理場則可以對我們所提出的大問題給出一個具有潛力的回答:覺知的統合經驗,是 CMF 所假設的屬性。請參見第五章對 CMF 的描述,以及測試該理論的實驗設計。針對主觀統一性以及誰來覺知心理(或心智)內容,CMF 都為它們提供了所需要的總體屬性類別。

無意識心理歷程是自我的一部分?

我們大部分的心理生活都在無意識中進行,而且無意識心理歷程會影響接下來的意識性歷程。有一些很簡單的例子可以說明該一原則,如薛弗林(Shevrin, 1973)使用非常短暫的刺激(約 1 毫秒),受試者無法在這種狀況下意識性地分辨出其所呈現的內容;但是薛弗林與狄克曼(Shevrin & Dickman, 1980)顯示這些無意識輸入的內容,可以很清楚地影響到受試者之後從新字列表中所做的文字反應選擇,亦即選到的新字與在無意識中所觀察到的文字,會有相當的關聯性在,所以這些無意識知覺會影響後續的心智運作。同樣的結果也發生在全身麻醉後恢復的病人身上(Bennett et al., 1985; Bonke et al., 1986),病人在手術室所說的話與口頭表達,自己當時不

能意識到或聽到，以後也回憶不出來，但是在恢復之後，它們仍會繼續影響病人的反應。

無意識心理歷程對任何個人而言，事實上都是唯一的，如一位數學家在無意識下解出問題來，這是其他人做不到、也不會做的事。將一個人的無意識心理生活當成是屬於這個人自我的一部分，而且是自我的特徵表現，可能看起來是合適的，然而一個人不能直接經驗觸接到無意識心理歷程，雖然這些歷程可能會對我們如何在意識狀態下看待自己產生影響。本書第四章針對無意識的意志歷程，考量討論了有關責任與犯罪問題，我的看法認為，關鍵點在於我們對自己在無意識下啟動的意志歷程，可以在意識狀態下控制其真正的表現，因此，人要對自己意識性控制的選擇負起責任，至於在意識性決策出現之前已在無意識下啟動的渴求，則不是我們可以負責的。

自我的感知是一種獨特經驗？

已被認定為確有其事的多重人格異常（multiple personality disorder, MPD），可說是對一個人自我之獨特唯一性的最直接挑戰。在MPD中，病人看起來會在不同時間表現出一個以上的人格，看起來有一個人格優先在大部分時間出現，當治療成功地消除其他人格時，它會保留下來，成為唯一的人格。不同的人格可以非常不同，表現出與主要人格截然不同的行為，有些讀者可能記得一部老電影《三面夏娃》（*The Three Faces of Eve*），電影腳本取自克萊克利（Hervey Cleckley）所寫的同名非小說書籍情節。當然還有由史蒂文森（Robert Louis Stevenson）在1886年出版的《化

身博士》（*Strange Case of Dr. Jekyll and Mr. Hyde*），不過這是一本小說，並未與臨床證據連上關係。

施萊柏（Flora R. Schreiber）在1973年出版《希波》（*Sybil*）一書，係依據希波的精神科醫師維柏（Cornelia Wilbur）所做之臨床報告寫出來的，該案例看起來是已經列案的MPD，該一MPD診斷，看似是已確立成為精神病臨床上的真正異常疾病。

然而精神科醫師及催眠專家史畢格（Herbert Spiegel），嚴重質疑希波故事與診斷的有效性（Spiegel, 1997）。史畢格多年來與希波有直接接觸，在維柏的治療之外，給予輔助性協助。史畢格在一篇訪談中（*The New York Review of Books*, April 24, 1997），對希波的MPD診斷提出質疑，他發現希波很容易被催眠，當希波被催眠往前回想時，希波報告的是童年的日常事件，而非維柏所提的父母虐待故事。在其中一個治療場合中，希波問史畢格是否要她扮演海倫（Helen），這是維柏認為她有這個人格而給的名字；確實，希波覺得有義務成為另一個人格，但是與史畢格在一起時，她傾向於不要當海倫。還有很多進一步的資料支持史畢格的觀點，主張希波的MPD現象是維柏創造出來的，史畢格認為這是維柏對催眠表現沒有充分了解之故，而且維柏將某種記憶調整具體化之後，將之轉化為一種人格表現。史畢格提出任何容易被催眠的病人被診斷為MPD時，幾乎都不是真正的MPD案例，其他並非容易被催眠、但被診斷為MPD，也可能是因為其他理由而被誤診。

另一方面來說，史畢格確實提起「人對自我的看法出現短暫解離時，就是他／她們暫時失去自己人格認同的感覺」，當事人接著馬上「將它們放回來，以便盡快恢復控制感」。

我們可以看到，用來挑戰單一自我觀點的「多重人格異常」（MPD）報告，最多就是一個不太可信的講法。然而，個人認同的短暫喪失顯然是會發生的，但當人從這種狀態恢復時，就會再度覺得以前的同一個人回來了。

分裂的腦部會影響人性的整體表現？

裂腦病人兩個大腦半球的連接神經纖維束，為了治療癲癇發作而切除，之後「大部分來自一個半球的意識經驗，變成無法被另一半球的意識性覺知所觸接」（Sperry, 1985）。史培理等人（Sperry et al., 1969）所做的一系列研究指出：「這些病人生活在大體分離的左右兩個內部意識領域之中，每個大腦半球能夠經驗到自己這部分的私有感覺、知覺、思考與記憶，但無法被另一半球的意識性覺知所觸接。」所有的測試指出右半球能維持意識狀態，而且除了缺少講話能力外，能夠做出思考、邏輯性與情感性活動，右半球雖然與左半球分離，但所能做出來的認知表現品質是相同的（另見 Bogen, 1986 與 Doty, 1999；但也有不同觀點，見 Gazzaniga, 1998）。

該一證據指出，在本質上，單一自我是有可能變成兩個，但是裂腦病人看起來是單一心智的統一個體（mental unity），他們並未抱怨失去個人認同或分裂經驗。史培理（Sperry, 1985）針對這種狀況提出若干解釋，涉及自我與社會因子的覺知若在某一半球先發生，很快就會傳到另一半球去，這件事可以在上側連接神經束已切除後，經由仍存在於兩半球之間、但未被切除的深度內層連接結構來傳輸；另外則存在有不必依賴上側連接神經束交換訊息的雙側表徵，如臉孔、聽覺與其他系統。也可以讓雙眼在整個視

野中逡巡，以減少受到兩半球視野分離的影響[2]。

所以看起來雖然在這些病人身上，意識性自我的若干面向會造成分裂，但意識性自我在大部分狀況下是統一的，這種統一的自我在正常人身上特別明顯。

同卵雙生有一個或兩個分立的自我？

同卵雙胞胎來自同一個受精卵（identical twins），而且雙生個體的所有細胞都攜帶相同基因組成，然而基因表現須依賴一生的腦部發展與環境效應，所以基因相同並不一定表示實際的個體也會相同，不過從小分開在不同環境長大的同卵雙生，在心智發展、同伴選擇、汽車選擇、行為與外表上，還是有驚人的相似性。但同卵雙生覺得自己是獨一無二的個體，每個人都知道自己是誰，也不會與另一位造成混淆。所以，同卵雙生不能當為分裂自我的例證。

這樣一個獨特的自我在何時出現？有些宗教系統堅信在受精時，自我與靈魂就附到受精卵上了。同卵雙生始自單一的受精卵，但是發展成兩個獨立的自我，看起來更有可能發生的情況是，當胚胎有了充分結構的腦部並可支撐意識經驗時，某種形式的自我即有可能發生。

電腦有意識性自我嗎？

有些電腦狂熱者，尤其是那些在人工智能（AI）領域工作的

---

2 譯注：這樣就不會讓左右視野的內容，只能分別進入右半球或左半球，以致變成在兩邊不互通下而產生分裂經驗的狀況。

人，曾表達過一種信念說電腦可以具有意識[3]，他們覺得假若當電腦像人腦一樣複雜，而且所作所為無法判斷出與人有何不同或難以區分時，則電腦應被視為在功能上與人等同。若採用知名的圖靈測試（Turing test）講法，就是將電腦與人分別放在屏幕後面做反應，若最後無法判斷哪個是人、哪個是電腦所做的反應，此便稱之為「通過圖靈測試」。

有很多物理與哲學論證反對這樣的主張。牛津大學數學物理學家潘洛斯（2020年諾貝爾物理學獎得主）認為，電腦永遠在操作程式算則，但是心理或心智功能則是非算則的（non-algorithmic），而且根本不同於電腦功能（Roger Penrose, 1989）。潘洛斯認為，不管是量子理論或古典物理，都不能處理決定論與自由意志之間的問題，他說：「我們當前的科學是不完全的。」（見 Palm, 1991 的評論）哲學家瑟爾（John Searle, 1980）指出，電腦能夠針對那些語法的程式問題作答，所以看起來表現得像人一樣，但與人不同的地方是，電腦不懂得語言的意義，電腦能針對語法寫程式，但沒辦法在語意上這樣做，這種在語法與語意上的差別，對意識研究而言是個重大問題，哲學家波柏（Karl Popper, 1953）也曾表達過該一觀點。

我曾指出（Libet, 1980），縱使電腦與人一樣有完全相同的行為功能，也通過圖靈測試，並不必然表示電腦可以像人一樣有意識。這個敘述的證明係基於一個簡單的邏輯論證：現在有兩個不同系統，A（電腦）與B（人），A與B已知在很多方面不同，如硬

---

3 譯注：此處指的應是強 AI 的看法。

體建構的材料。現在假設這兩個不同系統 A 與 B，都對問題做出完全相同的行為反應（亦即通過圖靈測試），這樣是不是就表示兩個系統在其他特徵上也相同，如擁有意識？基於簡單的邏輯規則，答案應該不是，亦即若系統 A 表現了 X，而且系統 B 表現了 X，那並不表示這兩個系統都會表現 Y（縱使其中之一確實表現了 Y）。不同系統在某方面上相似，並不表示在其他性質上也是相似的。

這樣一個邏輯謬誤也適用在另一相關的爭論上。過去曾有人提議，我們可以用矽晶片來取代每個腦內的神經細胞，並執行所有同樣的功能，若我們能在全腦上這樣做，則我們就有了一種工具可以執行所有功能，而且沒辦法與原來大腦所做的作一區分，有些人認為這種殭屍（zombie）也可能擁有意識。但是，再一次，這是一個與原來大腦不同的系統，而且無法說已享有正常大腦的全部性質，腦部本身在結構及功能上與矽晶片系統相比，顯有不同。

靈魂究係何意？

要將靈魂與自我的意義區分開來並不容易，對很多人而言，靈魂看起來是指稱比較屬靈的部分，以及感知（feeling），而非自我；也有一種趨勢是去感知靈魂所擁有比自我更具深入內在意義之處。很多宗教系統認為靈魂是一種內在實質，能在人死後離開身體，而且永存不朽，該一觀點目前可視為一種形上學信念：無法用任何證據來否證它。

就像自我現象可視為一種基本覺知內容的特例，靈魂的現象

也可能是這樣；若真是這樣，在自我與靈魂之間，還是有些實質的差異。

自我與靈魂都可以不必是物理實質，雖然它們是從神經細胞的物理活動中所衍生出來，但它們存在的現象學感知可能是基於某種特別的神經歷程。自我與靈魂的感知，可以因為大幅度神經損傷而遭破壞，如在晚期阿茲海默症（advanced Alzheimer's disease）或庫賈氏症（Creutzfeldt-Jacob disease）之類的疾病上所看到的。這類破壞現象在覺知還沒完全消除時，也有可能發生，所以自我與靈魂的感知，確實需要一個足夠結構化與運作良好的腦部。

深層靈魂感知（soulful feelings）對很多人會有強烈的意義在，應該當作是來自合適神經活動而須嚴肅以對的現象。深層靈魂感知對音樂、藝術、文學與宗教及屬靈的活動特別重要，而且已表達在這些活動之中。類此現象學感知，不應在具有說服力的反面證據出現之前，就輕易地將其排除在外。

針對這種靈魂觀點，我引用名小說家貝羅（Saul Bellow）的著作作為例子。貝羅不能被指責其觀點係基於宗教教化，因為他其實是一位非常世俗的人。底下的引言來自威瑟提爾（Leon Wieseltier, 1987）所寫的一篇評論。在寫作《赫佐格》（*Herzog*，或譯《何索》）這本小說時，貝羅提到：「赫佐格是一位來自美國好大學的博士，當太太為了另外一個男人而離開他時，他崩潰了。在這種危機時刻，他所做的竟是將亞里斯多德與史賓諾莎的書從書架上抽出，急速翻閱以尋找慰藉與建議？」回看赫佐格，貝羅說：「在大混亂之時，仍有一條通往靈魂的通路，這可能不好找，因為人入中

年已是雜草叢生,小路周圍有些最野性難馴的灌木叢,是從我們稱為教育之處長出來的,但是那條通道永遠在那裡,我們要努力讓這條道路暢通,以觸接到我們自己最深層的部分,那是一個我們能意識到有更高意識的地方,藉著它,我們做出最後判斷,而且將所有事情兜攏到一起。這個意識的獨立性有足夠的力量,來免疫於歷史的噪音,避免被我們緊鄰的周圍弄分心,這個獨立的意識就是我們一生的追求。靈魂必須找到而且維繫住它的根基,來反抗具有敵意的力量,這種力量有時深藏在經常否認獨立意識存在的概念中,而且經常想要與該一意識一起毀滅。」威瑟提爾評論說:「這些睿智與優美的句子,完美地抓住了貝羅小說的要點。」而且「貝羅已經釐清了知性生活與反思式生活之間深遠的差異性,而且也指出若要有所進展,則現代知性教育中的一些重要元素,必須要歸零重新學習」。很明顯的,貝羅的觀點與其他很多理論家,尤其是決定論唯物論者,是互相對立的。

　　已經有很多反對決定論唯物論教條的論點,該教條將自我、靈魂與自由意志的任何感知視為錯覺;認為人是依賴已知物理律控制的自動機器;認為對腦部元素之結構與功能所獲得的知識,可讓我們了解意識經驗及其表現的任何樣態,這種觀點稱為「化約論」(reductionism)。

　　有關決定論、化約論與自由意志的議題,已在本書第四章與第五章中討論過,我可以斷然地說,在神經科學或現代物理學之中,並無任何東西逼迫我們去接受決定論與化約論的理論。除了我在第四章與第五章所表達的論證外,史培理(Sperry, 1985)、波柏與艾可士(Popper & Eccles, 1977)與很多物理學家,也都持有類似

觀點。

劍橋大學物理學家丕拔（Brian Pippard）於1992年提出，若萬有理論（theory of everything）「只代表物質世界，則沒那麼糟，但它也包括人類心靈在內」，但是「科學的核心基礎規則，無法替我的意識找到一條解釋路徑，而意識卻是我絕對確定的一個現象」。從我們自己在意識經驗上的實驗研究來看，我認可這種講法；在我們這些科學研究中，意識經驗的報告可被接受為有關真正主觀經驗的有效資訊（見本書第一章與第二章）。

物理學家約瑟夫蓀（Brian D. Josephson, 1993）寫了一篇研討會論文，論述科學與文化中的化約論，他指出在那個研討會的物理學家、數學家與哲學家，認為化約論是不可接受而且是誤導的。

不管如何，自我或靈魂現象，以及它們在心腦互動中所可能具有的因果性角色，是不可能被任何決定論、唯物論或化約論之類的理論，弄得像是一件沒意義的事的。

死後還有生命嗎？

有些死後還有生命的類似證據，是來自曾有過瀕死經驗者的報告。經驗過心臟停止的人，會經歷一連串失去大腦功能的過程，剛開始是失去不同的功能，縱使失去所有功能，仍有一段較長的時間（大約5分鐘）可能恢復大腦功能，假若在這段期間可以重啟血液通往腦部的循環。也就是說，在這段時間的損壞是具有潛在可逆性的，但是心臟停止時間越久，損壞就變得逐步不可逆。

心臟停止可能在突然之間發生，這是當主要的心肌（心室）幫浦作用忽然解離（顫動），而且無法有效地將血液打出去收回

來。通往腦部的血液循環驟停之後，造成腦部不同區位的功能逐步喪失，大腦（與小腦）皮質在 5 到 10 秒鐘之內停止活動，所以先是意識、接著就是電律動（腦波）在那段時間消失。腦部皮質下部分比較能夠抗拒，但在約 30 秒之後連較下方的腦幹也受波及熄火，以延髓為中樞的呼吸與其他身體控制功能喪失，脊髓及其調節的簡單反射則撐得稍久一點（1 至 2 分鐘）。

當所有這些腦部活動都喪失後，從所有指標來說，病人看起來可判定為死亡，然而若能夠在約 5 分鐘的極限之內，誘發心臟恢復有效的幫浦作用，則腦部的不同功能便可望恢復——雖然還需要幾個星期來完全恢復。在心臟停止的 5 分鐘內，神經細胞的代謝持續下降，因為缺乏氧氣與葡萄糖供應細胞能量，而且代謝物堆積在神經元內部與四周。包括心臟在內的身體其他器官，則能夠在心臟停止後不可逆效應發生之前，撐上更久時間。所以是有可能在 5 分鐘截止期限之前，重新啟動心臟，以讓腦部復甦。當心臟在 5 分鐘之後才重新啟動，身體是可以利用人工呼吸器維持存活狀態，但卻已腦死，當腦部已成為不可逆的死亡時，人永遠無法從昏迷中恢復。

從心臟停止狀態被救回來的病人，會報告自己在腦部喪失功能（或「腦死」）期間所曾有過的經驗，常見的報告是在手術房中飄浮，注視著醫師與護理師進行急救；另外則是感知到正進入隧道內，在遠端有亮光。這些報告可能包括有與隧道及燈光連接在一起而產生的寧靜之感。

我們對這些報告有何看法？若在這些報告的經驗發生時，腦部完全不活躍（或「腦死」），則我們可能會有一些令人印象深

刻具有說服力的證據，來說明在身體外部出現的精神存在，但是在看待這些資料時會有一些困難。首先，令人驚訝的是一個人竟能記住這類主觀經驗，而且之後報告出來，因為在心臟停止期間，可以調節記憶形成的腦部結構應該是不能運作的；接著，報告在手術室飄浮而且能夠觀察急救過程的病人，可能報告的是在心臟停止之前已形成的場景回憶（不管是觀察到或想像的）；最後，我們可能會質疑做出經驗報告的人，在腦部功能完全喪失的條件設定上，究竟有多仔細深入。以我們一些早期研究工作為例，發現拍手會在聽覺皮質部產生初始的「主誘發電反應」（primary evoked electrical response），該反應是發生在與意識相關的自發性電律動消失之後，雖然實驗對象是貓，但類似結果相信應該也會在人身上出現[4]。

要針對死後生命這個有深刻重要性的議題，做出能夠得到嚴格且具有說服力答案的實驗，是相當難以做到的。也許有人會想到在醫院急救室內，尋找發生自發性心臟停止的病人，來做這種實驗，但這是完全不可能進行的禁止行為。若能找到裝置心臟節律器的受試者，來進行讓心臟停止 3 至 4 分鐘的特殊實驗，則可安排一個嚴格的測試情境。測試方法是關閉心臟節律器，以停止 3 至 4 分鐘的心跳，這是完全在腦部功能可恢復的極限之內。在病人進入測試室之前，會先在測試室中安排一些不尋常且奇異的影像及聲音，之後在測試室內先將其予以遮蔽，等到病人進入測試室後，安排心跳停止且失去腦部功能的期間，才再度讓其出現。

---

4 譯注：這意思是說在一般狀況下，雖然意識消失，但還是能對外界刺激做反應，所以應更仔細了解腦部功能消失的設定條件。

當開始急救恢復心臟跳動與輸送血液,此時醫療人員將立刻換掉身穿的特殊外衣,並復原牆壁上原來的遮蔽狀態。

當病人再度恢復意識且有反應時,將被要求報告在此過程中所發生的任何經驗,若報告飄浮在測試室而且觀察醫療人員,則病人將進一步被要求報告醫療人員們的背面,以及所觀察到的牆壁狀況,還有其他。假若病人報告看到的是隱藏遮蔽的版本,則該報告的效度就相當具有說服力;但若報告的是看到室內的一般場景而非遮蔽版本,則該報告的效度自然就不足採信,此時必須再找其他的解釋以說明所謂「死後」的情境。

當然,這個實驗的困難在於研究團隊必須在心跳停止的期限內行動,除此之外,在保護病人的原則下,不可能有任何機構的委員會會核准該一實驗的進行[5]。

另外一個比較可行的設計,係測試亡者是否能與生者溝通,這已經由亞利桑那大學(University of Arizona)的兩位科學家史華慈(Gary Schwartz)與魯賽克(Linda Russek)啟動,其研究大要可參閱雅朋嘉的報導(Ann Japenga, 1999)。在該一設計中,容許正常人參與,每位參與者在電腦內儲存只有本人才會知道的訊息,電腦將該訊息弄亂編碼,參與者在死後透過心電感應與事先安排好的生者溝通,能夠解開編碼的片語則可假設是由亡者送給生者的[6]。

---

5 譯注:亦即這是一個不可能做的假想實驗,因為不管是醫院的 IRB(Institutional Review Board,一般係指醫院的研究倫理審查委員會),或任何機構的試驗計畫審查,都不可能、更不應該通過該一實驗的執行。
6 譯注:亦即測試亡者是否可以送出密碼讓生者解碼,以解開原先留在電腦中已經弄亂編碼的訊息。

事實上這類實驗我相信已經做過,而且也失敗了。在 1900 年代早期,大魔術師胡迪尼(Harry Houdini)安排了一個類似的測試,來看看他是否能在死後與生者溝通,後來過沒多久胡迪尼過世,但是他的太太與朋友們報告說,並未收到他所送出的任何訊息。

當然也有一些自稱為靈媒的人說,他/她們可以叫出一位亡者的鬼魂出來講話,但是這些降神會之類的展示,在經過專家研究之後,大概都被認定是造假唬弄的。

我並不反對人死後靈魂會以某種有意義方式存在的可能性,事實上這樣一種條件,會讓死亡的展望變得更為美好。然而,在這個議題上,我們仍然還未跳脫形上學信念的層次,如我們已經看到的,這個問題極度困難,還無法以任何具有科學說服力的方式來回答。

截至目前,我們也許可用「在現象學上具有意義的經驗」作為基礎,來接受「靈魂」的概念。這些經驗並不能證明有一個真正的實體叫靈魂,但這樣一個可能性也不能被反證。哲學家萊爾在攻擊笛卡兒的分離靈魂概念時,稱這種擬議的實體為「機器中的鬼魂」,但萊爾的攻擊係在他認為我們只是機器的基礎上立論,萊爾如何知道在我們的大腦中沒有鬼魂的存在?事實是他並不知道。目前並無直接證據違反了笛卡兒式分離靈魂的存在可能性;也沒有衝突的證據,認為來自腦部的非物理現象(如我所提的「意識心理場論」〔CMF〕)這種主張是錯的,當然目前仍無任何支持的證據。

總結

再整理一次我在剛開始所說的:我們的主觀內在生活,正是身為人類真正關係重大之事,但是對它如何發生,以及它如何驅動意識性意志做出行動,則所知甚少。不過就我們所知的唯一生命,確實可知腦部非常重要,而且緊密涉入意識與主觀經驗的表現。

我已在本書中介紹了一些實驗進展與發現,以說明重要的物理性神經活動,如何調控非物理性的意識主觀經驗。強調這些研究之部分目的,在於讓讀者能夠對如何得到這些發現做一個快速鳥瞰,同時在此基礎上說明從實驗證據中所做出的結論與推論。另外,我們的研究對神經活動與主觀經驗之間的關係,也提供了罕見的發現,這些發現是建立在腦殼內有關神經刺激與紀錄的直接顱內研究,我們得以因此建立神經活動與主觀經驗之間關係的因果特性,而非只是相關而已。

在覺知產生的過程,以及在無意識與意識性心智功能的轉換之中,「時間因素」看起來是一個重要元素。

縱使只有這些聚焦在時間因素上的有限發現,但應該對我們如何看待自己的心理自我產生深遠影響。若所有的意識性覺知前面都有無意識歷程,則我們將被迫做出結論,亦即人並未真正活在現在的當下,而且無意識歷程在意識性生活的產出上,扮演了非常重要的角色;這種想法甚至可以擴展到一個自主性行動的無意識啟動上,而且看起來局限了自由意志在控制行動表現上的角色。我們也看到任何類別的主觀經驗,都涉及一種將相關腦活動

轉化成影像與思考的主觀指定現象,該一機制的發現,讓引發出主觀經驗的複雜神經活動,得以獲得一個意識性的位階(conscious order)與意義。

假如我們無法從合作受試者中,獲得部分腦區的顱內觸接與研究資料,就不可能發現到本書中這些令人訝異的結果。

我的主要總結性期望是:(1)你/妳已經吸收理解了我們在心腦問題上的實驗發現;(2)你/妳能辨識出這些發現,如何可能影響了對自身心理與心智經驗的看法;以及最後的(3)一個資歷完備有能力的實驗神經外科團隊,日後能夠對我所提出「統一的大腦心理場論」(unified cerebral mental field theory,參見第五章),發展出合適的測試方法並予以執行。我已經對該項測試提出一個實驗設計,該建議測試的結果,可能會對「統一的大腦心理場論」提出否證的結論;但若結果傾向正面的肯證,也就是在沒有任何神經連結下,能夠表現出主觀溝通與意圖性行動,則這種結果將對我們如何看待意識經驗的本質,以及如何廣泛一般性地看待神經科學,產生深遠的影響。[II]

譯注

I

本章前半段別開生面，在假設性的跨時空情境下，與笛卡兒對談，話題環繞本書關切的主題與發現，但作者盡可能以笛卡兒在自己著作中所表達的觀點為基礎，模擬笛卡兒可能會做的反應來啟動對話。這是一段精彩的對話，李貝雖然提出自己與當代的科學證據來參與互動，但他並未以自己的觀點強加在跨時空的笛卡兒身上，總是想辦法要讓笛卡兒以其特殊思考方式講出自己的話。

有關笛卡兒的二元論，另請參閱本書的〈導讀〉。笛卡兒將「我」分為心智與身體之後，它們之間如何獨立、如何互動，最後如何再整合為「我」？這是很難回答的最終問題，也就是「我是什麼」（What am I），或者「我是誰」（Who am I）？其中一個答案是「心物的整合」（the union of mind and body）（Almog, 2002），但看起來仍有循環論證的問題。解決的方法之一在於，對人的存在如何依賴心智與身體而存在，是否能有較獨立與較進一步的科學理解，而非只靠哲學論證。

在一些病理性個案上，可以看到心智與身體無法好好整合的狀況。如臉型辨識不能症（prosopagnosia）病人，可以識別別人或自己臉部的成分，但無法組合出一張完整的臉，最簡單的自我意象未能建立，主要係來自知覺能力受損；至於卡普格拉症候群（Capgras）則能看出是別人的臉，但無法與這張臉連結上以前的情感關聯，拉瑪錢德倫認為可能是顳顬葉皮質部與杏仁核的連接受損造成（Ramachandran, 2004）。至於卡普格拉妄想（Capgras delusion），則是幻覺與妄想侵入意識之中，大部分個案是認為某人某物已被冒名頂替，有時也不能確定自己是否真的是自己（Langdon & Coltheart, 2000）。自我主體出現問題或變化的臨床個案，還有出名的多重人格（multiple personality），這是一種解離性身分認同異常（dissociative identity disorder），不同人格之間是否有記憶障礙或有並存意識（co-consciousness），則仍屬爭議問題。

李貝藉假設性的對話討論到自由意志實驗的發現。當代最熱門的「意識的神經關聯理論」（NCC）學派，本身會碰到的難題之一就是李貝的自由意志實驗。自由意志是討論人類意識時不能迴避的問題，但若採用 NCC 邏輯，則會產生「李貝悖論」（Libet's paradox，或稱「李貝詭論」），成為科學界與哲學界的熱門議題，在笛卡兒過去所形塑的心物研究傳統中，並未出現此類重大爭議。受試者清楚意識到內在意圖形成的瞬間，或說是內在意圖進入意識的瞬間，被當作是自由意志出現、存在的客觀指標。此時若執著於 NCC 原則，一切意識行為以神經基礎為依歸，就產生了李貝悖論，亦即在意識之前的無意識神經活動，決定了意志的實現，所以意志就不自由，不自由的意志就不是我們所熟悉的自由意志概念。為了避免產生這類藉此否定自由意志的結論，李貝提出了幾種看法：意識出現後，人仍有否決的力量、無意識期間的神經激發仍具有與之後意識激發協同運作的功能在。

本章最後也討論有關靈魂與死後生命的問題。對研究心理學與認知科學的人來講，心靈與意識研究的最後疆界可能就是靈魂。如果心智和身體可以不為一體，並且假設心靈或心智可以獨立存在，則我們從神經生理機制討論人類意識，並嘗試尋找與意識相關的神經區域，或是從腦區激發及神經生理立場來探討人類的心靈現象，都是沒有什麼意義的研究方式。因為心靈可以脫離身體成為獨立的主體，則沒有必要也不可能以身體機制來規範心靈，這時的心靈現象與運作方式，自有另一套不同的法則來描述。若真如此，神經科學就須退位，心理與認知科學的研究者更須改弦易轍，做出革命性的翻轉。對一般人而言，對心物一體可能覺得太過限制想像，對心靈獨立之說又覺得不太科學，也許因此認為可接受的觀點，是介於兩個極端之間。

上述所提都不是簡單的科學或醫學問題，這類問題其實是很困難的。薛丁格曾說過：「當代科學給了很多實際資訊，將我們的經驗安放在宏大一致的秩序中，但對所有觸動我們心靈的重要事務則保持難堪的沉默。它弄不懂

何謂美醜、好壞、神與永恆。科學有時假裝在回答這些問題,但經常如此愚蠢好笑,所以我們也不會嚴肅對待它們。」(Schrödinger, 1954)。邏輯實證論者主張將心靈先「括號起來」,等以後再看看,因為以那時的科學與技術難以做出有意義的討論,所以態度上是消極的,而且並非是出自尊重所做的結論。維根斯坦(Ludwig Wittgenstein)雖然被維也納學派奉為代表性人物,但他的基本態度卻是:「凡不能說的,保持沉默。」本質上則是尊重神性、生命意義、美感與感動的未知性。這些不同的想法其實大相逕庭,目前的科學知識雖然已比過去累積更多,但顯然還有長路要走。

Almog, J. (2002). *What am I? Descartes and the mind-body problem*. New York: Oxford University Press.

Langdon, R., & Coltheart, M. (2000). The cognitive neuropsychology of delusions. *Mind & Language*, 15, 184-218.

Ramachandran, V. S. (2004). *A brief tour of human consciousness*. New York: Pi Press.

Schrödinger, E. (1954). *Nature and the Greeks*. Cambridge: Cambridge University Press.

II

李貝在本書最後做一總結,回顧書中所提出三大系列研究的主要發現(神經充裕量現象與在時間軸上回溯做主觀指定、從時間的觀點來探討無意識歷程如何過渡到意識性心智,以及對自主行動意圖性與自由意志之討論),並提出未來展望。他最後對意識心理場(CMF)存在的可能性寄予厚望,雖然迄今並未有人啟動任何可信的驗證工作。

意識研究提出不少大哉問的假說,目前幾個涉及跨腦區神經關聯激發的大假說,如第五章與該章譯注所提艾德曼的神經達爾文主義(neural

Darwinism），與克里克令人驚訝的假說等項，都算是比較成功的假說，這主要是有充分的令人驚訝的實驗數據足以支撐之故。但更多狀況是提出假說之後，尚未有可信的驗證，如李貝對意識心理場的主張，目前並無人著手相關的驗證工作；另外則是在提出假說之後，被後面出現的實驗數據所否證，其中一個出名的例子是克里克所提的重要主張。

　　克里克認為發動與產生意識的關鍵結構可能在視丘（Crick, 1984），因為除了嗅覺外，幾乎所有其他感官的訊息皆在背側視丘（dorsal thalamus）會合，之後送往皮質部，而且有視丘皮質迴路（thalamo-cortical loop）作為回饋與矯正機制。克里克認為視丘的腹側（ventral）部分，尤其是在網狀神經核（reticular complex，或稱為「thalamic reticular nucleus」、「reticularis thalami neurons」，定義稍有不同，不再細分）可以扮演這個角色。神經核中的細胞本身是 GABAergic 的抑制型神經元，GABA 是一種神經傳導物，會在突觸後細胞產生過極化（hyperpolarization），之後促成急速的神經激發。因此網狀神經核應可執行正回饋的注意力機制，來強化傳往皮質部的視丘輸入，使得連接到皮質區的視丘輸入有更高、更急速的激發（burst），就好像探照燈一樣照亮到被注意的地方，之後關掉探照燈約 100 毫秒，轉往注意其他地方，再開啟探照燈，如此反覆進行。因此克里克認為網狀神經核是控制注意力探照燈之處，探照燈的表達方式則是在一部分活躍的視丘神經元中，產生了急速的神經激發。將視丘—皮質部視為可形成神經迴圈，並作為回饋與矯正的腦中機制，是很多研究者都有的想法，也是神經達爾文主義倡導人艾德曼所認定的動態核心領域。譯注圖 6.1（a）簡略說明克里克所提出的基本結構與傳送路徑（Crick, 1984），譯注圖 6.1（b）則係在二十五年後所做回顧的類似圖示，說明網狀神經核可能扮演了視丘神經活動的調控角色，並認為在事隔二十多年後，已有實驗結果可以支持克里克的基本想法（Rees, 2009），但這種支持性講法，並不包括克里克已放棄的注意力探照燈假設部分，參見下述。

　　克里克預期的注意力探照燈，應該是發生在清醒的注意狀態之下，因為

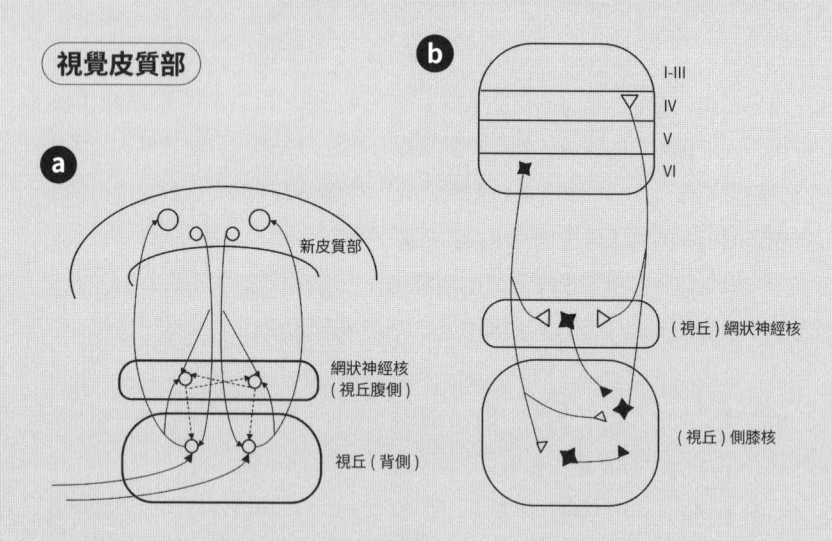

譯注圖 6.1｜**視丘與注意力探照燈機制。**

(a) 視丘腹側的網狀神經核是抑制型神經元，薄薄包覆在背側視丘外圍，居中調節視丘皮質迴路，克里克認為這是控制注意力探照燈之處。（修改自 Crick, 1984）

(b) 白色空心表示興奮突觸，黑體實心表示抑制突觸，投射到網狀神經核內的是興奮輸入，但由此傳出到側膝核的則是抑制投射，因此可能扮演了視丘神經活動的調控角色，但應會受到視丘皮質迴路的影響。（修改自 Rees, 2009）

網狀神經核會對視丘的轉接神經元（relay neuron，此處指的是背側視丘傳往新皮質部的神經元）經過抑制的過極化之後，產生急速神經活動。但在論文發表之後，被指出這類急速神經活動也會在睡眠之時發生（Steriade et al., 1986; Steriad et al., 1990），克里克因此在生前聲明放棄該一想法。賽斯與巴爾斯認為，雖然清醒時皮質部伽瑪頻率（35 至 75Hz）下的神經活動類型，也可能發生在深睡狀態，以致在緩慢腦波時出現同步共振激發，但在意識狀態時產生的是連續性的伽瑪頻率激發，而在深睡無意識狀態時，則是間歇性的伽瑪頻率激發（Seth & Baars, 2005）。不過這種在睡眠時，可以自動即時地在視丘網狀神經核發生的神經急速激發組型，並非克里克所預期，認為在

清醒之時在注意狀態之下才會發生的神經同步激發,所以他在該一證據上,明確地放棄所提探照燈假設(the searchlight hypothesis)中有關這方面的假設。雖然視丘中(尤其是網狀神經核部分)的注意力探照燈機制,仍難確定,但克里克對該一發動意識的基本結構究竟在哪裡,仍念念不忘,他在臨終之前改提位於新皮質腦島區(insula)之下、殼核(putamen,基底核的一部分)上方,與腦內重要結構都有聯繫的屏狀體(claustrum),作為最可能的發動結構(Crick & Koch, 2005)。在這點上,李貝所提的意識心理場(CMF)與克里克一生的關注,可說有相同的偏好與堅持,也對未來有同樣的期望。

至於本章所提出的其他各項總結式評論,請參閱本書〈導讀〉做一比較,此處不再贅述。

Crick, F. (1984). Function of the thalamic reticular complex：The searchlight hypothesis. *Proceedings of the National Academy of Sciences*, 8, 4586-4590.

Crick, F., & Koch, C. (2005). What is the function of the claustrum? *Philosophical Transactions of the Royal Society of London B*, 360, 1271-1279.

Rees, G. (2009). Visual attention: The thalamus at the centre? *Current Biology*, 19(5), R213-R214.

Seth, A. K., & Baars, B. J. (2005). Neural Darwinism and consciousness. *Consciousness and Cognition*, 14, 140-168.

Steriade, M., Domich, L., & Oakson, G. (1986). Reticularis thalami neurons revisited: Activity changes during shifts in states of vigilance. *Journal of Neuroscience*, 6, 68-81.

Steriade, M., Jones, E. G., & Llinás, R. R. (1990). *Thalamic oscillations and signaling*. New York: John Wiley & Sons.

參考文獻（依字母序）

Amassian, V. E., M. Somasunderinn, J. C. Rothswell, J. B. Crocco, P. J. Macabee, and B. L. Day. (1991). Parasthesias are elicited by single pulse magnetic coil stimulation of motorcortex in susceptible humans. *Brain*, 114, 2505-2520.

Baars, B. J. (1988). *A Cognitive Theory of Consciousness*. Cambridge, England: Cambridge University Press.

Barbur, J. L., J. D. G. Watson, R. S. J. Frackowiak, and S. Zeki. (1993). Conscious visual perception without VI. *Brain*, 116, 1293-1302.

Bechara, A., Damasio, H., Tranel, D., & Damasio, A. R. (1997). Deciding advantageously before knowing the advantageous strategy. *Science*, 275, 1293-1295.

Bellow, S. (1987). *More Die of Heartbreak*. New York: Morrow.

Bennett, H. L., H. S. Davis, and J. A. Giannini. (1985). Nonverbal response to intraoperative conversation. *British Journal of Anaesthesia*, 57, 174-179.

Berger, H. (1929). Ober das electrokephalogram des menschen. *Archiv Psychiatric u. Nervenkrankheit*, 87, 527-570.

Berns, G. S., J. D. Cohen, and M. A. Mintun. (1997). Brain regions responsive to novelty in the absence of awareness. *Science*, 276, 1272-1275.

Bogen, J. E. (1986). One brain, two brains, or both? Two hemispheres-one brain: functions of corpus callosum. *Neurology & Neurobiology*, 17, 21-34.

——(1995). On the neurophysiology of consciousness. I: An overview. *Consciousness and Cognition*, 4(1), 52-62.

Bonke, B., P. I. M. Schmitz, F. Verhage, and A. Zwaveling. (1986). A clinical study of so-called unconscious perception during general anaesthesia. *British Journal of Anaesthesia*, 58, 957-964.

Bower, B. (1999). *Science News*, 156, 280.

Buchner, H., M. Fuchs, H. A. Wischmann, O. Dossel, I. Ludwig, A. Knepper, and P. Berg. (1994). Source analysis of median nerve and finger stimulated somatosensory evoked potentials. *Brain Topography*, 6(4), 299-310.

Buchner, H., R. Gobbele, M. Wagner, M. Fuchs, T. D. Waberski, and R. Beckmann. (1997). Fast visual evoked potential input into human area V5. *NeuroReport*, 8(11), 2419-2422.

Burns, B. D. (1951). Some properties of isolated cerebral cortex in the unanesthetized cat. *Journal of Physiology* (London), 112, 156-175.

——(1954). The production of after-bursts in isolated unanesthetized cerebral cortex. *Journal of Physiology* (London), 125, 427-446.

Burns, J. (1991). Does consciousness perform a function independently of the brain? *Frontier Perspectives*, 2(1), 19-34.

Buser, P. (1998). *Cerveau de soi, cerveau de l'autre* [One's brain and the brain of another]. Paris: Odile Jacob, see pp. 30-73.

Chalmers, D. J. (1995). Facing up to the problem of consciousness. *Journal of Consciousness Studies*, 2(3), 200-219.

——(1996). *The Conscious Mind*. New York: Oxford University Press.

Churchland, P. M., and P. S. Churchland. (1998). *On the Contrary: Critical Essays, 1987-1997*. Cambridge, Mass.: MIT Press.

Churchland, P. S. (1981). On the alleged backwards referral of experiences and its relevance to the mind-body problem. *Philosophy of Science*, 48, 165-181.

Chusid, J. G., and J. J. MacDonald. 1958. *Correlative Neuro-anatomy and Functional Neurology*. Los Altos, Calif.: Lange Medical Publishers, p. 175.

Clark, R. E., and L. R. Squire, (1998). Classical conditioning and brain systems: the role of awareness. *Science*, 280, 77-81.

Cooper, D. A. (1997). *God Is a Verb: Kabbalah and the Practice of Mystical Judaism*. New York: Penguin Putnam.

Crawford, B. H. (1947). Visual adaptation in relation to brief conditioning stimuli. *Proceedings of the Royal Society Series B* (London), 134, 283-302.

Crick, F. (1994). *The Astonishing Hypothesis*. London: Simon and Schuster.

Crick, F., and C. Koch. (1998). Consciousness and neuroscience. *Cerebral Cortex*, 8(2), 92-107.

Cushing, H. (1909). A note upon the faradic stimulation of the postcentral gyrus in conscious patients. *Brain*, 32, 44-53.

Damasio, A. R. (1994). *Descartes' Error*. New York: Penguin Putnam.

——(1999). *The Feeling of What Happens: Body and Emotions in the Making of Consciousness*. New York: Harcourt Brace.

Del Guidice, E. (1993). Coherence in condensed and living matter. *Frontier Perspectives*, 3(2), 6-20.

Dember, W. N., and D. G. Purcell. (1967). Recovery of masked visual targets by inhibition of the masking stimulus. *Science*, 157, 1335-1336.

Dennett, D. C. (1984). *Elbow Room: The Varieties of Free Will Worth Wanting*. Cambridge, Mass.: Bradford Books (MIT Press).

——(1991). *Consciousness Explained*. Boston: Little, Brown and Company.

——(1993). Discussion in Libet, B. The neural time factor in conscious and unconscious events. In: *Experimental and Theoretical Studies of Consciousness*. Ciba Foundation Symposium #174. Chichester, England: John Wiley and Sons.

Dennett, D. C., and M. Kinsbourne. (1992). Time and the observer: the where and when of consciousness in the brain. *Behavioral and Brain Sciences*, 15, 183-247.

Descartes, R. (1644 /1974). *Treatise of Man*, trans. T S. Hall. Cambridge, Mass.: Harvard University Press.

Doty, R. W. (1969). Electrical stimulation of the brain in behavioral cortex. *Annual Reviews of Physiology*, 20, 289-320.

——(1984). Some thoughts and some experiments on memory. In: *Neuropsychology of Memory*, eds. L. R. Squire and N. Butters. New York: Guilford.

——(1998). Five mysteries of the mind, and their consequences. *Neuropsychologia*, 36, 1069-1076.

——(1999). Two brains, one person. *Brain Research Bulletin*, 50, 46.

Drachman, D. A., and J. Arbit. (1966). Memory and the hippocampal complex: is memory a multiple process? *Archives of Neurology*, 15(1), 52-61.

Eccles, J. C. (1966). *Brain and Conscious Experience*. New York: Springer-Verlag.

——(1990). A unitary hypothesis of mind-brain interaction in cerebral cortex. *Proceedings of the Royal Society B* (London), 240, 433-451.

Echlin, F. A., V. Arnett, and J. Zoll. (1952). Paroxysmal high voltage discharges from isolated and partially isolated human and animal cerebral cortex. *Electroencephalography & Clinical Neurophysiology*, 4, 147-164.

Edelman, G. M. (1978). Group selection and phasic re-entrant signaling: a theory of higher brain function. In: V. B. Mountcastle (Eds.). *The Mindful Brain*. Cambridge, Mass.: MIT Press.

Feinstein, B., W. W. Alberts, E. W. Wright, Jr., and G. Levin. (1960). A stereotaxic technique in man allowing multiple spatial and temporal approaches to intracranial targets. *Journal of Neurosurgery*, 117, 708-720.

Feynman, R. (1990). In: *No Ordinary Genius*, ed. C. Sykes. New York: W. W. Norton, p. 252.

Franco, R. (1989). Intuitive science. *Nature*, 338, 536.

Freud, S. (1915 /1955). *The Unconscious*. London: Hogarth Press.

Gazzaniga, M. S. (1998). Brain and conscious experience. *Advances in Neurology*, 77, 181-192, plus discussion on pp. 192-193.

Goff, G. A., Y. Matsumiya, T. Allison, and W. R. Goff. (1977). The scalp topography of human somatosensory and auditory evoked potentials. *Electro-encephalography & Clinical*

Neurophysiology, 42, 57-76.

Goldberg, G., and K. K. Bloom. (1990). The alien hand sign: localization, lateralization and recovery. *American Journal of Physical Medicine and Re-habilitation*, 69, 228-230.

Goldring, S., J. L. O'Leary, T. G. Holmes, and M. J. Jerva. (1961). Direct response of isolated cerebral cortex of cat. *Journal of Neurophysiology*, 24, 633-650.

Gray, C. M., and W. Singer. (1989). Stimulus-specific neuronal oscillations in ori-entation columns of cat visual cortex. *Proceedings of the National Academy of Sciences*, U.S.A., 86, 1698-1702.

Green, D. M., and J. A. Swets. (1966). *Signal Detection Theory and Psychophysics*. New York: John Wiley and Sons.

Grossman, R. G. 1980. Are current concepts and methods in neuroscience adequate for studying the neural basis of consciousness and mental activity? In: *Information Processing in the Nervous System*, eds. H. H. Pinsker and W. D. Willis, Jr. New York: Raven Press, pp. 331-338.

Haggard, P., and M. Eimer. (1999). On the relation between brain potentials and conscious awareness. *Experimental Brain Research*, 126, 128-133.

Haggard, P., and B. Libet. (2001). Conscious intention and brain activity. *Journal of Consciousness Studies*, 8, 47-64.

Halliday, A. M., and R. Mingay. (1961). Retroactive raising of a sensory thresh-old by a contralateral stimulus. *Quarterly Journal of Experimental Psychology*, 13, 1-11.

Hawking, S. (1988). *A Brief History of Time*. New York: Bantam Books.

Hook, S. (Ed.) (1960). *Dimensions of Mind*. Washington Square: New York University Press.

Hubel, D. H., and T. N. Wiesel. (1962). Receptive fields, binocular interaction and functional architecture in the cat's visual cortex. *Journal of Physiology* (London), 160, 106-134.

Ingvar, D. H. 1955. Extraneuronal influences upon the electrical activity of isolated cortex following stimulation of the reticular activating system. *Acta Physiologica Scand*, 33, 169-193.

——(1979). Hyperfrontal distribution of the cerebral grey matter blood flow in resting wakefulness: on the functional anatomy of the conscious state. *Acta Neurologica Scand*, 60, 12-25.

——(1999). On volition: a neuro-physiologically oriented essay. In: *The Volitional Brain: Towards a Neuroscience of Free Will*, eds. B. Libet, A. Freeman, and K. Sutherland. Thorverton: Imprint Academic, pp. 1-10.

Ingvar, D., and L. Phillipson. (1977). Distribution of cerebral blood flow in the dominant hemisphere during motor ideation and motor performance. *Annals of Neurology*, 2, 230-

237.
James, W. (1890). *The Principles of Psychology*. New York: Dover.
Japenga, A. (1999). Philosophy: the new therapy for 2000. *USA Weekend*, October 22-24.
Jasper, H., and G. Bertrand. (1966). Recording with micro-electrodes in stereotaxic surgery for Parkinson's disease. *Journal of Neurosurgery*, 24, 219-224.
Jeannerod, M. (1997). *The Cognitive Neuroscience of Action*. Oxford: Blackwell.
Jensen, A. R. (1979). "g": outmoded theory of unconquered frontier. *Creative Science and Technology*, 2, 16-29.
Josephson, B. D. (1993). Report on a symposium on reductionism in science and culture. *Frontier Perspectives*, 3(2), 29-32.
Jung, R., A. Hufschmidt, and W. Moschallski. (1982). Slow brain potentials in writing: The correlation between writing hand and speech dominance in right-handed humans. *Archiv für Pschiatrie and Nervenkrankheiten*, 232, 305-324.
Kaufmann, W. (1961). *Faith of a Heretic*. New York: Doubleday.
Keller, I., and H. Heckhausen. (1990). Readiness potentials preceding spontaneous acts: voluntary vs. involuntary control. *Electroencephalography and Clinical Neurophysiology*, 76, 351-361.
Kihlstrom, J. F. (1984). Conscious, subconscious, unconscious: a cognitive perspective. In: *The Unconscious Reconsidered*, eds. K. S. Bowers and D. Meichenbaum. New York: John Wiley and Sons.
——(1993). The psychological unconscious and the self. In: *Experimental and Theoretical Studies of Consciousness*. Ciba Foundation Symposium #174. Chichester, England: John Wiley and Sons.
——(1996). Perception without awareness of what is perceived, learning without awareness of what is learned. In: *The Science of Consciousness: Psychological, Neuropsychological, and Clinical Reviews*, ed. M. Velmans. London: Routledge.
Koestler, A. (1964). *The Art of Creation*. London: Picador Press.
Kornbuber, H. H., and L. Deecke. (1965). Hirnpotential ändrungen bei Willkürbewegungen und passiven Bewegungen des Menschen: Bereitschaftpotential und reafferente potentiale. *Pflügers Archiv*, 284, 1-17.
Kristiansen, K., and G. Courtois. (1949). Rhythmic electrical activity from isolated cerebral cortex. *Electroencephalography and Clinical Neurophysiology*, 1, 265-272.
Laplace, P S. (1914/1951). *A Philosophical Essay on Probabilities*, trans. F. W. Truscott and F. I. Emory. New York: Dover.
Lassen, N. A., and D. H. Ingvar. (1961). The blood flow of the cerebral cortex determined by

radioactive Krypton 85. *Experientia*, 17, 42-43.

Libet, B. (1965). Cortical activation in conscious and unconscious experience. *Perspectives in Biology and Medicine*, 9, 77-86.

——(1966). Brain stimulation and the threshold of conscious experience. In: *Brain and Conscious Experience*, ed. J. C. Eccles. New York: Springer-Verlag, pp. 165-181.

——(1973). Electrical stimulation of cortex in human subjects and conscious sensory aspects, In: *Handbook of Sensory Physiology*, ed. A. Iggo. Berlin: Springer-Verlag, pp. 743-790.

——(1980). Commentary on J. R. Searle's "Mind, Brains and Programs." *Behavioral and Brain Sciences*, 3, 434.

——(1985). Unconscious cerebral initiative and the role of conscious will in voluntary action. *Behavioral and Brain Sciences*, 8, 529-566.

——(1987). Consciousness: conscious, subjective experience. In: *Encyclopedia of Neuroscience*, ed. G. Adelman. Boston: Birkhauser, pp. 271-275.

——(1989). Conscious subjective experience and unconscious mental functions: a theory of the cerebral processes involved. In: *Models of Brain Function*, ed. R. M. J. Cotterill. Cambridge, England: Cambridge University Press, pp. 35-49.

——(1993a). *Neurophysiology of Consciousness: Selected Papers and New Essays by Benjamin Libet*. Boston: Birkhauser.

——(1993b). The neural time factor in conscious and unconscious events. In: *Experimental and Theoretical Studies of Consciousness*. Ciba Foundation Symposium #174. Chichester, England: John Wiley and Sons, pp. 123-146.

——(1994). A testable field theory of mind-brain interaction. *Journal of Consciousness Studies*, 1(1), 119-126.

——(1996). Solutions to the hard problem of consciousness. *Journal of Consciousness Studies*, 3, 33-35.

——(1997). Conscious mind as a force field: a reply to Lindhal & Århem. *Journal of Theoretical Biology*, 185, 137-138.

——(1999). Do we have free will? *Journal of Consciousness Studies*, 6(8-9), 47-57.

——(2001). "Consciousness, free action and the brain": commentary on John Searle's article. *Journal of Consciousness Studies*, 8(8), 59-65.

——(2003). Timing of conscious experience: reply to the 2002 commentaries on Libet's findings. *Consciousness and Cognition*, 12, 321-331.

Libet, B., W. W Alberts, E. W. Wright, L. Delattre, G. Levin, and B. Feinstein. (1964). Production of threshold levels of conscious sensation by electrical stimulation of human somatosensory cortex. *Journal of Neurophysiology*, 27, 546-578.

Libet, B., W. W. Alberts, E. W. Wright, and B. Feinstein. (1967). Responses of human somatosensory cortex to stimuli below threshold for conscious sensation. *Science*, 158, 1597-1600.

Libet, B., D. K. Pearl, D. E. Morledge, C. A. Gleason, Y. Hosobuchi, and N. M. Barbaro. (1991). Control of the transition from sensory detection to sensory awareness in man by the duration of a thalamic stimulus: the cerebral "time-on" factor. *Brain*, 114, 1731-1757.

Libet, B., C. A. Gleason, E. W. Wright, and D. K. Pearl. (1983). Time of conscious intention to act in relation to onset of cerebral activities (readiness-potential): the unconscious initiation of a freely voluntary act. *Brain*, 106, 623-642.

Libet, B., E. W. Wright, Jr., B. Feinstein, and D. K. Pearl. (1979). Subjective referral of the timing for a conscious sensory experience: a functional role for the somatosensory specific projection system in man. *Brain*, 102, 193-224.

——(1992). Retroactive enhancement of a skin sensation by a delayed cortical stimulus in man: evidence for delay of a conscious sensory experience. *Consciousness and Cognition*, 1, 367-375.

Libet, B., E. W. Wright, and C. Gleason. (1982). Readiness-potentials preceding unrestricted "spontaneous" vs. pre-planned voluntary acts. *Electroencephalography & Clinical Neurophysiology*, 54, 322-335.

Marshall, J. C. (1989). An open mind? *Nature*, 339, 25-26.

Marshall, L. H., and H. W. Magoun. (1998). *Discoveries in the Human Brain*. Totowa, NJ.: Humana Press.

McGinn, C. (1997). *Minds and Bodies: Philosophers and Their Ideas*. London: Oxford University Press.

——(1999). Can we ever understand consciousness? *The New York Review*, June 10, 1999, pp. 44-48.

Melchner, L. von, S. L. Pallas, and M. Sur. 2000. Visual behavior mediated by retinal projections directed to the auditory pathway. *Nature*, 404, 871-876.

Mountcastle, V. B. (1957). Modalities and topographic properties of single neurons in sensory cortex. *Journal of Neurophysiology*, 20, 408-434.

Mukhopadhyary, A.K. (1995). *Conquering the Brain*. New Delhi: Conscious Publications.

Nichols, M. J., and W. T. Newsome. (1999). Monkeys play the odds. *Nature*, 400, 217-218.

Nishimura, H. (1999). Visual stimuli activate auditory cortex in the deaf. *Cortex*, 9, 392-405.

Palm, A. (1991). Book review of The Emperor's New Mind by R. Penrose. *Frontier Perspectives*, 2(1), 27-28.

Penfield, W. (1958). *The Excitable Cortex in Conscious Man*. Liverpool: Liverpool University Press.

Penfield, W., and E. Boldrey. (1937). Somatic, motor and sensory representation in the cerebral cortex of man as studied by electrical stimulation. *Brain*, 60, 389-443.

Penfield, W., and H. Jasper. (1954). *Epilepsy and the Functional Anatomy of the Human Brain*. Boston: Little, Brown and Company.

Penfield, W., and T. B. Rasmussen. (1950). *The Cerebral Cortex of Man*. New York: Macmillan Books.

Penrose, R. (1989). *The Emperor's New Mind: Concerning Computers, Minds and the Laws of Physics*. London: Oxford University Press.

Pieron, H., and J. Segal. (1939). Sur un phenomene de facilitation retroactive dan l'excitation electrique de branches nerveuses cutanées sensibilité tactile. *Journal of Neurophysiology*, 2, 178-191.

Pippard, B. (1992). Counsel of despair: review of *Understanding the Present: Science and the Soul of Modern Man, Doubleday*. *Nature*, 357, 29.

Poincaré, H. (1913). *Foundations of Science*. New York: Science Press.

Pöppel, E. (1988). *Time and Conscious Experience*. New York: Harcourt Brace Jovanovich.

Popper, K. R. (1953). Language and the body-mind problem: a restatement of interactivism. In: *Proceedings of the XIth International Congress of Philosophy*, vol. 7. Amsterdam: North Holland Press, pp. 101-107.

――(1992). *In Search of a Better World: Lectures and Essays from Thirty Years*. London: Routledge.

Popper, K. R., and J. C. Eccles. (1977). *The Self and Its Brain*. Heidelberg: Springer-Verlag.

Popper, K. R., B. I. B. Lindahl, and P. Århem. (1993). A discussion of the mind-body problem. *Theoretical Medicine*, 14, 167-180.

Ray, P. G., K. J. Meador, C. M. Epstein, D. W. Loring, and L. J. Day. (1998). Magnetic stimulation of visual cortex: factors influencing the perception of phosphenes. *Journal of Clinical Neurophysiology*, 15(4), 351-357.

Ray, P. G., K. J. Meador, J. R. Smith, J. W. Wheless, M. Sittenfeld, and G. L. Clifton. (1999). Physiology of perception: cortical stimulation and recording in humans. *Neurology*, 52(2), 1044-1049.

Roland, P. E., and L. Friberg. (1985). Localization of cortical areas activated by thinking. *Journal of Neurophysiology*, 53, 1219-1243.

Rosenthal, D. M. (2002). The timing of conscious states. *Consciousness and Cognition* 11(2), 215-220.

Schreiber, F. R. (1973/1974). *Sybil*, 2nd ed. New York: Regnery Warner Books.

Schwartz, J., and S. Begley. (2002). *The Mind and the Brain: Neuroplasticity and the Power of Mental Force*. New York: Regan Books.

Searle, J. R. (1980). Minds, brains and programs. *Behavioral and Brain Sciences*, 3(3), 417-457.

——(1992). *The Rediscovery of the Mind*. Cambridge, Mass.: MIT Press.

——(1993). Discussion in Libet, B. The neural time factor in conscious and unconscious events. In: *Experimental and Theoretical Studies of Consciousness*. Ciba Foundation Symposium #174. Chichester, England: John Wiley and Sons, p. 156.

——(2000a). Consciousness, free action and the brain. *Journal of Consciousness Studies* 7(10), 3-32.

——(2000b). Consciousness. *Annual Review of Neuroscience 2000*, 23, 557-578.

Sharma, J., A. Angelucci, and M. Sur. (2000). Visual behavior mediated by retinal projections directed to the auditory pathway. *Nature*, 404, 841-847.

Sherrington, C.S. (1940). *Man on His Nature*. Cambridge, England: Cambridge University Press.

Shevrin, H. 1973. Brain wave correlates of subliminal stimulation, unconscious attention, primary- and secondary-process thinking, and repressiveness. *Psychological Issues*, 8(2); Monograph 30, 56-87.

Shevrin, H., and S. Dickman. (1980). The psychological unconscious: a necessary assumption for all psychological theory? *American Psychologist*, 35, 421-434.

Singer, I. B. (1968/1981). Interview by H. Flender. In: *Writers at Work*, ed. G. Plimpton. New York: Penguin Books.

Singer, W. (1990). Search for coherence: a basic principle of cortical self-organization. *Concepts in Neuroscience*, 1, 1-26.

——(1991). Response synchronization of cortical neurons: an epiphenomenon of a solution to the binding problem. *IBRO News*, 19, 6-7.

——(1993). Synchronization of cortical activity and its putative role in information processing and learning. *Annual Review of Physiology*, 55, 349-374.

Snyder, E. W., and N. H. Pronko. (1952). *Vision and Spatial Inversion*. Wichita, Kans.: University of Wichita.

Sokoloff, L., M. Reivich, C. Kennedy, M. H. Des Rosiers, C. S. Patlake, K. D. Petttigrew, D. Sakurada, and M. Shinohara. (1977). The [^{14}C] deoxyglucose method for the measurement of local cerebral glucose utilization; theory, procedure, and normal values in the conscious and anesthetized albino rat. *Journal of Neurochemistry*, 28, 897-916.

Spence, S. A. (1996). Free will in the light of neuro-psychiatry. *Philosophy, Psychiatry & Psychology*, 3, 75-90.

Sperry, R. W. (1947). Cerebral regulation of motor coordination in monkeys following multiple transection of sensorimotor cortex. *Journal of Neurophysiology*, 50, 275-294.

——(1950). Neural basis of spontaneous optokinetic response produced by visual inversion. *Journal of Comparative and Physiological Psychology*, 43, 482-489.

——(1952). Neurology and the mind-brain problem. *American Scientist*, 40, 291-312.

——(1980). Mind-brain interaction: mentalism, yes; dualism, no. *Neuroscience*, 5, 195-206.

——(1984). Consciousness, personal identity and the divided brain. *Neuropsychologia*, 22, 661-673.

——(1985). *Science and Moral Priority*. Westport: Praeger.

Sperry, R. W., M. S. Gazzaniga, and J. E. Bogen. (1969). Interhemispheric relationships: the neocortical commissures; syndromes of hemisphere disconnection. In: *Handbook of Clinical Neurology*, eds. P. J. Vinken and G. W. Bruyn. Amsterdam: North Holland Press, pp. 273-290.

Spiegel, H. (1997). Interview by M. Borch-Jacobsen, "Sybil-The Making of a Disease," *The New York Review*, April 24, 1997, pp. 60-64.

Stoerig, P. and A. Cowey. (1995). Blindsight in monkeys. *Nature*, 373, 147-249.

Stoerig, P., A. Zantanon, and A. Cowey. (2002). Aware or unaware: assessment of critical blindness in four men and a monkey. *Cerebral Cortex*, 12(6), 565-574.

Stratton, G. M. (1897). Vision without inversion of the retinal image. *Psychological Review*, 4, 341-360.

Taylor, J. L., and D. I. McCloskey. (1990). Triggering of pre-programmed movements as reactions to masked stimuli. *Journal of Neurophysiology*, 63, 439-446.

Vallbo, A.B., K. A. Olsson, K. G. Westberg, and F. J. Clark. (1984). Microstimulation of single tactile afferents from the human hand. *Brain*, 107, 727-749.

Velmans, M. (1991). Is human information processing conscious? *Behavioral and Brain Sciences*, 14, 651-669.

——(1993). Discussion in *Experimental and Theoretical Studies of Consciousness*, Ciba Foundation Symposium #174, Chichester, England: John Wiley and Sons, pp. 145-146.

Wegner, D. M. (2002). *The Illusion of Conscious Will*. Cambridge, Mass.: Bradford Books (MIT Press).

Weiskrantz, L. (1986). *Blindsight: A Case Study and Implications*. Oxford: Clarendon Press.

Whitehead, A. N. (1911). Quoted by Bruce Bower. 1999. *Science News*, 156, 280.

——(1925). *Science and the Modern World*. New York: McMillan.

Wieseltier, L. (1987). Book review of *More Die of Heartbreak* by S. Bellow. *The New Republic*, August 31,1987, pp. 36-38.

Wittgenstein, L. (1953). *Philosophical Investigations*. Oxford: Basil Blackwell.

Wolf, S. S., D. W. Jones, M. B. Knable, J. G. Gorey, K. S. Lee, T M. Hyde, R. S. Coppola, and D. R. Weinberger. (1996). Tourette syndrome: prediction of phenotypic variation in monozygotic twins by caudate nucleus D2 receptor binding. *Science*, 273, 1225-1227.

Wood, C. C., D. D. Spencer, T Allison, G. McCarthy, P. P. Williamson, and W. R. Goff. (1988). Localization of human somatosensory cortex during surgery by cortical surface recording of somatosensory evoked potential. *Journal of Neurosurgery*, 68(1), 99-111.

Wouk, H. (1988). *This Is My God*. Boston: Little, Brown and Company.

索引

★ 導讀與譯注之索引另加星號,以與正文區分。

英文	中文	頁碼
A		
act now	現在立刻行動	257, 259, 261, 272, 274, 279, 280, 309
access consciousness *	觸接意識	057, 099
acetylcholine *	乙醯膽鹼	239, 240
action potential *	動作電位	113, 239, 284, 321, 341, 343
Adrian, Lord	阿德里安勳爵	102
alien hand sign	異手症	254
Amassian, V.	阿馬錫安	139
anesthesia	麻醉	026, 043, 108, 114, 118, 146, 207, 210, 302, 320, 323, 324, 325, 342, 364, 366
apparent motion *	假象運動／似動運動	013, 125, 191, 241, 242, 243, 244, 245
ascending sensory pathway	上行感覺通路	012, 031, 035, 138, 145, 147, 152, 153, 206, 218, 221, 356
associationistic empiricism *	連結經驗論	124
astonishing hypothesis	令人驚訝的假說	021, 025, 027, 096, 335, 336, 385
athletes	運動員	224
attention mechanism	注意力機制	019, 050, 230, 335, 385
automatism *	非意志性行為	299
awareness	覺知	009, 010, 011, 012, 013, 014, 017, 018, 025, 026, 029, 033, 035, 039, 044, 062, 078, 089, 092, 093, 095, 096, 098, 103, 104, 105, 106, 112, 116, 121, 129, 130, 131, 132, 133, 137, 141, 142, 143, 146, 147, 148, 150, 151, 152, 153, 155, 156, 157, 158, 159, 160, 161, 162, 163, 165, 166, 167, 169, 170, 173, 176, 179, 180, 181, 182, 186, 187, 188, 189, 190, 191, 192, 197, 200, 201, 206, 207, 208, 209, 211, 213, 215, 216, 217, 218, 219, 220,

英文	中文	頁碼
		221, 222, 223, 224, 225, 226, 227, 229, 230, 231, 232, 233, 234, 235, 236, 248, 250, 252, 253, 255, 256, 257, 260, 262, 266, 267, 270, 271, 272, 273, 289, 299, 301, 302, 306, 312, 313, 314, 319, 334, 335, 343, 349, 350, 351, 355, 356, 357, 358, 359, 360, 361, 364, 365, 366, 369, 372, 373, 380
awareness of self	自我的覺知	098
awareness in volition	意志力中的覺知	255, 257
axiomatic principles	公理化原則	350
B		
Baars, Bernard *	巴爾斯	022, 023, 054, 060, 061, 314, 386
backward masking	反向遮蔽	147, 149, 150, 161, 184
backward referral	回溯指定	160, 170, 172, 187, 190, 207, 257, 354
Barbur, J. L.	巴布	234, 246
basal ganglia	基底神經節	269, 301
baseball batter	棒球打擊手	224, 225
behaviorism	行為主義	099, 101, 107, 122, 124, 125
Bellow, Saul	索爾・貝羅	373, 374
Bereitschaftpotential (BP)	準備電位	014, 015, 025, 029, 030, 032, 036, 038, 039, 076, 222, 249, 250, 252, 254, 255, 256, 258, 259, 260, 273, 283, 284, 285, 291, 292, 293, 294, 295, 297, 299, 302, 343
Berger, Hans	漢斯・貝爾格	113, 282
Bergson, Henri	柏格森	230
Bernard, Claude	柏納	119, 120

英文	中文	頁碼
binding *	聚合	310, 335
Bishop Berkeley	柏克萊主教	100
Blackmore, Susan *	布雷克摩	029
blindsight	盲視	021, 061, 062, 105, 106, 175, 188, 232, 233, 234, 356
body, divisable	可分割的身體	353
Bogen, J. E.	博根	061, 109, 319, 369
Bohr, Niels	波耳	328, 338, 340
Boldrey, E.	波爾德列	115
Bower, Bruce	布魯斯・包爾	213
brain death	腦死	098, 376
Bremer, Frédéric	布雷默	102
Buchner, H.	巴契那	179
Burns, B. D.	伯恩斯	322
Buser, P.	巴瑟	318
C		
Capgras delusion *	妄想	301, 382
carbon dioxide	二氧化碳	110
cardiac arrest	心臟停止	109, 375, 376, 377
Carroll, Lewis	路易斯・卡羅	095
Cartesian dualism	笛卡兒二元論	041, 330, 337
Cartesian Theater *	笛卡兒劇院	188
cell assemblies	細胞群集	056

英文	中文	頁碼
central fissure	中央溝	114, 115, 134, 135, 137, 140, 141, 177, 284, 302, 325
centrencephalic system	中腦系統	109
cerebral stroke	大腦中風	163, 175
Chalmers, David	查爾摩斯	006, 054, 058, 059, 060, 307, 308, 333
chemical transmitter	化學傳導物質	212, 239, 315
choices, deliberation	深思熟慮的選擇	273
Chomsky, Noam *	瓊斯基／杭士基	007
Churchland, P. S.	派翠西亞・邱其蘭	018, 034, 035, 054, 058, 108, 186, 187, 277, 298, 308
Churchland, Paul	保羅・邱其蘭	018, 035, 054, 058, 108, 187, 277, 308
Clark, R. E.	克拉克	005, 158, 159, 208
classical conditioning	正統條件化／古典制約	158, 160
claustrum *	屏狀體	026, 387
Cleckley, Harvey	克萊克利	367
clock time	鐘面時間	252, 253, 255, 256, 257, 258, 259, 264
co-consciousness *	並存意識	383
cogito ergo sum	我思故我在	004, 013, 062, 346, 347, 348, 350, 351, 355
cognitive psychology *	認知心理學	006, 101, 124, 125
cognitive science	認知科學	006, 007, 025, 029, 063, 083, 101, 124, 125, 337, 383
Coles, Michael G. H. *	科爾	296
collective consciousness *	集體潛意識	055, 056

英文	中文	頁碼
common sense	常識	002, 043, 185, 214, 288, 291, 297, 301, 361, 362
common substrate for identity theory	同一理論的共通基質	271
computer functionalism *	電腦功能論	121
conditioned reflex	條件化反射	116
configurations *	組態	191, 192
Connectionism *	聯接論	063
conscious action *	意識性行動	291
conscious content	意識內容	013, 016, 023, 061, 166, 235
conscious experience, unity of	意識經驗的統合	309
conscious intention *	意識性意圖	015, 059, 089, 112, 126, 209, 227, 228, 249, 250, 251, 252, 262, 272, 273, 274, 285, 290, 291, 292, 297, 299, 302, 356, 361
conscious mental field (CMF)	意識心理場（CMF）	025, 026, 040, 041, 305, 316, 317, 328, 337, 339, 340, 366, 379, 384, 385, 387
consciousness and the brain	意識與腦	045, 046
conscious veto	意識性否決	014, 263, 265, 267, 268, 270, 271, 272
conscious will (W)	意識性意志	092, 095, 119, 222, 248, 249, 250, 254, 260, 262, 263, 264, 265, 266, 267, 268, 269, 270, 273, 274, 277, 279, 280, 297, 326, 327, 331, 351, 357, 361, 380
contingent negative variation (CNV) *	關聯負電位變化	282
corpus callosum	胼胝體	047, 061, 134, 135, 318
correlated firing *	關聯激發	010, 020, 023, 026, 334, 335, 336, 340, 384

英文	中文	頁碼
correspondence principle *	對應原則	340
Courtois, G.	柯托伊斯	322
Cowey, A.	柯維	105
Crawford, B. H.	克勞佛	147
creativity	創造力	095, 211
Crick, Francis	克里克	007, 016, 018, 019, 020, 021, 022, 023, 024, 025, 026, 027, 034, 042, 043, 044, 045, 054, 057, 061, 095, 096, 122, 123, 188, 201, 241, 246, 333, 334, 335, 336, 340, 342, 343, 385, 386, 387
Cushing, Harvey	庫辛	114
D		
Dale, Henry *	戴爾	240
Damasio, A. R.	達瑪席歐	054, 061, 062, 209, 237, 238, 348, 363
daydreaming	白日夢	211, 212, 213, 214
DCRs, direct cortical responses	直接皮質反應	137, 154
Death	死亡	098, 376, 379
decomposition *	分解	020, 046, 310, 335, 341
Deecke, Lüder	狄克	036, 249, 255, 283, 284, 285, 290, 297
Dehaene, S. *	狄罕	054, 060, 062
déjà vu *	似曾相識現象	013, 244, 245
delayed conditioning	延宕條件化	159, 160
delay in sensory awareness	感覺覺知的延宕	165
Delbrück, Max *	德爾布魯克	007
deliberation	深思熟慮	150, 151, 211, 213, 257, 261, 273, 274, 280, 291

英文	中文	頁碼
Dennett, Daniel	狄內	017, 018, 035, 054, 057, 058, 108, 156, 160, 161, 162, 186, 187, 188, 190, 277, 298, 308
Descartes, R.	笛卡兒	004, 005, 006, 007, 013, 041, 053, 054, 057, 062, 100, 121, 174, 180, 188, 202, 237, 309, 329, 330, 337, 346, 347, 348, 353, 357, 362, 379, 382, 383
Descartes, "thinking,"	笛卡兒的「思考」	349
Descartes, not thinking	笛卡兒的「不思考」	349
determinism and free will	決定論與自由意志	276, 371
determinist materialism	決定論唯物論	021, 025, 095, 122, 123, 343, 374
Dickman, S.	狄克曼	209, 366
diminished responsibility*	減輕責任	299
discontinuity of conscious events	意識事件的不連續性	227, 228, 229
dissociative identity disorder*	解離性身分認同異常	382
Doctorow, E. L.	多克托羅	223
Donders, F. C.*	冬達斯	126
Doty, Robert W.	多提	016, 028, 090, 102, 155, 158, 258, 259, 265, 281, 310, 313, 316, 319, 369
double-aspect theory of information	訊息雙面向論	006, 059, 307
dreaming	作夢	008, 009, 019, 104, 207, 211, 301, 333
Dreyfus, Hubert L.*	德雷弗斯	006
Dualism	二元論	004, 005, 006, 012, 015, 025, 029, 032, 034, 041, 051, 053, 054, 057, 058, 096, 097, 121, 180, 187, 200, 201, 203, 285, 286, 315, 328, 329, 330, 337, 344, 346, 354, 382

英文	中文	頁碼
E		
Eccles, Sir John	艾可士	012, 015, 018, 025, 031, 034, 054, 058, 059, 090, 102, 187, 200, 201, 249, 250, 285, 290, 313, 315, 316, 326, 335, 343, 363, 374
Echlin, F. A.	艾契林	322, 323
Eddington, Sir Arthur*	艾丁頓	123, 311
Edelman, G. M.	艾德曼	007, 013, 022, 023, 024, 025, 043, 054, 060, 061, 314, 335, 336, 384, 385
Eimer, M.	艾瑪	260, 261
Einstein, Albert	愛因斯坦	044, 097, 123, 124, 240, 331
electrical stimulation	電刺激	010, 012, 028, 030, 031, 032, 033, 035, 041, 056, 064, 088, 107, 108, 114, 116, 118, 131, 132, 135, 141, 147, 150, 153, 177, 183, 185, 200, 229, 253, 302, 320, 324, 325, 356
electroconvulsive shock therapy	電痙攣療法	150, 161
electroencephalogram (EEG)	腦波	020, 023, 032, 035, 036, 043, 065, 113, 118, 143, 283, 284, 298, 323, 333, 334, 376, 386
Electrophysiology	電生理學	112
emergent perception*	衍生知覺	125
emergent phenomenon*	衍生現象	041, 310, 311, 330, 337, 363
emergent property	衍生性質	180
epinephrine*	腎上腺素	240
epiphenomenon	附帶現象	095
ethical implications	倫理引申	274

英文	中文	頁碼
event-related-potentials (ERPs)	事件相關電位	036, 065, 143, 144, 256, 282, 294
evoked potentials (EPs)	誘發電位	010, 031, 033, 065, 127, 143, 146, 162, 163, 164, 165, 169, 171, 179, 183, 184, 200, 227, 228, 229, 243, 282
existentialist view	存在主義觀點	166
eyelid blink reflex	眼瞼眨眼反射	208
F		
fate	命運	266
Feinstein, Bertram	費恩斯坦	028, 035, 088, 089, 117, 118, 119, 131, 187, 188
ferrets	雪貂	177, 178, 194
Feynman, Richard	理查・費曼	100
Foerster, O.	法斯達	115
folk psychology*	常民或民俗心理學	058, 121
forced choice	強迫選擇	105, 226, 231, 234
Forster, E. M.	福斯特	222
Franco, R.	法蘭哥	211
freely voluntary act	自由自主行動	248, 264, 267, 272
free will	自由意志	010, 014, 015, 025, 028, 029, 035, 039, 040, 069, 076, 077, 078, 079, 081, 082, 083, 084, 085, 092, 095, 190, 247, 248, 250, 258, 262, 264, 265, 266, 268, 270, 271, 274, 275, 276, 277, 278, 279, 280, 281, 283, 290, 292, 297, 298, 299, 300, 303, 310, 314, 315, 343, 356, 357, 360, 371, 374, 380, 383, 384
Freeman, W. J.	費里曼	079, 276

英文	中文	頁碼
Freud, S.	佛洛伊德	007, 008, 009, 013, 019, 054, 055, 093, 166, 202, 235, 236, 240, 241, 360
frequency locking *	頻率鎖定	334
Friberg, L.	佛利伯格	111, 326
functionalism	功能論	057, 101, 107, 121, 125
functional localization *	功能特化	047, 061, 127, 313
G		
gamma frequency *	伽瑪頻率	020, 043, 334, 386
Gerard, R. W.	傑拉德	027, 090, 118
Gestalt psychology *	格式塔心理學	125, 242
ghost in machine	在機器中放入鬼魂	330
global workspace theory, GWT	總體工作空間理論	061
Goff, W. R.	高夫	164
Golden Rules	黃金律	275
Goldring, S. J.	高德林	322
graded potential *	階梯電位	341
Granit, Ragnar	格拉尼	102
Gray, C. M.	格雷	023, 314, 334, 335, 336
Grossman, R.	葛洛斯曼	139
guessing responses	猜測反應	218
H		
Hackley, Steven A. *	黑克禮	295, 296
Haggard, P.	黑格	260, 261, 291

英文	中文	頁碼
Halliday, A. M.	哈利代	147, 340
hard problem *	困難問題	006, 007, 044, 055, 058, 059, 210, 307, 309, 310, 333, 352, 355
Hawking, S.	霍金	331, 343
Hebb, Donald *	赫伯	007, 054, 056, 057
Hebbian learning rule *	赫伯學習律	056
Heckhausen, H.	黑克豪森	260
Hippocampus	海馬	008, 115, 156, 157, 158, 159, 160, 364
Houdini, H.	胡迪尼	379
homunculus *	腦中小人	015
Hubel, David *	休伯	064, 312
hunch	直覺	039, 065, 101, 130, 131, 209, 210, 211, 226, 227, 237, 239, 249, 280, 349, 350, 362
Husserl, Edmund *	胡塞爾	006
hyperpolarization *	過極化	019, 385, 386
hypnosis	催眠	297, 298, 302, 368

I

identical twins	同卵雙胞胎	370
identity theory	同一論	006, 033, 058, 059, 103, 121, 122, 180, 181, 183, 199, 307, 329
inferior parietal region *	下頂葉腦區	302
infinite regress *	無窮迴歸	285
informed consent	知情同意	117, 118
Ingvar, David	英格瓦	110, 111, 320, 322, 326

英文	中文	頁碼
initiating an act	啟動行動	262
inner quality	內在素質	307
insanity *	精神失常	299
instrumental conditioning *	工具性條件化歷程	124
intention to act	行動意圖	032, 041, 227, 252, 267, 276, 384
intentional stance *	意向立場	121
inter-neurons *	中間神經元	189
introspective reports	內省報告	099, 100, 101, 103, 106, 107, 108, 118, 125, 155, 178, 306, 317, 325, 326
intuitive feeling	直覺感受	280
involuntary acts	非自主行動	038, 293
Iowa Gambling Task (IGT) *	愛荷華賭局作業	237
isolated slab	分離板塊	320
J		
James, William	威廉・詹姆士	054, 055, 092, 226, 229
Japenga, Ann	雅朋嘉	378
Jasper, Herbert	亞斯柏	102, 108, 109, 145
Jensen, Arthur	簡森	151
Josephson, Brian D.	約瑟夫蓀	311, 375
Jung, Carl *	榮格	054, 055, 056
Jung, R.	容格	222
K		
Kandel, Eric *	肯德爾	008, 009, 066, 067
Kane, R.	肯恩	079, 082

英文	中文	頁碼
Keller, I.	凱勒	260
Kihlstrom, J. R.	基爾斯特姆	209, 215
Klein, S.	克萊恩	017, 078
Koch, Christof *	柯霍	021, 024, 025, 043, 047, 054, 057, 095, 123, 188, 246, 334, 335, 340, 343, 387
Koestler, A.	柯斯特勒	212
Kornhuber, Hans Helmut	孔胡伯	036, 249, 255, 283, 284, 285, 290, 297
Kosslyn, S. M.	寇斯林	029, 030, 075, 083, 084, 090, 190
Kristiansen, K.	克里斯提安森	322
L		
Laplace, P. S.	拉普拉斯	107
Lassen, N. A.	拉森	110
lateral RPs (LRP)	側準備電位	260
Leibniz, N.	萊布尼茲	107, 278
Leksell stereotaxic frame	雷克塞爾立體定位視窗	117
Libet, B.	李貝	002, 003, 004, 006, 007, 009, 010, 011, 012, 013, 014, 015, 016, 017, 018, 021, 023, 025, 026, 027, 028, 029, 030, 031, 032, 033, 034, 035, 036, 037, 038, 039, 040, 041, 042, 044, 051, 053, 054, 056, 057, 058, 059, 060, 061, 062, 063, 064, 065, 066, 067, 076, 077, 078, 079, 081, 082, 083, 084, 102, 121, 122, 123, 125, 126, 127, 146, 183, 184, 185, 186, 187, 188, 189, 190, 191, 192, 194, 197, 199, 200, 201, 214, 237, 241, 242, 246, 260, 283, 284, 285, 286, 287, 288, 289, 290, 291, 292, 293, 297, 298, 300, 302, 334, 335, 336, 337, 338, 339, 340, 342, 343, 346, 347, 361, 382, 383, 384, 385, 387

英文	中文	頁碼
Libet, Fay	霏・李貝	090, 213
limbic system *	邊緣系統	010, 033, 301
Locke, John *	洛克	193, 194
Loewi, O.	路維	211, 212, 239, 240, 241
logical positivism	邏輯實證論	056, 099, 384
Logothetis, Nikos K. *	羅格鐵帝斯	049, 127
long-term potentiation, LTP *	長效增益	056
Luck, Steven, J. *	拉科	283, 295
Lundberg, Anders	倫德貝爾格	090, 102
M		
magnetic resonance imaging (MRI)	磁振造影	111, 112
magnetoencephalogram (MEG)	腦磁圖	114, 126
maps of cortex	皮質部圖示	135
Marr, David *	馬爾	065, 066, 334
Marshall, John C.	馬歇爾	119
Marshall, L. and H. W Magoun	馬歇與馬古恩	094
materialism	唯物論	004, 006, 012, 021, 025, 051, 056, 057, 095, 096, 104, 121, 122, 123, 187, 200, 268, 291, 343, 374, 375
materialism, eliminative	取消式唯物論	044, 058, 121, 308
McGinn, Colin	馬京	054, 058, 059, 060, 307, 308, 309, 330
McGinnies, Elliott M. *	麥金尼	202
Meador, K.	梅朵	139

英文	中文	頁碼
medial lemniscus	內側丘系神經束	012, 016, 030, 031, 139, 140, 141, 153, 170, 183, 272
medulla oblongata	延髓	139, 140, 206, 338, 376
Melchner, L. von	梅契那	177, 194
memory	記憶	008, 009, 018, 019, 035, 056, 063, 079, 080, 095, 105, 115, 150, 155, 156, 157, 158, 159, 160, 161, 162, 186, 187, 189, 190, 195, 201, 203, 207, 210, 301, 328, 337, 363, 364, 365, 368, 369, 377, 383
mental events, discontinuous	不連續心智事件	229
mental influence/mental force	心智力量	012, 200, 279
mental telepathy	心電感應	318
mental unity	單一心智的統一個體	369
Miller, George*	喬治・米勒	018
Miller, Jeff*	密勒	295, 296
mind, as loose cannon	自走砲的心智	331
mind, not divisible	不可分割的心智	329, 353
mind and brain, separation of	分離的心智與腦部	352, 353, 362
mind-brain relation	心腦關係	106, 180, 312, 314
Mingay, R.	明給	147
mirror box*	鏡箱	196
models or theories	模式或理論	362
Molyneux's question*	莫里紐克問題	193, 194
motor units	運動單位	228, 229
Mountcastle, V.	蒙卡索	312

英文	中文	頁碼
Mt. Zion Hospital, San Francisco	舊金山錫安山醫院	028, 088, 118
Mukhopadhyay, A. K.	穆柯巴雅	328
multiple personality*	多重人格	364, 382
multiple personality disorder (MPD)	多重人格異常	367, 369
N		
Nagel, Thomas	內格爾	054, 058, 059, 102
near-death experiences	瀕死經驗	375
Neisser, Ulric*	奈瑟	124
neural correlate of visual awareness*	視覺覺知的神經關聯	335
neural correlates of consciousness, NCC*	意識的神經關聯理論	021, 024, 026, 034, 042, 043, 061, 123, 201, 285, 339, 340, 343, 383
neuron doctrine*	神經原則	183
neuronal adequacy*	神經（或大腦刺激）充裕量	010, 011, 012, 016, 017, 028, 029, 030, 032, 034, 035, 040, 171, 183, 184, 186, 188, 190, 191, 192, 199, 200, 207, 241, 242, 243, 244, 285, 384
neuronal delay*	神經延宕	028, 171, 172
neuronal representations	神經表徵	175, 192, 193, 197, 199, 244, 313
neuronal time	神經時間	167
Newsome, W. T.	紐森	210
Newton	牛頓	044, 107, 202, 203, 340
Nichols, M. J.	尼可斯	210
non-algorithmic*	非算則式	342

英文	中文	頁碼
O		
objective scientific study	客觀科學研究	347
obsessive-compulsive disorder (OCD)	強迫症	268, 269
optic tectum *	視覺中心視頂蓋	193
orientation columns *	方位偏好的柱狀結構	178, 194
outer quality	外在素質	307
overlapping events	不同心智事件之間的重疊性	228
P		
Palm, Ann	巴姆	371
paradoxical timings	矛盾的定時	167
parallel processing *	平行處理	188
Pavlovian conditioning *	巴夫洛夫式的條件化歷程	124
Penfield, Wilder	潘菲爾德	054, 056, 102, 108, 109, 115, 135, 253
Penrose, Roger	潘洛斯	018, 027, 033, 034, 054, 058, 059, 184, 185, 285, 340, 341, 342, 343, 371
Pepper, Stephen	佩柏	102, 181
perceptions of reality	現實的意識性知覺	167
perceptual filling-in *	知覺填補	336
personal identity	人格認同	368
phase locking *	相位鎖定	020, 023, 334
Phillips, Charles	菲力普	102
Phillipson, L.	菲力普森	326

英文	中文	頁碼
Phineas Gage	蓋吉	109, 110
phenomenal consciousness *	現象意識	052, 057
physicalism *	物理論	006, 025, 057, 058, 096
pineal gland	松果體	004, 329, 350, 351
Pippard, Sir Brian	丕拔	375
pitched ball, timings	投球時序	224, 225
playing musical instruments	演奏樂器	359
Podrack, R. A. *	博德拉科	127
Poincaré, H.	龐加萊	210, 211, 355
pons *	橋腦	301
Pöppel, E.	巴培爾	054, 061, 062, 357
Popper, Karl	波柏	012, 018, 031, 034, 054, 058, 059, 094, 097, 102, 200, 201, 250, 277, 285, 313, 317, 335, 343, 350, 363, 371, 374
positron emission tomography (PET)	正子斷層造影	111, 112, 126, 128, 326
postcentral gyrus	後中央溝腦迴	114
postsynaptic responses	突觸後反應	113
preceding voluntary act	在自主行動之前	038, 293
precentral gyrus	前中央溝腦迴	115
premotor region *	前動作區	254, 256, 260, 302
preplanning	事先規劃	254
primary EP	初始誘發電位	010, 011, 012, 014, 030, 031, 032, 033, 034, 065, 143, 144, 145, 146, 162, 163, 164, 165, 169, 170, 171, 172, 173, 175, 179, 183, 184, 185, 186, 188, 189, 191,

英文	中文	頁碼
		192, 197, 199, 200, 227, 228, 229, 241, 242, 243, 272, 282, 285
primary motor cortex	主動作皮質部	014, 037, 138, 263
professional sports	職業運動	263
Project Prakäsh *	開光計畫	194
projection afferent *	投射輸入	033, 183, 184
property dualism *	性質二元論	005, 006, 053, 054, 057, 058, 200
prosopagnosia *	臉型辨識不能症	382
provocation *	被激怒	299
psychopath *	病態性人格	299, 300
Q		
qualia	感質	104, 189
quantum coherence *	量子同調	340, 342
quantum entanglement *	量子糾纏	343
quantum superposition *	量子疊加	343
R		
Ramachandran, V. S. *	拉瑪錢德倫	196, 382
rapid eye movement (REM) *	快速眼球運動	008, 018, 301
Rasmussen, T. B.	拉斯穆森	056, 135, 253
reaction times (RT)	反應時間	038, 126, 151, 183, 225, 250, 263, 288, 289, 359
readiness potential (RP)	準備電位	014, 015, 016, 025, 029, 030, 032, 036, 037, 038, 039, 065, 076, 143, 144, 145, 146, 171, 222, 249, 250, 252, 254, 255, 256, 257, 258, 259, 260, 261, 262, 263, 264, 265, 267, 268, 273, 274, 282, 283,

索引——419

英文	中文	頁碼
		284, 285, 289, 290, 291, 292, 293, 294, 295, 296, 297, 298, 299, 302, 343
receptive field *	視覺受域	194
recovery algorithm *	回復算則	333
reductionism	化約論	108, 374, 375
regional cerebral blood flow (rCBF)	區域大腦血流量	110, 111, 195
representational theory of mind *	心智表徵論	124
responsibility	責任	040, 066, 067, 072, 082, 084, 266, 271, 291, 297, 299, 300, 346, 360, 362, 367
retinal disparity *	網膜像差	052
retinal pathway	網膜通路	177
retroactive enhancement	反向強化	148, 149, 150, 161
retroactive referral	反向指定	103, 171, 179, 182, 227, 272
reverse engineering *	反向工程	052, 053, 333, 334
right hemisphere	右半球	033, 061, 135, 163, 183, 295, 296, 302, 318, 319, 329, 350, 369, 370
Roland, P. E.	羅蘭	111, 326
Rolandic fissure	Rolandic 中央溝	114, 115, 135, 140
Rosenthal, David M.	羅森塔	360, 361, 362
RPI	第一型準備電位	255, 256, 257, 258, 259, 260, 261, 262, 265, 274, 289, 292
RPII	第二型準備電位	255, 256, 257, 258, 259, 260, 261, 262, 265, 274, 289, 292
rubber hand illusion *	橡膠手錯覺	196

英文	中文	頁碼
Russell, Bertrand	羅素	222, 223
Ryle, Gilbert *	萊爾	005, 054, 058, 330, 379

S

英文	中文	頁碼
Sadato, Norihiro *	定藤規弘	195
Schreiber, Flora R.	施萊柏	368
Schrödinger, Erwin *	薛丁格	240, 383, 384
Schurger, Aaron *	蘇爾格	038, 039, 292, 293
Schwartz, J. M.	史華慈	268, 378
Searle, John	瑟爾	054, 057, 058, 064, 121, 122, 214, 215, 261, 298, 308, 309, 312, 371
self	自我	006, 008, 056, 061, 081, 084, 098, 103, 105, 110, 180, 224, 248, 255, 256, 261, 262, 275, 293, 309, 313, 319, 362, 363, 364, 365, 366, 367, 368, 369, 370, 372, 373, 374, 375, 380, 382
self and soul	自我與靈魂	362, 370, 373
self-awareness	自我覺知	103, 180
self-initiated acts	自我啟動行動	256, 262
self-paced acts	自我控制行動	255
sense of agency *	作主的感覺	291
sensory pathways	感覺通路	012, 031, 035, 089, 116, 126, 138, 141, 142, 144, 145, 146, 147, 152, 153, 163, 164, 170, 174, 177, 188, 194, 206, 218, 219, 221, 335, 338, 356
serial processing *	系列性處理	188
Seth, Anil *	賽斯	022, 038, 040, 051, 386
Sharma, J.	夏瑪	177, 194

英文	中文	頁碼
Sherrington, Sir Charles	薛靈頓	313
Shevrin, H.	薛弗林	209, 233, 235, 366
Shimojo, Shinsuki *	下條信輔	063
signal detection	訊號偵測	089, 226, 231
silent cortex	安靜皮質腦區	108, 115, 116
silicon chip brain	矽晶片腦	372
Simon, Herbert *	赫伯・賽蒙／司馬賀	007
sin	罪過	276
Singer, Isaac Bashevis	以撒・辛格	281
Singer, W	沃夫・辛格	023, 059, 314, 334, 335, 336
single-case studies	單一個案研究	119
single skin pulse	單一皮膚脈衝	146
Sinha, Pawan *	辛哈	194
Sokoloff, Louis	索可洛夫	111
somatic marker hypothesis (SMH) *	軀體標記假說	062, 237, 238
Soon, Chun Siong *	C. S. 孫	037, 292, 293, 302
soul	靈魂	097, 098, 351, 352, 354, 362, 363, 370, 372, 373, 374, 375, 379, 383
specific projection pathway	特定投射通路	141, 143
speculations	猜測	015, 026, 030, 049, 076, 094, 115, 162, 194, 215, 218, 219, 220, 221, 227, 231, 232, 278, 279, 281, 309, 314, 315, 336, 363
Sperry, R. W.	史培理	027, 054, 060, 061, 102, 176, 180, 193, 281, 311, 313, 315, 316, 317, 318, 322, 323, 369, 374

英文	中文	頁碼
Spiegel, Herbert	史畢格	368
spinal cord	脊髓	014, 098, 132, 139, 140, 142, 206, 208, 212, 225, 263, 376
Spinoza, B.	史賓諾莎	307, 373
split-brain patients	裂腦病人	047, 061, 319, 364, 369
Squire, L. R.	史奎爾	158, 159, 208
Stich, Stephen *	史諦區	054, 058, 186
Stoerig, Petra	斯托立格	105
Strawson, G. J.	史特勞森	077, 080, 081, 084
stream of consciousness	意識流	011, 055, 226, 229, 359
strong AI *	強 AI	121, 342, 371
Stuart Hameroff *	漢洛夫	340, 342
subjective experience	主觀經驗	004, 006, 013, 014, 029, 033, 041, 042, 043, 044, 045, 046, 050, 051, 052, 055, 056, 057, 059, 064, 071, 088, 092, 093, 097, 099, 100, 101, 102, 103, 104, 106, 107, 115, 116, 118, 120, 125, 126, 176, 178, 179, 181, 199, 215, 236, 250, 262, 278, 291, 306, 307, 308, 310, 311, 312, 314, 316, 317, 320, 327, 328, 330, 331, 332, 333, 334, 336, 337, 338, 339, 357, 360, 375, 377, 380, 381
subjective inner life	主觀內在生活	044, 092, 380
subjective referral	主觀指定	011, 012, 013, 014, 025, 029, 030, 032, 033, 034, 040, 132, 162, 163, 169, 171, 173, 174, 175, 178, 179, 180, 181, 187, 188, 191, 192, 193, 196, 197, 200, 227, 229, 236, 358, 381, 384
subjective timing	主觀定時	163, 164, 167, 168, 169, 170, 172, 173, 175, 179, 228, 236, 272

英文	中文	頁碼
subliminal perception	閾限下知覺	013, 016, 035, 220, 221, 232, 241, 243
subthreshold	閾限下	144, 150, 152, 220, 232, 233
supplementary motor area (SMA)	輔助動作區	014, 030, 032, 076, 134, 135, 255, 260, 284, 297, 298, 302, 326
switching tasks	轉移作業	258
Sybil story	希波故事	368
synaptic plasticity *	突觸可塑性	056
synaptic transmitter	突觸傳導物	113
synchronicity of sensations	感覺共時性	163, 165
synchronization *	共振	020, 021, 023, 026, 043, 314, 335, 336, 340, 386
synchronous correlation	共時性關聯	023, 314, 334
T		
Tasker	塔斯卡	139
testable hypotheses	可以測試的假說	308
Thagard, Paul. *	薩加德	007
thalamo-cortical loop *	視丘皮質迴路	019, 385, 386
thalamus	視丘	012, 016, 019, 020, 022, 023, 025, 026, 028, 031, 035, 045, 046, 047, 061, 104, 109, 139, 140, 141, 145, 146, 164, 183, 194, 195, 218, 272, 335, 338, 341, 365, 366, 385, 386, 387
the searchlight hypothesis *	探照燈假設	020, 385, 387
Thompson, Richard	湯普生	208
thought processes	思考歷程	111, 210, 226
threshold sensory experience	感官經驗之閾限	132

英文	中文	頁碼
timelessness	時間不存在	182
time-on test	時間到位理論測試	219
time-on theory	時間到位理論	012, 013, 031, 035, 207, 216, 217, 219, 220, 221, 222, 223, 226, 230, 232, 233, 234, 235, 236, 358, 359
timing of skin stimulus	皮膚刺激時序	011, 144, 145, 148, 149, 150, 161, 162, 163, 167, 168, 169, 170, 171, 179, 183, 188, 236, 253, 256, 257, 259, 360
timing paradox*	時間悖論	241, 242, 244
Titchener, Edward*	鐵欽納	125
Tononi, Giulio*	托諾尼	013, 024, 043, 045, 047, 048, 054, 060, 061
topographical projection*	地形投影	191, 333
topological invariance*	拓樸不變性	192
Tourette's syndrome	妥瑞症	254, 267, 268, 269, 271, 284
Tse, Peter U.*	謝路德	297, 302
Turing computable*	圖靈可計算性	342
Turing test	圖靈測試	371, 372
U		
uncertainty principle*	不確定原理	340, 342
unconscious detection	無意識偵測	012, 106, 201, 216, 217, 221, 230, 231, 232
unconscious initiates conscious	無意識與意識	009, 013, 016, 133, 233, 236, 241, 380
unconscious mental functions	無意識心智功能	120, 131, 206, 216, 225
union of mind and body*	心物的整合	382

英文	中文	頁碼
unlearn *	反向學習	196
V		
vagus nerve *	迷走神經	212, 240
ventromedial prefrontal cortex (vmPFC) *	腹內側前額葉	061, 062, 210, 237
Velmans, Max	貝爾曼斯	161, 162, 208, 271
veto	否決	014, 039, 040, 077, 078, 081, 082, 102, 263, 264, 265, 267, 268, 269, 270, 271, 272, 273, 274, 275, 284, 290, 291, 297, 298, 299, 300, 357, 383
visual image, subjective referral	主觀指定視覺影像	350
visual image upside down	上下顛倒視覺影像	175, 176
visual awareness *	視覺覺知	026, 044, 062, 188, 334, 335
visuomotor referral	視覺動作指定	176
voluntary acts	自主性行動	089, 209, 248, 249, 250, 261, 264, 265, 269, 273, 274, 284, 285, 302, 357, 360, 380
W		
Wegner, D.	威格納	078, 269, 277, 280
Weiskrantz, L.	懷斯克蘭茲	054, 060, 062, 232, 233, 356
Whitehead, A. N.	懷德海	211, 213
Wiesel, Torsten *	威瑟爾	064, 312
Wieseltier, L.	威瑟提爾	373, 374
Wigner, Eugene	尤金‧維戈納	096, 306
Wilbur, Cornelia	維柏	368

英文	中文	頁碼
Wittgenstein, Ludwig	維根斯坦	054, 056, 182, 384
Wundt, Wilhelm *	馮特	125
Z		
Zeki, Semir *	傑奇	188

現代名著譯叢
如何測量自由意志？
：班傑明・利貝特的心智時間與人類意識

2025年7月初版　　　　　　　　　　　　　　　　　　定價：新臺幣480元
有著作權・翻印必究
Printed in Taiwan.

著　　者	Benjamin Libet
譯 注 者	黃　榮　村
叢書主編	黃　淑　真
特約編輯	李　偉　涵
副總編輯	蕭　遠　芬
內文排版	李　偉　涵
製　　圖	陳　　芸
封面設計	兒　　日

出　版　者	聯經出版事業股份有限公司	編務總監	陳　逸　華
地　　　址	新北市汐止區大同路一段369號1樓	副總經理	王　聰　威
叢書編輯電話	（02）86925588轉5322	總　經　理	陳　芝　宇
台北聯經書房	台 北 市 新 生 南 路 三 段 9 4 號	社　　長	羅　國　俊
電　　　話	（0 2）2 3 6 2 0 3 0 8	發　行　人	林　載　爵
郵政劃撥帳戶第0100559-3號
郵 撥 電 話 （02）23620308
印　刷　者　世和印製企業有限公司
總　經　銷　聯合發行股份有限公司
發　行　所　新北市新店區寶橋路235巷6弄6號2樓
電　　　話 （02）29178022

行政院新聞局出版事業登記證局版臺業字第0130號

本書如有缺頁，破損，倒裝請寄回台北聯經書房更換。　ISBN　978-957-08-7725-0（平裝）
聯經網址：www.linkingbooks.com.tw
電子信箱：linking@udngroup.com

MIND TIME: The Temporal Factor in Consciousness
by Benjamin Libet
Copyright © 2004 by the President and Fellows of Harvard College
Published by arrangement with Harvard University Press through
Bardon-Chinese Media Agency
Complex Chinese translation copyright © 2025 by Linking Publishing Co., Ltd.
ALL RIGHTS RESERVED

國家圖書館出版品預行編目資料

如何測量自由意志？：班傑明・利貝特的心智時間與人類意識/ Benjamin Libet著．黃榮村譯注．初版．新北市．聯經．2025年7月．432面．14.8×21公分（現代名著譯叢）
譯自：Mind time: the temporal factor in consciousness.
ISBN 978-957-08-7725-0（平裝）

1.CST：意識　2.CST：腦部　3.CST：認知科學

176.9　　　　　　　　　　　　　　　　　114007670